权威读本

中华人民共和国
反有组织犯罪法
解读

主编

黄　永

（全国人大常委会法制工作委员会刑法室副主任）

中国法制出版社
CHINA LEGAL PUBLISHING HOUSE

出版说明

2021年12月24日，十三届全国人大常委会第三十二次会议通过了《中华人民共和国反有组织犯罪法》。反有组织犯罪法的制定，贯彻落实习近平法治思想和以习近平同志为核心的党中央关于常态化开展扫黑除恶斗争的重大决策部署，系统总结了扫黑除恶专项斗争实践经验，对于推动扫黑除恶工作机制化、常态化开展，推进国家治理体系和治理能力现代化，不断增强人民群众的获得感、幸福感、安全感，建设更高水平的平安中国、法治中国，具有重大意义。反有组织犯罪法共九章七十七条，包括总则、预防和治理、案件办理、涉案财产认定和处置、国家工作人员涉有组织犯罪的处理、国际合作、保障措施、法律责任等。

反有组织犯罪法将于2022年5月1日起施行。为了深入宣传、学习和贯彻反有组织犯罪法，全国人大常委会法制工作委员会参与反有组织犯罪法立法工作的同志编写了《中华人民共和国反有组织犯罪法解读》一书。本书结合草案起草、修改、研究过程中的有关情况，对反有组织犯罪法逐条进行解读。在内容的具体编排上，先对条文规定的主旨和立法背景进行介绍和阐述，再对条文的含义及实践中需要注意的问题作详细解读，最后列明法律法规、司法解释等相关规定，以期为读者正确理解和适用反有组织犯罪法提供参考和帮助。

因时间和水平所限，书中难免有不妥之处，敬请读者指正。

编　者

2022年3月

目　　录

第一章 总　　则

第一条 为了预防和惩治有组织犯罪，加强和规范反有组织犯罪工作，维护国家安全、社会秩序、经济秩序，保护公民和组织的合法权益，根据宪法，制定本法。

条文主旨

本条是关于反有组织犯罪法立法目的的规定。

立法背景

黑恶势力犯罪，即本法所称的“有组织犯罪”，是人类社会的一种丑恶现象，在世界各国普遍存在，一些国家还形成了组织严密、经济实力强大、对社会生活甚至国家政治活动有显著影响的黑社会犯罪组织。中华人民共和国成立后，党和政府采取高压严打政策，在较短的时间内彻底清除了旧社会遗留下来的反动会道门等黑恶势力。自改革开放以来，受境内外多方面因素的影响，黑恶势力在一些地方又沉渣泛起。1997 年修订刑法时，经过对我国当时有组织犯罪的情况进行深入研究、综合研判，增加规定了组织、领导、参加黑社会性质组织罪。此后，公安、司法机关依法办理黑社会性质组织犯罪案件，既积累了一些经验，也制定了一些司法解释、政策文件。

十三届全国人民代表大会常务委员会第三十二次会议通过了一部专门的综合性法律——《中华人民共和国反有组织犯罪法》，主要有以下几个方面的背景：

一是贯彻落实党中央常态化开展扫黑除恶斗争的重大决策部署，总结扫黑除恶专项斗争的实践经验，巩固专项斗争成果。

党的十九大提出，加快社会治安防控体系建设，依法打击和惩治黄赌毒黑拐骗等违法犯罪活动，保护人民人身权、财产权、人格权。党的十九大闭幕后不久，以习近平同志为核心的党中央站在中国特色社会主义进入新时代、“两个一百年”奋斗目标进入历史交汇期的战略高度，作出开展扫黑除恶专项斗争的重大决策部署。2018 年 1 月，中共中央、国务院发出《关于开展扫黑除恶专项斗争的通知》，在全国范围内开展为期三年的扫黑除恶专项斗争。中央成立全国扫黑除恶专项斗争领导小组，由中央政法委牵头，中央纪委机关、中央组织部、中央宣传部、最高人民法院、最高人民检察院、公安部、司法部等成员单位参加。这次专项斗争，以习近平新时代中国特色社会主义思想为指导，牢固树立以人民为中心的发展思想，针对当前涉黑涉恶问题新动向，切实把专项治理和系统治理、综合治理、依法治理、源头治理结合起来，把打击黑恶势力犯罪和反腐败、基层“拍蝇”结合起来，把扫黑除恶和加强基层组织建设结合起来，聚焦涉黑涉恶问题突出的重点地区、重点行业、重点领域，把打击锋芒对准群众反映最强烈、最深恶痛绝的各类黑恶势力违法犯罪。既有力打击震慑黑恶势力犯罪，形成压倒性态势，又有效铲除黑恶势力滋生土壤，形成长效机制。

在三年专项斗争中，各地区各有关部门坚持以“破案攻坚”开路、以“打伞破网”断根、以“打财断血”绝后、以“问题整改”提质、以“组织建设”强基，打响了对黑恶势力及其“保护伞”的整体战、歼灭战。同时，党中央强调坚持以法治思维和法治方式开展专项斗争，做到既不“拔高”也不“降格”，确保每一起案件都经得起法律、历史和人民的检验。在各方面的共同努力下，扫黑除恶专项斗争取得了重大胜利。在专项斗争中，全国共打掉涉黑组织 3644 个，涉恶犯罪集团 11675 个，抓获犯罪嫌疑人 23.7 万人，境内目标逃犯全部缉拿归案，境外目标逃犯到案率达 88.7%，43144 名涉黑涉恶违法犯罪人员投案自首。云南孙小果案、湖南“操场埋尸”案等社会影响恶劣、人民群众反映强烈，多年没有解决的重大涉黑涉恶案件得到了依法公正处理，扫黑除恶成为党的十九大以来最得人心的大事之一。通过专项斗争，彻底打击了黑恶势力的嚣张气焰，黑恶势力基本肃清，涉黑涉恶“保护伞”得到清除，基层基础明显加强，社会风气持续净化，为决胜全面建成小康社会作出了突出贡献。

为期三年的扫黑除恶专项斗争胜利结束后，党中央进一步作出了常态化开展扫黑除恶斗争、巩固专项斗争成果的决策部署。2021 年，中共中央办公厅、国务院办公厅印发了《关于常态化开展扫黑除恶斗争巩固专项斗争成果的意见》，对常态化开展扫黑除恶斗争作出了安排部署。党中央要求，要继续加强系统治理、依法治理、综合治理、源头治理，持续保持对黑恶势力违法犯罪的高压态势，形成有效震慑。要准确掌握涉黑涉恶犯罪新动向，不断加强行业领域监管和专项整治，与反腐“拍蝇”、加强基层组织建设结合起来，不断完善社会治理体系，持续提高扫黑除恶法治化、规范化、专业化水平。2021 年以来，各地各部门持续推进常态化扫黑除恶工作，取得了新的显著成果。

在扫黑除恶专项斗争和常态化扫黑除恶斗争期间，各地各有关部门出台了一些法律政策文件，探索积累了一些行之有效的工作机制和经验。为总结专项斗争的成功经验，在法律上巩固专项斗争的成果，保障常态化扫黑除恶斗争法治化、规范化进行，有必要制定一部加强和规范反有组织犯罪工作的专门的综合性法律。

二是加强重点领域立法，完善中国特色社会主义法律体系，推进国家治理体系和治理能力现代化。

习近平总书记在中央人大工作会议上强调，要加快完善中国特色社会主义法律体系，以良法促进发展，保障善治。中共中央、国务院印发的《法治政府建设实施纲要（2021－2025年）》中提出，积极推进国家安全等重要领域立法。依法惩治有组织犯罪，涉及维护国家安全、社会秩序、经济秩序，保护公民和组织的合法权益，关系人民群众的获得感、幸福感、安全感，是立法工作应当着重关注的重点领域。

在反有组织犯罪法制定前，我国法律体系中关于惩治黑恶势力违法犯罪已经有了一系列规定。在法律层面有：一是刑法的有关规定。包括《刑法》第二百九十四条关于组织、领导、参加黑社会性质组织罪，入境发展黑社会组织罪和包庇、纵容黑社会性质组织罪，以及黑社会性质的组织的含义的规定；刑法总则关于共同犯罪、犯罪集团的规定，关于特殊累犯、限制减刑、不得假释的规定中对黑社会性质组织犯罪、有组织的暴力性犯罪的规定；《刑法》第一百九十一条关于洗钱罪的规定中对黑社会性质组织的犯罪构成洗钱罪上游犯罪的规定等。二是刑事诉讼法关于黑社会性质组织犯罪案件办理程序的特别规定，包括对黑社会性质的组织犯罪案件证人、鉴定人、被害人的保护措施，对黑社会性质的组织犯罪案件采取技术侦查措施的规定等。在司法解释、司法文件层面，主要有2000年12月最高人民法院制定的《关于审理黑社会性质组织犯罪的案件具体应用法律若干问题的解释》，2009年12月最高人民法院、最高人民检察院、公安部联合印发的《办理黑社会性质组织犯罪案件座谈会纪要》，2012年9月最高人民法院、最高人民检察院、公安部、司法部联合印发的《关于办理黑社会性质组织犯罪案件若干问题的规定》等。

扫黑除恶专项斗争期间，全国扫黑办协调中央纪委国家监委和中央政法单位发布了依法办理黑恶势力犯罪案件的10个法律政策文件，具体包括：《关于办理黑恶势力犯罪案件若干问题的指导意见》《关于办理恶势力刑事案件若干问题的意见》《关于办理“套路贷”刑事案件若干问题的意见》《关于办理黑恶势力刑事案件中财产处置若干问题的意见》《关于办理实施“软暴力”的刑事案件若干问题的意见》《关于在扫黑除恶专项斗争中分工负责、互相配合、互相制约严惩公职人员涉黑涉恶违法犯罪问题的通知》《关于办理非法放贷刑事案件若干问题的意见》《关于办理利用信息网络实施黑恶势力犯罪刑事案件若干问题的意见》《关于跨省异地执行刑罚的黑恶势力罪犯坦白检举构成自首立功若干问题的意见》《关于依法严惩利用未成年人实施黑恶势力犯罪的意见》。总体来看，这些政策文件是在法律规定的框架下，针对专项斗争中司法实践的需要，就法律适用、司法政策和工作机制作出的具体规定，与刑法、刑事诉讼法等法律规定的精神是一致的。同时，这些政策文件中也有一些有针对性和创新性的具体制度，经过三年专项斗争的实践检验取得了积极效果，对法律制度的完善具有参考价值。

从总体上看，反有组织犯罪法制定前，我国反有组织犯罪的法律制度具备一定规模，实施的效果也是好的，但比较分散、未成体系，部分文件效力位阶比较低。从法律规范的内容来看，主要是办理有组织犯罪案件的刑事实体和刑事诉讼程序方面的规定，有组织犯罪的预防治理、反有组织犯罪工作保障方面的制度规范还比较少。在此前规定的基础上，总结实践经验，制定一部专门的反有组织犯罪方面的综合性法律，有利于为常态化扫黑除恶斗争提供更加有力的法治保障，进一步完善以宪法为核心的中国特色社会主义法律体系，推进国家治理体系和治理能力现代化。

三是践行以人民为中心的发展思想，以法治保障实现人民对美好生活的向往。

党的十九大提出，我国社会的主要矛盾已经转化为人民日益增长的美好生活需要和不平衡不充分的发展之间的矛盾。人民美好生活需要不仅包括对物质文化生活的要求，还包括在民主、法治、公平、正义、安全、环境等方面的要求。习近平总书记在中央全面依法治国工作会议上要求，要积极回应人民群众新要求新期待，系统研究谋划和解决法治领域人民群众反映强烈的突出问题，不断增强人民群众获得感、幸福感、安全感，用法治保障人民安居乐业。在扫黑除恶领域，人民群众的法治需求主要体现在两个方面。一方面是需要国家依法严厉惩治影响人民群众安全感和切身利益的黑恶势力犯罪，查处公职人员队伍中黑恶势力的“保护伞”，并通过法律制度建设形成长效震慑，使黑恶势力不能死灰复燃，实现社会长治久安。另一方面也需要执法司法机关规范执法行为，准确有效打击黑恶违法犯罪分子，尊重和保障涉案人员的合法权益，减少执法活动对生产生活、营商环境的负面影响。为回应人民群众这两个方面的法治需求，建设更高水平的平安中国、法治中国，也需要制定一部加强和规范反有组织犯罪工作的专门的综合性法律。

党中央在扫黑除恶专项斗争进行中，对制定反有组织犯罪法作出了部署。全国人大常委会高度重视反有组织犯罪法立法工作，按照党中央部署，在2020年和2021年两次将制定反有组织犯罪法列入年度立法工作计划。2020年，中央政法委牵头、公安部具体负责，成立了反有组织犯罪法起草工作领导小组和工作专班。在起草过程中，多次征求中央纪委国家监委、中央组织部、中央宣传部等二十三家全国扫黑除恶专项斗争领导小组成员单位和全国人大常委会法工委的意见，同时向各地各有关部门特别是基层执法部门和一线政法干警征求了意见。在总结实践经验、深入调查研究、广泛听取意见的基础上，形成了反有组织犯罪法草案。全国人大常委会法工委按照发挥人大在立法工作中主导作用的要求，就草案的立法体例，与刑法、刑事诉讼法等法律的关系等重大问题和主要制度规范，与草案起草部门进行了多轮沟通。2020年12月，由全国人大常委会委员长会议提出议案，将反有组织犯罪法草案提请十三届全国人大常委会第二十四次会议初次审议。

草案提请全国人大常委会审议后，全国人大宪法和法律委、全国人大常委会法工委按照立法工作程序，将草案印发各省、自治区、直辖市人大常委会、中央有关部门及部分高等院校、研究机构、基层立法联系点征求意见，两次在中国人大网全文公布草案，征求社会公众意见。多次深入基层进行调研，听取一线执法干警、律师、专家学者等方面的意见，并就草案的有关问题与中央纪委国家监委、中央政法委、最高人民法院、最高人民检察院、公安部、国家安全部、司法部等部门交换意见，共同研究。在充分吸收常委会审议意见和各方面意见的基础上对草案进行修改完善。2021 年 8 月，十三届全国人大常委会第三十次会议对草案进行了第二次审议。按照立法法的有关规定，全国人大常委会法工委还在草案提请三次审议前，邀请部分全国人大代表、基层执法部门、专家学者和律师代表，对草案主要制度规范的可行性、出台时机、社会效果和可能发生的问题进行了评估。2021 年 12 月，十三届全国人大常委会第三十二次会议对草案进行了第三次审议，并于 12 月 24 日通过了《中华人民共和国反有组织犯罪法》。国家主席习近平签署主席令第一〇一号予以公布，自 2022 年 5 月 1 日起施行。

条文解读

本条主要规定了以下两个方面的内容：

第一，制定反有组织犯罪法的目的。具体包括三个方面：一是预防和惩治有组织犯罪。有组织犯罪是危害社会管理秩序，侵害公民人身权利、财产权利等合法权益的“毒瘤”。要实现人民群众对美好生活的向往，必须拔除。因此，对有组织犯罪进行严厉打击惩治，是最基础的反有组织犯罪工作。在铲除有组织犯罪土壤的基础上，实现特殊预防的目的。同时，对整个社会也可实现教育防范的一般预防效果。基于这一考虑，反有组织犯罪法既规定了案件办理、涉案财产认定和处置等惩治有组织犯罪方面的内容，也重视系统治理、源头治理，规定了一系列预防有组织犯罪滋生和蔓延的法律制度，以及为预防和惩治有组织犯罪提供保障的措施。二是加强和规范反有组织犯罪工作。有组织犯罪相对于一般犯罪，具有组织性强、社会危害广泛、影响恶劣等特征。因此，除了刑法、刑事诉讼法规定的一般性的法律制度以外，还需要针对其特点规定一些行之有效的惩治和防范措施。世界上多数国家都针对有组织犯罪制定专门法律，对特殊制度作出规定。反有组织犯罪法注重加强反有组织犯罪工作，赋予办案机关必要的执法司法职权，为常态化扫黑除恶斗争提供充足的法律武器，切实保障反有组织犯罪工作取得成效。同时，如果执法司法机关在开展反有组织犯罪工作中不严格依法进行，也会对当事人的合法权益造成损害，甚至造成适得其反的效果，从而影响或者破坏法律权威。因此，平衡打击犯罪与规范执法、保障人权的关系，在加强执法的同时注重规范反有组织犯罪工作，为执法司法活动设定严格的法律规范，充分保障涉案单位和个人的合法权益。三是维护国家安全、社会秩序、经济秩序。通过立法保障依法惩治有组织犯罪活动，维护国家政治安全、经济安全、社会安全，消除有组织犯罪对社会生活和经济活动的非法控制和不法影响，维护安定有序的社会秩序，维护正常的经济秩序和营商环境。

第二，制定反有组织犯罪法的依据。宪法是国家的根本法，是制定反有组织犯罪法的依据。《宪法》第二十八条规定，国家维护社会秩序，镇压叛国和其他危害国家安全的犯罪活动，制裁危害社会治安、破坏社会主义经济和其他犯罪的活动，惩办和改造犯罪分子。制定反有组织犯罪法，是在反有组织犯罪领域通过完备的法律推动宪法实施，保证宪法确立的制度和原则得到落实的重要举措。

反有组织犯罪法是关于反有组织犯罪工作的专门法律，对于完善反有组织犯罪法律制度体系，为常态化扫黑除恶工作提供法制保障具有重要意义。同时，刑法、刑事诉讼法等其他法律中关于反有组织犯罪的规定也继续有效。实践中，在根据反有组织犯罪法开展反有组织犯罪工作的同时，也应当注意处理好与刑法、刑事诉讼法等其他法律规定的衔接，注意准确适用其他相关法律的规定。按照立法法规定的法律适用原则，反有组织犯罪法对有关问题有特别规定的，应当适用反有组织犯罪法的规定。

相关规定

《中华人民共和国宪法》第二十八条

第二条 **本法所称有组织犯罪，是指《中华人民共和国刑法》第二百九十四条规定的组织、领导、参加黑社会性质组织犯罪，以及黑社会性质组织、恶势力组织实施的犯罪。**

本法所称恶势力组织，是指经常纠集在一起，以暴力、威胁或者其他手段，在一定区域或者行业领域内多次实施违法犯罪活动，为非作恶，欺压群众，扰乱社会秩序、经济秩序，造成较为恶劣的社会影响，但尚未形成黑社会性质组织的犯罪组织。

境外的黑社会组织到中华人民共和国境内发展组织成员、实施犯罪，以及在境外对中华人民共和国国家或者公民犯罪的，适用本法。

条文主旨

本条是关于有组织犯罪的概念、恶势力组织的概念及境外黑社会组织法律适用的规定。

立法背景

（一）起草背景

如何界定有组织犯罪等概念，是反有组织犯罪立法中的一个基本问题，也是反有组织犯罪法总则在明确立法目的之后的首要任务。

1997 年修订刑法时，立法机关经过对我国当时有组织犯罪活动情况的调研评估，会同有关部门、专家学者等审慎研究，认为不存在组织严密、规模较大，对经济社会生活甚至国家政治活动产生重大影响的黑社会组织，但是带有黑社会性质的犯罪组织在个别地方已经初现端倪，具备了黑社会组织所具有的组织特征和犯罪手法。这些黑社会性质的组织拥有一定的资产，操纵一些行业或者区域的经济，有的还通过贿赂等手段拉拢腐蚀一些国家工作人员充当其“保护伞”，严重危害一定区域内正常的社会、经济秩序。为依法惩治这样的犯罪组织，1997 年刑法增加规定了组织、领导、参加黑社会性质组织的犯罪，并对黑社会性质组织作了定义性规定。此后，有关方面在司法实践中对黑社会性质组织的特征把握存在不同认识。为统一认识、正确适用法律，2002 年 4 月，九届全国人大常委会第二十七次会议通过了《关于〈中华人民共和国刑法〉第二百九十四条第一款的解释》，明确黑社会性质的组织应当同时具备四个方面的特征。2011 年 2 月，十一届全国人大常委会第十九次会议通过了《刑法修正案（八）》，将2002年对黑社会性质组织特征的法律解释纳入《刑法》第二百九十四条中。

1997年刑法及2002年法律解释、《刑法修正案（八）》规定的黑社会性质组织要求具备四个方面的特征，具有一定的“门槛”。实践中，犯罪组织从滋生、发展蔓延到形成黑社会性质组织，往往需要一个过程。对这类犯罪组织的打击惩治，也应当按照“打早打小”的思路，尽量在其滋生发展的初期就予以打击惩治，避免其坐大成势，对社会秩序、经济秩序和人民群众生命财产安全造成较大的危害。公安司法机关在执法司法实践和有关政策文件、司法解释中，对具有一定组织性、危害性，但尚未形成黑社会性质组织的犯罪组织，使用了“恶势力”“恶势力组织”等名称。1997年刑法实施以来，中央和地方的政法机关多次进行“打黑除恶”斗争。2018年1月，中共中央、国务院发出《关于开展扫黑除恶专项斗争的通知》，在全国范围内开展为期三年的“扫黑除恶”专项斗争。2018年1月，最高人民法院、最高人民检察院、公安部、司法部制定的《关于办理黑恶势力犯罪案件若干问题的指导意见》明确提出，依法惩处恶势力犯罪，对“恶势力”“恶势力犯罪集团”的概念和特征作了明确规定。2019年2月，最高人民法院、最高人民检察院、公安部、司法部联合制定了《关于办理恶势力刑事案件若干问题的意见》这一专门指导办理恶势力刑事案件的司法政策文件，再次明确了恶势力的概念，并对办理恶势力刑事案件的总体要求，恶势力、恶势力犯罪集团的认定标准，办理恶势力刑事案件中正确运用宽严相济刑事政策的有关要求提出了明确意见。从扫黑除恶专项斗争和常态化扫黑除恶斗争的实践情况来看，专项斗争中全国共打掉涉恶犯罪集团11675个。

对恶势力犯罪及时发现，有效打击惩治，既体现了“打早打小”的精神，把法律的防线提前，有利于更好地维护社会治安，保障人民群众的获得感、幸福感、安全感，也有利于减少黑社会性质组织犯罪，及时挽救违法犯罪人员。总结专项斗争的实践经验和开展常态化斗争的需要，在法律中对恶势力组织的概念特征和打击惩治、预防治理恶势力犯罪的措施作出明确规定，是十分必要的。

贯彻落实党中央常态化开展扫黑除恶斗争的重大决策部署，巩固专项斗争成果，为常态化扫黑除恶斗争提供法治保障，是制定反有组织犯罪法的任务使命。在刑法、有关法律解释、司法政策文件规定的基础上，结合扫黑除恶专项斗争以来的实践，并参照我国缔结、参加的有关国际公约规定，在法律中对有组织犯罪、恶势力组织的概念作出明确科学的规定，有利于有关部门准确把握有组织犯罪、恶势力组织的性质和范围，采取切实有效的防范治理和打击惩治措施；有利于公安司法机关在刑事诉讼中准确适用有关法律，依法严厉惩治有组织犯罪，同时规范执法工作，防止拔高扩大，保证执法统一；有利于社会公众认清有组织犯罪、恶势力组织的本质，同黑恶势力犯罪进行坚决斗争；也有利于我国开展反有组织犯罪领域的国际交流和合作。本条第一款、第二款对本法所称的有组织犯罪和恶势力组织的概念作了规定。

有组织犯罪是世界范围内普遍存在的现象，在美国、欧洲、日本等国家和我国香港、台湾等地区都不同程度的存在一些黑社会组织。改革开放后，这些境外的黑社会组织到我国境内进行发展渗透，派人发展组织成员，以及在境内外实施犯罪，侵犯我国国家或者公民权益的情形时有发生。1997 年《刑法》第二百九十四条第二款规定了入境发展黑社会组织的犯罪，即境外的黑社会组织的人员到中华人民共和国境内发展组织成员的犯罪及其刑事责任。在我国坚持和扩大改革开放、国际交往更加密切、日益走进世界舞台中央的背景下，加强对境外的黑社会组织涉我国犯罪活动的防范和惩治，对于维护我国家安全和利益，具有重要意义。根据党中央统筹推进国内法治和涉外法治，加快我国法域外适用的法律体系建设的精神，本条第三款对境外的黑社会组织有关法律适用问题作了明确规定。

（二）审议中各方面的意见

提请全国人大常委会审议的草案一审稿第二条中规定了恶势力组织的概念。有的常委委员、地方和部门提出，草案关于恶势力组织概念的界定，与扫黑除恶专项斗争中的有关指导意见和实践中掌握的标准不尽一致，可能导致将恶势力犯罪泛化到一般的团伙犯罪，打击面过大。同时，有组织犯罪的概念应明确与境外黑社会组织有所区别，并处理好对境外黑社会组织的法律适用问题。立法机关经研究，根据专项斗争的实践经验，在恶势力组织的概念中增加了“在一定区域或者行业领域内”“扰乱经济、社会生活秩序，造成较为恶劣的社会影响”的特征条件；增加一款，明确境外黑社会组织的法律适用问题。

在反有组织犯罪法起草和审议工作过程中，还有的意见提出修改补充刑法，或者在反有组织犯罪法中作出规定，将组织、领导恶势力组织的行为规定为犯罪。立法机关会同有关方面研究认为，恶势力组织虽然具有社会危害性，但尚未形成黑社会性质组织，在刑法关于共同犯罪、集团犯罪范畴内进行评价，是适当的。从专项斗争的实践检验来看，对其依照刑法关于共同犯罪、犯罪集团的规定处理，按照其实施的具体犯罪定罪处罚，是能够做到罚当其罪的。恶势力组织的社会危害性与恐怖活动组织和黑社会性质组织相比，还是存在明显区别的。综合考虑，没有增加组织、领导恶势力组织的犯罪。

（三）有关国家和地区的规定

从国际公约和域外规定来看，“有组织犯罪”在国际上的英文表述一般是“organized crime”。国外理论和实务界对有组织犯罪概念的界定，长期以来无法达成共识。迄今为止，在世界范围内尚无精确、统一的定义。

2000 年联合国通过了《联合国打击跨国有组织犯罪公约》。该公约指出，有组织犯罪集团系指“由三人或多人所组成的，在一定时期存在的，为了实施一项或多项严重犯罪或根据本公约确立的犯罪以直接或间接获得金钱或其他物质利益而一致行动的集团”。这一定义主要考虑适用的广泛性，即适用于不同国家，能提示出世界各国的有组织犯罪的最具普遍性的特征：一是有组织犯罪的主体人数的限定性，必须是三人以上；二是有组织犯罪的主观方面是以牟利为目的；三是有组织犯罪在客观方面表现为实施暴力或其他方法。

不同国家对有组织犯罪的概念界定方式有所不同。有的国家规定了有组织犯罪的概念，有的国家则没有规定有组织犯罪的概念，而只是对一些特定的有组织犯罪，如黑社会犯罪进行界定。美国、俄罗斯等国对有组织犯罪的概念进行界定，黑社会性质犯罪只是其中的一种犯罪。如美国 1970 年制定的《有组织犯罪控制法》，将有组织犯罪界定为：“一个从事提供非法商品和非法服务，其中包括但不限于赌博、卖淫、高利贷、毒品、劳工欺诈以及其他该组织成员的非法活动的高度组织化、纪律化的社会团体。”有些国家和地区没有规定有组织犯罪的概念，而是直接规定某种类型的有组织犯罪，如日本的暴力团、意大利的黑手党、中国香港地区的三合会等。

条文解读

本条共分为三款。第一款是关于本法所称有组织犯罪概念的规定。根据本款规定，本法所称有组织犯罪，是指《中华人民共和国刑法》第二百九十四条规定的组织、领导、参加黑社会性质组织犯罪，以及黑社会性质组织、恶势力组织实施的犯罪。这里使用“本法所称”的限定词，是考虑到理论研究和实践中对“有组织犯罪”这一概念存在不同理解，本款规定是明确本法中使用的“有组织犯罪”概念的含义，明确本法设定的法律制度规范的适用范围。在本法规定以外的其他领域，还存在黑社会性质组织、恶势力组织犯罪以外的有组织的犯罪活动，不同语境下“有组织犯罪”的含义可能有所区别。本款规定的“有组织犯罪”具体包括三个方面的犯罪：

一是《刑法》第二百九十四条规定的组织、领导、参加黑社会性质组织犯罪，即《刑法》第二百九十四条第一款规定的犯罪。《刑法》第二百九十四条是1997年制定的，2011年通过的《刑法修正案（八）》作过一次修改。根据该条规定，组织、领导、参加黑社会性质组织犯罪，只要有组织、领导或者参加黑社会性质组织的行为，就可以构成犯罪，不要求有其他具体的犯罪行为，具体包括组织黑社会性质组织、领导黑社会性质组织、参加黑社会性质组织三种犯罪行为。参加黑社会性质组织的犯罪行为，根据具体情节，又可以分为积极参加和其他参加两种情形。所谓“组织”黑社会性质组织，是指倡导、发起、策划、建立黑社会性质组织的组织行为。实施组织黑社会性质组织犯罪的，一般是黑社会性质组织的建立者，以及在发展壮大黑社会性质组织中发挥重要作用的人员等核心成员。“领导”黑社会性质组织，是指在黑社会性质组织中处于领导地位，对该组织的发展、运行、活动进行策划、决策、指挥、协调、管理的行为。黑社会性质组织的组织者、领导者既包括通过一定形式产生的有明确的“职务”、称谓的组织者、领导者，也包括在黑社会性质组织中事实上的组织者、领导者。“积极参加”黑社会性质组织，是指积极、主动参加黑社会性质组织的行为，包括多次积极参与该组织的违法犯罪活动，或者在违法犯罪活动中作用突出，或者在组织中起重要作用等。“其他参加”黑社会性质组织的，是指黑社会性质组织的一般参加者，即黑社会性质组织中除组织、领导和积极参加者外，还有其他参加该组织的成员。《刑法》第二百九十四条第一款根据黑社会性质组织的组织者、领导者、积极参加者和一般参加者在黑社会性质组织中所处的地位、所起的作用，分别规定了刑罚。对组织、领导黑社会性质的组织的，处七年以上有期徒刑，并处没收财产；对积极参加的，处三年以上七年以下有期徒刑，可以并处罚金或者没收财产；对其他参加的，处三年以下有期徒刑、拘役、管制或者剥夺政治权利，可以并处罚金。

关于黑社会性质组织的特征，《刑法》第二百九十四条第五款在有关法律解释的基础上作了规定，具体包括四个方面的特征：

1. 组织特征，即形成较稳定的犯罪组织，人数较多，有明确的组织者、领导者，骨干成员基本固定。形成较稳定的犯罪组织，主要是指组织形成后，在一定时期内持续存在。对于存在、发展时间过短、犯罪活动尚不突出的，或者本条第二款规定的尚未形成黑社会性质组织的恶势力组织，或者为了某一具体目的而形成的犯罪集团等，都不属于黑社会性质组织。

2. 经济特征，即有组织地通过违法犯罪活动或者其他手段获取经济利益，具有一定的经济实力，以支持该组织的活动。有组织地通过违法犯罪活动或者其他手段获取经济利益，主要是指有组织地通过违法犯罪活动或者其他不正当手段获取经济利益；由组织成员提供或者通过其他单位、组织、个人的资助获取经济利益，也包括通过合法的经营活动获取经济利益。具有一定的经济实力，既包括通过上述方式获取一定数量的经济利益，也包括可以调动一定规模的经济资源用以支持该组织活动的能力。

3. 行为特征，即以暴力、威胁或者其他手段，有组织地多次进行违法犯罪活动，为非作恶，欺压、残害群众。使用暴力、威胁手段是黑社会性质组织实施违法犯罪活动的基本手段。对于一些暴力、威胁色彩虽不十分明显，但实际是以组织的势力、影响和能力为依托，以暴力、威胁的现实可能性为基础，对他人形成心理强制，足以限制人身自由、危及人身财产安全，影响正常社会秩序、经济秩序的手段，如有组织地进行滋扰、纠缠、哄闹、聚众造势等“软暴力”手段，根据本法第二十三条第二款的规定，可以认定为有组织犯罪的犯罪手段。有组织地多次进行违法犯罪活动，为非作恶，欺压、残害群众，主要是指为确立、维持、扩大组织的势力、影响、利益或者按照组织要求多次实施违法犯罪活动，侵犯不特定多数人的人身权利、民主权利、财产权利，破坏经济秩序、社会秩序。

4. 危害性特征，即通过实施违法犯罪活动，或者利用国家工作人员的包庇或者纵容，称霸一方，在一定区域或者行业内，形成非法控制或者重大影响，严重破坏经济、社会生活秩序。利用国家工作人员的包庇或者纵容，是许多黑社会性质组织的共同特征，但不是认定黑社会性质组织的必要条件。在一定区域或者行业内，形成非法控制或者重大影响，严重破坏经济、社会生活秩序，包括对一定行业的生产、经营形成垄断，或者对涉及一定行业的准入、经营、竞争等经济活动形成重要影响的；插手民间纠纷、经济纠纷，在相关区域或者行业内造成严重影响的；干扰、破坏他人正常生产、经营、生活，并在相关区域或者行业内造成严重影响的；利用组织的势力、影响，帮助组织成员或他人获取政治地位，或者在党政机关、基层组织中担任一定职务的等。犯罪组织应当同时具备上述四个方面的特征，才能认定为黑社会性质组织。

二是黑社会性质组织实施的犯罪，即黑社会性质组织实施的刑法规定的具体犯罪。包括黑社会性质组织的组织者、领导者直接组织、策划、指挥、参与实施的犯罪；为该组织争夺势力范围，打击竞争对手、形成强势地位、谋取经济利益、树立非法权威、扩大非法影响、寻求非法保护、增强犯罪能力等实施的犯罪；黑社会性质组织成员为逞强称霸、插手纠纷、报复他人、替人行凶、非法敛财而实施的犯罪等。从扫黑除恶专项斗争实践来看，重点打击的黑社会组织的犯罪活动包括：威胁政治安全特别是政权安全、制度安全以及向政治领域渗透；把持基层政权、操纵破坏基层换届选举、垄断农村资源、侵吞集体资产；利用家族、宗族势力横行乡里、称霸一方、欺压残害百姓；在征地、租地、拆迁、工程项目建设等过程中煽动闹事；在建筑工程、交运运输、矿产资源、渔业捕捞等行业、领域，强揽工程、恶意竞标、非法占地、滥开滥采；在商贸集市、批发市场、车站码头、旅游景区等场所欺行霸市、强买强卖、收保护费；操纵、经营“黄赌毒”等违法犯罪活动；非法高利放贷、暴力讨债；插手民间纠纷，充当“地下执法队”；组织或雇用网络“水军”在网上威胁、恐吓、侮辱、诽谤、滋扰等。涉及较多的犯罪不仅包括公安机关管辖的故意杀人、故意伤害、抢劫、抢夺、绑架、非法拘禁、诈骗、敲诈勒索、聚众斗殴、聚众扰乱社会秩序、故意毁坏财物、强迫交易、寻衅滋事、串通投标、开设赌场、组织、强迫卖淫等犯罪，还包括监察机关管辖的行贿犯罪。在扫黑除恶专项斗争中，对各种黑恶犯罪严厉打击的同时，重点对这些类型的犯罪活动进行打击，并取得了切实的成效，政治效果、法律效果、社会效果突出。

三是恶势力组织实施的犯罪，即恶势力组织实施的刑法规定的具体犯罪。本条第二款对恶势力组织的概念作了规定。

第二款是关于本法所称恶势力组织概念的规定。根据本款规定，本法所称恶势力组织，是指经常纠集在一起，以暴力、威胁或者其他手段，在一定区域或者行业领域内多次实施违法犯罪活动，为非作恶，欺压群众，扰乱社会秩序、经济秩序，造成较为恶劣的社会影响，但尚未形成黑社会性质组织的犯罪组织。这一概念总结了专项斗争经验，明确了恶势力组织应当具有的特征。对恶势力组织的特征，可以从三个方面的具体特征和一个总体特征来把握：

三个方面的具体特征：1. 组织特征，即经常纠集在一起，具有一定的组织性。这是恶势力组织区别于为特定犯罪目的临时形成的犯罪组织的特征。根据《关于办理恶势力刑事案件若干问题的意见》，恶势力一般为 3 人以上，纠集者相对固定。纠集者，是指在恶势力实施的违法犯罪活动中起组织、策划、指挥作用的违法犯罪分子。

2. 行为特征，即以暴力、威胁或者其他手段，在一定区域或者行业领域内多次实施违法犯罪活动，为非作恶，欺压群众。暴力、威胁也是恶势力组织实施犯罪的基本手段，“其他手段”也包括本法第二十三条第二款规定的软暴力手段。“行业领域”既包括交通运输、资源开采、集贸市场等合法行业，也包括黄赌毒等非法领域。“多次实施违法犯罪活动”，根据《关于办理恶势力刑事案件若干问题的意见》，是指于二年之内，以暴力、威胁或者其他手段，在一定区域或者行业内多次实施违法犯罪活动，其中至少应包括一次犯罪活动；且包括纠集者在内，至少应有二名相同的成员多次参与实施违法犯罪活动。

3. 危害性特征，即扰乱社会秩序、经济秩序，造成较为恶劣的社会影响。这一规定要求犯罪组织的违法犯罪行为对社会秩序、经济秩序造成一定的危害后果，形成一定的恶劣影响。根据《关于办理恶势力刑事案件若干问题的意见》，认定这一特征，应当结合侵害对象及其数量、违法犯罪次数、手段、规模、人身损害后果、经济损失数额、违法所得数额、引起社会秩序混乱的程度以及对人民群众安全感的影响程度等因素综合把握。

一个总体特征是尚未形成黑社会性质组织。即恶势力组织在组织上还不及黑社会性质组织严密稳定，在行为上不及黑社会性质组织恶劣，在危害性上不及黑社会性质组织的非法控制或者重大影响，更不具备黑社会性质组织的经济特征。从犯罪组织发展的规律来看，恶势力组织是黑社会性质组织的前身、雏形，如果不加以打击惩治，很可能在一段时期后发展为黑社会性质组织。

第三款是关于境外黑社会组织法律适用的规定。本款规定的“境外的黑社会组织”，既包括外国的黑社会组织，也包括我国香港、澳门和台湾地区的黑社会组织。本款规定境外的黑社会组织适用本法的情形有三种。一是到中华人民共和国境内发展组织成员，即境外的黑社会组织通过引诱、拉拢、腐蚀、暴力、威胁、贿赂等手段，在我国境内将境内或者境外人员吸收为该组织的成员。二是到中华人民共和国境内实施犯罪，即到我国境内实施我国刑法规定的犯罪行为。三是在境外对中华人民共和国国家或者公民犯罪。即在境外实施危害我国国家安全和利益或者我国公民权利的犯罪行为。需要说明的是，对于第三类犯罪行为追究刑事责任的，仍然要符合《刑法》第八条规定的条件。本款规定的“适用本法”，是指对境外的黑社会组织实施的这些犯罪行为，可以适用本法规定的工作原则、预防和治理措施和案件办理、涉案财产认定和处置程序等。具体来说，按照举轻以明重的精神，本法对黑社会性质组织犯罪规定的特别措施，境外黑社会组织犯罪都可以适用。

在该条的理解适用中，需要注意以下问题：

第一，对于黑社会性质组织和恶势力组织的认定，应当按照以事实为根据、以法律为准绳的原则，按照犯罪组织几个方面的特征准确把握和认定。既不能放纵犯罪，也不能“拔高凑数”。

第二，组织、领导恶势力组织虽然不是一种独立的犯罪，对恶势力组织应当按照其实施的具体犯罪行为确定罪名，但本法对恶势力组织及其首要分子的处理规定了一些特殊的制度，如第二十条规定的从业审查监管措施，第三十五条第二款规定的异地执行刑罚措施等。因此，将犯罪组织认定为恶势力组织的，人民法院应当按照有关规定在裁判文书中明确表述，使后续有关制度的适用有明确依据。

第三，对于恶势力组织，符合刑法规定的犯罪集团认定条件的，应当认定为犯罪集团。对于组织、领导犯罪集团的首要分子，应当按照集团所犯的全部罪行处罚。尚不构成犯罪集团的，对其组织成员实施的犯罪行为，应当按照刑法关于一般共同犯罪的规定处理。

相关规定

《中华人民共和国刑法》第二百九十四条；《全国人民代表大会常务委员会关于〈中华人民共和国刑法〉第二百九十四条第一款的解释》；《最高人民法院、最高人民检察院、公安部、司法部关于办理黑恶势力犯罪案件若干问题的指导意见》第一条至第十一条、第十四条至第十六条；《最高人民法院、最高人民检察院、公安部、司法部关于办理恶势力刑事案件若干问题的意见》第四条至第十二条

第三条　反有组织犯罪工作应当坚持总体国家安全观，综合运用法律、经济、科技、文化、教育等手段，建立健全反有组织犯罪工作机制和有组织犯罪预防治理体系。

条文主旨

本条是关于反有组织犯罪工作方针的规定。

立法背景

（一）起草背景

反有组织犯罪法总则在明确了有组织犯罪、恶势力组织等基本概念后，用几个条文对反有组织犯罪工作的方针和原则作了规定，对本法其他章节和实践中开展反有组织犯罪工作起指导作用。

近些年来，随着我国经济社会的发展和国际地位的提高，我国的国家安全面临新的形势和挑战，我们对国家安全的认识也不断深化和发展。当前我国国家安全内涵和外延比历史上任何时候都要丰富，时空领域比历史上任何时候都要宽广，内外因素比历史上都要复杂。党的十八大以来，以习近平同志为核心的党中央对维护国家安全工作作出了新的重要决策和部署，并提出了新的总体国家安全观。党的十八届三中全会决定成立中央国家安全委员会。2014 年 4 月 15 日，习近平总书记主持召开中央国家安全委员会第一次会议。他强调，要准确把握国家安全形势变化新特点、新趋势，坚持总体国家安全观，走出一条中国特色国家安全道路。新的总体国家安全观，既包括传统安全，也包括非传统安全；既重视发展问题，又重视安全问题；既重视自身安全，又重视共同安全，要构建集政治安全、国土安全、军事安全、经济安全、文化安全、社会安全、科技安全、信息安全、生态安全、资源安全、核安全等于一体的国家安全体系。2015 年 7 月 1 日，十二届全国人大常委会第十五次会议通过了《国家安全法》，以总体国家安全观为指导，对新形势下国家安全基础法律制度作了规定。反有组织犯罪工作直接关系维护国家政治安全、经济安全、社会安全和人民安全，应当坚持以总体国家安全观为指导，本条对反有组织犯罪工作的这一基本方针作了规定。

反有组织犯罪工作既包括依法对黑社会性质组织和恶势力组织的违法犯罪活动进行惩治，还要对滋生和助长有组织犯罪的行业乱象等土壤进行治理，对国家工作人员涉黑涉恶的职务犯罪进行惩治和预防，建立预防有组织犯罪发生的长效机制，对相关行业、重点单位和普通公众进行宣传教育，提高他们识别和抵制有组织犯罪，与有组织犯罪进行斗争，积极支持协助党委政府、政法机关开展反有组织犯罪工作的意识和能力。这些工作涉及面广，不是一个部门、一种工作方式就可以完成的。这一方面需要综合运用各种工作手段，另一方面还需要在党的统一领导下，建立健全有关部门各司其职、互相配合的科学合理的反有组织犯罪工作机制和有组织犯罪预防治理体系，凝聚共识，形成合力，将中国特色社会主义制度优势转化为反有组织犯罪领域的治理效能，推进这一领域国家治理体系和治理能力的现代化。

2018 年 1 月，中共中央、国务院《关于开展扫黑除恶专项斗争的通知》中提出，要在各级党委领导下，发挥社会治安综合治理优势，推动各部门各司其职、齐抓共管，综合运用各种手段预防和解决黑恶势力违法犯罪的突出问题。在专项斗争期间，党中央成立了全国扫黑除恶专项斗争领导小组。2021 年，中共中央办公厅、国务院办公厅《关于常态化开展扫黑除恶斗争巩固专项斗争成果的意见》中提出，不断完善党委领导、政府负责、民主协商、社会协同、公众参与、法治保障、科技支撑的社会治理体系。参照原有全国扫黑除恶专项斗争领导小组组成和分工，中央成立全国扫黑除恶斗争领导小组及其办公室，各级党委和有关部门保留相应领导和办事机构。本条根据党中央决策部署和专项斗争经验，对综合运用多种手段开展反有组织犯罪工作，建立健全反有组织犯罪工作机制和有组织犯罪预防治理体系的工作方针作了规定。

（二）审议中各方面的意见

反有组织犯罪法草案审议和征求意见过程中，有的地方和部门建议增加反有组织犯罪专门机构的规定，立法机关经会同有关方面研究，在本条中增加了“建立健全反有组织犯罪工作机制”的规定。

提请全国人大常委会审议的《反有组织犯罪法（草案）》一审稿第三条中规定，反有组织犯罪应当“贯彻落实全面依法治国基本方略”。有的单位提出，“全面依法治国基本方略”具有全局性、战略性、基础性，内涵丰富，在本条中规定针对性不强。考虑到本法第五条对反有组织犯罪工作应当依法进行已作了规定，在本条中删去了“贯彻落实全面依法治国基本方略”的表述。

条文解读

本条主要规定了三个方面的反有组织犯罪工作方针：

一是反有组织犯罪工作应当坚持总体国家安全观。这是对反有组织犯罪工作具有全局性意义的指导方针。国家安全法根据党中央战略决策，对总体国家安全观的含义作了明确规定。《国家安全法》第三条规定，国家安全工作应当坚持总体国家安全观，以人民安全为宗旨，以政治安全为根本，以经济安全为基础，以军事、文化、社会安全为保障，以促进国际安全为依托，维护各领域国家安全，构建国家安全体系，走中国特色国家安全道路。反有组织犯罪工作坚持总体国家安全观，要提高政治站位，从维护国家安全、巩固党的执政地位，确保人民安居乐业、社会安定有序、国家长治久安的角度认识反有组织犯罪工作。同时要注重维护好各领域的国家安全。践行以人民为中心的发展思想，通过依法惩治和预防有组织犯罪活动，同时规范执法活动、约束执法权力，切实维护人民安全和人民群众的获得感、幸福感、安全感。维护国家政治安全，着重打击黑恶势力威胁政权安全、制度安全的犯罪活动，抵制黑恶势力向基层群众性自治组织、基层政权机关、协商机构的渗透，及时发现和惩治国家工作人员队伍中黑恶势力的保护伞、“两面人”。维护经济安全，打击黑恶势力欺行霸市、强买强卖等扰乱市场秩序的违法犯罪活动，打破其对特定行业领域的非法控制和影响，维护社会主义市场经济秩序，优化营商环境。维护社会安全，通过常态化扫黑除恶净化社会风气，实现社会和谐稳定。

二是反有组织犯罪工作应当综合运用法律、经济、科技、文化、教育等手段。综合运用法律、经济、科技、文化、教育等手段，是指在反有组织犯罪工作中，要充分发挥专门机关和其他有关机关反有组织犯罪职能的作用，也要广泛动员公民和组织，防范、制止有组织犯罪活动；既要做好对涉黑涉恶违法犯罪活动的打击处理，又要做好宣传教育、安全防范等工作；既要依照法律规定和法定程序惩治有组织犯罪，又要运用道德、文化的力量教育群众，实现法安天下，德润人心。法律手段，主要是指依法办理有组织犯罪案件、认定和处置涉案财产，如本法第三章、第四章的有关规定。经济手段，包括在经济上对有组织犯罪活动进行制裁，实现“打财断血”，防止死灰复燃，也包括在经济领域对有关行业乱象进行治理，铲除有组织犯罪滋生的土壤。科技手段，包括运用现代信息技术、大数据等方法对有组织犯罪线索进行分析研判，在侦查有组织犯罪案件中使用技术手段等。文化手段，包括运用多种文化形式进行反有组织犯罪宣传，本法第十条第三款规定了有关单位的职责。教育手段，包括运用多种形式对未成年人、特定行业从业人员和社会公众进行反有组织犯罪教育，本法第十一条规定了教育行政部门、学校的相关职责。这些手段不是相互严格区分的，而是互相交叉融合，需要综合运用，统筹考虑。

三是反有组织犯罪工作应当建立健全反有组织犯罪工作机制和有组织犯罪预防治理体系。反有组织犯罪工作机制和有组织犯罪预防治理体系，是指在党的统一领导下，有关部门认真履行职责、互相配合，发动基层群众性组织、企业事业单位、社会组织和人民群众广泛参与，预防有组织犯罪滋生、依法惩治有组织犯罪活动的长效机制体系。按照党中央常态化开展扫黑除恶斗争的决策部署，这一工作机制和预防治理体系主要包括六个方面：一是源头治理的防范整治机制，二是智能公开的举报奖励机制，三是“打早打小”的依法惩处机制，四是精准有效的督导督办机制，五是激励约束的考核评价机制，六是持续推进的组织领导机制。本条提出了建立健全这些机制的工作方针，对本法的有关规定和扫黑除恶斗争实践起指导引领作用。

相关规定

《中华人民共和国国家安全法》第三条

第四条　反有组织犯罪工作应当坚持专门工作与群众路线相结合，坚持专项治理与系统治理相结合，坚持与反腐败相结合，坚持与加强基层组织建设相结合，惩防并举、标本兼治。

条文主旨

本条是关于反有组织犯罪工作原则的规定。

立法背景

（一）起草背景

在长期以来与黑恶势力犯罪活动的斗争实践中，特别是2018年以来的扫黑除恶专项斗争和常态化扫黑除恶斗争的实践中，各级党委政府、政法机关等国家机关形成并坚持了一系列经过实践检验行之有效的基本原则和经验、做法，这些原则、经验和做法对我们在与黑恶势力犯罪活动的斗争中取得成效，对扫黑除恶专项斗争取得重大胜利，发挥了重要的指导和保障作用。在今后的常态化扫黑除恶斗争中，面对新形势新任务，要保障反有组织犯罪工作继续高效规范开展、从胜利走向胜利，一方面需要在斗争中不断地总结新的经验做法，另一方面也需要及时将已经确立的原则、制度在法律上确定下来，以提升我们反有组织犯罪工作的能力水平，动员各方面力量广泛参与常态化扫黑除恶工作，全面治理、综合施策，切实筑牢防范、制止和惩治有组织犯罪的防线，维护国家安全、社会秩序、经济秩序，保护公民和组织的合法权益。

2018年1月，中共中央、国务院《关于开展扫黑除恶专项斗争的通知》对专项斗争应当坚持的原则都提出了明确要求，如坚持以人民为中心的发展思想，把专项治理和系统治理、综合治理、依法治理、源头治理结合起来，把打击黑恶势力犯罪和反腐败、基层“拍蝇”结合起来，把扫黑除恶和加强基层组织建设结合起来等。2021 年，中共中央办公厅、国务院办公厅《关于常态化开展扫黑除恶斗争巩固专项斗争成果的意见》对常态化扫黑除恶斗争的相关原则再次作了强调。专项斗争中中央政法机关等制定的有关司法政策文件也体现了这些原则。2021 年，党中央还针对加强基层治理体系和治理能力现代化建设、防范和整治“村霸”专门出台了文件。本条根据党中央文件精神，总结专项斗争的实践经验，对反有组织犯罪工作的原则作了规定。

(二) 审议中各方面的意见

提请全国人大常委会审议的《反有组织犯罪法（草案）》一审稿第四条规定，反有组织犯罪应当坚持专门工作与群众路线相结合，坚持与反腐败相结合，坚持与加强基层组织建设相结合，打早打小、除恶务尽，惩防并举、标本兼治。在草案审议和征求意见过程中，有的部门建议将“反有组织犯罪”修改为“反有组织犯罪工作”。有的意见提出，“打早打小、除恶务尽”不是法律语言，建议删除。立法机关经研究，采纳了上述意见。

条文解读

本条主要规定了五个方面的反有组织犯罪工作原则：

一是反有组织犯罪工作应当坚持专门工作与群众路线相结合。黑恶势力犯罪对人民生命财产安全和获得感、幸福感造成严重威胁，与有组织犯罪作斗争，必须坚持以人民为中心的发展思想，践行“一切为了群众、一切依靠群众”“从群众中来，到群众中去”的群众路线，实行专门工作与群众路线相结合。专项斗争的实践证明，这是我们克敌制胜的重要法宝，具有鲜明的中国特色，是做好反有组织犯罪工作必须长期坚持的重要原则。《国家安全法》第九条规定，维护国家安全，应当坚持预防为主、标本兼治，专门工作与群众路线相结合，充分发挥专门机关和其他有关机关维护国家安全的职能作用，广泛动员公民和组织，防范、制止和依法惩治危害国家安全的行为。《刑事诉讼法》第六条中规定，人民法院、人民检察院和公安机关进行刑事诉讼，必须依靠群众。本条规定的这一原则与国家安全法和刑事诉讼法的规定是衔接一致的。

在反有组织犯罪工作中坚持专门工作与群众路线相结合，要求一方面要根据有组织犯罪的规律和特点，组织专门的机关，采取专门的措施和手段。专门机关应当在各自职责范围内积极开展工作。另一方面各专门机关都要广泛动员、组织群众，积极争取人民群众的理解支持，紧密依靠群众做好针对有组织犯罪活动的安全防范、情报信息、案件侦查、行业整治等方面的工作。对此，本法作了一些具体规定。本法第六条第二款规定，有关部门应当动员、依靠村民委员会、居民委员会、企业事业单位、社会组织，共同开展反有组织犯罪工作。第七条规定，任何单位和个人都有协助、配合有关部门开展反有组织犯罪工作的义务。国家依法对协助、配合反有组织犯罪工作的单位和个人给予保护。第八条规定，国家鼓励单位和个人举报有组织犯罪。对举报有组织犯罪或者在反有组织犯罪工作中作出突出贡献的单位和个人，按照国家有关规定给予表彰、奖励等。

二是反有组织犯罪工作应当坚持专项治理与系统治理相结合。“专项治理”是指针对黑恶势力犯罪活动滋生和蔓延的具体领域、具体问题，精准施策，“靶向治疗”，解决突出问题，化解风险隐患。“系统治理”是指从犯罪控制和社会治理的全局着眼，综合运用多种措施手段，从源头上减少和预防有组织犯罪。专项治理与系统治理相结合的原则，体现了整体与局部并重，当前与长远相结合的辩证思维，有利于实现长治久安。本法第二章关于预防和治理的规定，特别是关于重点行业治理的规定体现了这一原则。

三是反有组织犯罪工作应当坚持与反腐败相结合。我国的社会治理体系和政府与社会的关系与西方不同，从多年来扫黑除恶斗争的实践经验来看，虽然“保护伞”的存在不是认定黑社会性质组织的必要条件，但黑恶势力的发展壮大，离不开掌握相关领域公权力的公职人员的包庇纵容甚至参与。扫黑除恶专项斗争取得胜利的重要经验，就是坚持政法机关与纪检监察机关密切协作配合，对黑恶势力与保护伞“一案双查”。专项斗争中共立案查处涉黑涉恶腐败和“保护伞”案件 81366 件共 97802 人。本条规定的反有组织犯罪与反腐败相结合原则，就是强调要根据党中央全面从严治党的要求，发扬自我革命精神，对有组织犯罪与相关的公职人员职务违法犯罪一并处理，既惩治黑恶犯罪，又清除干部队伍中的害群之马。本法对国家工作人员涉有组织犯罪的处理专章作出规定，体现了这一原则。

四是反有组织犯罪工作应当坚持与加强基层组织建设相结合。这里规定的“基层组织”，是指基层群众性自治组织，即村民委员会、居民委员会。从扫黑除恶斗争的实践来看，向基层组织渗透，把持基层组织、操纵破坏基层选举，通过基层组织的资源攫取非法利益，横行乡里、称霸一方、欺压残害群众，是黑恶组织常见的犯罪手法。在专项斗争中，查处了一大批“村霸”。党委组织部门、民政、公安等部门密切配合，建立对村民委员会、居民委员会成员候选人资格的联审机制，坚决防止涉黑涉恶人员进入基层群众性自治组织，并取得了良好效果。本条规定的反有组织犯罪与加强基层组织建设相结合的原则体现了这方面的经验。要通过加强基层组织建设，使基层组织成为党领导下防范有组织犯罪活动的坚固防线。本法第十二条关于基层组织成员候选人资格审查制度的规定，以及其他关于基层组织在反有组织犯罪工作中职责的规定体现了这一原则。

五是反有组织犯罪工作应当惩防并举、标本兼治。这一原则是指既要注重对有组织犯罪活动的依法惩治，又要重视通过多种手段进行反有组织犯罪预防治理。通过惩治和治理两手抓，实现打击和震慑“治标”与建立长效机制“治本”的结合，促进社会长治久安。本条规定的前四项原则都体现了惩防并举、标本兼治的精神。

相关规定

《中华人民共和国国家安全法》第九条；《中华人民共和国刑事诉讼法》第六条

第五条　反有组织犯罪工作应当依法进行，尊重和保障人权，维护公民和组织的合法权益。

条文主旨

本条是关于依法进行反有组织犯罪工作、尊重和保障人权的规定。

立法背景

（一）起草背景

依法治国，是坚持和发展中国特色社会主义的本质要求和重要保障，是实现国家治理体系和治理能力现代化的基本要求。党的十八大以来，以习近平同志为核心的党中央高度重视法治建设，把全面依法治国纳入“四个全面”战略布局。党的十八届四中全会专题研究全面推进依法治国，作出重大决策。党的十九大把全面依法治国纳入习近平新时代中国特色社会主义思想“八个明确”和新时代坚持和发展中国特色社会主义“十四个坚持”基本方略。2020 年 11 月，党中央召开中央全面依法治国工作会议，提出了习近平法治思想，习近平总书记在会议上强调，要坚持全面推进科学立法、严格执法、公正司法。《宪法》第五条第一款规定，中华人民共和国实行依法治国，建设社会主义法治国家。《国家安全法》第七条中规定，维护国家安全，应当遵守宪法和法律，坚持社会主义法治原则。反有组织犯罪工作作为重要的执法司法工作，应当遵循法治原则，严格依法进行。2018 年 1 月，中共中央、国务院《关于开展扫黑除恶专项斗争的通知》中也对坚持严格依法办案，确保办案质量和办案效率的统一，切实把好案件事实关、证据关、程序关和法律适用关，严禁刑讯逼供，防止冤假错案等依法办案的原则提出了明确要求。

《宪法》第三十三条第三款规定，国家尊重和保障人权。《国家安全法》第七条中规定，维护国家安全，应当尊重和保障人权，依法保护公民的权利和自由。《刑事诉讼法》第二条规定的刑事诉讼法的任务包括“尊重和保障人权，保护公民的人身权利、财产权利、民主权利和其他权利”。自2009年以来，我国先后制定了四期《国家人权行动计划》，都提出了执法司法领域尊重和保障人权的具体举措。反有组织犯罪工作中也应当遵循尊重和保障人权的原则，既要严厉惩治有组织犯罪，也要尊重和保障人权。本法赋予了执法司法机关必要的执法权力，同时就要加强对执法权力的规范制约，防止执法手段的不当使用侵害公民和组织的合法权益。这样，反有组织犯罪工作才能真正获得人民群众的拥护和支持，得到胜利的保障。

本条总结扫黑除恶专项斗争经验，与宪法和有关法律的规定相衔接，对反有组织犯罪工作依法进行、尊重和保障人权的原则作出了规定。

（二）审议中各方面的意见

提请全国人大常委会审议的《反有组织犯罪法（草案）》一审稿第五条规定，反有组织犯罪工作严格遵照宪法和法律，以事实为根据，以法律为准绳，贯彻宽严相济的刑事政策，尊重和保障人权，维护公民和组织的合法权益。有的意见提出，“以事实为根据，以法律为准绳，贯彻宽严相济的刑事政策”是办理有组织犯罪案件的原则。在总则中规定的，应当是对包括预防治理、案件办理等方面的反有组织犯罪工作整体上有指导意义的原则。立法机关经研究，采纳了这一意见，将有关办理案件的原则移至第三章“案件办理”中规定，在本条中删去了相关表述。

条文解读

本条主要规定了反有组织犯罪工作两个方面的要求：

一是反有组织犯罪工作应当依法进行。这一规定要求在反有组织犯罪立法和执法司法工作中，应当贯彻党中央全面依法治国的要求，坚持社会主义法治原则。在立法方面，贯彻习近平法治思想和党中央关于常态化扫黑除恶的决策部署，制定反有组织犯罪法，为反有组织犯罪工作提供有力的法治保障和法律武器，同时将反有组织犯罪工作纳入法治轨道进行规范，这体现了依法进行反有组织犯罪工作的原则要求。在执法司法方面，各级人民政府、政法机关和其他有关部门都应当严格执行本法、刑法、刑事诉讼法和其他法律法规的规定，依法开展反有组织犯罪工作。首先，惩治反有组织犯罪要依法进行，要严格按照罪刑法定、罪责刑相适应的原则，根据犯罪的主客观要件、实际危害等情节依法确定罪名和应当承担的法律责任。严格依照法定条件认定黑社会性质组织和恶势力组织，既不放纵，也不拔高凑数。在刑事诉讼的侦查、审查起诉、审判、执行等各个环节严格遵循法律规定的程序。其次，反有组织犯罪工作专门机关和各有关部门开展各项反有组织犯罪工作，应当遵守本法对反有组织犯罪预防和治理、案件办理、涉案财产认定和处置、国家工作人员涉有组织犯罪的处理等制度规定，依照法定的职责分工，严格依照法律确定的条件和程序采取各项反有组织犯罪措施，既不失职，也不越权。

二是反有组织犯罪工作应当尊重和保障人权，维护公民和组织的合法权益。对这一规定，应当从两个方面理解。首先，有组织犯罪是对国家安全、公共安全、人民人身财产权利的重大威胁，强化反有组织犯罪措施，有效地防范和惩治有组织犯罪活动，本身就是国家尊重和保障人权、维护公民和组织合法权益的一个重要方面。同时，执法司法机关应当充分尊重和保障包括犯罪嫌疑人、被告人在内的公民和组织的合法权益，严格执行本法、刑事诉讼法等法律规定的办案程序，严格掌握有关措施的审批权限，慎重采取拘留、逮捕等限制、剥夺人身自由的强制措施和查封、扣押、冻结等对财产的强制措施。要遵循“比例原则”，把握法律政策界限，尽量减少执法办案活动对公民生活和企业生产经营活动的不利影响，维护和优化营商环境。要畅通公民和组织对违法不当办案侵犯其合法权益的申诉、救济渠道，违法办案给公民和组织人身或者财产造成损害的，应当依照国家赔偿法等规定给予赔偿。

本法的许多具体规定都体现了尊重和保障人权，维护公民和组织的合法权益的原则。如第十九条、第二十七条第二款对个人财产及日常活动报告制度、立案前的紧急止付等紧急措施规定较严格的审批权限，第二十二条第三款关于有组织犯罪的犯罪嫌疑人、被告人适用认罪认罚从宽制度的规定，第三十条中关于对犯罪嫌疑人、被告人采取异地羁押措施依法通知其家属和辩护人的规定，第四十一条中关于涉案财物处置应当严格依照法定条件和程序进行、依法保护公民和组织的合法财产权益的规定，第四十九条关于涉案财物处置中保障利害关系人有关诉讼权利的规定，第七章中关于对证人、鉴定人、被害人、举报人、“污点证人”等的保护措施等。执法司法机关应当严格执行这些规定，切实维护公民和组织的合法权益。

相关规定

《中华人民共和国宪法》第五条第一款、第三十三条第三款；《中华人民共和国国家安全法》第七条；《中华人民共和国刑事诉讼法》第二条

第六条 监察机关、人民法院、人民检察院、公安机关、司法行政机关以及其他有关国家机关，应当根据分工，互相配合，互相制约，依法做好反有组织犯罪工作。

有关部门应当动员、依靠村民委员会、居民委员会、企业事业单位、社会组织，共同开展反有组织犯罪工作。

条文主旨

本条是关于有关国家机关的反有组织犯罪工作职责的规定。

立法背景

（一）起草背景

反有组织犯罪工作包括预防治理，有组织犯罪案件侦查、审查起诉、审判和刑罚执行，国家机关工作人员涉有组织犯罪的职务违法、职务犯罪案件的调查处置，工作保障等多个方面和领域，涉及多个部门的职责。对涉及反有组织犯罪工作的有关部门的职责和履职原则、相互关系作出规定，有利于各部门加强统筹协调，形成合力，各司其职、各负其责，共同做好反有组织犯罪工作。

监察机关、人民法院、人民检察院、公安机关、司法行政机关负责有组织犯罪案件和相关职务犯罪案件的办理，是反有组织犯罪工作的核心力量。对这些机关的履职原则和相互关系，我国宪法和有关法律已作了规定。《宪法》第一百二十七条第二款规定，监察机关办理职务违法和职务犯罪案件，应当与审判机关、检察机关、执法部门互相配合，互相制约；第一百四十条规定，人民法院、人民检察院和公安机关办理刑事案件，应当分工负责，互相配合，互相制约，以保证准确有效地执行法律。《监察法》第四条第二款规定，监察机关办理职务违法和职务犯罪案件，应当与审判机关、检察机关、执法部门互相配合，互相制约。《刑事诉讼法》第七条规定，人民法院、人民检察院和公安机关进行刑事诉讼，应当分工负责，互相配合，互相制约，以保证准确有效地执行法律。党中央有关文件和扫黑除恶专项斗争指导文件中对此也有一些规定。党的十八届四中全会通过的《中共中央关于全面推进依法治国若干重大问题的决定》中提出，健全公安机关、检察机关、审判机关、司法行政机关各司其职，侦查权、检察权、审判权、执行权相互配合、相互制约的体制机制。2018 年 1 月，中共中央、国务院《关于开展扫黑除恶专项斗争的通知》中对各部门加强协调配合、各司其职、齐抓共管提出了要求。本法总结扫黑除恶专项斗争经验，与宪法和有关法律规定相衔接，对反有组织犯罪工作中有关国家机关履职原则和相互关系作了规定。

本法第四条中规定，反有组织犯罪工作应当坚持专门工作与群众路线相结合。做好反有组织犯罪工作，除依靠监察机关、人民法院、人民检察院、公安机关、司法行政机关等国家专门机关外，还应当广泛发动基层群众性自治组织、企业事业单位和社会组织等社会力量，联动配合，打好反有组织犯罪的人民战争。在扫黑除恶专项斗争中，许多地方和部门在这方面取得了很好的经验。本条对有关部门动员、依靠社会力量共同开展反有组织犯罪工作也作了明确规定。

（二）审议中各方面的意见

提请全国人大常委会审议的《反有组织犯罪法（草案）》

一审稿第六条规定，监察机关、公安机关、人民检察院、人民法院、司法行政机关以及其他有关国家机关，应当根据分工，互相配合，主动作为，依法共同做好反有组织犯罪工作。有的常委会组成人员、地方、部门和社会公众建议，将本条等条文中的部门排序调整为“监察机关、人民法院、人民检察院、公安机关、司法行政机关”，将部门之间的关系修改为“分工负责、互相配合、互相制约”，与宪法、监察法、刑事诉讼法有关规定相一致。立法机关经研究，采纳了上述意见。

条文解读

本条共分为两款。第一款是关于反有组织犯罪工作中有关国家机关的履职原则和相互关系的规定，主要包括两个方面的内容：

第一，监察机关、人民法院、人民检察院、公安机关、司法行政机关以及其他有关国家机关，应当根据分工，依法开展反有组织犯罪工作。分工明确是开展好反有组织犯罪工作的前提，对于有关国家机关在反有组织犯罪工作中的职责分工，在本法出台前，监察法、刑事诉讼法等法律已经有一些规定，本法从预防和治理、案件办理、涉案财产认定和处置、国家工作人员涉有组织犯罪的处理、国际合作、保障措施等方面，对有关国家机关在上述各方面反有组织犯罪工作中的职责分工作了具体规定。对于本款规定的各国家机关，监察机关负责公职人员涉有组织犯罪的职务违法、职务犯罪的监督、调查、处置。人民法院负责有组织犯罪案件的审判，审核裁定减刑、假释。人民检察院负责有组织犯罪案件的批准逮捕、提起公诉、涉有组织犯罪的司法工作人员有关职务犯罪案件的侦查。公安机关不仅负责有组织犯罪案件的线索核查、侦查、拘留、执行逮捕、预审，还负责会同民政、市场监管等行业主管部门开展基层组织候选人资格审查、行业治理等工作。司法行政机关负责有组织犯罪罪犯的刑罚执行，提请减刑、假释。其他有关国家机关也承担相应的反有组织犯罪工作职责，如教育部门负责对学生进行反有组织犯罪宣传教育，民政部门负责会同有关部门对基层组织候选人资格进行审查，市场监管、金融监管、自然资源、交通运输等行业主管部门负责会同公安机关，对相关行业领域内有组织犯罪情况进行监测分析，对有组织犯罪易发的行业领域加强监督管理等。本条规定的有关国家机关应当依照法定的权限和程序行使职权，共同做好反有组织犯罪工作。

第二，监察机关、人民法院、人民检察院、公安机关、司法行政机关以及其他有关国家机关，在反有组织犯罪工作中应当既互相配合，又互相制约。互相配合，是指有关国家机关在预防和惩治有组织犯罪活动，维护国家安全、社会秩序、经济秩序、保护公民和组织的合法权益方面有着共同的目标，要依照法律规定，在党的统一领导下，在正确履行各自职责的基础上，互相支持，形成合力。共同完成反有组织犯罪工作任务。不能违反法律规定，各行其是，互不通气，甚至互相掣肘。互相制约，是指有关国家机关在反有组织犯罪工作中，特别是监察机关、人民法院、人民检察院、公安机关、司法行政机关在有组织犯罪和相关职务犯罪案件的调查和刑事诉讼中，为防止和及时纠正可能发生的错误，通过程序上的相互制约，以保证案件办理等工作质量，正确适用法律惩治犯罪、保障人权。互相制约主要体现在法律规定的办案程序上，如监察机关调查终结、公安机关侦查终结的案件要由人民检察院进行审查，人民检察院认为不符合起诉条件的，可以作出不起诉决定；监察机关、公安机关认为不起诉决定错误的，有权要求人民检察院复议或者复核。人民检察院提起公诉的案件，由人民法院依法审理作出判决；人民检察院认为人民法院判决确有错误的，有权向上级人民法院提出抗诉。罪犯的减刑、假释，由刑罚执行机关提出建议，人民法院经审查后作出裁定，人民检察院再进行监督。有关行政执法机关移送的涉嫌犯罪线索，对公安机关的侦查工作也形成制约等。有关国家机关互相配合、互相制约，是宪法、监察法、刑事诉讼法的规定，也是多年来执法司法实践经验的总结，对于防止和减少错案发生，让人民群众切实感受到公平正义就在身边，具有重要意义。

第二款是关于有关部门动员、依靠社会力量共同开展反有组织犯罪工作的规定。根据本款规定，有关国家机关应当动员、依靠几个方面的社会力量，共同开展反有组织犯罪工作。一是村民委员会、居民委员会，根据村民委员会组织法、城市居民委员会组织法的规定，村民委员会、居民委员会是城乡居民自我管理、自我教育、自我服务的基层群众性自治组织，都有协助维护社会治安的职责。本法第九条也规定了村民委员会、居民委员会协助人民政府以及有关部门开展有组织犯罪预防和治理工作，具体包括协助党委政府开展反有组织犯罪宣传教育，组织开展治安巡逻，发现有组织犯罪活动线索及时向公安机关报告，协助开展涉有组织犯罪人员的社区矫正、安置帮教工作等。二是企业事业单位。本法规定了电信业务经营者、互联网服务提供者、金融机构和特定非金融机构等企业事业单位配合开展反有组织犯罪工作的职责。三是社会组织，包括社会团体、基金会、社会服务机构等，这些组织可以在协助有关国家机关开展反有组织犯罪宣传教育、社区矫正、行业治理等方面发挥作用。有关国家机关应当依照本款规定，充分动员、依靠社会力量，形成全社会广泛参与反有组织犯罪工作的强大合力。

相关规定

《中华人民共和国宪法》第一百二十七条第二款、第一百四十条；《中华人民共和国监察法》第四条第二款；《中华人民共和国刑事诉讼法》第七条

第七条　任何单位和个人都有协助、配合有关部门开展反有组织犯罪工作的义务。

国家依法对协助、配合反有组织犯罪工作的单位和个人给予保护。

条文主旨

本条是关于单位和个人协助、配合义务及对协助、配合方给予保护的规定。

立法背景

（一）起草背景

反有组织犯罪工作，是关系到国家安全、公共安全和人民群众生命财产安全的一项重要工作。二十世纪以来，犯罪的组织化程度越来越高，有组织犯罪发展和蔓延的态势越来越严重，其策划和实施各种违法犯罪活动，不仅威胁我国政治安全特别是政权安全、制度安全，还给社会的正常治安、生活秩序和经济发展造成了严重破坏。在我国，面对有组织犯罪，特别

是“村霸”、宗族恶势力、“保护伞”以及“软暴力”等犯罪，需要社会各方面通力合作，共同开展反有组织犯罪工作。近年来，有组织犯罪多发频发，所造成的严重后果令人触目惊心，其通过把持基层政权、操纵破坏基层换届选举、垄断农村资源、侵吞集体资产；利用家族、宗族势力横行乡里、称霸一方、欺压残害百姓；在征地、租地、拆迁、工程项目建设等过程中煽动闹事；在重点行业、领域强揽工程、恶意竞标、非法占地、滥开滥采；在商贸集市、批发市场、车站码头、旅游景区等场所欺行霸市、强买强卖、收保护费；操纵、经营“黄赌毒”等违法犯罪活动；非法高利放贷、暴力讨债；插手民间纠纷，充当“地下执法队”；组织或雇用网络“水军”在网上威胁、恐吓、侮辱、诽谤、滋扰等。作为整个社会的一份子，无论是单位还是公民个人，对于反有组织犯罪工作，都有着义不容辞的责任。本条的规定也是本法第四条关于反有组织犯罪工作坚持专门工作与群众路线相结合原则的具体体现。一方面，在反有组织犯罪工作中，负有专门职责的有关部门，应当依靠社会力量，调动人民群众参与反有组织犯罪工作的积极性，取得广大人民群众的积极配合和有力支持。这是做好反有组织犯罪工作的重要条件。另一方面，作为单位和个人，在不断提高对反有组织犯罪工作重要性的认识基础上，也有义务从各个方面积极、主动配合有关部门，做好反有组织犯罪工作。另外，本法第九条还规定，村民委员会、居民委员会应当协助人民政府以及有关部门开展有组织犯罪预防和治理工作。本法第六十一条规定，因举报、控告和制止有组织犯罪活动，在有组织犯罪案件中作证，本人或者其近亲属的人身安全面临危险的，公安机关、人民检察院、人民法院应当按照有关规定，采取相关保护措施。本条规定有利于使反有组织犯罪工作深入基层。

（二）审议中各方面的意见

一审稿中规定，任何单位和个人都有协助、配合有关部门开展反有组织犯罪工作的义务。在常委会审议过程中，有的院校提出，给单位和个人设置普遍性义务的做法缺乏正当性，建议修改为，国家鼓励单位和个人协助、配合有关部门开展反有组织犯罪工作，或者在“协助、配合”前增加“依法”。有的院校建议增加规定适用条件或者规定“法律另有规定的除外”。有的社会公众建议增加规定，国家对协助、配合反有组织犯罪工作的单位、个人实施保护。

在常委会二次审议过程中，有的委员建议增加规定国家对有关单位和个人给予奖励。有的社会公众建议加强相关举报及保护体系建设，对举报人和单位的信息予以保护。

经研究，吸收了部分意见，增加国家对协助、配合反有组织犯罪工作的单位、个人实施保护的规定。本条规定了协助、配合开展反有组织犯罪工作的义务，以及国家对协助、配合反有组织犯罪工作的保护，有利于惩治黑恶势力，机制化、常态化开展扫黑除恶斗争，同时，顺应人民群众期待，作为整个社会的一份子，无论是单位还是公民个人，对于反有组织犯罪工作，都有着义不容辞的责任。落实对协助、配合反有组织犯罪工作的单位和个人保护措施等办法，有利于激发广大人民群众积极配合和有力支持的热情。

（三）有关国家和地区的规定

1. 2000 年 11 月 15 日，第五十五届联合国大会通过了《联合国打击跨国有组织犯罪公约》。这是世界上第一项针对跨国有组织犯罪的全球性公约。公约于 2003 年 9 月 29 日正式生效。

我国于2000年12月12日签署了公约。2003年8月27日，第十届全国人大常委会批准了公约，并声明对公约第三十五条第二款关于通过仲裁和国际法院解决争议条款做出保留。2003年9月23日，我国政府向联合国秘书长交存批准书。公约于2003年10月23日对我国生效。

关于保护证人。《联合国打击跨国有组织犯罪公约》第二十四条规定，各缔约国应采取措施，为证人并酌情为其亲属及其他与其关系密切者提供有效的保护，使其免遭可能的报复或恐吓，包括人身转移、不披露或限制披露身份和下落、允许以确保证人安全的方式如视像连接作证手段提供证言等。

关于帮助和保护被害人。《联合国打击跨国有组织犯罪公约》第二十五条规定，各缔约国应在其力所能及的范围内采取措施，对被害人特别是受到报复威胁或恐吓的被害人提供帮助和保护；应制定适当的程序，使被害人有机会获得赔偿和补偿；应在本国法律允许的情况下，保证被害人的意见和关切在诉讼程序中得到充分表达和考虑。

2. 意大利于1991年通过《证人保护法案》，规定了对合作者及其家属的一系列保护措施，并建立了专门的证人保护系统。一方面，该法案与1991年的《黑手党悔过法》相结合，对于积极指控有组织犯罪的合作者，可以从监禁地点被释放或者被采取监禁替代措施。由证人保护中心负责向被保护人及其家属提供虚假身份、住房、经济来源，帮助其融入社会等。对于脱离黑手党的悔过者及其家属，可以减轻或免除刑事责任，可以获得缓刑或假释等优待，可以享受终身由国家供养的待遇。另一方面，规定证人最大限度出庭作证义务。证人应当依法庭传唤到庭，在诉讼活动中执行法官命令、回答问题；若证人经多次传唤无故拒不到庭的，法官可以下令强制拘留证人。

3. 1960年，美国联邦证人保护项目规定：任何人一旦被确定为证人，立刻被政府纳入证人保护计划中，受到政府全方位保护；同时，对被认定威胁证人的行为人，可以以“威胁证人罪”处以刑罚；一旦被确认事后报复证人的，可以被判处终身监禁。美国1970年《有组织犯罪控制法》的证人制度，规定有组织犯罪案件的污点证人可以通过作证来免于被起诉，同时要求政府为有组织犯罪案件中的证人或潜在证人及他们的家人提供安全保护。1984年，美国又通过《证人保护改革法》，赋予联邦司法部部长保护联邦和州有组织犯罪的证人及其家属的生命财产的权力。对各州有组织犯罪的污点证人保护一般是在赔偿的基础上进行的，司法部部长有权为证人及其家属提供健康、安全及福利方面的帮助。只要危险不排除，他们就可以永远使用政府提供的保护性设施。2000年，美国国会通过了《非法交易和暴力犯罪被害人保护法》，在保护被害人权益的同时，进一步补充和完善了证人保护制度的相关细节。

4. 二十世纪七十年代以前，德国的刑事诉讼程序为了有效追诉犯罪，视证人出庭作证为应尽的义务，疏于对证人的保护。1992年和1998年在打包修改法律时，加强了对证人的保护，规定：一是证人提供住所地可能对证人和其他人员带来危害的，证人可以不告知真实住址、有关身份信息。二是被告人出庭可能妨碍证人真实陈述的，询问证人时，可以要求被告人离庭。三是证人可能遭受危害的，审判长可以决定全部或者部分不公开审理。四是证人接受法庭询问，符合法定情形的，可以在与被告人不同的房间或者在法院以外的其他地方接受询问，并在法庭同步进行视频播放。

条文解读

本条共分为两款。第一款是单位和个人协助、配合开展反有组织犯罪工作的义务规定，即任何单位和个人都有协助、配合有关部门开展反有组织犯罪工作的义务。

根据本款规定，任何单位和个人都有协助、配合有关部门开展反有组织犯罪工作的义务，发现有组织犯罪嫌疑或者有组织犯罪嫌疑人员的，应当依法及时向公安机关或者有关部门报告。任何单位和个人都有协助、配合有关部门开展反有组织犯罪工作的义务。这是要强调反有组织犯罪是一项需要全社会齐心协力、共同努力做好的重要工作。不论是作为单位，包括企业、事业单位、社会团体等，还是作为公民的每一个人，都有协助、配合负有反有组织犯罪工作职责的有关部门，包括监察机关、人民法院、人民检察院、公安机关、司法行政机关以及其他有关国家机关开展反有组织犯罪工作的义务。这些负有反有组织犯罪工作职责的部门均由法律赋予其打击和防范、处置反有组织犯罪的职责，其具体内容及如何开展反有组织犯罪工作，本法第二章、第三章、第四章、第六章等有关章节都有明确的规定。作为单位和个人需要做的，就是积极协助和配合开展反有组织犯罪工作。比如，有关部门在打击反有组织犯罪活动或者查处反有组织犯罪案件时，需要调查取证，或者需要查封、扣押、冻结相关财物，或者需要征用有关场地、交通工具、其他有关物品等，有关单位和个人都应当积极给予协助、配合，而不能借口拖延时间，或者隐瞒事实真相，或者在其他方面不予以协助、配合，更不能加以阻碍。这样规定是因为反有组织犯罪工作非常重要，涉及反有组织犯罪案件是关系到国家安全、政治稳定、公共安全和人民生命财产安全的重大案件，决不能视同儿戏，更不能掉以轻心。只有全社会齐心协力，积极协助和配合好有关部门，才能把反有组织犯罪工作做好。

第二款是对协助、配合开展反有组织犯罪工作的单位和个人给予保护的原则规定，即国家依法对协助、配合反有组织犯罪工作的单位和个人给予保护。在我国，国家利益与人民的根本利益是一致的，反有组织犯罪工作不仅关乎国家命运，也影响人民群众的福祉。公民自觉地、积极地协助、配合有关部门同有组织犯罪活动作斗争，是做好反有组织犯罪工作的基础和保证。反有组织犯罪工作具有复杂性、艰巨性，甚至有很大程度的危险性。协助、配合有关部门反有组织犯罪工作的单位和个人很有可能受到黑恶势力及其“保护伞”的威胁、报复。保护这些单位和个人的人身财产安全，使他们免受侵害，既是做好反有组织犯罪工作的需要，也是反有组织犯罪工作的重要组成部分。通过保护这些单位和个人的人身财产安全，也能进一步取得人民群众的信任，鼓励人民群众同有组织犯罪活动作斗争，更好地维护国家安全、政治稳定、公共安全和人民生命财产安全。本条所说的“单位和个人”是广义的，它包括一切国家机关、武装力量、各政党、各社会团体及企业事业组织和个人。这里所说的“保护”，主要是指对协助、配合反有组织犯罪工作的单位和个人的人身安全、财产安全和其他合法权益加以保护，防止他们遭受侵害。如对其个人信息采取保密措施，对其人身采取专门保护，等等。此外，有关部门在工作中也要注意保护这些单位和个人的合法权益，不能随意侵害他们的合法权益。对此，本法其他条文也有相应规定，如本法第六十一条规定：“因举报、控告和制止有组织犯罪活动，在有组织犯罪案件中作证，本人或者其近亲属的人身安全面临危险的，公安机关、人民检察院、人民法院应当按照有关规定，采取下列一项或者多项保护措施：（一）不公开真实姓名、住址和工作单位等个人信息；（二）采取不暴露外貌、真实声音等出庭作证措施；（三）禁止特定的人接触被保护人员；（四）对人身和住宅采取专门性保护措施；（五）变更被保护人员的身份，重新安排住所和工作单位；（六）其他必要的保护措施。”第六十四条规定：“对办理有组织犯罪案件的执法、司法工作人员及其近亲属，可以采取人身保护、禁止特定的人接触等保护措施。”第六十五条规定：“对因履行反有组织犯罪工作职责或者协助、配合有关部门开展反有组织犯罪工作导致伤残或者死亡的人员，按照国家有关规定给予相应的待遇。”此外，本法还规定，对于实施有组织犯罪的人员配合侦查、起诉、审判等工作，对侦破案件或者查明案件事实起到重要作用的，适用刑事诉讼法中证人保护的规定执行。

《刑事诉讼法》第六十四条规定：“对于危害国家安全犯罪、恐怖活动犯罪、黑社会性质的组织犯罪、毒品犯罪等案件，证人、鉴定人、被害人因在诉讼中作证，本人或者其近亲属的人身安全面临危险的，人民法院、人民检察院和公安机关应当采取以下一项或者多项保护措施：（一）不公开真实姓名、住址和工作单位等个人信息；（二）采取不暴露外貌、真实声音等出庭作证措施；（三）禁止特定的人员接触证人、鉴定人、被害人及其近亲属；（四）对人身和住宅采取专门性保护措施；（五）其他必要的保护措施。证人、鉴定人、被害人认为因在诉讼中作证，本人或者其近亲属的人身安全面临危险的，可以向人民法院、人民检察院、公安机关请求予以保护。人民法院、人民检察院、公安机关依法采取保护措施，有关单位和个人应当配合。”

在该条的理解适用中，需要注意以下问题：

本条规定了单位和个人协助、配合开展反有组织犯罪工作的义务，有关部门在排查、整治、打击有组织犯罪活动嫌疑或者有组织犯罪活动嫌疑人员的，单位和个人应当协助、配合有关部门及时打击，精准打击犯罪活动。

需要指出的是，根据本法规定，对协助、配合开展反有组织犯罪工作的单位和个人给予保护。本法其他条文也有相应规定，如本法第六十一条、第六十四条、第六十五条。对于实施有组织犯罪的人员配合侦查、起诉、审判等工作，对侦破案件或者查明案件事实起到重要作用的，适用刑事诉讼法中证人保护的规定执行。

相关规定

《中华人民共和国刑事诉讼法》第六十四条

第八条　国家鼓励单位和个人举报有组织犯罪。

对举报有组织犯罪或者在反有组织犯罪工作中作出突出贡献的单位和个人，按照国家有关规定给予表彰、奖励。

条文主旨

本条是关于国家鼓励单位和个人举报有组织犯罪，以及对举报或者在工作中作出突出贡献的单位和个人给予表彰、奖励的规定。

立法背景

（一）起草背景

1. 关于对有组织犯罪的举报。扫黑除恶工作始终要求坚持以人民为中心，坚持人民主体地位，紧紧依靠群众。《反有组织犯罪法》第四条规定，反有组织犯罪工作应当坚持专门工作与群众路线相结合，其中，“群众路线”主要是指依靠群众开展工作，实现扫黑除恶过程人民参与、成效人民评价、成果人民共享。在反有组织犯罪工作中，犯罪线索的收集是至关重要的一环，很多重大黑恶犯罪案件，如湖南“操场埋尸”案、上海“小红楼”案等都是通过群众举报获得线索，经过线索核查和研判，发现了犯罪事实、犯罪嫌疑人，再确定为刑事案件立案侦查的。群众的举报在反有组织犯罪工作中至关重要。

为方便单位和个人举报有组织犯罪，在扫黑除恶专项斗争期间，2019 年 5 月 28 日，全国扫黑除恶专项斗争领导小组办公室向社会公开了全国扫黑办智能化举报平台，举报人只需要通过扫描专用二维码、网上搜索“12337”或者点击中国长安网、中央政法委长安剑等举报链接，就可随时随地、方便快捷地登录平台，填写举报人、被举报人、黑恶势力违法犯罪情况和“保护伞”情况等信息，提交成功后全国扫黑办即可实时受理。为鼓励单位和个人举报，全国扫黑办在线索核查反馈方面也下了功夫，除了由公安部和省级扫黑办对线索核查结果进行双重把关之外，还会每月通过系统自动随机选取一定数量的实名举报线索，通过短信方式对举报人进行回访，听取举报人意见。此外，公安部还常年接收对有组织犯罪的举报，在接收后会及时开展统计、分析、研判工作，组织核查或者移送有关主管机关依法办理；有关国家机关接到对有组织犯罪举报的，也会及时移送公安机关等主管机关处理。可以说，单位和个人举报的平台和途径是多样的，国家通过各种措施鼓励单位和个人举报有组织犯罪。

扫黑除恶专项斗争结束后，党中央作出了常态化开展扫黑除恶斗争，巩固专项斗争成果的决策部署，要求在总结现行反有组织犯罪工作体制和实践经验的基础上，进一步建立健全反有组织犯罪工作机制。2021 年，中办、国办印发的《关于常态化开展扫黑除恶斗争巩固专项斗争成果的意见》中强调要畅通线索举报渠道，实行全国扫黑办“12337”智能化举报平台常态化运行，对群众举报的涉黑涉恶线索统一分流转办，实行分级核查和上级复核办结制，建立省市县举报线索核查三级联动机制。考虑到有组织犯罪举报的重要性，有必要在法律中对国家鼓励单位和个人举报有组织犯罪进行明确规定。

2. 关于对举报有组织犯罪或者在反有组织犯罪工作中作出突出贡献的单位和个人给予表彰、奖励。为动员人民群众积极参与扫黑除恶斗争，发动群众举报有组织犯罪及背后的保护伞，有必要建立表彰、奖励制度。此外，对在反有组织犯罪工作中作出突出贡献的单位和个人给予表彰、奖励。在对其工作给予肯定的同时，可以鼓励其他单位和个人学习榜样、学习先进，更加积极有效地开展工作，通过正面宣传，弘扬正气，也有助于形成全社会扫黑除恶的浓厚氛围和风尚，进而有效地调动整个社会、有关单位和个人协助、配合有关部门做好反有组织犯罪工作的积极性。

实践中，为广辟线索来源，鼓励群众积极参与扫黑除恶斗争，根据中央有关政策文件精神，在专项斗争期间，很多省份都出台相关文件，加大了有奖举报的力度，对举报有组织犯罪的单位和个人给予奖励。如2018年9月，湖北省公安厅出台了《关于涉黑涉恶线索有奖举报的指导意见》，其中规定，经公安机关查证线索属实后，立案单位或线索核查单位将根据实际情况给予举报人奖励。对于以涉嫌黑社会性质组织罪立案侦查的，奖励举报人人民币1万元至3万元；以涉嫌黑社会性质组织罪移送审查起诉的，再奖励举报人人民币3万元至5万元；特别重大的黑社会性质组织案件可奖励20万元。同时，立案单位或线索核查单位对于以涉嫌恶势力犯罪集团立案侦查的，奖励举报人人民币1000元至5000元；以涉嫌恶势力犯罪集团移送审查起诉的，再奖励举报人人民币5000元至1万元。此外，还明确，举报线索在侦办特别重大黑恶案件中发挥重要作用的，奖励金额上不封顶。其他省份如陕西省公安厅、财政厅联合出台了《陕西省黑恶违法犯罪线索举报奖励办法》，山东省公安厅、财政厅联合出台了《山东省黑恶霸痞违法犯罪举报奖励办法》等，对举报人的奖励也都有相关规定。

2021年3月29日，三年的扫黑除恶专项斗争结束后，全国扫黑除恶专项斗争总结表彰大会在京召开，表彰全国扫黑除恶专项斗争先进集体、先进个人，总结三年扫黑除恶专项斗争成绩经验。之后，各省、自治区、直辖市的扫黑除恶专项斗争总结表彰大会也陆续召开。通过对专项斗争的显著成效和先进典型的宣传报道，既弘扬了扫黑英模精神，也激发了人民群众与黑恶犯罪作斗争的热情，有助于营造良好社会氛围。

对于上述经验做法，有必要在法律中予以体现，明确对举报有组织犯罪或者在反有组织犯罪工作中作出突出贡献的单位和个人，按照国家有关规定给予表彰、奖励。

（二）审议中各方面的意见

在常委会审议过程中，有的常委会委员建议明确公安机关为接受举报的主体，单位和个人直接向公安机关举报有组织犯罪，会比较便捷。根据本法有关规定，其他机关接到对有组织犯罪的举报的，也需要按照要求及时移送公安机关等主管部门依法处理。若规定直接向公安机关举报，可以省去一道程序，提高工作效率。

有的社会公众建议增加规定，国家对举报有组织违法犯罪行为的单位和个人的信息、隐私进行充分保护、保密，对举报人的安全给予全面保障。有的社会公众建议明确奖励措施、经费保障和实现程序。

条文解读

本条共分为两款。第一款是关于国家鼓励单位和个人举报有组织犯罪的规定。

“举报”是指当事人以外的其他知情人向公安机关、人民检察院、人民法院、全国扫黑办等机关检举、揭发有组织犯罪犯罪嫌疑人的犯罪事实或者犯罪嫌疑人线索的行为。“举报有组织犯罪”，是指举报与有组织犯罪相关的行为，举报的对象包括实施有组织犯罪的组织和个人，也包括有组织犯罪行为背后的“保护伞”。举报的形式是多样的，有关单位和个人可以亲自到有关部门举报，也可以通过信件、邮件、电话、网络平台举报，可以口头提出，也可以书面提出，举报可以实名，也可以匿名。

接收有组织犯罪举报的机关是不特定的，有关单位和个人可以向全国扫黑办、公安机关举报，也可以向法院、检察院以及有关主管部门举报。任何机关接到对有组织犯罪的举报的，都应当依法处理或者移送有关主管部门依法处理。根据全国扫黑办智能化举报平台的工作机制，各省扫黑办可以对省内的举报线索进行核查比对，实现统一分流、交办、督办、反馈，避免重复查办，举报平台还设置了行业领域信息项，有助于发现行业领域内存在的突出问题。本法第二十四条第二款的规定，公安机关接到对有组织犯罪的报案、控告、举报后，应当及时开展统计、分析、研判工作，组织核查或者移送有关主管机关依法处理。根据本法第二十五条的规定，有关国家机关接到对有组织犯罪的举报的，应当及时移送公安机关等主管机关依法处理。此外，我国《刑事诉讼法》第五十七条、第一百一十条至第一百一十二条对公安机关、人民检察院、人民法院对举报应当如何处理，作了详细规定，这些规定对反有组织犯罪的举报的处理同样适用。

本款进一步明确了国家鼓励单位和个人举报有组织犯罪。根据我国《刑事诉讼法》第一百一十条的规定，任何单位和个人发现有犯罪事实或者犯罪嫌疑人，有权利也有义务向公安机关、人民检察院或者人民法院报案或者举报。对于有组织犯罪，知悉情况的有关单位和个人也有权利和义务报案或者举报。为保证相关规定能落到实处，让有关单位和个人消除后顾之忧，勇于与有组织犯罪行为作斗争，本法第六十一条专门规定了对举报人员及其近亲属的保护措施，即因举报有组织犯罪活动，在有组织犯罪案件中作证，本人或者其近亲属的人身安全面临危险的，公安机关、人民检察院、人民法院应当按照有关规定，采取不公开个人信息、出庭保护、禁止特定的人接触、对人身和住宅采取专门保护、变更被保护人员身份、重新安排住所和工作单位等必要保护措施。此外，刑事诉讼法规定的对举报人的保护措施，也适用于有组织犯罪的举报人。如《刑事诉讼法》第六十四条规定了对证人的保护措施。第八十一条中规定，对有证据证明有犯罪事实，可能判处徒刑以上刑罚的犯罪嫌疑人、被告人，采取取保候审措施，可能对举报人实施打击报复的，应当予以逮捕。第一百一十一条规定，公安机关、人民检察院或者人民法院应当保障举报人及其近亲属的安全，举报人如果不愿公开自己的姓名和举报的行为，应当为他保守秘密。

实践中，单位和个人举报的对象除了实施有组织犯罪的组织和个人以外，还包括从事反有组织犯罪工作的执法、司法工作人员。有的是因为执法、司法工作人员具有本法第五十二条规定的接到报案、控告、举报不受理，不移送犯罪线索、涉案材料，向违法犯罪人员通风报信，违背事实和法律处理案件，违反规定查封、扣押、冻结、处置涉案财物等滥用职权、玩忽职守、徇私舞弊的行为；也不排除有的是为了通过举报来干扰有组织犯罪的调查和处理。

关于对从事反有组织犯罪工作的执法、司法工作人员的举报。我国《宪法》第四十一条规定，中华人民共和国公民对于任何国家机关和国家工作人员的违法失职行为，有向有关国家机关提出申诉、控告或者检举的权利，但是不得捏造或者歪曲事实进行诬告陷害。对于公民的申诉、控告或者检举，有关国家机关必须查清事实，负责处理。本法对如何处理单位和个人举报从事反有组织犯罪工作的执法、司法工作人员作了更为具体的规定。本法第五十三条规定，有关机关接到对从事反有组织犯罪工作的执法、司法工作人员的举报后，应当依法处理，防止犯罪嫌疑人、被告人等利用举报干扰办案、打击报复。对利用举报等方式歪曲捏造事实，诬告陷害从事反有组织犯罪工作的执法、司法工作人员的，应当依法追究责任；造成不良影响的，应当按照规定及时澄清事实，恢复名誉，消除不良影响。这样规定，是为了保障从事反有组织犯罪工作的执法、司法工作人员能够正常依法履职，减少恶意举报行为的发生。有关机关经核查，发现执法、司法人员确实存在违纪违法行为的，应当依法作出处理，追究相应的法律责任。

第二款是关于对举报有组织犯罪或者在反有组织犯罪工作中作出突出贡献的单位和个人给予表彰、奖励的规定。这里的"举报有组织犯罪"，是指举报有组织犯罪行为及其背后的"保护伞"，包括预谋实施、正在实施和已经实施的黑恶犯罪，以及黑恶犯罪行为背后的"保护伞"。实践中，单位和个人向公安机关和有关主管部门举报有组织犯罪，可能会面临黑社会性质组织、恶势力组织及其成员的打击报复。甚至有的单位和个人明知自己的财产可能被损害，人身安全可能面临威胁，仍然勇敢地举报有组织犯罪活动，积极配合和协助有关部门，使得有关部门能够及时防范、制止即将发生或者正在发生的有组织犯罪案件，侦破有组织犯罪案件，或者使其他的反有组织犯罪工作能够顺利开展，这些单位和个人在反有组织犯罪工作中作出了自己的贡献，应当予以表彰和奖励。

本款规定的"在反有组织犯罪工作中作出突出贡献的单位和个人"，包括有组织犯罪相关案件办理部门如监察机关、人民法院、人民检察院、公安机关等单位及其工作人员。同时，本法专门规定反有组织犯罪工作应当综合运用法律、经济、科技、文化、教育等手段，建立健全预防治理体系，规定各级人民政府和有关部门应当依法组织开展有组织犯罪预防和治理工作，将有组织犯罪预防和治理工作纳入考评体系，并对有关部门的宣传教育、建立防范侵害工作机制、监督管理职责等作了规定。“在反有组织犯罪工作中作出突出贡献的单位和个人”也包括负责反有组织犯罪预防和治理工作的相关部门及其工作人员。此外，本法还规定，移民管理、海关、海警等部门发现境外的黑社会组织的人员入境的，应当及时通知公安机关；并对电信业务经营者、互联网服务提供者的网络信息安全管理义务，为公安机关侦查有组织犯罪提供技术支持和协助，对网信、电信、公安等主管部门责令有关单位对含有宣扬、诱导有组织犯罪内容的信息停止传输、采取消除等处置措施作了规定。负有相关职责的这些单位和个人在工作中作出突出贡献的，应当按照有关规定给予表彰、奖励。

实践中，还有的单位和个人为了协助、配合有关部门开展反有组织犯罪工作，除了积极主动提供工作所需场所、交通工具、物品以外，还积极投身于反有组织犯罪工作中。如直接参与反有组织犯罪宣传教育，参加制止有组织犯罪活动等，为反有组织犯罪工作作出了突出贡献，应当视为在反有组织犯罪工作中作出了突出贡献，应当给予表彰、奖励。

这里的“突出贡献”是指对反有组织犯罪工作起到重要的促进作用，对反有组织犯罪工作进展有重大帮助，如提供了重要线索，对发现、破获严重有组织犯罪有重大帮助的，以及在反有组织犯罪宣传教育方面成绩突出的等情形。关于“突出贡献”的认定标准，本法未作规定，各有关部门和地方需要根据实践情况具体予以把握。《公务员法》第五十二条对公务员或者公务员集体的奖励情形作了规定，如果拟表彰、奖励的组织、个人是公务员集体或者公务员的，还应当遵守相关规定。这里的“表彰、奖励”包括精神奖励，也包括物质奖励。如果拟表彰、奖励的组织、个人是公务员集体或者公务员的，还应当遵守《公务员法》第八章有关奖励的规定。

在该条的理解适用中，应当注意以下问题：

第一，虽然宪法、刑事诉讼法等法律及政策文件对有关部门的职责范围有明确的规定，但本法对接收有关单位和个人举报的部门未作任何限制，即发现有组织犯罪实施或者犯罪嫌疑人的，可以向公安机关、人民检察院、人民法院以及有关主管部门中的任何一个部门举报。这主要是为了方便单位和个人进行举报。至于具体如何分工，归哪个部门负责，待有关部门收到举报后，再根据有关法律规定确定。

第二，举报与报案、控告有所不同，对有组织犯罪的报案和控告，本法没有规定，对于报案和控告的处理，应当依照《刑事诉讼法》第一百一十条至第一百一十二条的有关规定处理。根据我国《刑事诉讼法》的有关规定，“报案”是指单位和个人（包括被害人）向公检法报告发现有犯罪事实或者犯罪嫌疑人的行为；“控告”是指被害人及其近亲属或者诉讼代理人，对侵犯被害人合法权益的犯罪行为向司法机关告诉，要求追究侵害人的法律责任的行为；而“举报”则是指当事人以外的其他知情人向公检法等机关检举、揭发有组织犯罪犯罪嫌疑人的犯罪事实或者犯罪嫌疑人线索的行为。

相关规定

《中华人民共和国宪法》第四十一条；《中华人民共和国刑事诉讼法》第五十七条、第六十四条、第八十一条、第一百一十条至第一百一十二条；《中华人民共和国公务员法》第八章

第二章　预防和治理

第九条　各级人民政府和有关部门应当依法组织开展有组织犯罪预防和治理工作，将有组织犯罪预防和治理工作纳入考评体系。

村民委员会、居民委员会应当协助人民政府以及有关部门开展有组织犯罪预防和治理工作。

条文主旨

本条是关于有组织犯罪的预防和治理工作的规定。

立法背景

（一）起草背景

犯罪有组织化是一种严重危害社会的犯罪形态，是当今世界各国普遍关注重视的问题。一段时期以来，我国个别地方有组织犯罪活动比较猖獗，一些黑恶势力把持基层组织、侵蚀基层政权、拉拢腐蚀党员干部，寻求政治靠山和“保护伞”；一些黑恶势力以公司、合作社等表面上的合法形式掩盖其违法犯罪行为，以恐吓、滋扰、聚众造势或者软暴力等手段牟取非法利益；一些“村霸”和家族、宗族恶势力横行乡里、欺压百姓，称霸一方，形成地方黑恶势力，成为影响我国社会治安的重要问题。黑恶势力组织犯罪严重破坏社会治安和经济社会发展，危害人民群众生命财产安全，威胁国家和社会的和谐稳定，必须予以严惩。实践中面对涉黑涉恶问题，有的地方扫黑除恶工作中存在不少薄弱环节，有的党员干部对黑恶势力的政治警觉性不高，对黑恶势力的严重危害性认识不足，打击黑恶势力工作不力；有的地方和部门担当不足，对黑恶势力存在不愿打、不敢打、不真打、不深打等问题；有的行业、领域监管工作不到位；有的基层组织软弱涣散甚至存在腐败问题；有的地方对一些新形态的黑恶势力违法犯罪存在认识问题，上述问题的存在使黑恶势力在一些地方得以滋生蔓延。2018 年 1 月，为保障人民安居乐业、社会安定有序、国家长治久安，进一步巩固党的执政基础，中共中央、国务院发布《关于开展扫黑除恶专项斗争的通知》，在全国开展扫黑除恶专项斗争。扫黑除恶专项斗争就是通过专项治理、系统治理、综合治理、依法治理、源头治理，既有力打击震慑黑恶势力犯罪，又有效铲除黑恶势力滋生土壤，形成长效机制，不断增强人民获得感、幸福感、安全感。三年的扫黑除恶专项斗争取得显著成效，黑恶势力违法犯罪特别是农村涉黑涉恶问题得到根本遏制，涉黑涉恶治安乱点得到全面整治，重点行业、重点领域管理得到明显加强，人民群众安全感、满意度明显提升，黑恶势力“保护伞”得以铲除，基层组织建设的环境明显优化，基层社会治理能力明显提升，扫黑除恶工作法治化、规范化、专业化水平进一步提高。但是，由于我国正处于经济转轨、社会转型的特殊时期，滋生黑恶势力的土壤和环境依然存在，当前和今后一个时期，仍然可能存在黑恶势力，扰乱市场经济秩序，破坏社会治安稳定，影响人民群众的生活，同时国际环境也错综复杂，在这种复杂的情况下彻底铲除黑恶势力是一项长期艰巨的任务，开展常态化扫黑除恶斗争十分必要。2021年，中办、国办印发《关于常态化开展扫黑除恶斗争巩固专项斗争成果的意见》，对常态化开展扫黑除恶斗争作出安排部署，充分体现了源头治理是扫黑除恶的治本之策。在立法过程中，从深入了解我国黑恶势力产生过程、特征及发展趋势来看，对有组织犯罪的预防和治理是根治黑恶势力组织犯罪的最有效的手段，根据扫黑除恶专项斗争的实践经验，我们面临的新情况新问题以及贯彻落实党中央的决策部署和有关方面的制度安排，在本法中对预防和治理作了专章规定，明确要求各级人民政府、有关部门和单位依法开展有组织犯罪预防和治理工作。

（二）审议中各方面的意见

本条关于有组织犯罪预防和治理工作，各级人民政府、有关部门和基层群众自治组织的职责定位、考评体系机制的规定，是立法中的重大问题，经过反复修改。

1. 国务院提请审议的《反有组织犯罪法（草案）》第十条规定："监察机关、公安机关、人民检察院、人民法院、司法行政机关及其他有关国家机关共同履行有组织犯罪预防和治理工作职责。基层群众性自治组织应当积极参与有组织犯罪的预防和治理工作。"第六十五条第二款规定："县级、乡级人民政府应当指导有关单位、基层群众性自治组织协助、配合有关部门开展反有组织犯罪工作。"

在征求意见和调研过程中，有的地方建议明确各级人民政府的预防治理职责；有的部门建议明确各级人民政府在反有组织犯罪工作中的职责；有的社会公众建议增加各级党委、政法委和政府承担领导预防和治理本地区有组织犯罪的工作职责。有的地方提出，根据村民委员会组织法，村民委员会只有协助政府开展工作的义务，建议将第二款中“积极参与”修改为“协助开展”。有的地方、部门、协会建议对草案第十条、第十一条、第十二条、第六十五条等条款中“基层群众性自治组织”和“村民委员会、居民委员会”的表述予以统一。根据上述各方面的意见，对草案作了相应的修改完善。

有的社会公众建议明确各级扫黑除恶办公室的具体工作职责，或者明确法律公益组织、法学会等社会团体组织也应当积极参与有组织犯罪的预防和治理。

2.《反有组织犯罪法（草案）》二次审议稿第九条规定为：“各级人民政府和有关部门应当依法组织开展有组织犯罪预防和治理工作，将有组织犯罪预防和治理工作纳入考评体系。村民委员会、居民委员会应当协助人民政府以及有关部门开展有组织犯罪的预防和治理工作。”草案二次审议稿对草案作了以下修改：一是将草案第十条和第六十五条第二款合并作了规定；二是明确各级人民政府开展有组织犯罪预防和治理的职责；三是将“监察机关、人民法院、人民检察院、公安机关、司法行政机关及其他有关国家机关”列举表述修改为“有关部门”；四是增加规定将有组织犯罪预防和治理工作纳入考评体系；五是为统一表述，将“基层群众性自治组织”修改为“村民委员会、居民委员会”，并将“积极参与”修改为“协助”义务。

在审议过程中，有的常委委员建议在“村民委员会、居民委员会”后增加“企业与其他单位”；有的建议将本条移至总则中规定，更加凸显本条规定的重要性。在征求意见和调研过程中，有的社会公众建议增加规定各级党委承担领导预防和治理本地区有组织犯罪的工作职责。有的部门提出，预防和治理有组织犯罪是全社会共同的责任，建议在“村民委员会、居民委员会”后增加“企业与其他单位”。

3.《反有组织犯罪法（草案）》三次审议稿第九条规定：“各级人民政府和有关部门应当依法组织开展有组织犯罪预防和治理工作，将有组织犯罪预防和治理工作纳入考评体系。村民委员会、居民委员会应当协助人民政府以及有关部门开展有组织犯罪预防和治理工作。”草案三次审议稿对草案二次审议稿未作实质内容修改，只是删去第二款“开展有组织犯罪的预防和治理工作”中“的”字。

（三）有关国家和地区的规定

1. 德国

第一，德国立法情况。制定和修改单行法加强对有组织犯罪的预防和惩治，从重点领域和重点行业着手，制定了大量有针对性的行政管理措施的法律，如 1993 年 10 月通过了《严重犯罪所得利润追查法》；1997 年 8 月通过了《反腐败法》，将腐败的监管范围从传统的公共领域扩大到私营范畴；2001 年 12 月通过了《打击非法避税法》，加大对专业性的避税行为的处罚力度；2002 年通过了《打击洗钱和打击对恐怖主义的资金资助法》；2008 年推出了全面修订后的《反洗钱法》。

第二，德国在相关法律中规定的具体措施。通过对金融及反洗钱、麻醉药品、税务管理、反腐败、恐怖活动惩治等重点行业和领域的行政监管，预防有组织犯罪的发生。

（1）反洗钱措施。针对洗钱行为，反洗钱法规定，信贷、金融、保险、律师、公证人、税务顾问、房产中介、博彩业经营者等机构和人员对重大交易要进行身份查证，对可疑交易要报告，需采取措施防止被人用作洗钱工具；海关对跨境现金交易进行监督，需严控进出关的财产申报；对于违反规定的，可以处以大额的罚款。

（2）禁毒措施。针对毒品犯罪行为，麻醉药品法规定对药品进行分级分类和列管，并规定了临时管制等行政措施。

（3）反腐败措施。针对腐败行为，反腐败法、公务员法等规定了大量预防性措施，如所有公职人员都不得接受任何形式的馈赠和捐献；公务员经批准并向社会公开后，才能从事第二职业；对容易滋生腐败的权力机关或敏感岗位的公务员，三年必须换岗，其他部门五年必须轮岗等。

（4）反避税措施。针对非法避税行为，涉外税法规定了反避税措施，如发现有按照明显低于正常交易价格进行交易造成纳税基数减少的，税务部门可以上调纳税基数等。

2. 日本

第一，日本立法情况。在日本，暴力团是有限合法的，反有组织犯罪主要法律是1991年日本制定的《暴力团对策法》。此外，还有一些专门性立法也规定了适用于包括暴力团犯罪在内的有组织犯罪的具体管控措施，如《破坏活动防止法》对涉嫌恐怖主义的团体的设立、限制开展活动和取缔等作了规定；《枪炮刀剑取缔法》对管制刀具的携带、枪支弹药及零部件的生产、销售、出租、出借等规定了管控措施。

第二，日本对暴力团规定的具体的管控和防范措施。

（1）指定暴力团。将符合一定特征的团体指定为暴力团，并将其名称、工作场所、人数等信息公布于众，使其反社会性明确化、公开化，加强社会对其的排斥，以达到逐渐减少成员数量，瓦解暴力团的目的。如果一个组织中有一定比例的成员有犯罪前科，该组织及其成员利用其威慑力和影响牟取经济利益，形成了具有等级结构的团体，将会被指定为暴力团。

（2）禁止从事相关行为。指定暴力团的成员被禁止从事一系列行为，包括利用暴力团的威慑力介入民事事项和经济纠纷；引诱、强迫他人加入暴力团；要求其成员实施暴力行为；在其据点附近扰民；暴力要挟、敲诈勒索；强迫成员断指、文身；对实施暴力的成员给予奖励；在据点张贴可能引发公众恐慌的标识；使用粗暴的言行向居民或行人示威等。

（3）损害赔偿责任。指定暴力团的成员使用暴力侵害他人的生命和身体健康的，其负责人无论有无过错，均需承担损害赔偿责任。

（4）关闭据点。若指定暴力团之间发生激烈争斗、使用凶器攻击等暴力行为的，政府可以关闭暴力团的据点，为期最长3个月，并可以延长。

（5）宣传培训和帮助措施。政府指定符合条件的组织作为“驱除暴力运动推进中心”，对民众进行应对暴力威胁的教育、培训，并鼓励、帮助成员退出暴力团回归主流社会；政府还对暴力团的被害人提供援助，包括联络、提供信息、指导和培训等。

（6）强制命令和刑事责任。指定暴力团成员实施了禁止行为的，公安委员会可以发出行政命令，要求其停止该行为，还可以发出强制命令，要求其遵守一定的事项。对于违反该法规定的有关强制命令的，可以追究暴力团成员的刑事责任。

总体来说，这些针对暴力团体、有关行业以及特定的犯罪行为、工具、对象进行管控的专门性立法，是日本反有组织犯罪立法的一个特色，对涉及有组织犯罪的各方面社会管控措施作了较为全面的规定，基本构成了防治有组织犯罪的严密法网，对日本从源头上减少有组织犯罪，有效预防有组织犯罪起到了关键作用。

3. 美国

第一，美国立法情况。二十世纪五十年代末至七十年代初，美国进行了一系列重要的反有组织犯罪立法，其中，1968年的《犯罪综合控制与安全街道法》是美国第一部关于有组织犯罪的成文法，也是唯一一部对有组织犯罪有明确界定的法律；1970年的《有组织犯罪控制法》以及作为其组成部分一并通过的《反犯罪组织侵蚀合法组织法》（简称“RICO法案”），则集实体法和程序法于一法，规定了美国有组织犯罪的常见犯罪类型；1986年通过《洗钱控制法》，首次将洗钱列为联邦法独立的犯罪，并通过1992年《阿农齐奥—怀利洗钱法》、1994年《打击洗钱法》、1998年《反洗钱和金融犯罪策略法》、2004年《情报改革和防恐法案》、2017年参议院通过《打击洗钱、恐怖主义融资和造假法案》等对反洗钱作了一系列规定；2000年通过的《非法交易和暴力犯罪被害人保护法》，对非法劳务交易中的劳工剥削问题作出了规定；2011年通过的《公共腐败起诉改进法》，将某些严重的公共腐败犯罪的诉讼时效延长至六年，提高了联邦刑法中某些腐败犯罪的刑罚上限。

第二，美国反有组织犯罪具体的管控和防范措施。

（1）《犯罪综合控制与安全街道法》。该法是美国第一部专门针对有组织犯罪的法律，除规定“有组织犯罪”的定义，包含两项重要内容：一是规定联邦政府通过“协助执法管理基金”（LEAA）向地方执法机构提供资金，打击有组织犯罪。此基金后来被美国司法部项目所替代；二是该法第三章允许美国联邦执法机构可以窃听嫌犯（包括有组织犯罪的嫌犯）的谈话。后来，该联邦执法机构的监听权在1986年《电子通信隐私法案》中受到限制，其他部分条款还在1994年《控制暴力犯罪和执法法案》中修改，以符合《联合国打击跨国有组织犯罪公约》的精神。随着有组织犯罪信息化、外表合法化发展，美国打击有组织犯罪的重点也逐渐向加强金融领域和经济活动的监管等方面转变，并将行政监管与机构职责作为阻止其发展壮大的有效预防手段。

(2)《反犯罪组织侵蚀合法组织法》(简称"RICO法案")。该法案被认为是美国联邦法律中打击经济犯罪、有组织犯罪最重要和最有威力的一部法律，被列为《美国联邦法典》第18篇第96章，包括定义、禁止行为、刑事处罚、民事救济、管辖与传唤、诉讼中的快速处理、证据以及民事调查令等内容。规定了四种禁止行为：禁止对合法企业利用非法资金进行投资；禁止通过该法所规定的犯罪行为来获得、维持或者控制合法企业；禁止通过该法规定的犯罪行为来管理或参与企业事务；禁止合谋实施上述所禁止的行为。

(3)《非法交易和暴力犯罪被害人保护法》。该法对非法劳务交易中的劳工剥削问题作出了规定，旨在阻止有组织犯罪集团发展成员和形成行业或区域性非法控制。

(4)《洗钱控制法》与反洗钱法律制度。《洗钱控制法》首次将"洗钱"规定为联邦法独立犯罪。同时规定，任何企业机构或个人有以下行为者，都将被视为非法：一是采取政府所"指定的非法活动"形式，企图从事某项以促进非法活动为目的的金融交易，这里所说的"指定的非法活动"包括：毒品交易、逃税、欺诈、伪造、诈骗、贿赂、贪污、走私、谋杀和绑架等；二是进行税务欺诈或逃税，掩盖其收入的性质、地点、来源以及所有权等；三是藏匿或接收赃款等行为。洗钱犯罪同样适用“RICO法案”中的财产刑。《阿农齐奥—怀利洗钱法》规定，任何一家银行若违反《银行保密法》或有违规洗钱行为，都将被吊销营业执照。该法案要求所有金融机构必须如实报告与违法违规活动有关的任何可疑金融交易及电汇记录，对数额超过5000美元的可疑金融交易活动向政府提交“可疑活动报告”，并且这种报告不会因“泄密”而承担法律责任。《打击洗钱法》则要求银行监管机构审查和加强金融机构关于反洗钱培训和考核程序和向执法机构通报涉嫌违法案例的程序，建立了对从事货币汇兑业务公司的联邦注册要求，并将无照运营货币汇兑业务和为逃避监管的现金货币架构交易规定为违法联邦法规的罪行。该法授予了财政部门在监督和控制洗钱活动方面更大的权限，对反洗钱法律的制定与完善，彰显了美国遏制有组织犯罪集团向合法经济领域渗透、摧毁有组织犯罪经济基础的政策导向。《反洗钱和金融犯罪策略法》要求美国财政部及其他相关部门机构制定一个全国性的反洗钱策略，并设立洗钱和相关金融犯罪高发区域工作组，在联邦、州和地方各级洗黑钱的流行区域加强执法工作。《情报改革和防恐法案》授权财政部在对于打击洗钱和恐怖主义融资来说“合理必要”的前提下，制定规章要求相关金融机构报告跨境电子转账的记录。《打击洗钱、恐怖主义融资和造假法案》对虚拟货币的反洗钱作了规定，进一步加强反洗钱的法律监管。

条文解读

本条共分为两款。第一款是关于各级人民政府和有关部门依法开展有组织犯罪预防和治理工作的规定。

本款规定包含三个方面的内容：第一，开展有组织犯罪预防和治理的主体是各级人民政府和有关部门。这里所说的“各级人民政府”包括国务院和地方各级人民政府。根据《宪法》第八十五条的规定，中华人民共和国国务院，即中央人民政府，是最高国家权力机关的执行机关，是最高国家行政机关；根据《地方各级人民代表大会和地方各级人民政府组织法》的规定，“地方各级人民政府”，是地方各级国家权力机关的执行机关，是地方各级国家行政机关，包括省、自治区、直辖市、自治州、县、自治县、市、市辖区、乡、民族乡、镇人民政府。这里所说的“有关部门”，主要是指承担有组织犯罪预防和治理职责的相关部门，如全国扫黑除恶斗争领导小组及其办公室，各有关部门保留相应领导和办事机构；监察机关、人民法院、人民检察院、公安机关、司法行政机关等；教育、民政、市场监管、金融监管、自然资源、交通运输、电信网络、反洗钱等行业主管部门；移民管理、海关、海警等部门。

第二，职责是依法组织开展有组织犯罪预防和治理工作。总结我国长期以来同黑恶势力斗争的历史经验，其中最重要的就是要加强源头治理、综合治理，这是治本之策，对重点行业领域和基层组织特别是农村地区持续强力整治，让黑恶势力无处生根。为此，《关于常态化开展扫黑除恶斗争巩固专项斗争成果的意见》明确要求，建立健全源头治理的防范整治机制，持续开展专项整治，坚持常态化滚动排查，确定乱象较多的行业领域开展专项整治，切实防范传统行业粗放管理、资源行业非法垄断、娱乐行业藏污纳垢、新兴行业非法野蛮生长等问题；明确要全面加强行业领域监管，纪检监察机关、政法机关与行业领域监管部门加强信息共享和工作联动，对发现的行业乱象问题和监管漏洞及时制发“三书一函”，强化跟踪问效、督办问责，实现全链条打击整治；明确要不断夯实基层组织，每年排查整顿软弱涣散村党组织，全面落实村党组织书记由县级党委组织部门备案管理制度和村“两委”成员资格联审机制，完善村规民约，涵养文明乡风，提升群众防范黑恶势力违法犯罪的能力；建立健全打早打小的依法惩处机制；建立健全激励约束的考核评价机制等。本法在总结扫黑除恶专项斗争经验的基础上，结合《关于常态化开展扫黑除恶斗争巩固专项斗争成果的意见》的要求，在第二章第九条至第二十一条对如何开展有组织犯罪预防和治理工作作了规定，具体包括反有组织犯罪的宣传教育工作；校园有组织犯罪的防范工作；村民委员会、居民委员会成员的资格审查；行业有组织犯罪预防和治理的长效机制；监察机关和政法机关的意见建议权；重点区域、行业领域、场所的预防和治理；防范有组织犯罪信息的传播；对有组织犯罪的反洗钱义务；对有组织犯罪的罪犯监管、教育、矫正措施；对黑社会性质组织成员的日常报告制度；对黑恶势力组织者、领导者和首要分子经营企业的监管；防范境外黑社会的渗透等内容。

第三，体制机制是将有组织犯罪预防和治理工作纳入考评体系。为有效推动落实相关工作，实践中建立了许多考评机制体制，将有组织犯罪预防和治理工作明确纳入考评体系中，是将扫黑除恶斗争常态化的一项重要举措作为法律规定，这是第一次。党的十九大以来，中央明确提出要改革完善干部考核评价机制，建立系统完备、科学规范、有效管用、简便易行的干部综合考核评价体系，中国特色社会主义进入新时代，要充分发挥考核的“指挥棒”“风向标”“助推器”作用，以此来推动社会主义的发展前进，激励广大干部担当作为、干事创业。

因此，常态化开展扫黑除恶斗争要充分发挥考评“指挥棒”作用，健全激励与惩戒并重的责任体系。《关于常态化开展扫黑除恶斗争巩固专项斗争成果的意见》明确要求，建立健全激励约束的考核评价机制，将扫黑除恶斗争纳入平安中国建设考评体系，对成绩突出的地区、单位和个人进行通报表扬，对不敢打、不真打、不深打的后进地方重点通报督办，倾听群众评价，致力问效于民，推动建立健全黑恶势力违法犯罪问责倒查机制。同时还要求开展表彰奖励，将扫黑除恶斗争情况作为平安中国建设评选表彰的重要依据；明确要倾听群众评价，结合国家统计局专项调查，运用线上问卷、回访举报人、走访受害人及受益人、第三方测评、数据模型、召开人大代表和政协委员座谈会等方式，及时了解人民群众对扫黑除恶的新评价、新需求、新建议。这里所说的“平安中国建设考评体系”，即综治工作（平安建设）考评，该工作是从2003年开始的，每年进行一次，目的是通过对各地各部门推进平安建设的举措和取得的成效进行考核评价，推动地方各级党委、政府和有关部门落实社会治安综合治理领导责任制，采取有效措施推进平安建设，不断增强人民群众安全感。

第二款是关于村民委员会、居民委员会应当协助开展有组织犯罪预防和治理工作的规定。

根据本款规定，村民委员会、居民委员会协助人民政府开展有组织犯罪预防和治理工作，这是村民委员会、居民委员会的职责定位和法律义务的规定。根据《村民委员会组织法》，村民委员会是村民自我管理、自我教育、自我服务的基层群众性自治组织；村民委员会协助乡、民族乡、镇的人民政府开展工作；村民委员会应当宣传宪法、法律、法规和国家的政策，教育和推动村民履行法律规定的义务。根据《城市居民委员会组织法》，居民委员会是居民自我管理、自我教育、自我服务的基层群众性自治组织；居民委员会协助不设区的市、市辖区的人民政府或者它的派出机关开展工作；宣传宪法、法律、法规和国家的政策，维护居民的合法权益，教育居民履行依法应尽的义务是居民委员会的任务之一。根据上述规定，村民委员会、居民委员会有义务协助地方人民政府开展工作。本款规定，村民委员会、居民委员会应当协助人民政府以及有关部门开展有组织犯罪预防和治理工作。根据这一规定，有组织犯罪预防和治理工作中，各级人民政府和有关部门是职责主体，村民委员会、居民委员会应当在人民政府及有关部门的组织下，协助开展本法规定的相关预防和治理工作。这样规定主要是考虑到村民委员会、居民委员会是与人民群众联系最密切的基层组织，更加有条件和便利开展有组织犯罪的预防和治理工作，这也是本法规定的反有组织犯罪工作坚持专门工作与群众路线相结合原则的具体体现。

实践中需要注意的是，在考评有关方面组织开展有组织犯罪预防和治理工作时不应只注重绩效，还应当把握好考评工作的群众性，人民群众是社会治理的最终评判者，平安不平安，群众最有发言权，要牢固树立以人民为中心的思想，以人民满意为根本标尺，不断增强考评结果的公信力。一是要顺民意。要注重加大民意的分量，可以适当提高群众安全感和满意度分值，人民群众对有组织犯罪的预防和治理工作是否满意，主要通过倾听群众意见，智能调查等方式，畅通群众表达渠道，搭建群众评判平台，努力使考核导向、评价标准与群众的意愿相符合，真正把评判的“表决器”交到群众手中。二是要解民忧。有组织犯罪的预防和治理工作能否得到群众认可，关键要看是否能解决人民群众最恨、最怨、最烦的问题，结合常态化开展扫黑除恶斗争，通过考评，引导各地把解决人民群众反映最强烈的突出问题作为主攻方向，真正把社会治理工作做到人民群众的心坎上。三是要聚民力。依靠群众、发动群众，是预防和治理有组织犯罪的重要法宝，要通过考评，引导各地各有关部门自觉拜群众为师、主动向群众问计，通过运用新媒体等多种手段，最大限度把群众发动起来，努力开创群防群治新局面。

相关规定

《中华人民共和国反有组织犯罪法》第四条、第十条至第十五条、第十七条至第二十条；《中华人民共和国宪法》第八十五条；《中华人民共和国地方各级人民代表大会和地方各级人民政府组织法》第一条、第六十一条；《中华人民共和国村民委员会组织法》第二条、第五条、第九条；《中华人民共和国城市居民委员会组织法》第二条、第三条

第十条 承担有组织犯罪预防和治理职责的部门应当开展反有组织犯罪宣传教育，增强公民的反有组织犯罪意识和能力。

监察机关、人民法院、人民检察院、公安机关、司法行政机关应当通过普法宣传、以案释法等方式，开展反有组织犯罪宣传教育。

新闻、广播、电视、文化、互联网信息服务等单位，应当有针对性地面向社会开展反有组织犯罪宣传教育。

条文主旨

本条是关于开展反有组织犯罪宣传教育的规定。

立法背景

（一）起草背景

有组织犯罪是当今国际社会公认的一种严重犯罪，严重影响各个国家的政治稳定、经济发展和社会进步，极大威胁着人们的安全。实践中，一些“村霸”等黑恶势力横行乡里、称霸一方、欺压残害百姓；一些“市霸”“行霸”等黑恶势力欺行霸市、强买强卖、收取保护费；一些黑恶势力组织以“小额贷款公司”“担保公司”“网络借贷平台”等名义，以低息、无抵押、无担保、快速放款等为诱饵吸引被害人借款，并以虚假理由诱使被害人基于错误认识签订金额虚高的“借贷”协议，又借助诉讼、仲裁、公证或者采用暴力、威胁等手段非法占有被害人财物；一些黑恶势力组织不仅直接实施违法犯罪活动，还通过各种手段，尤其是对未成年人的影响，培植黑恶势力组织的新生力量，扩大黑恶势力组织的势力。据有关部门统计，在 2018 年开始的为期三年的扫黑除恶专项斗争中，全国公安机关共打掉涉黑组织 2954 个，恶势力犯罪集团 9814 个，其中，有未成年人参与的占到近 20%，未成年人涉案人数占总数 7% 左右；从国内打击情况看，黑恶犯罪组织成员呈低龄化发展趋势，严重损害未成年人身心健康，严重破坏社会治安秩序和社会和谐稳定；从境外黑社会犯罪的发展规律来看，针对未成年人招募、吸收组织成员，教唆、引诱实施犯罪也是黑社会组织惯用手法。为了防范黑恶势力渗透和发展，制止黑恶势力死灰复燃，加强普法宣传，通过典型案例、以案说法等方式开展反有组织犯罪宣传教育，使广大人民群众认清有组织犯罪的本质和特征，提高人民群众的反有组织犯罪意识，增强人民群众辨别有组织犯罪以及运用法律与黑恶势力作斗争的信心和能力，有利于从根源上防范黑恶势力组织的发展和扩大，对于反有组织犯罪工作具有十分重要的意义。因此，本条规定了有关部门和单位开展反有组织犯罪宣传教育的义务。

（二）审议中各方面的意见

1. 国务院提请审议的《反有组织犯罪法（草案）》第十一条规定："承担预防和治理工作职责的有关部门应当开展反有组织犯罪宣传教育工作，提高公众反有组织犯罪意识。学校、村民委员会、居民委员会应当协助有关部门，加强反有组织犯罪宣传教育。反有组织犯罪宣传教育应当包括以下内容：（一）有组织犯罪的概念和特征；（二）识别有组织犯罪的方法；（三）单位和个人反有组织犯罪的权利和义务；（四）实施有组织犯罪的法律后果；（五）遭受有组织犯罪侵害时的救济途径；（六）其他与反有组织犯罪工作有关的内容。"

在审议过程中，有的常委会组成人员建议将第一款规定的宣传教育和第二款规定的宣传教育的内容合并作出规定。在征求意见过程中，有的地方和院校提出，宣传内容应当具有开放性，过于琐碎的内容不宜在法律中规定，建议删去第二款的规定；有的社会公众提出，第二款规定的反有组织犯罪宣传教育的内容过于专业和具体，不利于普法宣传。有的协会建议增加一款规定，鼓励充分利用信息、传媒等领域的新技术，提升反有组织犯罪宣传教育工作的质效。根据上述各方面的意见，对草案作了相应的修改完善。

在审议过程中，有的常委会组成人员还建议将“有组织犯罪的危害”纳入宣传教育内容。在征求意见过程中，有的部门提出，反有组织犯罪宣传教育是防治有组织犯罪的重要基础性工作，需要更多部门的协作配合，建议增加规定人民团体、企事业组织、社会组织等为宣传教育的协助主体；有的部门提出，根据“谁执法谁普法”普法责任制的要求，承担打击有组织犯罪职责的部门也应当做好普法工作，建议将“承担预防和治理工作职责”修改为“承担打击、预防和治理工作职责”。有的部门建议将“公众”修改为“全社会”。关于宣传教育的内容，有的地方建议增加“发现有组织犯罪线索后的举报途径”，有的院校建议增加“有组织犯罪的危害性”，有的社会公众建议增加“预防和惩治有组织犯罪的有关法律、行政法规”。

2.《反有组织犯罪法（草案）》二次审议稿第十条规定：“承担预防和治理职责的有关部门应当开展反有组织犯罪宣传教育，提高公众反有组织犯罪意识和能力。监察机关、人民法院、人民检察院、公安机关、司法行政机关应当通过普法宣传、以案释法等方式，开展反有组织犯罪宣传教育。新闻、广播、电视、文化、互联网等有关单位，应当有针对性地面向社会开展反有组织犯罪宣传教育。村民委员会、居民委员会应当协助人民政府以及有关部门，加强反有组织犯罪宣传教育。”草案二次审议稿对草案作了以下修改：一是删去第二款有关反有组织犯罪宣传教育具体内容的规定；二是考虑到监察机关、政法机关是办案机关，其宣传教育更有针对性，增加了相关内容；三是考虑到新闻媒体宣传教育的广泛性，增加了相关内容；四是将学校宣传教育的内容与第十二条教育行政部门的宣传教育合并作出规定。

在审议过程中，有的常委委员建议将第一款中的“公众”修改为“公民”，将第三款中的“有关单位”修改为“有关媒体单位”。在征求意见过程中，有的部门和社会公众建议将第三款修改为“从事新闻、广播、电视、文化、互联网等工作的有关单位”。根据上述各方面的意见，对草案二次审议稿作了相应的修改完善。

在审议过程中，有的常委委员还建议将第二款修改为有关部门“应当通过各种行之有效的方式，开展反有组织犯罪普法以及安全防范等方面的宣传教育”；在第四款“村民委员会、居民委员会”后增加“企业与其他单位”。

3.《反有组织犯罪法（草案）》三次审议稿第十条规定：“承担有组织犯罪预防和治理职责的部门应当开展反有组织犯罪宣传教育，增强公民的反有组织犯罪意识和能力。监察机关、人民法院、人民检察院、公安机关、司法行政机关应当通过普法宣传、以案释法等方式，开展反有组织犯罪宣传教育。新闻、广播、电视、文化、互联网信息服务等单位，应当有针对性地面向社会开展反有组织犯罪宣传教育。”草案三次审议稿对草案一次审议稿作了以下修改：一是将“公众”修改为“公民”；二是为进一步明确宣传教育是从事新闻媒体的单位而不是主管部门，将“新闻、广播、电视、文化、互联网等有关单位”修改为“新闻、广播、电视、文化、互联网信息服务等单位”；三是考虑到本法第九条第二款规定的村民委员会、居民委员会协助开展有组织犯罪预防和治理工作中包括宣传教育的内容，删去本条第四款村民委员会、居民委员会有关宣传教育的规定。

（三）有关国家和地区的规定

在日本，暴力团犯罪在有组织犯罪中占有绝大部分的比重，针对有组织犯罪的专门立法中，1991 年的《暴力团对策法》是比较有特色的。该法规定，暴力团是指可能助长其成员集体或者长期地实施非法暴力行为的团体，并对暴力团规定了具体的社会管控和防范措施，如规定宣传培训和帮助措施，要求政府指定符合条件的组织作为“驱除暴力运动推进中心”，对民众进行应对暴力威胁的教育、培训，并鼓励、帮助成员退出暴力团回归主流社会；政府还对暴力团的被害人提供援助，包括联络、提供信息、指导和培训等。

条文解读

本条共分为三款。第一款是关于承担有组织犯罪预防和治理职责的部门开展反有组织犯罪宣传教育的规定。

本款规定主要包含三个方面的内容：第一，本款规定的开展宣传教育的主体是承担有组织犯罪预防和治理职责的部门。这里所说的“承担有组织犯罪预防和治理职责的部门”，是指对有组织犯罪预防和治理负有职责的部门，具体包括中央成立的全国扫黑除恶斗争领导小组及其办公室以及地方各级党委和有关部门保留的扫黑除恶领导小组和办事机构以及本法第二章规定的有关部门，如各级人民政府，监察机关、人民法院、人民检察院、公安机关、司法行政机关等，教育、民政、市场监管、金融监管、自然资源、交通运输、电信网络、反洗钱、移民管理、海关、海警等部门，村民委员会、居民委员会等基层群众性自治组织。这里所说的“有组织犯罪”，是指本法第二条规定的黑恶势力组织犯罪和境外黑社会组织犯罪。

第二，本款规定的职责是开展反有组织犯罪的宣传教育。有关部门可以采用丰富多彩的形式开展反有组织犯罪宣传教育，包括发动新闻、宣传、文化等部门和工会、妇联、共青团等团体，通过播放有关题材的电视节目、举办展览、张贴宣传标语、表彰反黑恶势力组织犯罪先进集体和个人、组织志愿者到群众中间播放或者表演反黑恶势力组织犯罪剧目等群众喜闻乐见的各种形式，或者通过微信、微博、抖音等自媒体方式进行宣传。宣传教育的内容可以包括黑恶势力组织犯罪的根源、成因、表现形式以及危害后果，还可以包括国际国内的反黑恶势力组织犯罪形势；教育公民正确认识黑恶势力组织的本质，掌握识别黑恶势力组织的方法，自觉抵制黑恶势力组织的渗透，提高识别黑恶势力组织的能力，或者介绍遭受黑恶势力组织犯罪侵害时的救济途径和措施；以及实施黑恶势力组织犯罪的法律后果等内容。考虑到监察机关、人民法院、人民检察院、公安机关、司法行政机关是有组织犯罪的办案机关，宣传教育具有一定的特殊性，本条第二款对这些部门的宣传教育的方式和内容作了专门规定。

第三，宣传教育的目的是增强公民的反有组织犯罪意识和能力。通过开展反有组织犯罪宣传教育，充分动员社会公众，共同提高反有组织犯罪的意识，增强人民群众辨别和抵制有组织犯罪的能力，凝聚最广泛的社会力量共同投身反有组织犯罪工作，从根源上防范反有组织犯罪的发生。

第二款是关于监察机关和政法机关开展反有组织犯罪宣传教育的规定。

本款规定包含两个方面的内容：第一，本款规定的开展宣传教育的主体是监察机关、人民法院、人民检察院、公安机关、司法行政机关。本款规定了开展宣传教育的特殊主体，这样规定主要是考虑到这些机关都是有组织犯罪的办案机关，可以在办理有组织犯罪案件过程中，通过普法宣传、以案释法等方式开展宣传教育活动。这里的“监察机关”是行使国家监察职能的专责机关，包括国家监察委员会和地方各级监察委员会；“人民法院”是国家的审判机关，包括最高人民法院、地方各级人民法院和军事法院等专门人民法院；“人民检察院”是国家的法律监督机关，包括最高人民检察院、地方各级人民检察院和军事检察院等专门人民检察院；“公安机关”是国家的行政机关，包括公安部、地方各级公安机关和公安派出所；“司法行政机关”是司法行政管理机关，包括司法部、地方各级司法行政机关。

第二，宣传方式是通过普法宣传、以案释法等方式，开展反有组织犯罪宣传教育。这里所说的“普法宣传”是普及法律常识宣传的简称，是我国在全体公民中进行大规模普及法律常识的宣传教育活动，旨在使全体公民增强法治观念，知法守法，养成依法办事的习惯。1985 年 11 月中共中央、国务院批转中共中央宣传部、司法部《关于向全体公民基本普及法律常识的五年规划的通知》，开始实施第一个普及法律常识五年规划，为了加强社会主义民主法制建设，全国人大常委会认为有必要在认真总结第一个五年普法经验的基础上，继续实施普及法律常识，加强法制宣传教育的第二个五年规划，进一步提高广大干部群众的法制观念，保障宪法和法律的实施，坚持依法办事，促进依法治国和依法管理各项事业，为国民经济和社会发展十年规划和“八五”计划的顺利实施，为改革开放创造良好的法制环境，促进国家的政治稳定、经济振兴和社会发展，因此，1991 年 3 月 2 日，全国人大常委会通过《关于深入开展法治宣传教育的决议》。之后，每间隔五年全国人大常委会都会通过一个开展法治宣传教育的决议，截至2021年6月，全国人大常委会通过了《关于开展第八个五年法治宣传教育的决议》。这里所说的“以案释法”，主要是指监察官、法官、检察官、行政执法人员、律师以及其他有关人员结合办理的案件和工作，围绕案件事实、证据程序和法律适用等问题进行释法说理、开展法治宣传教育的活动。通过办理案件以案释法，增强全民法治观念，推进法治社会建设。党的十八届四中全会通过的《中共中央关于全面推进依法治国若干重大问题的决定》中指出，实行国家机关“谁执法谁普法”的普法责任制，建立法官、检察官、行政执法人员、律师等以案释法制度。2016年，全国人大常委会通过的《关于开展第七个五年法治宣传教育的决议》，要求建立法官、检察官、行政执法人员、律师等以案释法制度，充分运用典型案例，结合社会热点，并开展生动直观的法治宣传教育。2017年，中共中央办公厅、国务院办公厅办厅印发的《关于实行国家机关“谁执法谁普法”普法责任制的意见》对法官、检察官、行政执法人员、司法行政机关人员如何开展以案释法活动作了明确规定。2021年，全国人大常委会通过的《关于开展第八个五年法治宣传教育的决议》，进一步要求加大以案普法、以案释法力度，使典型案件依法处理过程成为全民普法的公开课。同时，监察官法也规定，监察官依法履行对公职人员开展廉政教育的职责。法官法、检察官法规定，法官、检察官应当履行通过依法办理案件以案释法，增强全民法治观念，推进法治社会建设的义务。上述规定和要求对于宣传普及法律，促进全民守法，推进法治社会建设，具有重要意义。本条的规定就是要求监察机关和政法机关的工作人员通过普法宣传、以案释法等方式，切实弘扬法治文化，增强人民群众运用法律与黑恶势力作斗争的信心和能力。

第三款是关于新闻、广播、电视、文化、互联网信息服务等单位开展反有组织犯罪宣传教育的规定。

本款规定包含两个方面的内容：第一，本款规定的宣传教育主体是新闻、广播、电视、文化、互联网信息服务等单位。这里所说的"新闻、广播、电视、文化、互联网信息服务等单位"是从事新闻、广播、电视、文化、互联网信息服务的媒体等单位，而不是新闻、广播、电视、文化、互联网的主管部门。这里的"信息服务等单位"既包括利用电视、广播、报纸、期刊杂志、户外广告牌等传统媒体的单位，也包括借助手机、网络电视、博客、播客、视频、微信、抖音等新媒体、新平台。由于从事信息服务的单位受众广泛，互联网信息传播速度快，其传播内容有着很强的影响力，充分运用这一阵地开展反有组织犯罪宣传教育十分必要。

第二，信息服务等单位的职责是有针对性地面向社会开展反有组织犯罪宣传教育。根据本款规定，新闻、广播、电视、文化、互联网信息服务等单位有义务面向社会开展反有组织犯罪宣传教育活动，而且应当结合国内国际反有组织犯罪的形势，把握时机，对不同的人群、事件等有针对性地开展形式多样的宣传教育工作，如宣传、普及有组织犯罪的成因、表现形式、危害后果，及时报道有关信息；在有组织犯罪案件多发易发地区、领域、行业经常性播放预防有组织犯罪的音像制品、网络视频，出版和发行有关反有组织犯罪的书刊；报道扫黑除恶重大举措、显著成效和见义勇为等先进典型。

实践中需要注意的是，法官、检察官、行政执法人员如何在办案过程中开展以案释法工作，2017 年，中办、国办印发的

《关于实行国家机关“谁执法谁普法”普法责任制的意见》对此作了明确规定。一是法官、检察官在司法办案过程中要落实好以案释法制度，利用办案各个环节宣讲法律，及时解疑释惑。判决书、裁定书、抗诉书、决定书等法律文书应当围绕争议焦点充分说理，深入解读法律。要通过公开开庭、巡回法庭、庭审现场直播、生效法律文书统一上网和公开查询等生动直观的形式，开展以案释法。二是行政执法人员在行政执法过程中，要结合案情进行充分释法说理，并将行政执法相关的法律依据、救济途径等告知行政相对人。三是各级司法行政机关要加强对律师的教育培训，鼓励和支持律师在刑事辩护、诉讼代理和提供法律咨询、代拟法律文书、担任法律顾问、参与矛盾纠纷调处等活动中，告知当事人相关的法律权利、义务和有关法律程序等，及时解答有关法律问题；在参与涉法涉诉信访案件处理过程中，切实做好释法析理工作，引导当事人依法按程序表达诉求，理性维护合法权益，自觉运用法律手段解决矛盾纠纷。四是审判机关、检察机关、行政执法机关、司法行政机关要加强典型案例的收集、整理、研究和发布工作，建立以案释法资源库，充分发挥典型案例的引导、规范、预防与教育功能。五是要以法律进机关、进乡村、进社区、进学校、进企业、进单位等为载体，组织法官、检察官、行政执法人员、律师开展经常性以案释法活动。

相关规定

《中华人民共和国宪法》第一百二十三条、第一百二十四条、第一百二十九条、第一百三十五条；《中华人民共和国监察法》第三条、第七条；《中华人民共和国人民法院组织法》

第二条、第十二条；《中华人民共和国人民检察院组织法》第二条、第十二条；《中华人民共和国监察官法》第九条；《中华人民共和国法官法》第十条；《中华人民共和国检察官法》第十条；《关于开展第七个五年法治宣传教育的决议》八、九；《关于开展第八个五年法治宣传教育的决议》五；《关于实行国家机关“谁执法谁普法”普法责任制的意见》二、(六)

第十一条　教育行政部门、学校应当会同有关部门建立防范有组织犯罪侵害校园工作机制，加强反有组织犯罪宣传教育，增强学生防范有组织犯罪的意识，教育引导学生自觉抵制有组织犯罪，防范有组织犯罪的侵害。

学校发现有组织犯罪侵害学生人身、财产安全，妨害校园及周边秩序的，有组织犯罪组织在学生中发展成员的，或者学生参加有组织犯罪活动的，应当及时制止，采取防范措施，并向公安机关和教育行政部门报告。

条文主旨

本条是关于教育行政部门、学校建立防范有组织犯罪侵害校园工作机制，加强反有组织犯罪宣传教育，以及学校发现有组织犯罪侵害学生、在学生中发展成员或者学生参加有组织犯罪活动的，应当如何处理的规定。

立法背景

(一) 起草背景

黑恶势力对校园的侵害主要包括两个方面，一是侵害在校学生的人身、财产安全，扰乱校园及周边秩序。实践中，有的黑恶势力组织将违法犯罪的目标指向在校学生，通过纠集一部分成年人，再控制一部分学生，在学校周边区域形成黑恶组织，在校园内及周边寻衅滋事，强行索要学生财物，并威胁辱骂、随意殴打和非法拘禁在校学生，有的经常打架滋事，聚众斗殴，还有的强迫女学生卖淫并从中获利。这些行为对在校学生的人身、财产安全造成了很大的影响，不利于未成年人健康成长，极大危害社会和谐稳定。有的家长为了避免孩子遭受侵害，只能转学，举家搬迁，影响了其正常的学习和生活。

二是黑恶组织拉拢、利诱学生、未成年人加入，利用未成年人实施有组织犯罪活动。在扫黑除恶专项斗争中，一些黑恶组织为规避刑事处罚，利用国家保护未成年人的刑事政策，将未成年人作为重点对象进行发展，还有一些黑恶组织容留、教唆未成年人吸毒，以达到任意控制的目的。有的黑恶组织，除了几个头目和骨干是成年人以外，其他的成员全是未成年人。未成年人因年龄小，辨别能力差，在黑恶犯罪组织中多处于从属地位，但犯罪的过程往往不计后果，危害严重，影响恶劣。被威逼利诱加入黑恶组织的未成年人之中，以中西部留守的学生居多，有的黑恶组织专门挑选没有家庭管束的未成年人发展。针对这种现象，为保护未成年人合法权益，依法从严惩治胁迫、教唆、引诱、欺骗等利用未成年人实施黑恶势力犯罪的行为，2020 年 4 月，最高人民法院、最高人民检察院、公安部、司法部出台了《关于依法严惩利用未成年人实施黑恶势力犯罪的意见》，对正确适用刑法和刑事政策，严惩利用未成年人实施黑恶势力犯罪作出明确规定，要求各级政法机关加强协作配合，形成打击合力，在侦查、起诉、审判、执行各阶段，全面体现从严惩处精神。同时，该意见也要求各职能部门加强协调联动，有效预防未成年人被黑恶势力利用，积极参与社会治理，实现标本兼治。其中还专门提出开展法治宣传教育，为严惩利用未成年人实施黑恶势力犯罪营造良好的社会环境，强化未成年人对黑恶势力违法犯罪行为的认识，并提高未成年人防范意识和法治观念，以远离黑恶势力及其违法犯罪。

学生被拉拢加入黑恶组织，反映出我们在家庭、学校和社会责任的履行上还存在短板。为加大对未成年人的保护力度，反有组织犯罪法规定，对涉及未成年人的有组织犯罪活动要依法从重追究刑事责任，同时，还有必要对教育行政部门和学校的防范有组织犯罪的职责、反有组织犯罪的宣传教育，以及发现有组织犯罪侵害学生、在学生中发展成员或者学生参加有组织犯罪活动的，应当如何处理作出规定，以构建让学生、未成年人免受有组织犯罪侵害的保护网。

（二）审议中各方面的意见

1. 2020 年 12 月，全国人大常委会审议的《反有组织犯罪法（草案）》初审稿第十三款规定：“教育部门应当加强对在校学生的防范教育，建立防范有组织犯罪侵害校园工作机制。学校发现有组织犯罪侵害学生人身、财产安全，妨害校园及周边秩序的，应当依法采取制止和防范措施，并向公安机关和教育主管部门报告。”

在常委会审议和征求意见过程中，有的常委会组成人员建议将学校增加规定为校园预防教育的实施主体，明确学校的相关职责。有的常委会委员提出，实践中，成年人拉拢、诱迫未成年人参与黑恶犯罪等问题相对突出，防范机制既要包括学生作为受害者的防范，也要包括学生作为有组织犯罪行为实施者的防范，建议明确学校发现“学生参与有组织犯罪”的防范和报告义务。

有的部门建议将“学生”改为“师生”，在“采取制止和防范措施”前增加“及时”。有的社会公众建议将“教育部门”修改为“教育行政部门”。有的社会公众建议将“应当依法采取制止和防范措施，并向公安机关和教育主管部门报告”修改为“应当及时向公安机关和教育主管部门报告，并依法采取制止和防范措施”。

有的部门提出，建立防范有组织犯罪侵害校园工作机制，需要教育部门和公安机关等部门协同发力，建议在“建立防范有组织犯罪侵害校园工作机制”前增加“会同公安机关等部门”。有的院校提出，行业部门的职责应当限定在提供犯罪线索。有的社会公众建议增加规定，学校未尽到相关责任导致学生人身、财产安全受到侵害的，应依照相关法律承担责任。

2. 2021 年 8 月，全国人大常委会审议的《反有组织犯罪法（草案）》二次审议稿第十二条规定：“教育行政部门、学校应当会同有关部门建立防范有组织犯罪侵害校园工作机制，加强反有组织犯罪宣传教育，增强未成年人防范有组织犯罪的意识和能力，教育引导未成年人自觉抵制有组织犯罪，防范有组织犯罪的侵害。学校发现有组织犯罪侵害学生人身、财产安全，妨害校园及周边秩序的，有组织犯罪组织在学生中发展成员的，或者学生参加有组织犯罪活动的，应当及时采取制止和防范措施，并向公安机关和教育行政部门报告。”

在常委会审议和征求意见过程中，有的常委会委员、专家学者和社会公众提出，高等院校的学生已经成年，但也应当对他们进行反有组织犯罪教育，建议将第一款中的“未成年人”修改为“学生”。有的常委会委员建议将第二款中的“学生”

修改为"师生"。有的部门提出，学校并非行政机关，且学校一般不具备发现和辨别犯罪行为的能力，要求学校会同有关部门建立工作机制不妥，建议将第一款有关规定修改为，教育行政部门应当会同有关部门建立防范有组织犯罪侵害校园工作机制，指导学校加强反有组织犯罪宣传教育。有的社会公众建议增加对高等院校在校成年人学生进行教育、保护的内容。

条文解读

本条共分为两款。第一款是关于教育行政部门、学校应当会同有关部门建立防范有组织犯罪侵害校园工作机制，加强反有组织犯罪宣传教育的规定。

这一规定要求教育行政部门、学校等切实履行有组织犯罪防范和反有组织犯罪宣传教育的职责。其中，"教育行政部门"是指从教育部到地方各级教育局等主管教育行政工作的部门。"学校"是指直接从事教育工作的院校，包括小学、中学和大学，既包括普通学历教育学校，也包括职业教育学校，既包括公立学校，也包括各种形式的民办学校。根据本款规定，教育行政部门、学校有两项职责，一是建立防范有组织犯罪侵害校园工作机制，二是加强反有组织犯罪宣传教育。这里的"会同有关部门建立防范有组织犯罪侵害校园工作机制"是指公安机关、人民检察院等有关部门配合教育行政部门、学校建立工作机制，以防止有组织犯罪侵害校园。工作机制涵盖的内容是多样的，实践中有一些行之有效的做法，如法院、检察院开展的法治进校园，在学校配置兼职"法治副校长"等活动；学校举办法治讲座、座谈会，组织学生走进青少年法治教育基地、走进公安机关、检察院、法院、司法所等机构，感受法律的实际运行，这些活动都起到了很好的宣传教育效果，有效地提高了学生的法律意识。

实践中，各地可以根据实际情况，利用现有的资源和条件，根据有组织犯罪侵害校园的特点，有针对性地建立防范有组织犯罪侵害校园的工作机制。通过加强反有组织犯罪宣传教育，强化全社会保护未成年人、与侵害学生的黑恶犯罪行为作斗争的意识；增强学生防范有组织犯罪的意识，鼓励学生在遭受有组织犯罪组织骚扰时勇于反抗，求助于学校和有关部门，保护自身的合法权益；教育引导学生自觉抵制有组织犯罪，远离黑恶势力及其违法犯罪，防止学生在黑恶组织的拉拢、威逼利诱下参加有组织犯罪，防范有组织犯罪的侵害。

第二款是关于学校发现有组织犯罪侵害学生，有组织犯罪组织在学生中发展成员或者学生参加有组织犯罪活动的，应当如何处理的规定。

根据本款规定，学校发现有组织犯罪侵害学生，有组织犯罪组织在学生中发展成员或者学生参加有组织犯罪活动的，有如下义务：一是及时制止，二是采取防范措施，三是向公安机关和教育行政部门报告。“及时制止”是指制止有组织犯罪侵害学生的行为继续发生，制止有组织犯罪组织继续在学生中发展成员，制止学生参加有组织犯罪活动。“采取防范措施”主要是指防止学生继续遭受有组织犯罪侵害或者参与有组织犯罪活动的有关措施，如将学生带到安全区域，由专门人员对学生予以保护；不让黑恶组织成员接触学生；通知学生家长，由家长将学生带离校园等防范措施。“向公安机关和教育行政部门报告”是指学校在制止有关违法犯罪行为的同时，还需向公安机关和教育行政部门报告，由公安机关对违法犯罪行为依法作出处理，由教育行政部门对涉事学生进行妥善安排，以维护学生的最大利益。根据该规定，学校无权自行处理或者隐瞒不报。

此外，为切实加强对未成年人的全面综合司法保护，及时有效惩治侵害未成年人违法犯罪，2020 年 5 月，最高人民检察院、国家监察委员会、教育部、公安部、民政部、司法部、国家卫生健康委员会、中国共产主义青年团中央委员会、中华全国妇女联合会联合出台了《关于建立侵害未成年人案件强制报告制度的意见（试行）》，要求国家机关、法律法规授权行使公权力的各类组织及法律规定的公职人员，密切接触未成年人行业的各类组织及其从业人员，在工作中发现未成年人遭受或者疑似遭受不法侵害以及面临不法侵害危险的，应当立即向公安机关报案或举报。2021 年 6 月 1 日开始施行的《未成年人保护法》第十一条第二款规定，国家机关、居民委员会、村民委员会、密切接触未成年人的单位及其工作人员，在工作中发现未成年人身心健康受到侵害、疑似受到侵害或者面临其他危险情形的，应当立即向公安、民政、教育等有关部门报告。未成年人遭受有组织犯罪侵害的，该规定同样适用。本款规定学校就有关情况向公安机关和教育行政部门的报告义务，也是为了最大限度保护学生、未成年人合法权益的制度安排。

在该条的理解适用中，应当注意以下问题：

第一，加强宣传教育是全社会的共同职责，本法第十条对反有组织犯罪的宣传教育作了总的规定，要求承担有组织犯罪预防和治理职责的部门应当开展反有组织犯罪宣传教育，增强公民的反有组织犯罪意识和能力。监察机关、人民法院、人民检察院、公安机关、司法行政机关应当通过普法宣传、以案释法等方式，开展反有组织犯罪宣传教育。新闻、广播、电视、文化、互联网信息服务等单位应当有针对性地面向社会开展反有组织犯罪宣传教育。为保护学生、未成年人的合法权益，在学校的反有组织犯罪宣传教育中，有关部门和单位也应当履行相关职责，配合教育行政部门、学校，针对学生开展有针对性的宣传教育活动，共同把针对学生的宣传教育工作做得形式多样、有声有色，起到实效。

第二，学校发现有组织犯罪侵害学生，在学生中发展成员，或者学生参加有组织犯罪活动，向公安机关和教育行政部门报告后，公安机关和教育行政部门应当依法作出处理。根据本法第六十七条的规定，发展未成年人参加黑社会性质组织、境外的黑社会组织，教唆、诱骗未成年人实施有组织犯罪，或者实施有组织犯罪侵害未成年人合法权益的，依法从重追究刑事责任。根据本法第六十九条第二款的规定，教唆、诱骗未成年人参加有组织犯罪组织或者阻止未成年人退出有组织犯罪组织，尚不构成犯罪的，应当从重给予行政处罚。

此外，对于学生受诱骗参加有组织犯罪活动，情节较轻的，教育部门应当本着从未成年人、学生利益最大化的角度出发，慎用开除学籍等处罚措施，尽力为学生的成长创造良好的环境。

相关规定

《中华人民共和国反有组织犯罪法》第十条、第六十七条、第六十九条；《关于依法严惩利用未成年人实施黑恶势力犯罪的意见》；《关于建立侵害未成年人案件强制报告制度的意见（试行）》

第十二条 **民政部门应当会同监察机关、公安机关等有关部门，对村民委员会、居民委员会成员候选人资格进行审查，发现因实施有组织犯罪受过刑事处罚的，应当依照有关规定及时作出处理；发现有组织犯罪线索的，应当及时向公安机关报告。**

条文主旨

本条是关于民政部门会同有关部门对村民委员会、居民委员会成员候选人资格进行审查，并作出处理的规定。

立法背景

（一）起草背景

黑恶势力侵蚀基层组织的情况在一定范围内存在，影响恶劣。2018 年 1 月，中共中央、国务院发布的《关于开展扫黑除恶专项斗争的通知》中强调要把扫黑除恶和加强基层组织建设结合起来，既有力打击震慑黑恶势力犯罪，又有效铲除黑恶势力滋生土壤，形成长效机制。在扫黑除恶专项斗争查处的涉黑恶犯罪的公职人员中，村“两委”成员占有一定比例，直接影响了人民群众的切身利益，影响了人民群众对公职人员的认知，影响了党风政风和社会风气。根据党中央决策部署，在对利用家族、宗族势力横行乡里、残害百姓的“村霸”等黑恶势力进行严厉惩治的同时，还对软弱涣散基层党组织进行了排查整顿，把受过刑事处罚，存在“村霸”、涉黑恶等问题的干部、党员清理出队伍，并及时补齐配强。此后，各地又进行了新一轮的“两委”换届工作，换届中，既坚持“高线选人”，对选什么样的人，从政治、党性、品行、能力等方面提出标准，推荐奉公守法、品行良好、公道正派、热心公益，具有一定文化和工作能力的优秀人才进入“两委”班子，又把牢“底线要求”，把有前科劣迹的人员包括政治上的“两面人”、受过刑事处罚、存在“村霸”和涉黑涉恶问题、因严重违纪违法正在接受调查处理等问题的人员挡在“两委”干部的门外，两委干部队伍得到了进一步的净化优化，得到了人民群众的普遍认可和广泛欢迎。基层组织的领导力、发展推动力和凝聚力得到了大幅提升，基层基础更加夯实、执政根基更加巩固。

2021 年 4 月，中共中央、国务院出台的《关于加强基层治理体系和治理能力现代化建设的意见》关于健全基层群众自治制度部分提到，规范村（居）民委员会换届选举，全面落实村(社区)“两委”班子成员资格联审机制，坚决防止政治上的两面人、受过刑事处罚、存在“村霸”和涉黑涉恶及涉及宗族恶势力等问题人员，非法宗教与邪教的组织者、实施者、参与者等进入村（社区）“两委”班子。2021 年 4 月，中共中央办公厅、国务院办公厅印发了《关于夯实筑牢农村基层党组织战斗堡垒防范和整治“村霸”问题的意见》，提出要严格落实村“两委”成员资格联审机制，对防范“村霸”等人员进入村“两委”班子进行了明确说明。2021 年，中共中央办公厅、国务院办公厅《关于常态化开展扫黑除恶斗争巩固专项斗争成果的意见》中进一步强调要加强系统治理、依法治理、综合治理、源头治理，不断加强行业领域监管和专项整治，与加强基层组织建设结合起来，不断夯实基层组织，持续防范和整治“村霸”等黑恶势力干扰侵蚀、家族宗族势力影响严重等问题。

根据党中央的决策部署，以及实践中行之有效的经验做法，有必要在本法中对民政部门会同有关部门对村民委员会、居民委员会成员候选人资格进行审查，并依照有关规定及时作出处理的内容进行明确规定，以巩固专项斗争的成果，保障常态化扫黑除恶斗争法治化、规范化进行。

（二）审议中各方面的意见

1. 2020 年 12 月，全国人大常委会审议的《反有组织犯罪法（草案）》初审稿规定："民政部门应当会同监察机关、公安机关等有关部门严格规范基层群众性自治组织换届选举，建立联审机制，发现有组织犯罪线索的，应当及时移送公安机关，防止有组织犯罪人员干扰、破坏选举。"

在常委会审议和征求意见过程中，有的部门建议增加规定，对有组织犯罪人员插手基层事务、侵蚀基层组织和基层政权、侵害群众利益的行为，应当依法从严打击。有的部门建议在"严格规范"前增加"依法"。有的地方提出，当地发生村"两委"成员涉黑恶势力犯罪案件，很重要的原因在于当地基层组织薄弱涣散，没有发挥应有的作用，村"两委"干部一定要选优配强，有的人能力很强，但为人不正派或者作风不好，不宜当选。

有的常委会委员提出，在实践中，通过家族势力或者其他方式对基层自治组织进行渗透的现象仍然屡见不鲜，建议将联审制度扩展至基层群众性自治组织换届选举与履职全过程，定期开展换届"回头看"工作，坚决杜绝黑恶势力对基层组织的渗透，切实保障基层自治组织的正常运行。有的地方建议修改为，组织部门应当会同纪检监察机关和公安、民政、法院、检察院等部门严格规范基层群众性自治组织换届选举及履职全过程，建立联审机制。有的单位建议建立犯罪背景调查制度，基层组织的参选人应当提供公安机关出具的无犯罪记录证明。

有的部门提出，民政部是居民委员会、村民委员会换届选举的指导部门，并没有规范选举的职责，资格联审机制正在探索中，建议暂不在法律中作规定。有的地方提出，部分地方将不得担任村干部的范围扩大到曾受过治安管理处罚、行政处罚等情形，也把一部分能力突出但有一定瑕疵的人挡在了村干部队伍之外，对其合理性还需进一步研究。有的地方提出，实践中选举人的条件把握太严，有的村民几十年前有过违法犯罪行为，虽多年来表现良好，但也不能成为村委会候选人，建议适当放宽审核条件。

2. 2021 年 8 月，全国人大常委会审议的《反有组织犯罪法（草案）》二次审议稿第十一条规定："民政部门应当会同监察机关、公安机关等有关部门，对村民委员会、居民委员会成员候选人资格进行审查，发现有组织犯罪线索的，应当及时移送公安机关。"

在常委会审议和征求意见过程中，有的常委会委员提出，在"两委"换届时严格审查候选人资格，不仅是为了发现有组织犯罪线索，还是为了防止黑恶势力渗透基层组织乃至把控基层政权，建议将"发现有组织犯罪线索的，应当及时移送公安机关"修改为"防止有组织犯罪组织的渗透，把控基层群众性自治组织"。

有的部门建议在本条中增加规定，发现因有组织犯罪受过刑事处罚的，应当及时告知乡、民族乡、镇的人民政府或者街道办事处，由乡、民族乡、镇的人民政府或者街道办事处指导村民选举委员会、居民选举委员会作出处理决定，并公布处理结果。有的常委会委员建议将对基层群众性自治组织成员的审查机制扩展至选举与履职全过程。

条文解读

本条是关于民政部门会同有关部门对村民委员会、居民委员会成员候选人资格进行审查，并依法作出处理的规定。

坚持反有组织犯罪工作与加强基层组织建设相结合，是反有组织犯罪工作的一项重要原则。为防止黑恶势力向基层组织渗透，根据党中央加强基层组织建设、防范和惩治“村霸”的有关文件精神，总结实践经验，本法对基层群众性自治组织选举中的联审机制作了规定，明确民政部门应当会同监察机关、公安机关等有关部门，对村民委员会、居民委员会成员候选人资格进行审查。在实践操作中，一般是由乡镇对候选人的资格进行初审，初审符合条件的，再由县级组织、民政部门联合监察、公安、检察院、法院、司法行政、信访等部门进行资格联审，符合条件的，才能成为正式候选人，再由村民、居民选举产生村（居）民委员会成员。

根据本条规定，对于因实施本法规定的有组织犯罪受过刑事处罚的，应当依照有关规定及时作出处理。这里的规定包括法律法规、规章、规范性文件等，如中共中央、国务院出台的《关于加强基层治理体系和治理能力现代化建设的意见》提出，受过刑事处罚的人员、存在“村霸”和涉黑涉恶及涉及宗族恶势力等问题的人员不能进入村（社区）“两委”班子。根据上述要求，因实施有组织犯罪受过刑事处罚的，不符合村（居）民委员会成员候选人的条件，不能担任村（居）民委员会成员。

对村（居）民委员会成员选举制度作了规定的《村民委员会组织法》和《城市居民委员会组织法》，对受过刑事处罚的人员不能担任村（居）民委员会成员的问题并没有明确。《村民委员会组织法》第十五条规定，村民提名候选人，应当从全体村民利益出发，推荐奉公守法、品行良好、公道正派、热心公益、具有一定文化水平和工作能力的村民为候选人。第十三条规定，依照法律被剥夺政治权利的人没有选举权和被选举权。《城市居民委员会组织法》第十二条规定，居民委员会成员应当遵守宪法、法律、法规和国家的政策，办事公道，热心为居民服务。第八条规定，依照法律被剥夺政治权利的人没有选举权和被选举权。从上述规定可以看出，村（居）民委员会组织法要求候选人或者成员奉公守法、品行良好、公道正派，或者遵守法律、法规和国家的政策，严格来说，因黑恶犯罪受到刑事处罚的人员，不能认定为奉公守法，遵守法律法规和国家政策相关规定，本条的规定也是符合村（居）民委员会组织法的规定精神的。

此外，根据本条规定，在民政部门会同监察机关、公安机关等有关部门对村（居）民委员会成员候选人进行资格审查的过程中，若发现有组织犯罪线索的，应当及时向公安机关报告。公安机关收到线索后，应当依法进行线索分析、研判，若涉及有组织犯罪的，由公安机关组织线索核查，发现犯罪事实或者犯罪嫌疑人的，依法立案侦查；若涉及职务违纪违法犯罪的，公安机关可依法将线索移送监察纪检机关处理；若涉及有关行业领域的违法行为的，公安机关也可依法将线索移送有关主管部门处理。

在该条的理解适用中，应当注意以下问题：

第一，在换届选举或者平时补选村（居）民委员会成员时，对村（居）民委员会成员候选人资格进行审查，有助于从源头上净化村（居）干部队伍。在村（居）民委员会成员产生后，有关部门应当对这支队伍加强日常教育、引导和监管，探索建立防范黑恶势力滋生的常态机制，防止村（居）干部在当选时清白，在履职过程中逐渐“作恶”“变黑”。

第二，按照党中央全面从严治党、中国共产党纪律处分条例以及有关中央文件的要求，因实施有组织犯罪受过刑事处罚的人员也是不能担任村（社区）党支部书记的。对此问题，反有组织犯罪法没有作规定，但实践中，对拟选任的党支部书记也会进行严格的审查，一般由县组织部门联合乡镇党委组织进行考察，对于因实施有组织犯罪受过刑事处罚，实践中也是不能担任村（社区）党支部书记的。《关于夯实筑牢农村基层党组织战斗堡垒防范和整治“村霸”问题的意见》明确要防范“村霸”等人员进入村“两委”班子。《中国共产党纪律处分条例》第三十二条规定，党员因故意犯罪被依法判处刑法规定的主刑（含宣告缓刑）的，被单处或者附加剥夺政治权利的，因过失犯罪，被依法判处三年以上（不含三年）有期徒刑的，应当给予开除党籍处分。对因过失犯罪被判处三年以下（含三年）有期徒刑或者被判处管制、拘役的，一般应当开除党籍。

相关规定

《中华人民共和国城市居民委员会组织法》第八条、第十二条；《中华人民共和国村民委员会组织法》第十三条、第十五条；《中国共产党纪律处分条例》第四章

第十三条　市场监管、金融监管、自然资源、交通运输等行业主管部门应当会同公安机关，建立健全行业有组织犯罪预防和治理长效机制，对相关行业领域内有

组织犯罪情况进行监测分析，对有组织犯罪易发的行业领域加强监督管理。

条文主旨

本条是关于行业主管部门建立健全行业有组织犯罪预防和治理长效机制的规定。

立法背景

（一）起草背景

黑恶势力组织是社会的毒瘤，对社会的危害极大，不仅极大危害人民生命财产安全，也影响经济发展和社会和谐稳定。我国黑恶势力组织的发展有一个演变过程，二十世纪八十年代，有组织犯罪活动在我国个别地方比较猖獗，有的称霸一方，形成地方恶势力，且初步形成犯罪团伙，一些犯罪团伙除了实施严重的暴力犯罪之外，还开始注重通过暴力掠夺来积累、扩大犯罪组织的财产，这一时期的犯罪团伙主要通过贩毒、走私、抢劫、拐卖妇女、卖淫、赌博等违法犯罪行为，或者收取“保护费”等手段获取经济利益。到二十世纪九十年代，黑恶势力组织快速发展，一些犯罪团伙加速向犯罪集团和黑社会性质组织发展演化，开始以合法掩护非法，在合法身份的掩护下不断渗入经济领域，并寻求“保护伞”的庇护，为牟取更大的非法利益创造条件，这一时期带有黑社会性质的组织在个别地方已初见端倪，但多数犯罪团伙、犯罪集团仍然主要依靠暴力手段或者提供非法商品、非法服务等方式获取经济利益，也有部分犯罪团伙、犯罪集团开始向经济领域渗透，还拥有一定资产，但经济实力还比较弱。二十一世纪以来，随着我国改革开放的不断深入，经济和科学技术的迅猛发展，在给社会和民众创造更多价值的同时，黑恶势力组织在国内国际的大环境下也得到了迅速发展，且不断向合法经济领域渗透。这一时期，我国的黑恶势力组织不仅从事传统的贩毒、走私、抢劫、拐卖妇女、卖淫、赌博等违法犯罪，还通过各种手段侵入合法行业赚取更高的经济利益。有的黑恶势力组织在管理模式、行为方式和文化建设等方面都表现出明显的企业化特征，组织化程度高、规模大、涉罪范围广。同时，境外黑社会势力也对我国进行渗透。实践中，一些黑恶势力组织打着经商办企业的合法旗号，不断进入合法经济领域，既有准入门槛比较低的建筑工程、服务娱乐、集贸市场、矿产资源、交通运输等传统行业，也有准入门槛比较高的金融信贷、电子商务、网络平台等新兴行业。由于一些地方的相关行业主管部门监督管理不到位，措施不得力，留下大量“真空地带”，给黑恶势力组织披上合法外衣提供了机会。黑恶势力组织依靠暴力或贿赂管理人员等不正当手段进入合法市场，有的组织形式日趋公司化、企业化，其手段日趋现代化，领域不断扩大，有的在某一行业领域形成垄断地位，严重危害正常的社会、经济秩序。所以必须采取有针对性的措施切断黑恶势力组织的经济来源，一方面要严厉惩治与有组织犯罪密切相关的违法犯罪活动，如贩毒、走私、抢劫、拐卖妇女、卖淫、赌博等，还要防止犯罪组织利用金融等手段实施洗钱，将非法收入合法化；另一方面要建立健全行业有组织犯罪预防和治理长效机制，对相关行业领域进行监测分析，通过系统治理、综合治理、源头治理，最大限度地消除有组织犯罪发展的土壤和空间，维护社会和谐稳定。为此，中办、国办印发的《关于常态化开展扫黑除恶斗争巩固专项斗争成果的意见》对源头治理提出了要求。本条规定就是根据自2018年开始的为期三年的扫黑除恶专项斗争实践成果，以及常态化持续开展专项整治的需要，明确规定行业主管部门应当会同公安机关，建立健全行业有组织犯罪预防和治理长效机制，对行业领域加强监督管理。

（二）审议中各方面的意见

1. 国务院提请审议的《反有组织犯罪法（草案）》第十四条第一款、第二款规定："相关行业部门应当结合本行业反有组织犯罪工作特点，主动履行监管职责，定期排查整治行业乱象，及时移送违法犯罪线索，建立健全反有组织犯罪预防和治理长效机制。相关行业部门应当采取有效措施，加强对有组织犯罪易发、常发的行业领域的监督管理。"第十五条第一款规定："相关行业部门应当加强对行业领域内有组织犯罪倾向性问题的摸排监测和分析研究，开展预防和治理。"第二十四条规定："负有监管责任的行业部门应当建立摸排工作机制，主动发现有组织违法犯罪线索，及时收集固定证据，并移送公安机关依法处理。"

在征求意见和调研过程中，有的部门提出，草案第十四条中"相关行业主管部门"与"相关行业部门"的表述不统一，不规范；有的地方和部门建议将"行业部门"修改为"行业主管部门"。有的部门建议将第十四条第一款的有关内容修改为，公安机关会同相关行业部门建立行刑衔接制度。根据上述各方面的意见，对草案作了相应的修改完善。

关于第十四条第一款、第二款，在常委会审议过程中，有的常委委员提出，第二款中"易发、常发"的标准及由谁来判断等予以明确或者作出原则规定。有的部门建议删除"定期排查整治行业乱象”，对“履行监管职责”的表述是否恰当进行进一步研究。有的地方、部门建议将第一款、第二款合并。

关于第十五条第一款，在征求意见过程中，有的部门提出，行业部门主要履行市场秩序监管职责，没有侦查犯罪的职权，也缺乏相应的技术设备和专业能力，摸排监测和分析研究工作宜由公安机关牵头负责，建议在“相关行业部门”前增加“公安机关会同”，在“发现行业监管漏洞”后增加“可能增加有组织犯罪风险”。有的专家提出，本条规定需要考虑，一是相关行业部门是否具有摸排监测的职权和能力；二是如果相关行业部门未进行或者未准确地进行摸排监测而客观上生成了黑恶势力，应当承担何种责任。

关于第二十四条，在征求意见过程中，有的部门提出，犯罪线索摸排检测较为专业，行业部门没有相应职权，缺乏相应技术设备和能力，建议删去本条规定。

2.《反有组织犯罪法（草案）》二次审议稿第十三条规定：“市场监管、金融监管、自然资源、交通运输等行业主管部门应当会同公安机关，建立健全行业反有组织犯罪预防和治理长效机制，对本行业领域内有组织犯罪情况进行监测分析，对有组织犯罪易发的行业领域加强监督管理。相关行业主管部门应当根据职责，采取有效措施，定期排查整治行业乱象，及时移送违法犯罪线索。”草案二次审议稿对草案作了以下修改：一是将草案第十四条第一款、第二款，第十五条第一款，第二十四条三条有关内容合并规定为一条；二是明确相关行业部门为市场监管、金融监管、自然资源、交通运输等行业主管部门；三是上述三条的相关表述予以整合，进一步明确对有组织犯罪易发的行业领域加强监督管理的内容。

在常委会审议过程中，有的常委委员提出，本条两款的内容重复，建议将第二款中“及时移送违法犯罪线索”的规定移至第一款，删除第二款其他内容。根据上述各方面的意见，对草案二次审议稿作了相应的修改完善。

在征求意见过程中，有的部门建议将本条修改为，公安机关会同行业主管部门，建立健全反有组织犯罪工作协调机制，对有组织犯罪易发的行业领域加强监督管理。相关行业主管部门应当根据职责，及时移送违法犯罪线索。有的专家建议将第二款修改为，相关部门应当将反有组织犯罪工作纳入部门规章规定，并根据相应职责采取有效措施。有的专家建议明确接受线索移送的机关。有的部门提出，除了第二章列举的有关行业主管部门以外，监管场所在对已决犯、看守所对未决犯的监管中更容易发现有组织犯罪线索，也需要移送公安机关，建议在有关规定中予以考虑。

3.《反有组织犯罪法（草案）》三次审议稿将二次审议稿第十三条第二款与第二十五条合并规定，修改为：“市场监管、金融监管、自然资源、交通运输等行业主管部门应当会同公安机关，建立健全行业有组织犯罪预防和治理长效机制，对相关行业领域内有组织犯罪情况进行监测分析，对有组织犯罪易发的行业领域加强监督管理。”草案三次审议稿对草案二次审议稿作了以下修改：一是考虑到有的行业主管部门的监管职责并不仅限于本行业领域，将“本行业领域”修改为“相关行业领域”；二是删去了本条第二款的规定，这是考虑到第一款规定的监督管理包含了第二款规定的“采取有效措施，定期排查整治行业乱象”的内容，且第二款规定的“及时移送违法犯罪线索”在第二十五条中已有规定，没有必要再重复规定。

条文解读

本条规定主要包含以下几个方面的内容：

第一，本条规定的责任主体是市场监管、金融监管、自然资源、交通运输等行业主管部门和公安机关。这里所说的“市场监管”行业主管部门，包括国家市场监督管理总局及地方各级市场监督管理部门。“金融监管”行业主管部门，包括中国人民银行及其分支机构，中国银行保险监督管理委员会，中国证券监督管理委员会。“自然资源”行业主管部门，包括自然资源部及地方各级自然资源部门。“交通监管”行业主管部门，包括交通运输部及地方各级交通运输部门。本条规定的责任主体不仅限于列举的上述四个部门，除此之外，还有负责工程建设、生态环境、文化旅游、教育卫生、信息网络和社会治安等方面的住房城乡建设部门、生态环境部门、文化和旅游部门、教育部门和卫生健康部门、网信部门等行业主管部门都是本条规定的责任主体。另外，本条对公安机关在行业治理中的职责也作了规定，即公安机关应当与各行业主管部门共同建立健全预防和治理的长效机制。

第二，建立健全行业有组织犯罪预防和治理长效机制。在2018年至2020年开展的为期三年的扫黑除恶专项斗争过程中，发现乱象较多的主要有金融放贷、工程建设、交通运输、市场流通、自然资源、生态环境、文化旅游、教育卫生、信息网络和社会治安等十个重点行业领域，针对上述十个重点行业领域，有关行业主管部门与公安机关积极配合，各司其职，齐抓共管，综合运用各种手段预防和解决黑恶势力违法犯罪突出问题，尤其是对重点行业、重点领域的监管，最大限度挤压黑恶势力滋生空间，成效显著。但是彻底铲除黑恶势力是一项长期艰巨的任务，为防止黑恶势力死灰复燃，重点行业领域的主管部门应当会同公安机关根据本地区、本行业领域、场所的特点建立健全行业有组织犯罪预防和治理长效机制，如针对“套路贷”违法犯罪，建立“放贷人名录”制度；建立行业整治回访制度；建立重点行业领域社会监督制度；对黑恶势力容易染指行业的从业人员加强备案管理等。实践中，有的地方依靠社会多部门、多主体共同参与，多措并举，共同加强社会综合治理，建立防范黑恶犯罪的长效机制，强化对黑恶犯罪的防范。一是建立公安机关与行业监管部门共享情报信息和涉黑恶线索摸排情况大数据系统，增强对黑恶犯罪的发现能力；二是对建筑工程、砂石、征地拆迁等重点领域、行业加强监管，严格宾馆、KTV、酒吧等娱乐场所经营的准入机制，最大限度挤压黑恶势力滋生空间；三是加强对前科劣迹、吸毒等人员的重点管控，建立涉黑涉恶犯罪分子黑名单制度，强化“末端管理”；四是针对青少年学生群体进行重点教育宣传，预防和减少青少年犯罪，避免被黑恶势力教唆利用。根据上述实践经验，相关行业主管部门会同公安机关建立健全行业有组织犯罪预防和治理长效机制，对聚焦长效长治，推进反有组织犯罪向纵深发展，彻底铲除黑恶势力及其滋生发展土壤具有十分重要的意义。

第三，对相关行业领域内有组织犯罪情况进行监测分析，对有组织犯罪易发的行业领域加强监督管理。这里所说的“易发的行业领域”，主要是指过去曾经发生黑恶势力组织犯罪或者容易发生黑恶势力组织犯罪的重点行业领域。根据2018年至2020年开展的为期三年扫黑除恶专项斗争的实践总结，易发的行业领域主要有金融放贷、工程建设、交通运输、市场流通、自然资源、生态环境、文化旅游、教育卫生、信息网络和社会治安等行业领域。根据本条规定，相关行业领域的主管部门对本行业领域内的公司、企业、场所应当进行监测分析，对有组织犯罪易发的行业领域需要重点关注，及时发现问题，堵塞漏洞，防范黑恶势力组织犯罪。

实践中需要注意的是，本条规定的建立健全行业有组织犯罪预防和治理长效机制，就是要求行业主管部门与公安机关按照本条的规定及有关要求，持续开展专项整治，坚持常态化滚动排查，通过开展线上清查和线下整治、暗访评估、执法检查、日常监管等方式，对乱象较多的行业领域进行标本兼治，切实防范传统行业粗放管理、资源行业非法垄断、娱乐行业藏污纳垢、新兴行业非法野蛮生长等存在的突出问题，实时进行监测分析，排查有组织犯罪情况，特别是对易发生有组织犯罪的重点区域、行业领域或场所，重点排查，发现问题及早提醒解决，对违反行政法律法规的依法及时进行处罚。同时有关方面应当加强信息资源整合共享，动态跟踪研判行业领域中的新变化、新趋势，实现对重点行业领域、重点人员的精准摸排、监测分析，及时发现掌握乱生恶的动向、恶变黑的信号，实现发现在早、处置在小，避免坐大成势。为加强对行业领域的监管，中办、国办印发的《关于常态化开展扫黑除恶斗争巩固专项斗争成果的意见》也要求，各行业各领域监管部门主要负责同志是本行业本领域治理的第一责任人，对行业领域治理要全程领导、全面把关，推动完善落实行业领域相关规章制度，对发现的问题要一查到底、绝不姑息，严肃依规依纪依法追究责任，坚决防止行业领域乱象演化成涉黑涉恶问题。

相关规定

《最高人民法院、最高人民检察院、公安部、司法部关于办理黑恶势力犯罪案件若干问题的指导意见》

第十四条　监察机关、人民法院、人民检察院、公安机关在办理案件中发现行业主管部门有组织犯罪预防和治理工作存在问题的，可以书面向相关行业主管部门提出意见建议。相关行业主管部门应当及时处理并书面反馈。

条文主旨

本条是关于监察机关和政法机关向行业主管部门提出意见建议的规定。

立法背景

（一）起草背景

扫黑除恶专项斗争的重点是涉黑涉恶问题突出的重点地区、重点行业、重点领域，锋芒始终对准群众反映最强烈、最深恶痛绝的各类黑恶势力违法犯罪。黑恶势力横行乡里、称霸一方，不少犯罪团伙都有着严密的组织结构、雄厚的经济实力，经过三年的扫黑除恶专项斗争，部分黑恶势力在高压态势下销声匿迹，专项斗争取得了显著成效，但并不意味着那些根深蒂固、盘根错节的黑恶势力被彻底铲除。一些黑恶势力仍心存侥幸，一旦存在可以滋生的土壤，管理松懈，就会死灰复燃。随着经济和科技高速发展，黑恶势力组织也逐渐向新兴领域渗透，呈现出更具多元化、企业化、隐蔽化等特点。针对黑恶势力组织犯罪出现的新变化、新动向，监察机关、政法机关作为办案机关，处在惩治黑恶势力违法犯罪的第一线，在办理黑恶势力组织犯罪案件过程中，不应只满足于对黑恶势力组织犯罪个案的处理，还应着重摸排线索，预防治理行业监管可能存在的问题，提出相关工作建议，这是从源头上防范和减少黑恶势力犯罪的重要手段，监察机关、政法机关根据办理涉黑涉恶案件中发现的问题和线索，发出相关建议，提出相应工作意见，目的就是“以案促建、以案促治”，帮助各单位、各行业分析问题，堵塞漏洞，更好地做好扫黑除恶工作。因此，本条规定，要求监察机关、政法机关要加强与行业领域监管部门信息共享和工作联动，对发现的行业乱象问题和监管漏洞应当及时制发“三书一函”即监察建议书、司法建议书、检察建议书和公安提示函，防范黑恶势力组织犯罪，铲除滋生黑恶势力的土壤。

（二）审议中各方面的意见

1. 国务院提请审议的《反有组织犯罪法（草案）》第十五条第二款规定：“监察机关、公安机关、人民法院、人民检察院发现行业监管漏洞的，可以通过书面形式告知相关行业部门，并提出意见建议。相关行业部门应当及时整改，堵塞漏洞，并书面反馈告知单位。”

在征求意见和调研过程中，有的地方、部门建议将本条等条文中的“行业部门”修改为“行业主管部门”；有的部门提出，行业部门主要履行市场秩序监管职责，没有侦查犯罪的职权，也缺乏相应的技术设备和专业能力，摸排监测和分析研究工作宜由公安机关牵头负责，建议在“相关行业部门”前增加“公安机关会同”，在“发现行业监管漏洞”后增加“可能增加有组织犯罪风险”。有的专家提出，本条规定需要考虑，一是相关行业部门是否具有摸排监测的职权和能力；二是如果相关行业部门未进行或者未进行准确摸排监测而客观上生成了黑恶势力，应当承担什么责任。根据上述各方面的意见，对草案作了相应的修改完善。

在审议过程中，有的常委委员还建议删去本条第二款中“反馈告知单位”的规定。

2.《反有组织犯罪法（草案）》二审稿第十四条将上述规定修改为：“监察机关、人民法院、人民检察院、公安机关在办理案件中发现行业主管部门防治有组织犯罪工作存在问题的，可以书面告知相关行业主管部门，提出意见建议。相关行业主管部门应当及时整改，并书面反馈整改情况。”草案二次审议稿对草案作了以下修改：一是将“公安机关、人民法院、人民检察院”的排序作了调整，修改为“人民法院、人民检察院、公安机关”；二是进一步明确监察机关、政法机关提出意见建议的条件和内容，即在办案过程中针对防治有组织犯罪的问题；三是将“行业部门”修改为“行业主管部门”；四是明确反馈的内容是整改情况。

在审议过程中，有的常委委员建议将“防治”修改为“预防和治理”或者“反”。根据上述各方面的意见，对草案二次审议稿作了相应的修改完善。

在审议过程中，还有的常委委员提出，在办理减刑、假释、暂予监外执行案件中，司法行政机关也有可能发现行业主管部门防治有组织犯罪工作中存在的问题，建议增加“司法行政机关”作为告知主体。有的建议将有关机关“可以”告知修改为“应当”告知。

在征求意见和调研过程中，有的代表建议增加一款规定，涉及事项社会影响大、群众关注度高、违法情形具有典型性、所涉问题应当引起有关部门重视的意见建议，应当抄送同级党委、人大、政府、监察机关或者被建议单位的上级机关、行政主管部门以及行业自律组织等。有的部门建议增强“三书一函”的强制性，督促行业主管部门认真整改。

3.《反有组织犯罪法（草案）》三次审议稿第十四条根据各方面的意见将上述规定修改为：“监察机关、人民法院、人民检察院、公安机关在办理案件中发现行业主管部门有组织犯罪预防和治理工作存在问题的，可以书面向相关行业主管部门提出意见建议。相关行业主管部门应当及时处理并书面反馈。”草案三次审议稿对草案二次审议稿作了以下修改：一是将“防治”修改为“预防和治理”；二是考虑到监察机关、政法机关提出的意见不一定都是对的，也不一定都需要整改，对于有些情况可能需要有关单位作出，故将“及时整改”修改为“及时处理”，同时也删去了反馈“整改情况”的要求。

条文解读

本条规定主要包含两个方面的内容：

第一，监察机关、人民法院、人民检察院、公安机关在办理案件中发现的行业主管部门有组织犯罪预防和治理工作存在问题的，可以书面向相关行业主管部门提出意见建议。首先，监察机关、人民法院、人民检察院、公安机关提出意见建议必须是在办理案件中发现的问题，这里所说的“办理案件”，主要是指监察机关办理职务违法和职务犯罪案件；人民法院审判案件；人民检察院办理检察、批准逮捕、直接受理案件的侦查、提起公诉案件；公安机关办理侦查、拘留、执行逮捕、预审案件。其次，监察机关、人民法院、人民检察院、公安机关发现的问题必须是有组织犯罪预防和治理工作中存在的问题。这里所说的“有组织犯罪预防和治理工作”，主要是指本法第二章第九条至第二十一条中涉及的有关规定，如金融放贷、工程建设、交通运输、市场流通、自然资源、生态环境、文化旅游、教育卫生、信息网络和社会治安等行业领域存在的突出问题和乱象，资源行业非法垄断，娱乐行业藏污纳垢，新兴行业非法野蛮生长等。最后，监察机关、人民法院、人民检察院、公安机关可以书面向相关行业主管部门提出意见建议。根据这一规定，监察机关、人民法院、人民检察院、公安机关应当对每起涉黑涉恶违法犯罪案件及时深挖其背后的原因，对办案中发现的行业管理漏洞，要及时通报相关部门、提出加强监管和行政执法的建议。这里所说的“书面向相关行业主管部门提出意见建议”，主要是指扫黑除恶专项斗争的“三书一函”，即监察机关的监察建议书、人民法院的司法建议书、人民检察院的检察建议书、公安机关的公安提示函。监察机关和政法机关应当坚持以案促治、以案促建、以案促改，不断提高制度执行力，真正让制度执行起来实用、管用、好用；通过“三书一函”，以堵塞行业监管漏洞、补齐社会治理短板为突破口和着力点，积极推进社会治理齐抓共管格局的创新实践。实践中，有的省高院要求全省法院，在审理黑恶势力犯罪案件过程中，充分延伸刑事审判职能，不断加强与行业部门协作配合，坚持逐案分析涉案地区、行业、领域是否存在易发问题和管理漏洞，并综合问题成因、表现形式、危害后果等情况形成针对性司法建议，及时通报相关部门。

第二，相关行业主管部门应当及时处理并书面反馈。实践中，在收到“三书一函”后，有的单位没有认真分析问题原因，研究落实整改措施，积极回应；有的单位没有正面理解监察人员、政法人员的用心良苦，而是心生抵触，置之不理，更有甚者，没有从自身监督管理方面找原因，想对策，而认为小题大做，责难抗议；有的单位只将精力集中在应付反馈回复函上，至于今后如何整改到位，举一反三、防微杜渐，往往被抛之脑后，没有下文，严重损害扫黑除恶建议机制的权威性。为了保证相关行业主管部门进一步增强整治行业乱象，推进“行业清源”的责任感，紧迫感，推进“三书一函”的整改落实，本条明确规定，相关行业主管部门应当及时处理并进行书面反馈。这里所说的“及时处理”，就是要求相关行业主管部门在收到“三书一函”建议后，应当高度重视，认真核实，对存在的问题切实整改落实，对于不存在问题的要及时予以说明。“书面反馈”，就是要求相关行业主管部门不仅对“三书一函”提出的意见建议切实落实，还要在落实以后要以书面形式反馈给提出意见建议的监察机关、人民法院、人民检察院、公安机关。

实践中需要注意的是，监察机关、人民法院、人民检察院、公安机关给相关行业主管部门提出意见建议的“三书一函”时需要认真对待，做到以下几个要求：一是制发机关要提高“三书一函”的质量。监察机关、政法机关要进一步提升政治站位，提高对“三书一函”工作在扫黑除恶工作中重要性的认识，高度重视，要对所涉及行业监管的案件进行认真梳理，查找是否存在行业漏洞，如发现问题，要及时研判，并向相关行业主管部门发出“三书一函”，确保发现的问题准确、分析问题透彻，建议客观合理、行文严谨规范，以此推动扫黑除恶工作不断向纵深发展，既不能为了应付考核要求，也不能为了追求提出的数量而盲目发文。二是行业主管部门应当积极处理并及时反馈。相关行业主管部门对“三书一函”应当积极回应，并建立配套的核查、反馈机制，对于存在问题的及时整改，提高行业领域治理水平，防范黑恶势力组织犯罪。三是制发机关对发出的“三书一函”要跟踪回访，以及提高办理效率。监察机关、政法机关不能对“三书一函”一发了之，不管不顾，要加大与相关行业主管部门的沟通，跟踪回访，了解具体执行情况，防止出现相关行业主管部门做表面文章，敷衍应付，要积极督促整改落实，实现审理一案、教育一片、防范一方，并达到社会效益和法律效益的统一。

相关规定

《中华人民共和国反有组织犯罪法》第九条至第二十一条；《中华人民共和国监察法》第四条；《中华人民共和国刑事诉讼法》第四条

第十五条　公安机关可以会同有关部门根据本地有组织犯罪情况，确定预防和治理的重点区域、行业领域或者场所。

重点区域、行业领域或者场所的管理单位应当采取有效措施，加强管理，并及时将工作情况向公安机关反馈。

条文主旨

本条是关于重点区域、行业领域或者场所的预防和治理的规定。

立法背景

（一）起草背景

对黑恶势力组织犯罪，我们长期以来一直采取“打早打小”的政策，意图将黑恶势力组织犯罪消灭在萌芽状态。自二十世纪八十年代以来，我们进行了多次扫黑除恶专项斗争，同时加大对毒品犯罪、涉枪犯罪、偷渡犯罪、贩运人口犯罪、洗钱犯罪、卖淫嫖娼违法行为等与黑恶势力组织犯罪相关联的违法犯罪的惩治力度，经过数十年的扫黑除恶专项斗争，对黑恶势力组织犯罪的惩治已经取得了阶段性成果，同时也建立起惩治黑恶势力组织犯罪的预防和治理体系，基本形成了反有组织犯罪的常态化机制。但在实践中往往扫除一批黑恶势力组织，经过一段时期新的黑恶势力组织又发展起来，无法从根本上消除黑恶势力组织，而且随着改革开放不断深入，经济和科学技术快速发展，黑恶势力组织不断渗透到合法的经济领域，如建筑工程、服务娱乐、集贸市场、矿产资源、交通运输、信息网络、金融放贷等重点区域、行业领域或者场所，也暴露出我国在预防和治理有组织犯罪过程中存在监管方面的漏洞和不足，如社会经济管理存在漏洞，伴随着社会主义市场经济转型，政府对整个经济活动的管理相对减弱，而适应市场经济需要的管理体制尚未健全，给黑恶势力组织发展提供了机会，一些黑恶势力组织打着经商办企业的名号进入经济领域，利用合法身份掩盖违法犯罪活动；由于有的地方经济管理存在漏洞，导致地下经济活动猖獗，黑恶势力组织依靠非法或者灰色领域积累了大量资产，并逐渐向合法经济领域渗透；有的地方市场监管不力，使一些黑恶势力组织大量向低端的经济领域渗透，由于这些领域准入门槛低，对技术含量、资金数量和管理水平要求不高，相关主管部门监管不到位，措施不得力，才导致市场管理混乱，给黑恶势力组织的渗透提供了机会。从扫黑除恶专项斗争实践来看，聚焦涉黑涉恶问题突出的重点地区、重点行业、重点领域，把打击锋芒始终对准人民群众反映最强烈、最深恶痛绝的各类黑恶势力违法犯罪是十分必要的，也是效果最好的。中办、国办印发的《关于常态化开展扫黑除恶斗争巩固专项斗争成果的意见》对重点人员、重点场所、重点领域的监管提出了要求。本条根据扫黑除恶专项斗争的实践经验和常态化开展扫黑除恶斗争的需要，明确规定对重点地区、行业领域或场所要加强管理。

（二）审议中各方面的意见

1. 国务院提请审议的《反有组织犯罪法（草案）》第十六条规定："公安机关可以根据本地有组织犯罪情况，确定预防和治理的重点地区、行业领域或部门场所。相关责任单位应当采取有效整改完善措施，加强管控力度，及时将工作情况向公安机关反馈。"

在征求意见过程中，有的部门建议在"确定预防和治理的重点地区"前增加"征求相关行业部门意见后"，根据上述各方面的意见，对草案作了相应的修改完善。

在征求意见过程中，有的部门还建议在"将工作情况向公安机关反馈"后增加"并通报相关行业部门"。中央政研室建议删去"有效"。

2.《反有组织犯罪法（草案）》二次审议稿第十五条规定："公安机关可以会同有关部门根据本地有组织犯罪情况，确定预防和治理的重点地区、行业领域或场所。重点地区、行业领域或场所的管理单位应当采取有效措施，加强管控力度，并及时将工作情况向公安机关反馈。”草案二次审议稿对草案作了以下修改：一是考虑到有关行业主管部门对行业内的重点地区、行业领域或场所比较了解情况，在第一款中增加规定公安机关会同有关部门确定重点地区、行业领域或场所；二是将第一款中的“部门场所”修改为“场所”；三是进一步明确第二款规定的“相关责任单位”为“重点地区、行业领域或场所的管理单位”。

在草案通过前的评估过程中，有的部门建议将“公安机关”修改为“各级人民政府”。

3.《反有组织犯罪法（草案）》三次审议稿第十五条规定：“公安机关可以会同有关部门根据本地有组织犯罪情况，确定预防和治理的重点区域、行业领域或场所。重点区域、行业领域或场所的管理单位应当采取有效措施，加强管理，并及时将工作情况向公安机关反馈。”草案三次审议稿对草案二次审议稿作了以下修改：一是考虑到地区容易误解为行政区划，将“地区”修改为“区域”；二是将“加强管控力度”修改为“加强管理”。

条文解读

本条共分为两款。第一款是关于确定预防和治理的重点区域、行业领域或者场所的规定。

本款规定，公安机关可以会同有关部门根据本地有组织犯罪情况，确定预防和治理的重点区域、行业领域或者场所。根据这一规定，一是确定预防和治理的重点区域、行业领域或者场所的主体是公安机关会同有关部门。这样规定主要是考虑到公安机关是扫黑除恶的主力军，公安民警站在与黑恶势力正面交锋的最前沿，通过侦查涉黑涉恶案件，更加熟悉重点区域、行业领域、场所的情况。这里所说的“有关部门”主要是指行业主管部门。这是考虑到行业主管部门对本地区、本行业的情况更加熟悉，为了更加精准确定预防和治理的重点区域、行业领域、场所，法律要求公安机关会同行业主管部门确定。

二是根据本地有组织犯罪情况，确定预防和治理的重点区域、行业领域或者场所。这里所说的“根据本地有组织犯罪情况”，主要是指根据本区域、行业领域、场所曾发生黑恶势力组织犯罪、存在滋生黑恶势力组织犯罪风险以及社会治安综合治理等情况。“区域”，是指一定的地域空间，如社区、广场、商品批发城等；“行业”，是指生产、服务或其他经济社会的经营单位或者个体的组织结构体系，又称为产业，如金融、交通运输、自然资源、市场流通、文化旅游、信息网络等；“领域”，是指一种专门活动或一种特定范围，如收保护费的市霸、行霸，经营“黄赌毒”，非法高利放贷，暴力讨债，经营地下钱庄等；“场所”，是指特定建筑物或公共空间活动处所，如学校、歌舞厅、酒吧、网吧等。这里所说的“重点区域、行业领域或者场所”，主要是指易发生有组织犯罪，需要重点监测、整治、管理的区域、行业领域或者场所。在扫黑除恶专项斗争中，为了突出重点，精准打击，2018 年，《最高人民法院、最高人民检察院、公安部、司法部关于办理黑恶势力犯罪案件若干问题的指导意见》规定了重点地区、重点行业和重点领域。该意见规定，各级人民法院、人民检察院、公安机关和司法行政机关应聚焦黑恶势力犯罪突出的重点地区、重点行业和重点领域：威胁政治安全特别是政权安全、制度安全以及向政治领域渗透的黑恶势力；把持基层政权、操纵破坏基层换届选举、垄断农村资源、侵吞集体资产的黑恶势力；利用家族、宗族势力横行乡里、称霸一方、欺压残害百姓的“村霸”等黑恶势力；在征地、租地、拆迁、工程项目建设等过程中煽动闹事的黑恶势力；在建筑工程、交通运输、矿产资源、渔业捕捞等行业、领域，强揽工程、恶意竞标、非法占地、滥开滥采的黑恶势力；在商贸集市、批发市场、车站码头、旅游景区等场所欺行霸市、强买强卖、收保护费的市霸、行霸等黑恶势力；操纵、经营“黄赌毒”等违法犯罪活动的黑恶势力；非法高利放贷、暴力讨债的黑恶势力；插手民间纠纷，充当“地下执法队”的黑恶势力；境外黑社会入境发展渗透以及跨国跨境的黑恶势力。经过三年的扫黑除恶专项斗争，《关于常态化开展扫黑除恶斗争巩固专项斗争成果的意见》进一步提出，建立健全源头治理的防范整治机制，持续开展专项整治，全面加强行业领域监管，重点对金融放贷、工程建设、交通运输、市场流通、自然资源、生态环境、文化旅游、教育卫生、信息网络和社会治安等行业领域存在的突出问题和乱象进行标本兼治，不断夯实基层组织，持续防范和整治“村霸”等黑恶势力干扰侵蚀、家族宗族势力影响严重等问题。上述规定针对的是全国扫黑除恶专项斗争中总结的易发生黑恶势力组织的重点区域、重点行业领域、重点场所。实践中，各地方公安机关应当会同本地方的有关部门，根据本地方有组织犯罪的情况，确定本地方预防和治理的重点区域、行业领域或者场所。各地方确定的重点区域、行业领域或者场所并不一定是上述重点区域、行业领域，应根据本地方的实际情况确定，同时应当根据实际情况的变化适时作出调整。

第二款是关于对重点区域、行业领域或者场所加强管理的规定。

本款规定的责任主体是重点区域、行业领域或者场所的管理单位。公安机关会同有关部门确定重点区域、行业领域或者场所后，应当及时通知该重点区域、行业领域或者场所的管理单位。该管理单位有责任按照相关要求管理该重点区域、行业领域或者场所。

本款规定重点区域、行业领域或者场所的管理单位应当采取有效措施，加强管理，并及时将工作情况向公安机关反馈。根据这一规定，首先，该管理单位应当采取有效措施，加强管理。该管理单位需要根据本区域、行业领域、场所的特点，对易滋生黑恶势力犯罪的区域、行业领域、场所等，通过线上清查、线下整治、暗访评估、执法检查、日常监管、专项行动等多种方式进行常态化滚动排查，及时了解掌握该区域、行业领域、场所的状况，并坚持问题导向，深化综合治理，从源头上堵漏洞，补弱项、强监管，确保建成可检验、可评判、可感知的常态化管理方式。其次，该管理单位应当将监测、排查、管理等工作情况及时向公安机关反馈。对易滋生黑恶势力的重点区域、行业领域或场所，该管理单位在加强日常监管的同时，可以会同公安机关健全和落实市场准入、规范管理、重点监控等机制，堵塞管理漏洞，消除黑恶势力滋生土壤。

相关规定

《最高人民法院、最高人民检察院、公安部、司法部关于办理黑恶势力犯罪案件若干问题的指导意见》

第十六条 电信业务经营者、互联网服务提供者应当依法履行网络信息安全管理义务，采取安全技术防范措施，防止含有宣扬、诱导有组织犯罪内容的信息传播；发现含有宣扬、诱导有组织犯罪内容的信息的，应当立即停止传输，采取消除等处置措施，保存相关记录，并向公安机关或者有关部门报告，依法为公安机关侦查有组织犯罪提供技术支持和协助。

网信、电信、公安等主管部门对含有宣扬、诱导有组织犯罪内容的信息，应当按照职责分工，及时责令有关单位停止传输、采取消除等处置措施，或者下架相关应用、关闭相关网站、关停相关服务。有关单位应当立即执行，并保存相关记录，协助调查。对互联网上来源于境外的上述信息，电信主管部门应当采取技术措施，及时阻断传播。

条文主旨

本条是对网络上含有宣扬、诱导有组织犯罪内容的信息如何处理的规定。

立法背景

（一）起草背景

互联网的飞速发展，在为人民群众生活带来更多便利，促进社会进步的同时，也容易被犯罪分子所利用。目前，无论是在国内还是国外，越来越多的有组织犯罪组织利用网络宣扬、诱导有组织犯罪内容的信息，这已经成为对社会和谐稳定与发展的重要威胁。为了防止有组织犯罪组织和人员利用互联网传播含有宣扬、诱导有组织犯罪内容的信息，许多国家都加强了对互联网内容的管理。一方面，针对网络空间的特点，进一步强化有关制度措施，赋予执法部门必要的手段；另一方面，也明确电信业务经营者、互联网服务提供者反有组织犯罪的社会责任和义务。近年来，我国网络有组织犯罪活动越来越猖獗，有的利用网络组织卖淫、赌博；有的利用网络宣扬、诱导青少年加入黑恶势力组织，防范和打击利用网络空间进行的有组织犯罪活动是我们面临的挑战和任务，强化网络反有组织犯罪的制度措施，是维护国家安全、社会稳定、和平发展和人民群众正常生活、合法权益的重要保障，也是加强反有组织犯罪斗争的现实需要。根据国内外的经验以及国内执法的实际需要，本条从电信业务经营者、互联网服务提供者和网信、电信、公安等主管部门两类主体方面规定了义务和职责，以防止含有宣扬、诱导有组织犯罪内容的信息传播，同时在法律中明确电信业务经营者、互联网服务提供者为公安机关侦查有组织犯罪提供技术支持和协助。

（二）审议中各方面的意见

1. 国务院提请审议的《反有组织犯罪法（草案）》第十七条规定："电信业务经营者、互联网服务提供者应当依照法律、行政法规规定，履行网络安全、信息内容监督和安全技术防范职责，防止宣扬、诱导有组织违法犯罪内容的负面信息传播；发现宣扬、诱导有组织违法犯罪内容的负面信息的，应当立即停止传输，保存相关记录，删除相关信息，并向公安机关或者有关部门报告。网信、电信、公安等主管部门对宣扬、诱导有组织违法犯罪内容的负面信息，应当按照职责分工及时发现，责令有关单位停止传输、删除相关信息，或者下架相关应用、关闭相关网站、关停相关服务。有关单位应当立即执行，并保存相关记录，协助调查。对互联网上跨境传输的宣扬、诱导有组织违法犯罪内容的负面信息，电信主管部门应当采取技术措施，及时阻断传播。”

在征求意见过程中，有的部门建议将第一款中的“负面信息”修改为“违法信息”。有的建议做好本条与《网络安全法》第四十七条、第五十条规定的衔接。根据上述各方面的意见，对草案作了相应的修改完善。

在征求意见过程中，有的部门还提出，按照《电信条例》和《互联网信息服务管理办法》的规定，“电信业务经营者”与“互联网服务提供者”存在交叉、重叠，建议明确这两个概念的内涵。有的地方建议将“电信业务经营者”修改为“通讯网络业务经营者”，以涵盖中国移动、电信、联通等通讯网络业务运营商。

有的部门建议参照《网络安全法》第五十条的规定，将第二款的相关内容修改为，网信、电信、公安等主管部门依法履行网络信息安全监督管理职责，发现法律、行政法规禁止发布或者传输的宣扬、诱导有组织违法犯罪的信息的，应当要求网络运营者停止传输，采取消除等处置措施，保存有关记录。有的部门建议将第二款有关跨境传输的信息的规定修改为，对来源于中华人民共和国境外的上述信息，应当通知有关机构采取技术措施和其他必要措施阻断传播。有的部门建议将“电信”改为“工信”。有的建议将“删除”改为“屏蔽”。

2.《反有组织犯罪法（草案）》二审稿第十六条根据上述意见，修改为：“电信业务经营者、互联网服务提供者应当依法履行网络信息安全管理义务，采取安全技术防范措施，防止含有宣扬、诱导有组织犯罪内容的信息传播；发现含有宣扬、诱导有组织犯罪内容的信息的，应当立即停止传输，采取消除等处置措施，保存相关记录，并向公安机关或者有关部门报告，依法为公安机关侦查有组织犯罪提供技术支持和协助。网信、电信、公安等主管部门对含有宣扬、诱导有组织犯罪内容的信息，应当按照职责分工，及时责令有关单位停止传输、采取消除等处置措施，或者下架相关应用、关闭相关网站、关停相关服务。有关单位应当立即执行，并保存相关记录，协助调查。对互联网上来源于中华人民共和国境外的上述信息，电信主管部门应当采取技术措施，及时阻断传播。”草案二次审议稿对草案作了以下修改：一是为表述更加准确，将“宣扬、诱导有组织违法犯罪内容的负面信息”修改为“含有宣扬、诱导有组织犯罪内容的信息”；二是根据网络安全法的有关规定，将“删除相关信息”修改为“采取消除等处置措施”；三是考虑到公安机关侦查有组织犯罪的实际需要以及网络安全法有关规定，在第一款中增加“依法为公安机关侦查有组织犯罪提供技术支持和协助”的规定；四是为表述更加精炼，将“对互联网上跨境传输的宣扬、诱导有组织违法犯罪内容的负面信息”修改为“对互联网上来源于中华人民共和国境外的上述信息”。

3.《反有组织犯罪法（草案）》三审稿第十六条根据网络安全的有关规定，将本条修改为：“电信业务经营者、互联网服务提供者应当依法履行网络信息安全管理义务，采取安全技术防范措施，防止含有宣扬、诱导有组织犯罪内容的信息传播；发现含有宣扬、诱导有组织犯罪内容的信息的，应当立即停止传输，采取消除等处置措施，保存相关记录，并向公安机关或者有关部门报告，依法为公安机关侦查有组织犯罪提供技术支持和协助。网信、电信、公安等主管部门对含有宣扬、诱导有组织犯罪内容的信息，应当按照职责分工，及时责令有关单位停止传输、采取消除等处置措施，或者下架相关应用、关闭相关网站、关停相关服务。有关单位应当立即执行，并保存相关记录，协助调查。对互联网上来源于境外的上述信息，电信主管部门应当采取技术措施，及时阻断传播。”草案三次审议稿对草案二次审议稿作了一处修改，即为了更加精准表述，将“中华人民共和国境外”修改为“境外”。

（三）有关国家和地区的规定

新加坡《国内安全法》规定了互联网服务提供商的报告义务以及国家机关拥有的调查权与执法权。新加坡《互联网操作规则》明确，网络服务提供商、互联网内容提供商在网络内容传播方面负有审查、报告和协助执法的义务。

澳大利亚1999年《广播服务（在线服务）修正案》规定了网络内容传播黑名单制度，即通讯传媒局在接到举报后，如果经分级委员会认定是非法内容，将根据IP地址等确定信息来源，据此制定“黑名单”，并将该非法信息移交给相应的执法机构处理，同时通知网络运营商在服务器上删除相关信息。

条文解读

本条共分为两款。第一款规定了电信业务经营者和互联网服务提供者负有主动采取措施防止含有宣扬、诱导有组织犯罪内容的信息传播的义务。

本款规定包含以下几层意思：第一，本款规定的责任主体是电信业务经营者、互联网服务提供者。这里规定的电信业务经营者和互联网服务提供者，有时统称为网络服务提供者。其中，“电信业务经营者”，是指网络运营商（NO，即 Network Operator）和接入服务商（AP，即 Access Provider）。网络运营商是指基础电信运营商，即电信基础设施的运营者，如中国移动、中国联通、中国电信等运营商；接入服务商是向网络用户提供从用户终端到网络接入服务的主体，如各宽带业务经营者，包括网络接入、域名注册解析等信息网络接入、计算、存储、传输服务。“互联网服务提供者”，是指互联网内容提供者（ISP，Internet Service Provider），向用户提供新闻、信息、资料、音视频、建立通讯群组的平台等内容服务，如腾讯、新浪、搜狐、百度、字节跳动等互联网知名企业就是典型的互联网服务提供者。按照服务对象和提供信息的不同，还可以进一步分为网上媒体运营商、数据库运营商、信息咨询商和信息发布代理商等，具体可以包括两类，一类是信息发布、搜索引擎、即时通讯、网络支付、网络预约、网络购物、网络游戏、网络直播、网站建设、安全防护、广告推广、应用商店等信息网络应用服务；另一类是利用信息网络提供的电子政务、通信、能源、交通、水利、金融、教育、医疗等公共服务。

第二，履行网络安全管理义务，即依法履行网络信息安全管理义务，采取安全技术防范措施，防止含有宣扬、诱导有组织犯罪内容的信息传播。这里所说的“依法”是指依照法律、行政法规、规章等有关规定，包括《网络安全法》《全国人民代表大会常务委员会关于加强网络信息保护的决定》《互联网信息服务管理办法》《计算机信息网络国际联网安全保护管理办法》《中华人民共和国电信条例》等。根据本法和有关规定，电信业务经营者、互联网服务提供者应当按照网络安全等级保护制度的要求，采取安全技术防范措施，防止含有宣扬、诱导有组织犯罪内容的信息传播，主要是制定内部安全管理制度和操作规程，确定网络安全负责人，落实网络安全保护责任，也就是要建立相应的管理制度，包括网站安全保障制度、信息安全保密管理制度、用户信息安全管理制度等。如《网络安全法》和《关于加强网络信息保护的决定》要求电信业务经营者、互联网服务提供者为用户办理网站接入服务，办理固定电话、移动电话等入网手续，或者为用户提供信息发布服务，应当在与用户签订协议或者确认提供服务时，要求用户提供真实身份信息；应当采取技术措施和其他必要措施，确保信息安全，防止在业务活动中收集的公民个人电子信息泄露、毁损、丢失；在发生或者可能发生信息泄露、毁损、丢失的情况时，应当立即采取补救措施。

第三，及时处置违法信息的义务，即发现含有宣扬、诱导有组织犯罪内容的信息的，应当立即停止传输，采取消除等处置措施，保存相关记录，并向公安机关或者有关部门报告。电信业务经营者、互联网服务提供者除履行网络安全管理义务外，还应当履行以下义务：一是在提供服务过程中，应当对网上信息和网络日志信息记录进行备份和留存。比如，《网络安全法》第二十一条规定，网络运营者应当按照网络安全等级保护制度的要求，采取监测、记录网络运行状态、网络安全事件的技术措施，并按照规定留存相关的网络日志不少于六个月。二是及时发现、处置违法信息并向有关部门报告。电信业务经营者、互联网服务提供者应当按照本法和有关规定，落实网络安全、信息内容监督制度和安全技术防范措施，防止含有宣扬、诱导有组织犯罪内容的信息传播；发现含有宣扬、诱导有组织犯罪内容的信息的，应当立即停止传输，在停止传输的同时，还及时采取消除等处置措施，保存相关记录以备查询，防止上述信息继续在网络上出现，并向公安机关或者有关部门报告。根据《网络安全法》第四十七条规定，网络运营者应当加强对其用户发布的信息的管理，发现法律、行政法规禁止发布或者传输的信息的，应当立即停止传输该信息，采取消除等处置措施，防止信息扩散，保存有关记录，并向有关主管部门报告。第四十八条规定，任何个人和组织发送的电子信息、提供的应用软件，不得设置恶意程序，不得含有法律、行政法规禁止发布或者传输的信息。电子信息发送服务提供者和应用软件下载服务提供者，应当履行安全管理义务，知道其用户有前款规定行为的，应当停止提供服务，采取消除等处置措施，保存有关记录，并向有关主管部门报告。《中华人民共和国电信条例》《互联网信息服务管理办法》等规定，互联网信息服务提供者应当向上网用户提供良好的服务，并保证所提供的信息内容合法。任何单位和个人不得利用互联网制作、复制、查阅和传播违法信息，网络服务提供者发现上述信息，应当立即停止传输该信息，采取删除网络中含有上述内容的地址、目录或者关闭服务器等处置措施，同时保留有关原始记录，并向主管部门报告。

第四，提供技术支持和协助义务，即依法为公安机关侦查有组织犯罪提供技术支持和协助。电信业务经营者、互联网服务提供者提供技术支持和协助的前提必须是公安机关因为侦查有组织犯罪的需要，而且必须是依法提供，也就是说必须按照法律、行政法规和有关规定的要求提供，对于不符合要求则不能提供。这里所说的“提供技术支持和协助”，主要是指电信业务经营者、互联网服务提供者应当根据公安机关侦查有组织犯罪的需要，通过电信、互联网技术手段，为公安机关提供必要的支持和协助，如为公安机关提供有组织犯罪组织和个人的有关数据；为获取有组织犯罪组织和个人有关数据提供相关通道等技术支持。《网络安全法》对此也有规定，如第二十八条规定，网络运营者应当为公安机关依法维护国家安全和侦查犯罪的活动提供技术支持和协助。

第二款规定了网信、电信、公安等主管部门按照职责分工对网络信息内容的监管以及有关单位的配合义务。

本款规定包含以下几层意思：第一，网信、电信、公安等主管部门对含有宣扬、诱导有组织犯罪内容的信息，应当按照职责分工，及时责令有关单位停止传输、采取消除等处置措施，或者下架相关应用、关闭相关网站、关停相关服务。《网络安全法》第八条规定，国家网信部门负责统筹协调网络安全工作和相关监督管理工作。国务院电信主管部门、公安部门和其他有关机关依照本法和有关法律、行政法规的规定，在各自职责范围内负责网络安全保护和监督管理工作。县级以上地方人民政府有关部门的网络安全保护和监督管理职责，按照国家有关规定确定。第五十条规定，国家网信部门和有关部门依法履行网络信息安全监督管理职责，发现法律、行政法规禁止发布或者传输的信息的，应当要求网络运营者停止传输，采取消除等处置措施。这里规定的执法主体有网信、电信、公安等主管部门。目前，在国家层面，网信主管部门指的是国家互联网信息办公室，电信主管部门指的是工业和信息产业部，各省地市设有相应的主管部门。根据本款规定，网信、电信、公安等主管部门对含有宣扬、诱导有组织犯罪内容的信息，为防止上述信息的传播，应当及时责令电信业务经营者、互联网服务提供者等有关单位停止传输、采取消除等处置措施，必要时，责令下架相关应用、关闭相关网站、关停相关服务。

第二，有关单位应当立即执行，并保存相关记录，协助调查。根据《网络安全法》第五十条规定，国家网信部门和有关部门发现法律、行政法规禁止发布或者传输的信息的，应当要求网络运营者停止传输，采取消除等处置措施，保存有关记录。根据本款和《网络安全法》的规定，电信业务经营者、互联网服务提供者等有关单位应当立即执行网信、电信、公安等主管部门提出的要求，并保存相关违法犯罪记录，为侦查有组织犯罪保全证据和线索，同时，在有关主管部门开展调查时提供必要的协助。

第三，对互联网上来源于境外的上述信息，电信主管部门应当采取技术措施，及时阻断传播。根据本款和《网络安全法》第五十条的规定，电信业务经营者、互联网服务提供者等有关单位发现来源于境外的含有宣扬、诱导有组织犯罪内容的信息，不论是从境外向境内传输还是从境内向境外传输，应当及时通知电信主管部门，电信主管部门应当采取必要的技术措施，及时阻断此类信息的传播。

实践中需要注意的是，为使本条的规定落到实处，本法在法律责任一章中规定了不履行本条规定义务应当承担的法律责任。根据本法第七十二条的规定，电信业务经营者、互联网服务提供者有下列情形之一的，由有关主管部门责令改正；拒不改正或者情节严重的，由有关主管部门依照《中华人民共和国网络安全法》的有关规定给予处罚：（一）拒不为侦查有组织犯罪提供技术支持和协助的；（二）不按照主管部门的要求对含有宣扬、诱导有组织犯罪内容的信息停止传输、采取消除等处置措施、保存相关记录的。《网络安全法》第六十九条规定，网络运营者违反本法规定，有下列行为之一的，由有关主管部门责令改正；拒不改正或者情节严重的，处五万元以上五十万元以下罚款，对直接负责的主管人员和其他直接责任人员，处一万元以上十万元以下罚款：（一）不按照有关部门的要求对法律、行政法规禁止发布或者传输的信息，采取停止传输、消除等处置措施的；……（三）拒不向公安机关、国家安全机关提供技术支持和协助的。同时，我国刑法对电信业务经营者、互联网服务提供者不履行法律规定的义务，构成犯罪的规定了刑事责任。《刑法》第二百八十六条之一规定：“网络服务提供者不履行法律、行政法规规定的信息网络安全管理义务，经监管部门责令采取改正措施而拒不改正，有下列情形之一的，处三年以下有期徒刑、拘役或者管制，并处或者单处罚金：（一）致使违法信息大量传播的；……”“单位犯前款罪的，对单位判处罚金，并对其直接负责的主管人员和其他直接责任人员，依照前款的规定处罚。”“有前两款行为，同时构成其他犯罪的，依照处罚较重的规定定罪处罚。”

相关规定

《中华人民共和国网络安全法》第八条、第二十一条、第二十八条、第四十七条、第四十八条、第五十条、第六十九条；《中华人民共和国刑法》第二百八十六条之一；《全国人民代表大会常务委员会关于维护互联网安全的决定》第七条；《全国人民代表大会常务委员会关于加强网络信息保护的决定》第五条、第六条；《中华人民共和国电信条例》第五十七条、第六十二条；《互联网信息服务管理办法》第六条、第十三条、

第十四条、第十五条、第十八条；《计算机信息网络国际联网安全保护管理办法》第三条、第十条；《国务院关于授权国家互联网信息办公室负责互联网信息内容管理工作的通知》

第十七条 **国务院反洗钱行政主管部门、国务院其他有关部门、机构应当督促金融机构和特定非金融机构履行反洗钱义务。发现与有组织犯罪有关的可疑交易活动的，有关主管部门可以依法进行调查，经调查不能排除洗钱嫌疑的，应当及时向公安机关报案。**

条文主旨

本条是关于国务院反洗钱行政主管部门、国务院其他有关部门的监管和调查职责。

立法背景

(一) 起草背景

黑社会性质组织和恶势力组织需要大量资金用于维系组织的运转，实施违法犯罪活动。为了筹措活动经费扩大组织势力，黑恶势力组织往往以贩毒、抢劫、赌博等有组织违法犯罪收入作为经济来源。因此，反有组织犯罪工作的一个重要方面，就是对黑恶势力组织筹措、转移资金的行为进行有效监控和打击，切断其经济来源，使其丧失维系组织存在，发展壮大人员，实施违法犯罪活动的经济基础。切断有组织犯罪组织及其个人的财源已成为打击有组织犯罪的共识，2000 年 11 月 15 日，经第 55 届联合国大会通过《联合国打击跨国有组织犯罪公约》（2003 年 8 月 27 日全国人民代表大会常务委员会批准该公约）第六条规定了洗钱的刑事犯罪，第七条规定打击洗钱活动的措施，要求金融机构和非银行金融机构建立对特别易被用于洗钱的机构的综合性国内管理和监督制度，以便制止并查明各种形式的洗钱。我国一贯重视防范和打击黑恶势力组织犯罪及洗钱犯罪，一是规定了黑恶势力组织犯罪。1997 年刑法规定了黑社会性质组织犯罪，2011 年通过《刑法修正案（八）》，进一步明确黑社会性质组织的特征。此外，刑法对恶势力组织实施的强迫交易、故意伤害、非法拘禁、敲诈勒索、故意毁坏财物、聚众斗殴、寻衅滋事以及其他以暴力、威胁为手段的违法犯罪活动也作了规定。二是规定了洗钱犯罪。1997 年刑法规定了洗钱罪，将黑社会性质组织犯罪纳入洗钱犯罪的上游犯罪；2006 年通过《刑法修正案（六）》，将刑法第三百一十二条窝赃罪修改为掩饰、隐瞒犯罪所得、犯罪所得收益罪，对明知是犯罪所得及其产生的收益而予以窝藏、转移、收购、代为销售或者以其他方法掩饰、隐瞒的行为都规定为犯罪，为后来将恶势力组织犯罪纳入反洗钱工作，利用反洗钱工作机制监控防范有组织犯罪组织和个人提供了基础；2020 年通过《刑法修正案（十一）》，将“自洗钱”行为明确规定为犯罪，完善有关洗钱行为方式，增加地下钱庄通过“支付”结算方式洗钱等。三是建立健全反洗钱法律制度，将黑恶势力组织纳入反洗钱工作。2006 年，在总结反洗钱实践经验的基础上，全国人大常委会通过了《反洗钱法》，对反洗钱制度作了全面系统的规定，其中将黑恶势力组织犯罪纳入反洗钱监控范围，明确反洗钱行政主管部门的监管职责以及金融机构和特定非金融机构反洗钱的义务。上述一系列规定，为我国打击有组织犯罪活动提供了必要的法律依据。本条的规定，进一步明确了国务院反洗钱行政主管部门和其他有关部门对金融机构和特定非金融机构履行反洗钱义务情况的监管职责，属于与反洗钱法等法律规定的衔接性规定。

（二）审议中各方面的意见

1. 国务院提请审议的《反有组织犯罪法（草案）》第十八条规定："国务院反洗钱行政主管部门、国务院有关部门、机构应当督促金融机构和特定非金融机构履行反有组织犯罪资金监管职责，发现资金流通情况涉嫌有组织犯罪的，及时通报公安机关，配合采取紧急止付、快速冻结等紧急措施。"

在审议和征求意见过程中，有的常委会组成人员建议将"国务院有关部门、机构"修改为"国务院其他有关部门和机构"；有的地方建议将"国务院有关部门"修改为"国务院其他有关部门"。有的机构提出，采取紧急止付、快速冻结措施，公安机关可以直接向商业银行发送指令，不需要监管机关参与，建议删去"配合采取紧急止付、快速冻结等紧急措施"的规定。根据上述各方面的意见，对草案作了相应的修改完善。

在征求意见过程中，有的部门提出，发现涉嫌洗钱包括有组织犯罪，向公安机关报告等内容，在反洗钱法中已经有规定，建议删去本条规定。

2.《反有组织犯罪法（草案）》二审稿第十七条规定："国务院反洗钱行政主管部门、国务院其他有关部门、机构应当督促金融机构和特定非金融机构履行反洗钱义务，发现交易涉嫌与有组织犯罪有关的洗钱行为的，可以依法进行调查，经调查仍不能排除洗钱嫌疑的，应当及时向公安机关报案。"草案二次审议稿对草案作了以下修改：一是考虑到与反洗钱法相衔接，将"履行反有组织犯罪资金监管职责"修改为"履行反洗钱义务"；二是考虑到金融机构和特定非金融机构难以通过资金流通情况判断是否涉嫌有组织犯罪，将“发现资金流通情况涉嫌有组织犯罪的”修改为“发现交易涉嫌与有组织犯罪有关的洗钱行为”；三是考虑到本法第二十七条对紧急止付、临时冻结措施作了规定，删去“配合采取紧急止付、快速冻结等紧急措施”的规定；四是根据反洗钱法的有关规定，增加国务院反洗钱行政主管部门“可以依法进行调查，经调查仍不能排除洗钱嫌疑的，应当及时向公安机关报案”的规定。

在征求意见过程中，有的全国人大代表提出，草案第十七条应做好与反洗钱法修改的衔接，加强对跨境涉有组织犯罪洗钱活动的监控、惩治。有的部门建议将“报案”改成“移送”或者“移交”。同时，为进一步完善与反洗钱法的衔接，建议增加反洗钱行政主管部门及派出机构采取调查措施后如何与公安部门进行衔接的规定。

3. 草案三审稿第十七条规定国务院反洗钱行政主管部门、国务院其他有关部门、机构应当督促金融机构和特定非金融机构履行反洗钱义务。发现与有组织犯罪有关的可疑交易活动的，有关主管部门可以依法进行调查，经调查不能排除洗钱嫌疑的，应当及时向公安机关报案。草案三次审议稿对草案二次审议稿作了以下修改：一是为与反洗钱法有关规定相衔接，将“交易涉嫌与有组织犯罪有关的洗钱行为”修改为“与有组织犯罪有关的可疑交易活动”；二是进一步明确调查的主体是有关主管部门。

（三）《联合国打击跨国有组织犯罪公约》有关规定

第七条　打击洗钱活动的措施

一、各缔约国均应：

（一）在其力所能及的范围内，建立对银行和非银行金融机构及在适当情况下对其他特别易被用于洗钱的机构的综合性国内管理和监督制度，以便制止并查明各种形式的洗钱。这种制度应强调验证客户身份、保持记录和报告可疑的交易等规定；

(二) 在不影响本公约第十八条和第二十七条的情况下，确保行政、管理、执法和其他负责打击洗钱的当局（本国法律许可时可包括司法当局）能够根据其本国法律规定的条件，在国家和国际一级开展合作和交换信息，并应为此目的考虑建立作为国家级中心的金融情报机构，以收集、分析和传播有关潜在的洗钱活动的信息。

二、缔约国应考虑采取切实可行的措施调查、监督现金和有关流通票据出入本国国境的情况，但须有保障措施以确保情报的妥善使用且不致以任何方式妨碍合法资本的流动。这类措施可包括要求个人、企业报告大额现金和有关流通票据的跨境划拨。

三、在建立本条所规定的国内管理和监督制度时，吁请缔约国在不影响本公约的任何其他条款的情况下将各种区域、区域间和多边组织的有关反洗钱倡议作为指南。

四、缔约国应努力为打击洗钱而发展和促进司法、执法和金融管理当局间的全球、区域、分区域和双边合作。

（四）美国、德国反洗钱有关规定

1. 美国反洗钱法律规定

（1）1986 年，《洗钱控制法》。该法首次将“洗钱”规定为联邦法独立犯罪。同时规定，任何企业机构或个人有以下行为者，都将被视为非法：采取政府所“指定的非法活动”形式，企图从事某项以促进非法活动为目的的金融交易；进行税务欺诈或逃税，掩盖其收入的性质、地点、来源以及所有权等；藏匿或接收赃款等行为。

（2）1992年，《阿农齐奥—怀利洗钱法》。该法进一步加强金融机构的责任，明确规定，任何一家银行若违反《银行保密法》或有违规洗钱行为，都将被吊销营业执照。该法案要求所有金融机构必须如实报告与违法违规活动有关的任何可疑金融交易及电汇记录，对数额超过5000美元的可疑金融交易活动向政府提交“可疑活动报告”，并且这种报告不会因“泄密”而承担法律责任。1994年，《打击洗钱法》，则要求银行监管机构审查和加强金融机构关于反洗钱培训和考核程序及向执法机构通报涉嫌违法案例的程序，建立了对从事货币汇兑业务公司的联邦注册要求，并将无照运营货币汇兑业务和为逃避监管的现金货币架构交易规定为违反联邦法规的罪行。

（3）1998年，《反洗钱和金融犯罪策略法》。该法规定了政府监管职责，要求美国财政部及其他相关部门机构制定一个全国性的反洗钱策略，并设立洗钱和相关金融犯罪高发区域工作组，在联邦、州和地方各级洗黑钱的流行区域加强执法工作。2004年《情报改革和防恐法案》授权财政部在对于打击洗钱和恐怖主义融资来说“合理必要”的前提下，制定规章要求相关金融机构报告跨境电子转账的记录。

2. 德国反洗钱法有关规定

2008年德国通过《反洗钱法》，该法规定信贷、金融、保险、律师、公证人、税务顾问、房产中介、博彩业经营者等机构和人员对重大交易要进行身份查证，对可疑交易要报告，需采取措施防止被人用作洗钱工具；海关对跨境现金交易进行监督，需严控进出关的财产申报；对于违反规定的，可以处以大额的罚款。

条文解读

本条规定包含以下几个方面的内容：第一，本条规定的监管主体是国务院反洗钱行政主管部门、国务院其他有关部门、机构。关于“国务院反洗钱行政主管部门”，《中国人民银行法》在中国人民银行应当履行的职责中规定，“指导、部署金融业反洗钱工作，负责反洗钱的资金监测”。《金融机构反洗钱规定》规定，中国人民银行是国务院反洗钱行政主管部门，依法对金融机构的反洗钱工作进行监督管理。根据上述规定，这里的“国务院反洗钱行政主管部门”是指中国人民银行。“国务院其他有关部门、机构”，主要是指除中国人民银行外的相关金融行业监督管理机构，以及依法履行反洗钱义务的特定非金融机构的相关主管部门。根据我国有关法律规定，金融行业监督管理机构，包括中国银行保险监督管理委员会、中国证券监督管理委员会等，相关机构应当在各自的职责范围内对银行、保险、证券及其他金融行业履行包括反有组织犯罪有关的反洗钱义务的情况进行监督管理。特定非金融机构的相关主管部门，主要是指依法履行反洗钱义务的其他相关机构的主管部门。

第二，金融机构和特定非金融机构负有履行反洗钱义务。这里所说的“金融机构”，是指依法履行反洗钱义务的金融机构，根据《反洗钱法》第三十四条规定，是指依法设立的从事金融业务的政策性银行、商业银行、信用合作社、邮政储汇机构、信托投资公司、证券公司、期货经纪公司、保险公司以及国务院反洗钱行政主管部门确定并公布的从事金融业务的其他机构。“特定非金融机构”，是指除金融机构以外的依法履行反洗钱义务的其他相关机构。作为现代社会资金融通的主要渠道，金融系统是有组织犯罪洗钱易发、高危领域，因此反洗钱是以金融业为重点的。同时，随着反洗钱等金融监管制度的不断完善，洗钱活动也有向特定非金融行业如贵金属交易、房地产等行业渗透的趋势。为此，需要根据经济社会发展的实际情况和反洗钱的需要，对存在较高洗钱风险的一些特定的非金融行业，逐步建立反洗钱制度，要求特定非金融机构的从业人员履行相应的反洗钱义务。

关于金融机构和特定非金融机构的反洗钱义务，本法和反洗钱法都作了规定。如《反洗钱法》第三条规定，在中华人民共和国境内设立的金融机构和按照规定应当履行反洗钱义务的特定非金融机构，应当依法采取预防、监控措施，建立健全客户身份识别制度、客户身份资料和交易记录保存制度、大额交易和可疑交易报告制度，履行反洗钱义务。根据《反洗钱法》以及《金融机构反洗钱规定》《金融机构大额交易和可疑交易报告管理办法》等规定，金融机构和特定非金融机构的反洗钱义务主要包括以下内容：一是建立健全反洗钱的内部控制制度；二是建立客户身份识别制度，即在与客户建立业务关系或与其进行交易时，应当要求客户出示真实有效的身份证件或者其他身份证明文件，进行核对并登记；三是建立客户身份资料和交易记录保存制度，包括在与客户业务关系存续期间，客户身份资料发生变更的，及时更新客户身份资料；将客户身份资料和交易信息保存一定时间；四是建立大额交易和可疑交易报告制度，即在其经营过程中对经办的超过规定金额或者发现可疑交易情形，应当及时向反洗钱信息中心报告，等等。此外，由于特定非金融机构的种类、业务等情况比较复杂，《反洗钱法》第三十五条规定，特定非金融机构履行反洗钱义务的范围、其履行的义务和对其监督管理的具体办法，由国务院反洗钱行政主管部门会同国务院有关部门制定。

第三，国务院反洗钱行政主管部门、国务院其他有关部门、机构对金融机构和特定非金融机构履行反洗钱义务负有督促职责。《反洗钱法》第四条规定，国务院反洗钱行政主管部门负责全国的反洗钱监督管理工作；国务院有关部门、机构在各自的职责范围内履行反洗钱监督管理职责。根据本条和反洗钱法的规定，国务院反洗钱行政主管部门、国务院其他有关部门、机构，应当督促金融机构和特定非金融机构履行反洗钱义务，确保相关反洗钱制度落到实处，从而实现打击有组织犯罪“打财断血”的目的。

第四，发现与有组织犯罪有关的可疑交易活动的，有关主管部门可以依法进行调查，经调查不能排除洗钱嫌疑的，应当及时向公安机关报案。这里包含几层意思：一是发现可疑交易活动。根据本法和反洗钱法的规定，金融机构和特定非金融机构应当按照规定执行可疑交易报告制度，发现可疑交易的，应当及时向反洗钱信息中心报告。反洗钱信息中心由国务院反洗钱行政主管部门设立，负责可疑交易报告的接收、分析，并按照规定向国务院反洗钱行政主管部门报告分析结果。这里所说的“可疑交易”，是与有组织犯罪有关的可疑交易活动，“可疑交易”的具体标准，根据《金融机构大额交易和可疑交易报告管理办法》第十一规定，发现或者有合理理由怀疑客户、客户的资金或者其他资产、客户的交易或者试图进行的交易与洗钱等犯罪活动相关的，不论所涉资金金额或者资产价值大小，应当提交可疑交易报告。二是反洗钱调查。本条规定，发现与有组织犯罪有关的可疑交易活动的，有关主管部门可以依法进行调查。这里的“有关主管部门”，主要是指国务院反洗钱行政主管部门或者其省一级派出机构。《反洗钱法》第二十三条规定，国务院反洗钱行政主管部门或者其省一级派出机构发现可疑交易活动，需要调查核实的，可以向金融机构进行调查，金融机构应当予以配合，如实提供有关文件和资料。三是向公安机关报案。本条规定，经调查不能排除洗钱嫌疑的，应当及时向公安机关报案。实践中，可疑交易活动经过反洗钱调查后，一般有两种认定结论和处理方式，一种是认定排除洗钱嫌疑的，终结调查程序；另一种是认定不能排除洗钱嫌疑的，应当及时向公安机关报案。这里所说的“洗钱嫌疑”，是按照《刑法》第一百九十条和第三百一十二条的规定，可疑交易活动实施涉嫌在明知是犯罪所及其产生的收益的情况下，以各种方式掩饰、隐瞒其来源和性质的行为，如提供资金账户，协助将财产转移为现金、金融票据、有价证券，通过转账或其他支付结算方式转移资金，跨境转移资产等。

实践中需要注意的是，随着经济全球化趋势的加强，有的黑恶势力组织跨国家、地区实施犯罪活动，涉黑洗钱活动也日益多样化、专业化，手法更加隐蔽，反洗钱工作面临新形势、新困难、新问题，为进一步加强反洗钱工作，一方面，要求金融机构和特定非金融机构要加强反洗钱监测，不仅限于监测有组织犯罪掩饰、隐瞒犯罪所有，还应监测给有组织犯罪提供资金来源的情况，让“黑钱”无所遁形。但从实际工作来看，对有组织犯罪活动资金的监控与对其洗钱活动的监控在方式方法上还是有一定差别的，这是因为传统的洗钱活动是掩饰、隐瞒犯罪收益，而有的黑恶势力组织的资金从来源看，有的属于犯罪收益，有的则是合法财产意图用于有组织犯罪活动，对于利用合法生意等作为掩护的资金，识别、监控起来更为困难，对金融机构和特定非金融机构履行反洗钱义务提出了更高的要求。另一方面，金融机构和特定非金融机构需要特别关注一些重点行业领域，防范化解与有组织犯罪有关的洗钱等金融风险，如针对有组织犯罪从事的赌博、非法放贷、“套路贷”、电信网络诈骗等违法犯罪行为所涉及的资金往来的排查等。这就要求国务院反洗钱行政主管部门、国务院其他有关部门、机构，在实际工作中应当针对有组织犯罪的特点，不断完善反洗钱相应措施，督促金融机构和特定非金融机构建立健全反洗钱制度，发挥反洗钱制度优势，不断提高防范涉有组织犯罪的金融风险。

相关规定

《中华人民共和国反洗钱法》第二条至第四条、第八条、第十条、第十三条、第十五条、第十六条、第十八条至第二十条、第二十三条至第二十六条、第三十二条、第三十四条、第三十五条；《中华人民共和国中国人民银行法》第四条、第三十二条；《中华人民共和国银行业监督管理法》第十五条；《中华人民共和国证券法》第一百七十九条；《中华人民共和国保险法》第九条；《中华人民共和国刑法》第一百九十一条、第三百一十二条；《金融机构反洗钱规定》；《金融机构大额交易和可疑交易报告管理办法》；《联合国打击跨国有组织犯罪公约》第六条、第七条

第十八条 监狱、看守所、社区矫正机构对有组织犯罪的罪犯，应当采取有针对性的监管、教育、矫正措施。

有组织犯罪的罪犯刑满释放后，司法行政机关应当会同有关部门落实安置帮教等必要措施，促进其顺利融入社会。

条文主旨

本条是关于对有组织犯罪的罪犯有针对性进行监管、教育、矫正，采取安置帮教等措施促进融入社会的规定。

立法背景

（一）起草背景

1. 有组织犯罪的罪犯作为被国家法律追诉的犯罪分子，既有作为普通犯罪分子的一般性，也有其作为有组织犯罪人员的特殊性。对于有组织犯罪的人员要根据实施行为、危害、影响、主观恶性、量刑幅度等情况有针对性的采取监管和教育措施，同时要通过安置帮教、社会保障等政策和措施积极促进有组织犯罪人员融入社会，防止再犯，因此，有必要在法律中作出明确和规定。主要考虑是：第一，立足有组织犯罪与普通刑事犯罪的区别，在立法中明确规定要采取有针对性的监管、教育、矫正措施。有组织犯罪有明确的组织属性，内部有较明确分工，组织内部人员在实施违法犯罪过程中有不同作用，主观恶性不同，参与实施犯罪的原因、动机、危害等也有所区别，同一个刑事案件的裁判结果上对于不同犯罪分子的量刑区分度较大。监狱、看守所是被判处刑罚的执行机关，社区矫正的对象是被判处管制、宣告缓刑、假释和暂予监外执行的罪犯。因此，监狱、看守所、社区矫正机构要有区分、有侧重、有针对性的对有组织犯罪的罪犯进行监管、教育、矫正。第二，与普通刑事犯罪相比，有组织犯罪在危害性、影响力、主观恶性上更大，结社性强因而存在广泛“关系网”、有经济“基础”、有“保护伞”，再犯率与其他犯罪相比较高。第三，对于罪犯的惩治并不是法律实施的最终和唯一目的，要在实施强制措施、刑罚等过程中加强教育帮扶，帮助其树立正确的价值观，更好的融入社会。既要减少和避免这部分人的再犯可能性，更要对其本人在生活等方面有基本保障，立法上有必要对此作出明确规定。

2. 现有法律对罪犯进行监管、教育、矫正、安置帮教作出规定，针对反有组织犯罪与其他犯罪相比的特殊性有必要在本法中作出明确规定。《监狱法》《中华人民共和国看守所条例》《社区矫正法》对罪犯的监管、教育、矫正作出原则性规定。从我国立法规定可以看出，我国历来是将教育、矫正与监管并重。如规定，监狱对罪犯实行惩罚和改造相结合、教育和劳动相结合的原则；社区矫正工作坚持监督管理与教育帮扶相结合，采取分类管理、个别化矫正，有针对性的消除社区矫正对象可能重新犯罪的因素。此外，对罪犯的监督管理、矫正和安置帮教等内容作出明确规定，这些规定是本条规定的立法基础。立法上明确对有组织犯罪的罪犯刑满释放后做好安置帮教工作，明确牵头部门，对于预防犯罪，降低再犯率，维护社会稳定具有重要意义。

（二）有关国家和地区的规定

日本针对特定的有组织犯罪，如暴力团，以及有组织犯罪的一些特定行为，制定专门法律。1991 年为对暴力团的行为进行规制，制定《关于防止暴力团员不正当行为的法律》（简称《暴力团对策法》），其中规定了对暴力团员进行宣传培训和帮助措施，即政府指定符合条件的组织作为“驱除暴力运动推进中心”，对民众进行应对暴力威胁的教育、培训，并鼓励、帮助成员退出暴力团回归主流社会；政府还对暴力团的被害人提供援助，包括联络、提供信息、指导和培训等。

条文解读

本条共分为两款。第一款是关于对有组织犯罪的罪犯有针对性采取监管、教育、矫正措施的规定。

1. 根据现行立法规定，对于被判处不同刑罚种类和刑期的有组织犯罪的罪犯由监狱、看守所、社区矫正机构依据《监狱法》《中华人民共和国看守所条例》《社区矫正法》进行监管。《刑法》第二百九十四条对于黑社会性质组织犯罪的组织、领导、积极参加和其他参加人员规定了不同的量刑标准，从刑期上规定了七年以上有期徒刑、三年以上七年以下有期徒刑、三年以下有期徒刑，同时对有其他犯罪行为的规定数罪并罚。结合有组织犯罪人员的犯罪情节、危害性等作出刑罚裁判，决定将不同的有组织犯罪人员交由不同的机构进行监管、教育、矫正。依照刑法和刑事诉讼法的规定，监狱是国家的刑罚执行机关，被判处死刑缓期二年执行、无期徒刑、有期徒刑的罪犯，在监狱内执行刑罚。2012 年《刑事诉讼法》修改后，规定罪犯在被交付执行刑罚前，剩余刑期在三个月以下的，由看守所代为执行。社区矫正的对象是被判处管制、宣告缓刑、假释和暂予监外执行的罪犯。特别是对于监狱中正在执行刑罚的有组织犯罪人员要从严监管。根据《关于办理黑恶势力犯罪案件若干问题的指导意见》的规定，监狱应当从严管理组织、领导、参加黑社会性质组织的罪犯，严格罪犯会见、减刑、假释、暂予监外执行等执法活动。对于判处十年以上有期徒刑、无期徒刑，判处死刑缓期二年执行减为有期徒刑、无期徒刑的黑社会性质组织的组织者、领导者，实行跨省、自治区、直辖市异地关押。社区矫正机构对组织、领导、参加黑社会性质组织的社区服刑人员要严格监管教育。

2. 关于教育矫正的内容方面。从我国现行立法规定来看，总体上包括思想、法治、道德和文化教育。《监狱法》第四条规定，监狱对罪犯应当依法监管，根据改造罪犯的需要，组织罪犯从事生产劳动，对罪犯进行思想教育、文化教育，技术教育；第六十二条规定，监狱应当对罪犯进行法制、道德、形势、政策、前途等内容的思想教育。《中华人民共和国看守所条例》第三十三条对看守所的教育内容作出明确规定，看守所应当对人犯进行法制、道德以及必要的形势和劳动教育。《社区矫正法》第三十六条第一款规定，社区矫正机构根据需要，对社区矫正对象进行法治、道德等教育，增强其法治观念，提高其道德素质和悔罪意识。结合现行立法规定和有组织犯罪特点，对于有组织犯罪的罪犯在教育内容上应注重以下两个方面：一是思想教育。思想是行动的先导。有组织犯罪人员长期接受组织的“训教”和“熏陶”，错误的思想认识根深蒂固，加之主观恶性较强很难从根本上认识到自身行为的危害及影响，甚至短期内对自己行为的错误缺少认识，有逆反心理和负面情绪等。因此，更有必要首先加强对有组织犯罪罪犯的思想教育。二是要加强法治和道德方面的教育。法律是成文的道德，道德是内心的法律，国家治理需要法律和道德协同发力。教育引导有组织犯罪人员懂得法治对于国家治理的重要意义，明确是非界限确立道德和法律红线，清楚什么是违法，分辨合法行为与违法犯罪的基本界限，承认和认清自己的犯罪事实和犯罪危害，自觉积极的接受教育和监管。帮助罪犯树立学法、知法、懂法、守法的基本生活模式和习惯，把爱国主义、社会主义道德观念、道德原则变成其普遍遵循的道德风尚和习惯。通过法治和道德教育，一方面使罪犯建立起法治的他律认识，另一方面使罪犯建立起自律意识，降低再犯可能性。

3. 对“有针对性”的理解。在司法层面，“针对性”表现为罪责刑相适应，根据犯罪者个人的具体情况，考察其犯罪类型、主观恶性、社会危害性以及回归社会的可能性，适用相应的刑罚。早在 1977 年颁布的联合国《囚犯待遇最低限度标准规则》中提到了对罪犯进行分类管理，分类的目的主要是为了将“由于犯罪记录或恶劣个性，可能对人发生不良影响的囚犯，同其他囚犯隔离；将囚犯分类，以便利对他们恢复正常社会生活”。我国对罪犯管理采取分类、“有针对性”管理方式也是建立在实践经验基础上作出的有充分规定。如《社区矫正法》第二十四条立足有组织犯罪人员的特点，作出类型化、有针对性的矫治教育和帮扶明确规定的，社区矫正机构应当根据裁判内容和社区矫正对象的性别、年龄、心理特点、健康状况、犯罪原因、犯罪类型、犯罪情节、悔罪表现等情况，制定有针对性的矫正方案，实现分类管理、个别化矫正。矫正方案应当根据社区矫正对象的表现等情况相应调整。更有利于实现对罪犯的精准教育和帮扶。

本款中的“有针对性”，一是有组织犯罪与其他普通犯罪相比，在影响力、危害性、主观恶性等方面均有所不同，罪犯的思想和情绪容易反复波动，易受其他犯罪成员态度的影响，再犯率高，在采取措施上要与其他普通的刑事犯罪有区分、有重点。二是在组织内部，对于有组织犯罪的罪犯要结合其在犯罪集团中的地位、作用、是否为累犯、所判处刑期等因素综合考量，对于屡教不改、主观恶性强、认罪悔罪态度不积极的人员要重点关注，及时了解和掌握思想动态。三是监狱、看守所、社区矫正机构的监管对象不尽相同，对于不同的监管对象也要结合判处的刑罚、量刑情节、刑罚执行期间的表现等因素进行综合衡量，特别是社区矫正机构并非监禁刑的执行机构，对于罪犯的监管、教育、矫正的方式、程度等要与作为刑罚执行机构的监狱、看守所有所区分。

第二款是关于对刑满释放后的罪犯积极安置帮教促进融入社会的规定。

安置帮教在我国出现时间较早，我国历史上很重视对于刑满释放人员的管理和安置帮教。对于安置帮教的落实也是我国社会治理的重要方式之一。1954 年国民经济刚刚起步，我国专门颁布《劳动改造罪犯刑满释放及安置就业暂行处理办法》，就业门路相对有限，主要采取“多留少放”政策。1984 年国务院办公厅发布《关于做好犯人刑满释放后落户和安置工作的通知》，动员各企事业单位社区街道，认真做好刑满释放人员的落户安置和社会帮教工作。《监狱法》《社区矫正法》等法律中对于刑满释放人员的安置帮教作出明确规定。

1. 关于落实安置帮教的部门机构。第二款规定安置帮教的主体为“司法行政机关应当会同有关部门”，即由司法行政机关牵头，没有局限于某几个部门，立法上鼓励各部门结合自身的职责和资源，积极发挥作用形成合力。三次审议稿将二次审议稿本条第二款中的“引导其顺利融入社会”修改为“促进其顺利融入社会”，从使用“引导”修改为“促进”，语义表述更积极，体现了对刑满释放的有组织犯罪罪犯经过安置帮教融入社会的主动性和积极性的期待。如各地政府要鼓励企事业单位、社会组织提供就业岗位和职业技能培训。人力资源和社会保障等部门充分利用自身平台优势、资源优势，为刑满释放人员提供培训、实习、就业机会。搭建企事业单位与监狱、看守所、社区矫正机构的供需交流平台，畅通信息，更快更好的实现供需匹配。人民团体作为党联系群众的纽带桥梁，居民委员会、村民委员会是基层群众性自治组织，是参与社会治理、维护社会和谐稳定的重要力量。很多犯罪集团是存在于农村等地区，这些团体组织往往更了解和熟悉情况，同时有较强的组织和号召能力，应充分发挥其对有组织犯罪的罪犯安置帮教的自身优势和积极作用。

2. 关于安置帮教的内容。安置帮教是为了使刑满释放人员能够尽快适应社会，能够自食其力，增强归属感、自我价值感、社会认同感，特别是对有赡养和抚养义务的刑满释放人员，要及时了解和解决家庭困难，对于丧失劳动能力又无法定赡养人、扶养人和基本生活来源的，由当地人民政府采取适当方式予以救济，避免因经济压力、认同感、归属感不足等因素再犯。安置帮教包括对刑满释放的有组织犯罪人员给与生活保障、就业和教育保障等，做好安置帮教工作有利于通过家庭的温暖、社会的帮助更快的融入社会，也是防止有组织犯罪再犯的重要措施之一。解决好刑满释放人员的就业安置和再教育问题，是做好安置帮教的关键。如加强职业技能培训与就业指导相衔接，结合刑满释放人员的特长、性格、知识储备、个人意愿及在监狱、看守所和社区矫正机构的表现等情况，为其推荐和联系实习、培训和就业单位。及时了解婚姻家庭关系、邻里关系情况。教育部门应积极与学校沟通联系，积极帮助协调解决未成年子女的抚养和教育等问题，对于刑满释放后适龄或有主动上学意愿的帮助接受相应教育。

在该条的理解适用中，需要注意以下问题：

第一，社区矫正机构与看守所、监狱相比，不是刑罚执行机关，在对矫正对象的监管、教育和矫正要同看守所和监狱在次数、强度、内容等方面有一定区分。《社区矫正法》第三十六条第二款规定："对社区矫正对象的教育应当根据其个体特征、日常表现等实际情况，充分考虑其工作和生活情况，因人施教。"因此，社区矫正机构对有组织犯罪罪犯的监管、教育、矫正方面要兼顾被矫正对象的正常工作生活，为其顺利融入社会提供基本保障。

第二，注重教育、矫正方式方法。针对有组织犯罪人员长期形成的固有观念、行为习惯等可能短期内思想或情绪会有反复和起伏，或者有报复极端情绪等，在进行教育、矫正过程中要注意方式方法，可以以谈心谈话、找与罪犯熟识的改正态度积极的其他罪犯或者家属、朋友等进行进一步开导、劝诫，监狱、看守所及社区矫正机构在日常监管工作发现罪犯有继续实施违法犯罪的迹象要及时了解掌握情况并进行处理。

第三，草案审议过程中有地方部门提出，实践中，对与黑恶组织人员有联系的社区矫正对象和刑满释放人员的警示教育力度还不够，再次被黑恶组织或者被黑恶势力拉拢的可能性较大。对于刑满释放人员，在不影响其正常工作生活的前提下可以定期回访，包括对其本人或者家属，特别是与有组织犯罪集团人员有频繁联系时，及时了解情况，通过宣传教育扼杀重操旧路的思想，帮助解决基本的生活问题，保障其身心都有较强的归属感。

相关规定

《中华人民共和国监狱法》第二条、第三条、第四条、第三十七条、第六十二条；《中华人民共和国社区矫正法》第二条、第三条、第二十四条、第三十六条；《中华人民共和国看守所条例》第二条、第三十三条；《看守所留所执行刑罚罪犯管理办法》第七十二条、第七十三条；《最高人民法院、最高人民检察院、公安部、司法部关于办理黑恶势力犯罪案件若干问题的指导意见》

第十九条　对因组织、领导黑社会性质组织被判处刑罚的人员，设区的市级以上公安机关可以决定其自刑罚执行完毕之日起，按照国家有关规定向公安机关报告个人财产及日常活动。报告期限不超过五年。

条文主旨

本条是关于个人财产及日常活动报告制度的规定。

立法背景

（一）起草背景

本法第四条中规定，反有组织犯罪工作应当坚持惩防并举、标本兼治。在依法惩治有组织犯罪活动的同时，通过制度设计，防止有组织犯罪的发生和蔓延，对于从源头上遏制有组织犯罪，实现社会长治久安，具有重要意义。有组织犯罪预防工作中，预防因实施有组织犯罪受到刑事处罚的人员重新犯罪是一个重要的方面。从实践情况来看，有组织犯罪特别是组织、领导黑社会性质组织犯罪的罪犯主观恶性较深，教育转化难度相对较大。而且他们组织、领导犯罪组织的社会关系、动员能力很可能仍然存在，一旦刑满释放后重新犯罪，对社会具有较大的危险性。对这类罪犯，一方面要在判处刑罚时根据其犯罪事实、性质、情节和危害程度适当地确定适用的刑罚，做到罚当其罪，并在刑罚执行期间有针对性地进行教育转化改造，在刑罚执行完毕后给予适当的帮扶措施，促进其顺利回归社会，不再重新犯罪，同时也有必要根据其社会危害性和重新犯罪的可能，在其刑罚执行完毕后继续采取一定程度的监督管理和约束措施，以防止其重新犯罪，或者在其出现重新违法犯罪的苗头倾向时及时应对处理。

针对刑罚执行完毕后仍然具有社会危险性的恐怖活动罪犯、极端主义罪犯，我国《反恐怖主义法》第三十条规定了安置教育措施。对经过社会危险性评估仍然具有社会危险性的罪犯，经刑罚执行机关提出建议，人民法院审查决定，可以责令其在刑满释放后接受一定期限的安置教育，直到不再危害社会为止。组织、领导黑社会性质组织的罪犯的社会危险性和重新犯罪的危害不如恐怖活动罪犯、极端主义罪犯，但明显高于普通罪犯，对其中在刑罚执行完毕时仍然具有社会危险性的，也需要采取适当的继续监督管理措施。本条按照党中央加强预防性法律制度建设的精神，根据预防组织、领导黑社会性质组织罪犯重新犯罪的需要和这类犯罪的特点，规定了个人财产及日常活动报告制度。考虑到这种制度具有一定的强制性，对刑满释放人员的生活有一定程度的影响，为保证这一制度准确、严格适用，符合正当程序的要求，本条对个人财产及日常活动报告制度的适用条件、决定程序和期限作了严格明确的规定。

（二）审议中各方面的意见

提请全国人大常委会审议的《反有组织犯罪法（草案）》一审稿第十九条中规定，对因犯组织、领导黑社会性质组织罪被判处刑罚的刑满释放人员，经县级以上公安机关负责人批准，实行个人财产及日常活动报告制度，自刑满释放之日起最长报告年限不得超过五年。有的意见提出，刑满释放人员已经接受过刑罚处罚，不宜再对其权利进行限制，这一措施不利于其回归融入社会，建议删去这一规定。有的意见建议对这一措施的适用条件、批准程序等再进一步严格限制。立法机关经研究，考虑到预防组织、领导黑社会性质组织罪犯再犯罪的需要，在法律中保留了这一制度，同时将其决定机关由县级以上公安机关修改为设区的市级以上公安机关。

条文解读

本条对于个人财产及日常活动报告制度，主要规定了以下几个方面的内容：

一是适用对象，是因组织、领导黑社会性质的组织被判处刑罚的人员。即根据《刑法》第二百九十四条第一款规定，因组织、领导黑社会性质组织犯罪被判处七年以上有期徒刑，并处没收财产的罪犯。因实施刑法规定的多个犯罪被数罪并罚的罪犯，所犯数罪中有一罪是组织、领导黑社会性质组织犯罪的，就可以适用本条规定的个人财产及日常活动报告制度。在黑社会性质组织犯罪中，组织者、领导者是黑社会性质组织的核心成员，在犯罪组织中表现出的犯罪能力和组织领导能力、犯罪恶性往往更深。他们在刑满释放后，仍然可能利用其原来所具有的影响力重新实施犯罪甚至组织新的犯罪组织。世界范围内，对于这类犯罪，往往都会规定在服刑完毕后的保安处分类措施，防止其重新犯罪，促进其真正改邪归正、回归社会。

本条规定对这些人员“可以”决定适用这一制度。根据这一规定，不是对所有因组织、领导黑社会性质组织被判处刑罚的人员都适用这一制度。公安机关应当会同刑罚执行机关，根据罪犯的犯罪情节、服刑期间改造表现对其社会危险性、再犯罪的可能性的评估，对确有必要在刑满释放后继续采取监督管理措施的，才决定适用这一制度。

二是决定程序。根据本条规定，决定适用个人财产及日常活动报告制度的主体是设区的市级以上公安机关，即设区的市、自治州、地区，包括省级公安机关和公安部。

三是报告的内容。本条规定被公安机关决定适用报告制度的人员应当“按照国家有关规定向公安机关报告个人财产及日常活动”。“国家有关规定”是指法律、行政法规、部门规章等国家层面的规定，包括本法和有关部门制定的配套规定。“个人财产”是指个人拥有的存款、债券、股票、基金份额、房产、汽车等财产。应当特别注意的是，个人财产的变动情况，往往能够反映其在一定时期的社会活动。对报告人员财产变动的情况及时关注，有利于及时发现问题，予以处理。“日常活动”是指个人重要的活动情况，如个人去向、从业情况、开办企业情况等。

四是报告的期限。根据本条规定，报告的期限是刑罚执行完毕之日起不超过五年。这里规定的“刑罚执行完毕”，应当是指主刑执行完毕。“不超过五年”是指报告的最长期限是五年，公安机关可以根据报告人员的具体情况，在五年以下确定具体期限。

需要说明的是，本条规定的个人财产及日常活动报告制度是一项新的制度，法律对这项制度的基本框架作了原则规定。对这一制度在实体和程序上的细节，如评估确定是否适用报告制度的标准和程序，报告的个人财产和日常活动的具体范围，决定和执行报告制度时侦查案件的公安机关、决定报告的公安机关、人民法院、刑罚执行机关、接受报告并进行监督的公安机关的衔接配合机制等，还需要国务院公安部门会同有关部门制定配套规定作出具体规定。本条中明确规定了“按照国家有关规定”报告，这属于《立法法》第六十二条中规定的“法律规定明确要求有关国家机关对专门事项作出配套的具体规定的”情形，国务院公安部门等应当自本法施行之日起一年内作出规定。

本法第七十条规定了违反本条规定的报告制度的法律责任，即不按照公安机关的决定如实报告个人财产及日常活动的，由公安机关给予警告，并责令改正；拒不改正的，处五日以上十日以下拘留，并处三万元以下罚款。

对本条的理解和适用，需要注意以下几个方面的问题：

一是公安机关为确保本条规定的个人财产及日常活动报告制度落到实处，并依照本法第七十条的规定对不报告、不如实报告等行为予以处罚，可以依照国家有关规定对报告人报告的个人财产及日常活动事项进行适当的核查，具体办法可在有关配套规定中明确。

二是公安机关在决定和执行本条规定的个人财产及日常活动报告制度时，应当根据本条的立法宗旨，按照促进刑满释放人员顺利回归社会的原则，尽量减少对其正常生活、就业等的不利影响。

相关规定

《中华人民共和国刑法》第二百九十四条；《中华人民共和国反有组织犯罪法》第七十条

第二十条　曾被判处刑罚的黑社会性质组织的组织者、领导者或者恶势力组织的首要分子开办企业或者在企业中担任高级管理人员的，相关行业主管部门应当依法审查，对其经营活动加强监督管理。

条文主旨

本条是关于对黑社会性质和恶势力组织的主要人员担任企业高级管理人员的加强审查和监管的限制性规定。

立法背景

（一）起草背景

2002 年 4 月 28 日，第九届全国人民代表大会常务委员会第二十七次会议通过了《关于〈中华人民共和国刑法〉第二百九十四条第一款的解释》，规定黑社会性质组织应当同时具备“组织特征”“经济特征”“行为特征”和“危害性特征”。与普通刑事犯罪和其他有组织犯罪不同，黑社会性质组织、恶势力组织具有较强的组织性，惯常实施各种违法犯罪行为获取经济利益，破坏经济秩序。根据近些年实际办理的案件，黑恶势力“以黑护商”“以商养黑”的情况极为常见，对营商环境甚至地方经济发展造成恶劣影响。黑社会性质组织的组织者、领导者或者恶势力组织的首要分子与有组织犯罪集团的其他参加成员相比，是起关键和核心作用的成员，他们通常人脉资源和社会关系广泛，能量和影响力大，重新犯罪的危害更大，一旦将“企业”或者“高级管理人员”的身份变成犯罪工具，会为谋取利益官商勾结，通过经济输出和回流寻求“保护伞”作为实施违法犯罪行为的庇护，严重破坏地方正常经济秩序。有组织犯罪“核心成员”所开办或担任重要身份的企业，一方面为直接实施违法犯罪行为提供便利，另一方面是利益输送和经济保障的重要中介。因此，有必要对黑社会性质组织的组织者、领导者或者恶势力组织的首要分子作出职业禁止或限制性规定。

同时，我国现行法律法规中亦有相应规定，《市场主体登记管理条例》第十二条、《公司法》第一百四十六条对于不得担任公司的董事、监事、高级管理人员的情况进行了明确规定，其中规定因贪污、贿赂、侵占财产、挪用财产或者破坏社会主义市场经济秩序，被判处刑罚，执行期满未逾五年，或者因犯罪剥夺政治权利，执行期满未逾五年的，不得担任公司的董事、监事、高级管理人员。《刑法》从职业禁止的角度作出明确规定，第三十七条之一规定："因利用职业便利实施犯罪，或者实施违背职业要求的特定义务的犯罪被判处刑罚的，人民法院可以根据犯罪情况和预防再犯罪的需要，禁止其自刑罚执行完毕之日或者假释之日起从事相关职业，期限为三年至五年。被禁止从事相关职业的人违反人民法院依照前款规定作出的决定的，由公安机关依法给予处罚；情节严重的，依照本法第三百一十三条的规定定罪处罚。其他法律、行政法规对其从事相关职业另有禁止或者限制性规定的，从其规定。"本法从限制的角度作出衔接规定，明确了监管重点人群"从严审"，同时作出限定"留出口"，避免范围过宽干预正常生产经营，为司法实践适用进一步明确重点和方向。与此同时，从世界各国的立法情况看，这一条款的规定也符合国际立法趋势。

（二）审议中各方面的意见

1. 关于本条规制对象和范围。本条是由一审稿第十四条第三款演变而来。一审稿第十四条第三款规定，对有组织犯罪记录人员开办或者参与的企业，相关行业部门应当依法严格审查，建立动态管理制度。一审中，部门和地方意见较为集中地提出，企业具有独立市场主体地位，自然人与法人既有联系也有区别，仅因个人的犯罪前科，就对其开办、参与的企业进行审查监督，涉及的主体和企业面太广，这种方式不利于罪犯回归社会，也会对优化营商环境造成负面影响。有部门进一步提出，“参与的企业”范围涉及面太宽，一律实行动态监管范围广，容易对正常的生产经营活动造成影响。审查应当区分情形，“严格审查”“动态管理”缺少明确的范围和程序限定，实践中不易掌握。但有社会公众意见提出，对刑罚执行完毕的黑社会性质组织的组织者、领导者或者恶势力组织的首要分子应实行更加广泛而严格的职业禁止制度，并将一般性职业禁止规定的适用范围扩大到其他涉黑涉恶人员。经研究，二审稿对一审稿第十四条第三款作了修改，结合各方提出的意见、建议，在一审稿基础上作出进一步限定：一是对主体作了限定，缩小了规制对象的范围。考虑到若将本条的规制对象明确为“有组织犯罪记录人员”，实践中的影响较大，范围确实较为宽泛，结合有组织犯罪的特点和重点惩治的人员范围，本条将重点聚焦为有组织犯罪的“核心成员”或“骨干”，即“刑罚执行完毕的黑社会性质组织的组织者、领导者或者恶势力组织的首要分子”。二是将参与企业经营的范围进一步限定为“在企业中担任高级管理人员”，而不是所有的参与企业经营的人员，防止对有组织犯罪人员刑满释放后自谋职业融入社会的过度干预。

2. 关于是否有必要增加第二款规定。为了与法律法规有关职业禁止或限制的规定做好衔接，二审增加了第二款规定：“其他法律、行政法规对前款规定的人员从事相关职业有禁止或者限制性规定的，从其规定。”二次审议中，有部门提出，新增加的第二款内容，刑法已有明确规定，同时相关内容已在二审稿其他条文中有所体现，不必作重复性规定。经过反复斟酌，立法机关采纳了上述意见，最终删除了第二款规定。

（三）有关国家和地区的规定

1970年，美国通过的《反犯罪组织侵蚀合法组织法》（简称“RICO法案”）明确禁止四种侵蚀合法组织的行为，对于实施有组织犯罪及其成员参与企业经营作出限制规定。包括禁止对合法企业利用非法资金进行投资；禁止通过该法所规定的犯罪行为来获得、维持或者控制合法企业；禁止通过该法规定的犯罪行为来管理或参与企业事务；禁止合谋实施上述禁止的行为。

条文解读

本条是关于对曾被判处刑罚的黑社会性质组织的组织者、领导者或者恶势力组织的首要分子开办企业或者在企业中担任高级管理人员等重要身份从严审核等的规定。

（1）对于“曾被判处刑罚”的理解。“曾被判处刑罚”并不局限于是因犯组织、领导、参加黑社会性质组织罪而被判处刑罚，还可以包括其他犯罪行为，但同时要符合黑社会性质组织的组织者、领导者或者恶势力组织的首要分子的特定身份，如黑社会性质组织的组织者、领导者或者恶势力组织的首要分子因诈骗被判处刑罚的即符合本条规定的情形。对于“刑罚”的种类是否为监禁刑、实刑等没有限制。

（2）对“黑社会性质组织的组织者、领导者或者恶势力组织的首要分子”的理解。本条将规制对象明确限定为组织者、领导者、首要分子，这样规定一方面可以突出重点和关键，这部分人是有组织犯罪的核心力量，对组织者、领导者、首要分子作出限制规定有利于削弱犯罪组织的力量；另一方面可以避免干预和影响其他参加人正常的生产经营活动，更好地帮助和促进其融入社会。值得注意的是，这里的组织者、领导者不限于黑社会性质组织的发起者、创建者，包括在组织中实际处于领导地位，对于整个组织及其运行、活动起着决策、指挥、协调、管理作用的犯罪分子。根据 2019 年《最高人民法院、最高人民检察院、公安部、司法部关于办理黑恶势力犯罪案件若干问题的指导意见》，黑社会性质组织的组织者、领导者，既包括通过一定形式产生的有明确职务、称谓的组织者、领导者，也包括在黑社会性质组织中被公认的事实上的组织者、领导者。

（3）“高级管理人员”的范围。这里的“高级管理人员”与公司法的规定基本一致。根据《公司法》第二百一十六条规定，高级管理人员是指，公司的经理、副经理、财务负责人，上市公司董事会秘书和公司章程规定的其他人员。主要是对公司内部经营管理负有重要职责的人员，这部分人员通常对公司内部的重要决策起主导作用，或者直接经手和掌握公司经济收益等核心经营信息。

（4）相关行业主管部门的审查监管。这里主要涉及市场监管、税务等部门对企业注册、发放营业执照等进行前端的审查。根据《市场主体登记管理条例》第五条的规定，市场监督管理局负责市场主体登记管理工作，具体来说，国务院市场监督管理部门主管全国市场主体登记管理工作，县级以上地方人民政府市场监督管理部门主管本辖区市场主体登记管理工作，同时加强统筹指导和监督管理。除此之外，某些特种行业需要公安机关审核作为开业的必要程序。特种行业主要是在工商服务行业中，因经营业务的内容和性质易于被犯罪分子所利用，而由国家或地方法规规定交由公安机关实行治安行政管理的行业。

根据法律法规和国务院的有关决定，目前由公安机关发放特种行业经营许可证的行业主要包括：一是旅馆业，主要包括旅社、宾馆、酒店、招待所、度假村、有接待住宿业务的办事处等。根据《旅馆业治安管理办法》第四条规定，申请开办旅馆，应取得市场监管部门核发的营业执照，向当地公安机关申领特种行业许可证后，方准开业。二是典当业。《典当管理办法》规定，典当行业申请人领取《典当经营许可证》后，应当向所在地县级人民政府公安机关申请典当行《特种行业许可证》，并提供申请报告，法定代表人、个人股东和其他高级管理人员的简历及有效身份证件复印件，法定代表人、个人股东和其他高级管理人员的户口所在地县级人民政府公安机关出具的无故意犯罪记录证明等有关材料。公安机关在审核批准后颁发《特种行业许可证》，申请人领取营业执照后，方可营业。三是旧货业（如旧货市场、生产性废旧金属收购站点、报废机动车回收等）。此外还有公章刻制业、修理业等。在特定行业，公安机关也要做好前端审核，严把入口，对企业注册登记信息中的开办人和高级管理人员信息进行认真审核，对于企业的经营和相关人员信息要进行持续动态的管理，并非一次性审查免责，因此本条作了“对其经营活动加强监督管理”的规定，督促有关部门通过营业后期的实地抽检、年检、换证、变更登记等节点对企业是否存在以生产经营为名为黑社会性质组织和恶势力组织实施违法犯罪活动“造血输血”的情况，进行后续督导和排查。

对于该条的理解适用，需要注意以下问题：

第一，对于与有组织犯罪关联度高的行业领域，对曾被判处刑罚的黑社会性质组织的组织者、领导者或者恶势力组织的首要分子开办企业或者在企业中担任高级管理人员等重要身份时要特别关注，如贷款公司、投融资类型的理财公司等。针对涉黑涉恶“套路贷”违法犯罪，探索建立“放贷人名录”制度。

第二，经营活动监督管理要把握尺度，“依法审查”“加强监督管理”并不能直接理解为禁止性规定，在符合任职条件、无其他不适合情形的前提下，原则上应当及时办理有关手续。同时监管部门工作人员要提高监管排查能力和发现问题的敏锐性，特别是针对被判处刑罚的黑社会组织的有关人员，要能够采取恰当的方式及时判断其是否具有不适合开办企业或者担任高级管理人员的情况，如开办企业目的是否为实施违法犯罪，此前是否有担任高级管理人员的犯罪前科及其他风险隐患等。审核中既要及时发现和排查异常，又要避免对企业正常生产经营活动的不当干预。监督管理过松，则流于形式，难以真正做到在日常管理中发现隐患和问题。监督管理过度，可能会造成企业信誉下降、生产经营活动受到影响，降低企业和人员积极性。

第三，对适用对象的理解。本条适用于曾被判处刑罚的黑社会性质组织的组织者、领导者或者恶势力组织的首要分子。对于组织者、首要分子以外的参加者，则不能以监管等名义进行任职限制，但若其在生产经营活动中存在其他违法犯罪行为依然要严厉查处。严格审查的范围限于开办企业或者在企业中担任高级管理人员等重要身份，若只是参与日常生产经营则不能作出额外的监管限制。此外，值得注意的是，根据公司法规定，高级管理人员除了公司的经理、副经理、财务负责人之外，还包括上市公司董事会秘书和公司章程规定的其他人员，这部分人员通常身份职务不如前者明确，往往容易被监管部门忽视。

相关规定

《中华人民共和国刑法》第三十七条之一；《中华人民共和国公司法》第一百四十六条、第二百一十六条；《中华人民共和国市场主体登记管理条例》第五条、第十二条；《旅馆业治安管理办法》第四条；《最高人民法院、最高人民检察院、公安部、司法部关于办理黑恶势力犯罪案件若干问题的指导意见》；《关于〈中华人民共和国刑法〉第二百九十四条第一款的解释》

第二十一条 **移民管理、海关、海警等部门应当会同公安机关严密防范境外的黑社会组织入境渗透、发展、实施违法犯罪活动。**

出入境证件签发机关、移民管理机构对境外的黑社会组织的人员，有权决定不准其入境、不予签发入境证件或者宣布其入境证件作废。

移民管理、海关、海警等部门发现境外的黑社会组

织的人员入境的，应当及时通知公安机关。发现相关人员涉嫌违反我国法律或者发现涉嫌有组织犯罪物品的，应当依法扣留并及时处理。

条文主旨

本条是关于为防范境外黑社会组织入境渗透而采取的出入境管理方面的限制规定和措施。

立法背景

（一）起草背景

随着全球化进程的加快和中国国际地位的不断提升，境外黑社会组织的活动也表现出跨国特征，不乏黑社会组织向我国境内渗透、发展，利用网络等方式鼓动宣传并招募人员，或者联合境内黑社会性质组织、恶势力组织实施违法犯罪活动，有组织犯罪物品非法流入境内，不仅会进一步扩大境内黑社会性质组织、恶势力组织的发展势力，更会危害我国的国家安全。为防止和避免此类情况的发生，非常有必要在立法中作出明确，对境外黑社会组织起到警示意义，同时对移民管理、海关、海警、公安等部门采取相应出入境禁止或限制措施作出明确规定。一方面是直接规定对境外黑社会组织不准入境或者在入境证件方面不予签证或宣布签证作废。《反恐怖主义法》第三十九条对于恐怖活动人员、恐怖活动嫌疑人员也作了类似规定，与本法不同的是《反恐怖主义法》是对出入境均作出限制。另一方面明确对于涉嫌违反我国法律的人员或者涉嫌有组织犯罪的物品要采取的措施，即依法扣留、及时处理。针对目前世界上一些国家致力于在海外发展壮大黑社会组织成员，或者将境外作为自己实施违法犯罪活动的“根据地”的情况，同时避免境内黑社会组织借此扩张势力，或境内敏感信息被利用或泄露至境外，引发国际舆论或造成负面影响，有必要在立法中作出进一步明确。

（二）审议中各方面的意见

本条一审稿只有一款内容：“出入境管理、海关、海警等部门应当会同公安机关严密防范境外黑社会组织入境渗透、发展，发现境外黑社会组织嫌疑人员，应当依法扣留，并及时移送公安机关。”一审中有的部门提出，考虑到管辖权和法律依据问题，表述为“依法扣留”并直接适用，实践中可能会带来各种问题，建议将“发现境外黑社会组织嫌疑人员，应当依法扣留，并及时移送公安机关”修改为“发现境外黑社会组织嫌疑人员入境的，应当及时通知公安机关。相关人员涉嫌违反我国法律的，应当依法扣留，并及时移送公安机关。”二审稿对此作了吸收，将相关内容拆分为两款，并对一审稿扣留相关内容作了进一步完善。为了保证扣留的法律依据和管辖权，将扣留的对象规定为“涉嫌违反我国法律或者发现涉嫌有组织犯罪物品的”。另外，从立法体系整体考虑，将相近内容放在同一条，因此将一审稿第二十八条第二款调整为本条第二款。

条文解读

本条共分为三款。第一款是关于有关部门严防境外黑社会组织入境渗透、发展、实施违法犯罪活动的规定。

从条文内容上，相比第二款、第三款，第一款是总括性的规定，第二款、第三款是严密防范工作的具体内容。出入境监督管理的机关主要是移民管理、海关、海警及公安机关等。移民管理、海关、海警等部门主要涉及日常出入境管理工作，容易在日常监管工作中及时发现线索，及时会同公安机关采取相应措施。海关是国家进出关境的监督管理机关，负责监管进出境的运输工具、货物、行李物品、邮递物品和其他物品，查缉走私。根据《海关法》的规定，海关在执行职务过程中，可以行使检查权，检查进出境运输工具，查验进出境货物物品；查阅进出境人员的证件，查问嫌疑人，调查其违法行为；查阅、复制与进出境运输工具、货物、物品有关的合同、发票、账册、单据、记录、文件、业务函电、录音录像制品及其他资料。海关在行使职权的过程中，如果发现境外黑社会组织人员和有关犯罪物品的，应依照海关法予以扣留。国家移民管理局管理全国出入境边防检查机构、边境管理机构各项工作，负责入境许可签发管理、出入境边防检查，牵头协调处理非法入境，查处妨害国（边）境管理等违法犯罪行为。根据《出境入境管理法》第五章的规定，移民管理局可以对交通工具的出境入境进行检查。

第二款是关于从证件管理角度对境外黑社会组织人员作出入境管控的规定。

对境外黑社会组织人员的入境管理总体上参照《反恐怖主义法》的有关规定，但不同的是《反恐怖主义法》是对出境入境作出双重规定，本法只对境外黑社会组织人员入境作出规定。《反恐怖主义法》第三十九条规定：“出入境证件签发机关、出入境边防检查机关对恐怖活动人员和恐怖活动嫌疑人员，有权决定不准其出境入境、不予签发出境入境证件或者宣布其出境入境证件作废。”

第三款是关于对涉嫌违反我国法律的境外黑社会组织人员或者有组织犯罪物品采取处置措施的规定。

第三款前半部分是在吸收有关部门提出意见基础上作出的规定，有利于明确监管部门，加强部门之间的协作配合。后半部分涉及对发现境外黑社会组织的人员入境后采取的相关措施。《反恐怖主义法》第四十条对恐怖活动嫌疑人及涉嫌恐怖活动物品的处置作出规定："海关、出入境边防检查机关发现恐怖活动嫌疑人员或者涉嫌恐怖活动物品的，应当依法扣留，并立即移送公安机关或者国家安全机关。"对于移民管理、海关、海警等部门发现的境外黑社会组织的人员，公安机关在接到通知后应根据线索和有关证据情况，依照我国法律程序进行扣留和处置。这里的"扣留"是海关、国家移民管理局等边防检查机关依法采取的一种临时性强制措施。根据《出境入境管理法》第五十九条、第六十条规定，国家移民管理局可以对涉嫌违反出入境管理的人员，如有非法入境嫌疑的，有危害国家安全和利益，破坏社会公共秩序或者从事其他违法犯罪活动嫌疑的，可以进行盘问排查和拘留审查。

对于该条的理解适用，需要注意以下问题：

第一，第一款规定中的"严密防范"，实践中不仅体现在日常出入境巡查、业务办理等一线的管理监督工作中，即除了第二款的证件管理、第三款的扣留查处外，还要主动采取技术、信息系统、大数据等手段进行前端防控。

第二，第一款主要是针对境外黑社会组织入境的管控措施，《出境入境管理法》对于入境管控有更为全面的规定，实践中具体适用时应根据具体情况，做好相应衔接。如《出境入境管理法》第二十一条规定对可能危害中国国家安全和利益、破坏社会公共秩序或者从事其他违法犯罪活动的外国人不予签发签证，此外第二十五条也对外国人不准入境的情形作出了明确规定。

第三，第二款适用对象是境外入境的黑社会性质组织人员，对于境内黑社会性质组织人员的出境在本法第二十九条有相关规定。由于目前各国对于黑社会性质组织的认定标准、范围、称呼等有所不同，难以作统一的概括，因此，本法的规制对象限于自然人。

第四，第三款中，公安机关在依法扣留时判断依据是我国的法律。在对涉嫌违反我国法律的黑社会性质组织人员或者涉嫌有组织犯罪物品进行调查核实后，若涉嫌犯罪则移送公安机关或者国家安全机关，认为上述情况并不属实的，应对有关人员予以释放并取消入境限制或将物品返还，保障其合法权益。

相关规定

《中华人民共和国反恐怖主义法》第三十九条、第四十条；《中华人民共和国海警法》第五条；《中华人民共和国出境入境管理法》第二十一条、第五十九条、第六十条

第三章　案件办理

第二十二条　办理有组织犯罪案件，应当以事实为根据，以法律为准绳，坚持宽严相济。

对有组织犯罪的组织者、领导者和骨干成员，应当严格掌握取保候审、不起诉、缓刑、减刑、假释和暂予监外执行的适用条件，充分适用剥夺政治权利、没收财产、罚金等刑罚。

有组织犯罪的犯罪嫌疑人、被告人自愿如实供述自己的罪行，承认指控的犯罪事实，愿意接受处罚的，可以依法从宽处理。

条文主旨

本条是关于有组织犯罪案件的办理原则，有组织犯罪主要人员充分适用刑罚和从严采取强制措施，适用认罪认罚从宽的规定。

立法背景

（一）起草背景

有组织犯罪案件与传统的犯罪相比，是团伙作案，社会危害性较强，涉及社会安全，甚至国家政治经济安全，因此具有一定的特殊性。在案件办理中，会有舆论质疑或提出要特事特办，但以社会主义法治理念为指引，坚持依法治国的总方略，任何案件的办理都不能突破法律，这是原则也是底线，因此有必要对有组织犯罪案件的办理原则作出明确规定。对于有组织犯罪的组织者、领导者和骨干成员，由于其能量强、影响力大、危害性大，要作为立法重点，集中力量瓦解和打击首要分子，因此在对犯罪嫌疑人、被告人适用取保候审、不起诉、缓刑、减刑、假释和暂予监外执行时要从严把握。黑社会性质组织、恶势力组织经济特征明显，以实施违法犯罪获取经济利益，获得的经济利益也为犯罪提供经济保障。对于有组织犯罪人员，特别是组织者、领导者、骨干成员，其犯罪所得经常与个人财产混同，实践中，涉案财物追缴难成为这类案件处理的普遍问题，因此对于充分适用没收财产、罚金等刑罚作出明确规定，为实现“打财断血”提供支撑。同时，刑事案件的办理要坚持宽严相济的刑事政策，不能一律严打也不能放任不管，对于悔罪态度好，自愿如实供述自己罪行的有组织犯罪的犯罪嫌疑人、被告人可以适用认罪认罚从宽的有关规定。

（二）审议中各方面的意见

1. 关于第一款规定是否要保留。二次审议中有的委员提出，第一款规定的办案原则适用于所有犯罪案件，不必在本法中专门规定，建议删去。有的提出，这些规定属于刑事政策，在刑法中有明确规定，不宜重复规定，建议删除。第一款规定确实是案件办理的基础原则，考虑到有组织犯罪案件既有特殊性也有一般性，但不能突破基本的办案原则和理念，也要坚持“以事实为依据，以法律为准绳”，不能脱离法律和证据主观臆断，一些办案部门提出有作出明确的必要性；同时，要体现对黑社会性质组织犯罪分子宽严相济的刑事政策，因此对本款予以保留。

2. 草案起草过程中曾在第二款规定，对于在有组织犯罪组织中起次要、辅助作用的组织成员，或者系初犯、偶犯的，可以依法从宽处理。在二次审议过程中，有的部门提出，建议对第二款中的“在有组织犯罪组织中起次要、辅助作用的组织成员”作出修改或删除，主要理由是黑社会性质组织和恶势力组织成员是按照组织者、领导者、积极参加者、一般参加者和纠集者、首要分子等进行区分，不是按照主从犯进行区分，考虑到实践中案件处理情况等因素，对此意见作了吸收，最终稿予以删除。

（三）有关国家和地区的规定

美国 1970 年通过的《反犯罪组织侵蚀合法组织法》（简称“RICO 法案”）在刑事处罚方面广泛适用财产刑，财产刑以剥夺犯罪者再犯能力为目的，规定在判处监禁的同时可以并处不超过犯罪收益或者收入两倍的罚金；由联邦司法部门剥夺和没收所有基于非法活动产生的权利和财产，包括因实施本法禁止行为而直接或间接产生的任何财产、孳息和利益，也包括建立、操纵、控制、从事或参与企业的利益、证券、请求权及其他相关财产权利。

条文解读

本条共分为三款。第一款是关于办理有组织犯罪案件坚持的原则和刑事政策的规定。

（1）“以事实为依据，以法律为准绳”的理解。以“事实为依据”是我国长期以来刑事诉讼的一条重要经验，是正确惩治犯罪、防止错案，保障无罪的人不受追究的重要原则。《刑事诉讼法》第六条对刑事诉讼的基本原则作出规定：“人民法院、人民检察院和公安机关进行刑事诉讼，必须依靠群众，必须以事实为根据，以法律为准绳。对于一切公民，在适用法律上一律平等，在法律面前，不允许有任何特权。”对于一个人有罪无罪的认定、罪轻罪重的判断，都要尊重事实。对于黑社会性质组织和恶势力组织犯罪，不能因为其主观恶性强、人民群众深恶痛绝就夸大事实甚至歪曲事实。“以法律为准绳”是指人民法院、人民检察院和公安机关办理刑事案件，必须以法律为标准。这里的法律既包括刑法及对刑法所作的补充修改规定和修正案，也包括刑事诉讼法及其他法律的有关规定，如人民法院组织法、人民检察院组织法、监狱法等有关规定。此外，其他法律中对这一原则也有所体现，如《监察法》第五条规定，国家监察工作严格遵照宪法和法律，以事实为根据，以法律为准绳；在适用法律上一律平等，保障当事人的合法权益；权责对等，严格监督；惩戒与教育相结合，宽严相济。以事实为依据，以法律为准绳，是正确处理案件不可分割的两个方面，两者相互联系，缺一不可。

（2）“宽严相济”的理解。宽严相济刑事政策是党中央在构建社会主义和谐社会新形势下提出的一项重要政策，是我国的基本刑事政策，对于最大限度地预防和减少犯罪、化解社会矛盾、维护社会和谐具有重要意义。有组织犯罪作为众多刑事犯罪中的类型之一，也适用宽严相济的刑事政策，实践中要根据犯罪的具体情况，做到该宽则宽，当严则严，宽严相济，罚当其罪，对于认罪悔罪态度好，接受刑罚处罚，有改造的积极性、主动性的犯罪嫌疑人、被告人，应当给予宽大处理，有利于最大限度减少社会对立，促进社会和谐稳定。

第二款是关于对有组织犯罪的主要人员严格适用不起诉、减刑、假释等制度，充分适用资格刑、财产刑等的规定。

（1）严格掌握取保候审、不起诉等适用条件，适用对象是有组织犯罪的组织者、领导者和骨干成员，这部分人员主观恶性强、社会危害性大，社会关系网广、影响力强，根据《刑法》《刑事诉讼法》规定的取保候审、不起诉、缓刑、减刑、假释和暂予监外执行等制度的适用条件，主要适用于罪行较轻、主观恶性不大，回归社会再犯可能性低的人员，或者确有适用暂予监外执行等措施的必要时才会予以适用。特别是不起诉、缓刑、假释、暂予监外执行对于人身没有限制，相当于将有嫌疑的人有条件地“放归社会”，实践中应严格把握标准。在适用上，要严格限定适用的主体，即对有组织犯罪的组织者、领导者和骨干成员要避免扩大适用。这一内容，我国现行的法律、司法解释类文件中也有所规定。《刑法》中对部分黑社会性质组织犯罪分子可以限制减刑或不得假释有相关规定，如第五十条第二款对限制减刑作出规定，即对被判处死刑缓期执行的累犯以及因故意杀人、强奸、抢劫、绑架、放火、爆炸、投放危险物质或者有组织的暴力性犯罪被判处死刑缓期执行的犯罪分子，人民法院根据犯罪情节等情况可以同时决定对其限制减刑。第八十一条第二款规定，对有组织的暴力性犯罪被判处十年以上有期徒刑、无期徒刑的犯罪分子，不得假释。此外，《最高人民法院、最高人民检察院、公安部、司法部关于办理黑恶势力犯罪案件若干问题的指导意见》在从严掌握减刑、假释、暂予监外执行、保外就医方面有相关规定：①正确运用法律规定加大对黑恶势力违法犯罪以及“保护伞”惩处力度，在侦查、起诉、审判、执行各阶段体现依法从严惩处精神，严格掌握取保候审，严格掌握不起诉，严格掌握缓刑、减刑、假释，严格掌握保外就医适用条件。②监狱应当从严管理组织、领导、参加黑社会性质组织的罪犯，严格罪犯会见、减刑、假释、暂予监外执行等执法活动。③社区矫正机构对拟适用社区矫正的黑恶势力犯罪案件的犯罪嫌疑人、被告人，应当认真开展调查评估，为准确适用非监禁刑提供参考。另外，《最高人民法院、最高人民检察院、公安部、司法部关于办理黑恶势力犯罪案件若干问题的指导意见》对有组织犯罪人员的从重处罚、减刑、假释的限制作出了与《刑法》相衔接的规定：符合《刑法》第六十六条规定的组织成员，应当认定为累犯，依法从重处罚。对于因有组织的暴力性犯罪被判处死刑缓期执行的黑社会性质组织犯罪分子，可以根据《刑法》第五十条第二款的规定同时决定对其限制减刑。对于因有组织的暴力性犯罪被判处十年以上有期徒刑、无期徒刑的黑社会性质组织犯罪分子，应当根据《刑法》第八十一条第二款规定，不得假释。

（2）在刑罚适用方面，明确充分适用剥夺政治权利、没收财产、罚金等法律手段。有组织犯罪的人员易被犯罪同伙或其他犯罪组织拉拢，主观恶性强，组织结构严密，具有经济基础，极易“死灰复燃”，因此，仅仅适用有期徒刑并不能有针对性地起到教育惩治、打财断血的作用，要通过各种刑罚种类的适用摧毁黑社会性质组织的经济基础。《最高人民法院、最高人民检察院、公安部、司法部关于办理黑恶势力犯罪案件若干问题的指导意见》规定，充分利用资格刑、财产刑等法律手段降低再犯可能性，全方位从严惩处。适用剥夺政治权利是因为，部分黑社会性质组织、恶势力组织人员利用组织的势力、影响，帮助组织成员或他人获取政治地位，或者在党政机关、基层群众自治组织中担任一定职务，为实施违法犯罪行为寻求“保护伞”。根据《最高人民法院、最高人民检察院、公安部、司法部关于办理黑恶势力犯罪案件若干问题的指导意见》，对于组织者、领导者和因犯参加黑社会性质组织罪被判处五年以上有期徒刑的积极参加者，可根据《刑法》第五十六条第一款的规定适用附加剥夺政治权利。对于符合《刑法》第三十七条之一规定的组织成员，应当依法禁止其从事相关职业。

第三款是对犯罪嫌疑人、被告人适用认罪认罚从宽的规定。

认罪认罚从宽制度是宽严相济刑事政策的重要方面，党的十八届四中全会提出，完善刑事诉讼法中认罪认罚从宽制度。为贯彻落实党的十八届四中全会作出的“完善刑事诉讼中认罪认罚从宽制度”的重大决策部署，2018 年 10 月 26 日，十三届全国人大常委会通过了《关于修改〈中华人民共和国刑事诉讼法〉的决定》。《刑事诉讼法》第十五条规定，犯罪嫌疑人、被告人自愿如实供述自己的罪行，承认指控的犯罪事实，愿意接受处罚的，可以依法从宽处理。《最高人民法院、最高人民检察院、公安部、国家安全部、司法部关于适用认罪认罚从宽制度的指导意见》对认罪认罚从宽制度的适用在实体和程序方面进一步作出规定。

适用认罪认罚要有“认罪”“认罚”两个方面的态度和行为。认罪主要是指犯罪嫌疑人、被告人自愿如实供述自己的罪行，承认指控的犯罪事实，是一种积极主动的认罪态度。认罚主要是指真诚悔罪，接受处罚。“从宽”包括实体上的从宽和程序上的从宽，实体上的主要是对自首、坦白等具有认罪认罚性质的情节，可以在检察机关的量刑建议中作为量刑依据；程序上的主要是结合有组织犯罪人员的行为性质、情节、危害等，可以采取取保候审、监视居住等措施，这里要处理好认罪认罚从宽与适用第二款的关系。在落实认罪认罚从宽的同时也必须要坚持刑法、刑事诉讼法的基本原则。

本款是二审稿新增加的一款，为更好地落实认罪认罚从宽制度，保障有组织犯罪的犯罪嫌疑人、被告人的合法权益，同时体现宽严相济的刑事政策，对认罪认罚从宽制度作出明确规定。

对于该条的理解适用，需要注意以下问题：

第一，本条第二款针对的对象为“有组织犯罪的组织者、领导者和骨干成员”，并非所有有组织犯罪的成员，主要是为了加大对核心重要人员的管制，对于普通的参与者原则上不应适用。此外，本款对上述人员采取各类措施是进行“严格掌握”，并非绝对禁止或必须限制，实践中应根据不同的案件情况予以处理。

第二，在理解和适用宽严相济刑事政策和认罪认罚从宽制度时，必须严格依法进行。黑社会性质组织、恶势力组织人员中不乏“村霸”“老板”“大官”，人民群众深恶痛绝，因此实践中，在对有组织犯罪案件适用认罪认罚从宽制度时，必须坚持依法适用，同时要获得人民群众，特别是黑社会性质组织、恶势力组织所在基层人民群众的支持和理解，充分考虑是否有利于瓦解犯罪、化解矛盾，是否有利于罪犯的教育改造和回归社会。

相关规定

《中华人民共和国刑法》第二十七条、第五十条第二款、第八十一条第二款；《中华人民共和国刑事诉讼法》第六条；《最高人民法院、最高人民检察院、公安部、司法部关于办理黑恶势力犯罪案件若干问题的指导意见》；《最高人民法院、最高人民检察院、公安部、国家安全部、司法部关于适用认罪认罚从宽制度的指导意见》

第二十三条　利用网络实施的犯罪，符合本法第二条规定的，应当认定为有组织犯罪。

为谋取非法利益或者形成非法影响，有组织地进行滋扰、纠缠、哄闹、聚众造势等，对他人形成心理强制，足以限制人身自由、危及人身财产安全，影响正常社会秩序、经济秩序的，可以认定为有组织犯罪的犯罪手段。

条文主旨

本条是关于利用网络、“软暴力”手段实施黑恶犯罪的，可以认定为有组织犯罪的规定。

立法背景

（一）起草背景

早期的黑社会性质组织、恶势力组织犯罪，采用的多是具有明显暴力特征的杀人、伤害、抢劫、强奸等犯罪手段和方式。随着经济和社会的发展，黑恶势力已经从帮派化向公司化、企业化等表象合法的形式转变；从暴力手段向“软暴力”手段如言语恐吓、跟踪骚扰、辱骂等转变；从采砂、建筑、交通运输等传统行业发展到信息网络行业。如随着互联网金融的发展，以网络借贷为名的各种“套路贷”一度盛行，在披露的案件中，有很多是黑社会性质组织、恶势力组织犯罪集团组织策划实施的，先通过非法放贷平台放贷，再通过暴力或者软暴力催收债务，影响被害人的正常工作和生活，侵占被害人的合法财产，有的甚至导致了借款人自杀等严重的社会后果。

在扫黑除恶专项斗争期间，对于“软暴力”行为以及利用信息网络实施黑恶势力犯罪的法律适用，各方面存在很多不同认识，为此，最高人民法院、最高人民检察院、公安部、司法部于2019年出台了《关于办理实施“软暴力”的刑事案件若干问题的意见》，对“软暴力”的基本概念、表现形式、客观认定标准、适用的具体罪名等作了规定；2019年10月出台了《关于办理利用信息网络实施黑恶势力犯罪刑事案件若干问题的意见》，对利用信息网络实施黑恶势力违法犯罪在组织特征、经济特征、行为特征、危害性特征“四个特征”方面，与传统的黑恶势力违法犯罪相比的特殊性作了归纳总结，明确了法律适用界限，对实施黑恶犯罪的手段、特殊的取证方式、常见罪名的认定、管辖等问题作了规定。

对于司法实践中面临的上述新情况和有关经验做法，有必要在本法中进行明确规定，以对黑恶犯罪进行从严惩治。

（二）审议中各方面的意见

1. 2020年12月全国人大常委会审议的《反有组织犯罪法（草案）》一审稿第二条第三款规定：“在信息网络空间实施违法犯罪活动，符合前两款规定的，应当依法认定。”第三十一条第二款规定：“认定利用信息网络实施违法犯罪活动的有组织犯罪，应当依照刑法有关规定，结合信息网络犯罪的特殊性，进行综合审查判断。部分组织成员通过信息网络联络实施有组织违法犯罪活动，即使相互未见面、彼此不熟识，不影响对犯罪组织的认定。”

在常委会审议和征求意见过程中，有的部门建议将第二条第三款的规定修改为“利用信息网络实施违法犯罪活动，符合前两款规定的，应当视为本法所称有组织犯罪”。有的部门建议进一步明确在网络空间实施有组织犯罪的认定标准。

有的常委会委员提出，利用信息网络实施的有组织犯罪在组织成员、结构等方面有新的特点，建议对利用信息网络实施有组织犯罪的认定作出进一步细化。

2. 2020年12月全国人大常委会审议的《反有组织犯罪法（草案）》一审稿第三十一条第三款规定："为谋取非法利益或者形成非法影响，对他人或者在有关场所进行滋扰、纠缠、哄闹、聚众造势等，足以使他人形成心理强制，或者足以影响、限制人身自由、危及人身财产安全，影响正常经济、社会生活秩序的其他手段，可以认定为有组织犯罪的犯罪手段。"

在常委会审议和征求意见过程中，有的地方和院校提出，黑恶犯罪必然具有暴力属性，只有"软暴力"不一定能构成黑恶犯罪，对认定仅有"软暴力"手段的有组织犯罪应当审慎，还需细化对软暴力的表现和程度的规定。有的部门提出，上述规定是司法适用中具体应用法律的问题，且"软暴力"规定的内容过于宽泛，与普通犯罪不好区分，容易导致打击面过大，建议删去。

条文解读

本条共分为两款。第一款是关于利用网络实施犯罪，符合本法第二条规定的，应当认定为有组织犯罪的规定。

本款对于利用网络实施犯罪的认定作了原则性规定。这里的"利用网络实施犯罪"是指以网络作为工具实施犯罪。如利用信息网络威胁他人、强迫交易；利用信息网络威胁、要挟他人，索取公私财物；利用信息网络辱骂、恐吓他人等。根据刑法等有关规定，对于上述行为，应当依照行为人实施的具体犯罪如强迫交易罪、敲诈勒索罪、寻衅滋事罪等追究刑事责任。这里规定的"符合本法第二条规定"是指符合组织、领导、参加黑社会性质组织犯罪，黑社会性质组织实施的犯罪，以及恶势力组织实施的犯罪这三种有组织犯罪中的一种犯罪的构成条件。根据本款规定，利用网络实施犯罪，符合本法第二条规定的，应当认定为有组织犯罪。

关于黑社会性质组织的认定，《刑法》第二百九十四条规定了应当同时具备四个方面的特征，相关的司法解释将其总结为组织特征、经济特征、行为特征和危害性特征。从组织特征看，要求是较为稳定的犯罪组织，有明确的组织者、领导者，骨干成员基本固定；从经济特征看，要求具有一定的经济实力；从危害性特征看，要求在一定区域或者行业内，形成非法控制或者重大影响。在认定利用网络实施违法犯罪活动的黑社会性质组织时，也应当依照上述规定进行综合审查判断，根据其在网络空间和现实生活中实施违法犯罪活动对公民人身财产、经济生活秩序所造成的危害，准确评价，依法予以认定。根据《最高人民法院、最高人民检察院、公安部、司法部关于办理利用信息网络实施黑恶势力犯罪刑事案件若干问题的意见》第十二条的规定，通过线上线下相结合的方式，有组织地多次利用信息网络实施违法犯罪活动，侵犯不特定多人的人身权利、民主权利、财产权利，破坏经济秩序、社会秩序的，应当认定为符合《刑法》第二百九十四条第五款第三项规定的黑社会性质组织行为特征。单纯通过线上方式实施的违法犯罪活动，且不具有为非作恶、欺压残害群众特征的，一般不应作为黑社会性质组织行为特征的认定依据。

关于恶势力组织的认定，本法第二条进行了明确规定，是指经常纠集在一起，以暴力、威胁或者其他手段，在一定区域或者行业领域内多次实施违法犯罪活动，为非作恶，欺压群众，扰乱社会秩序、经济秩序，造成较为恶劣的社会影响，但尚未形成黑社会性质组织的犯罪组织。2019 年 4 月，最高人民法院、最高人民检察院、公安部、司法部出台的《关于办理恶势力刑事案件若干问题的意见》对恶势力的具体认定标准作了明确规定。对利用网络实施的恶势力组织相关犯罪，应当依法予以认定。

此外，根据《最高人民法院、最高人民检察院、公安部、司法部关于办理利用信息网络实施黑恶势力犯罪刑事案件若干问题的意见》第十条的规定，认定利用信息网络实施违法犯罪的黑恶势力组织特征，要从违法犯罪的起因、目的，以及组织、策划、指挥、参与人员是否相对固定，组织形成后是否持续进行犯罪活动、是否有明确的职责分工、行为规范、利益分配机制等方面综合判断。利用信息网络实施违法犯罪的黑恶势力组织成员之间一般通过即时通讯工具、通讯群组、电子邮件、网盘等信息网络方式联络，对部分组织成员通过信息网络方式联络实施黑恶势力违法犯罪活动，即使相互未见面、彼此不熟识，不影响对组织特征的认定。

对利用网络实施的犯罪，认定为本法规定的有组织犯罪的，应当依照本法案件办理、涉案财产认定和处置、预防和治理等章节的有关规定，严格执行有关制度。

第二款是关于利用“软暴力”实施黑恶犯罪，可以认定为有组织犯罪的犯罪手段的规定。

根据本款规定，俗称的“软暴力”是指为谋取非法利益或者形成非法影响，有组织地进行滋扰、纠缠、哄闹、聚众造势等，对他人形成心理强制，足以限制人身自由、危及人身财产安全，影响正常社会秩序、经济秩序的行为。“软暴力”的行为方式呈现出多样化的态势，涵括了滋扰、纠缠、哄闹、聚众造势等常见手段，并且多种行为方式经常同时使用。“滋扰、纠缠”一般表现为跟踪骚扰，长期干扰对方的工作生活，扰乱他人的生活设施和环境，使对方处于不安之中。“哄闹、聚众造势”一般表现为通过集体的行为影响他人的正常工作生活，如穿着统一的服装、佩戴黑恶势力的标识、露出文身、摆出固定的“造型”，摆场造势，在现场哄闹，暗示自己具有一定的黑恶势力背景，以形成非法影响，使对方不敢反抗。

“软暴力”行为不具有直观上的暴力伤害，但一般会以硬暴力、暴力威胁为依托，硬暴力随时可能付诸实施，使他人因畏惧而不敢、不能反抗、举报或者控告，对他人形成心理强制。关于黑社会性质组织的行为特征，《刑法》第二百九十四条第五款第三项将其规定为“以暴力、威胁或者其他手段，有组织地多次进行违法犯罪活动，为非作恶，欺压、残害群众”，这里的“其他手段”包括本条规定的“软暴力”手段。关于恶势力组织的行为特征，本法第二条第二款将其规定为“以暴力、威胁或者其他手段，在一定区域或者行业领域内多次实施违法犯罪活动，为非作恶，欺压群众”，这里的“其他手段”也包括本条规定的“软暴力”手段。最高人民法院、最高人民检察院、公安部、司法部于2019年出台的《关于办理实施“软暴力”的刑事案件若干问题的意见》，对“软暴力”的表现形式作了规定，具体包括跟踪贴靠、扬言传播疾病、揭发隐私、恶意举报、诬告陷害、破坏、霸占财物等侵犯人身权利、民主权利、财产权利的手段；贴报喷字、拉挂横幅、燃放鞭炮、播放哀乐、摆放花圈、断水断电、堵门阻工，以及通过驱赶从业人员、派驻人员据守等方式直接或间接控制厂房、办公区、经营场所等扰乱正常生活、工作、生产、经营秩序的手段；摆场架势示威、聚众哄闹滋扰、拦路闹事等扰乱社会秩序的手段。在实践中，行为方式是多样的，需要达到“对他人形成心理强制，足以限制人身自由、危及人身财产安全，影响正常社会秩序、经济秩序”的程度，才能认定为软暴力。

对于通过信息网络或者通讯工具实施“软暴力”行为，如组织或雇用网络“水军”，操纵虚假言论，捏造虚假信息、炒作负面新闻，侮辱、诽谤、滋扰他人，索要删帖“保护费”等，符合“软暴力”认定标准的，也应当依法认定为有组织犯罪的犯罪手段。

对于该条的理解适用，需要注意以下问题：

第一，伴随着信息网络的快速发展，犯罪分子利用信息网络实施犯罪的情况也日益严重，为更准确有效地打击各种网络犯罪行为，2015 年 8 月通过的《刑法修正案（九）》增加规定了第二百八十七条之一非法利用信息网络犯罪和第二百八十七条之二帮助信息网络犯罪活动犯罪，将为实施犯罪设立网站、通讯群组，发布违法犯罪信息，明知他人利用信息网络实施犯罪，仍为其提供互联网接入、服务器托管等技术支持，或者提供广告推广、支付结算等帮助的行为规定为犯罪。同时，这两条都规定，有上述犯罪行为，同时构成其他犯罪的，依照处罚较重的规定定罪处罚。据此，利用网络实施的犯罪，符合组织、领导、参加黑社会性质组织罪的构成要件的，应当依照组织、领导、参加黑社会性质组织罪追究刑事责任。

第二，对于在组织、领导、参加黑社会性质组织犯罪之外，利用软暴力实施敲诈勒索、寻衅滋事等行为的，应当按照其构成的敲诈勒索罪、寻衅滋事罪等具体罪名，与组织、领导、参加黑社会性质组织犯罪数罪并罚。与组织、领导、参加黑社会性质组织不同，组织、领导、参加恶势力组织并不是一个独立的罪名，对于恶势力组织有关犯罪行为，应当依其规模、结构等分别予以认定。恶势力组织利用“软暴力”手段实施犯罪的，依照刑法分则的具体规定如敲诈勒索罪、寻衅滋事罪、催收非法债务罪、聚众扰乱社会秩序罪等定罪处罚，但在有关法律文书中可对其组织性质予以认定。对其性质进行认定后，可以适用本法中针对有组织犯罪罪犯规定的一些制度。

相关规定

《中华人民共和国刑法》第二百七十四条、第二百八十七条之一、第二百八十七条之二、第二百九十条、第二百九十三条、第二百九十三条之一；《最高人民法院、最高人民检察院、公安部、司法部关于办理实施“软暴力”的刑事案件若干问题的意见》；《最高人民法院、最高人民检察院、公安部、司法部关于办理利用信息网络实施黑恶势力犯罪刑事案件若干问题的意见》

第二十四条　公安机关应当依法运用现代信息技术，建立有组织犯罪线索收集和研判机制，分级分类进行处置。

公安机关接到对有组织犯罪的报案、控告、举报后，应当及时开展统计、分析、研判工作，组织核查或者移送有关主管机关依法处理。

条文主旨

本条是关于公安机关利用现代信息技术收集、研判、处置各类线索以及接收有组织犯罪报告、举报等并依法处理的规定。

立法背景

（一）起草背景

信息时代，互联网大数据越来越成为国家治理的重要方式，也是优化司法、执法，提高效率的优先手段。国家总体上鼓励机关、企事业单位等积极探索和利用现代化信息技术手段，特别是在对时效性要求高、较为前沿创新领域，涉及社会稳定和国家安全方面利用现代信息技术有其他人工方式不可替代的优越性。现代信息技术对于线索的收集和研判已经在实践中有所应用。在《反恐怖主义法》第七十七条中，就明确了国家鼓励、支持反恐怖主义科学研究和技术创新，开发和推广使用先进的反恐怖主义技术、设备。《国家安全法》第五十三条规定，开展情报信息工作，应当充分运用现代科学技术手段，加强对情报信息的鉴别、筛选、综合和研判分析。从这两部法律可以看出，对于可能危害国家安全的犯罪，利用现代科学技术是非常有必要的。有组织犯罪作为组织周密、经济性强、影响力和危害性大的犯罪，会对经济秩序、人民群众的生命财产安全和国家安全造成破坏，有必要在立法中对于利用现代信息技术作出明确。公安机关对于线索的收集和研判并不是最终的目的，在此之后还要移送对应有管辖权的机关，根据公安机关提供的线索进一步展开侦查，及时发现和惩治罪犯，有效地维护经济、社会和国家安全。

（二）审议中各方面的意见

本条是一审稿第二十五条和第二十二条内容合并后的条款。第一款主要是在一审稿第二十五条基础上作出的修改，第二款是在一审稿第二十二条基础上作出的修改。一审稿第二十二条共两款，其中第二款规定："公安机关统计、分析、研判有组织犯罪情报、线索，可以通过收集、存储、使用、加工、传输、提供、公开等方式处理公民个人信息。"合并为本条后删除了原第二款，审议过程中有部门、地方、专家等提出，第二款规定中的公民个人信息与其他信息不同，具有较强的人身属性，涉及公民个人信息的处置，较为敏感，涉及群体广，如果实践中审批程序、处置范围不当可能会造成对公民权益的侵犯，可能引发新的问题，建议删去或者对处理个人信息提高批准权限，限制处理方式，对于该规定的必要性作进一步研究。立法机关在认真研究的基础上，吸收了各方的意见建议，对个人信息处置相关内容作了删除。

条文解读

本条共分为两款。第一款是关于公安机关利用现代信息技术收集、研判、处置各类线索的规定。

（1）关于"现代信息技术"的理解。第一款中的"现代信息技术"是广义概念，目前信息技术手段日新月异，立法中没有作出明确列举，具体而言包括但不限于计算机技术和通信技术在内的传感技术、计算机与技能技术、通信技术和控制技术等。

（2）"分级分类"处置，主要是在对报案、控告、举报内容分析研判的基础上，筛查出有效线索和信息，根据重要性、紧迫性、危害性、涉密性等作进一步分级处理，对于线索和信息内容涉及的有组织犯罪的类型、罪名等作初步研判，为下一步移送到对应有管辖权的机关作前置处理。

第二款是关于公安机关接到报案、控告、举报并依法作出处理的规定。

公安机关在接到对有组织犯罪的报案、控告、举报后，进行分析研判，对于属于案件线索或有利于有组织犯罪案件侦破的信息及时移送有关主管机关依法处理。有组织犯罪案件包括特殊职务身份的案件及其他刑事案件。因此，在移送时应根据不同主管机关的案件管辖范围对应移送，刑事案件的立案侦查机关目前主要包括公安机关、纪检监察机关、检察机关和国家安全机关。根据《监察法》等规定，贪污贿赂、滥用职权、玩忽职守、徇私舞弊及公职人员其他犯罪的案件由监察委员会管辖。根据《刑事诉讼法》第十九条的规定，刑事案件的侦查由公安机关进行，法律另有规定的除外，同时对可以由人民检察院直接立案侦查的案件作出明确规定。因此，对于贪污贿赂等公职人员犯罪的案件主要由纪检监察机关立案侦查，有组织犯罪中涉及危害国家安全的刑事案件由国家安全机关立案。公安机关在对报案、控告、举报内容进行分析研判后根据线索的类别和案件类型对应移交有管辖权的机关。

对于本条的理解适用，需要注意以下问题：

第一，公安机关及其工作人员对于履行职责过程中知悉的自然人的隐私和个人信息，应当予以保密，不得泄露或者向他人非法提供。对于涉及侵犯个人信息的违法犯罪行为也要依法进行惩处。

第二，做好对于报案、控告、举报人的保护。实践中，黑恶势力组织长期为非作恶，致使在一定区域内生活或者在一定行业内从事生产、经营的群众合法利益遭受侵害，不敢通过正当途径举报、控告或者在举报、控告后遭受打击报复，对于这部分人民群众要加强保护，既要做好隐私保护也要正向激励。

《刑事诉讼法》《关于办理黑社会性质组织犯罪案件若干问题的规定》《公安机关办理刑事案件证人保护工作规定》对证人、报案人、控告人、举报人等采取保护措施均作出了规定，各地也可以结合本地实践情况，对于加强对报案、控告、举报人的保护作出进一步的规定。

相关规定

《中华人民共和国刑事诉讼法》第十九条；《中华人民共和国反恐怖主义法》第七十七条；《中华人民共和国国家安全法》第五十三条；《最高人民法院、最高人民检察院、公安部、司法部关于办理利用信息网络实施黑恶势力犯罪刑事案件若干问题的意见》

第二十五条　有关国家机关在履行职责时发现有组织犯罪线索，或者接到对有组织犯罪的举报的，应当及时移送公安机关等主管机关依法处理。

条文主旨

本条是关于有关国家机关发现线索或者接到举报的，应移送处理的规定。

立法背景

（一）起草背景

一是更好地落实中央文件精神。《中共中央、国务院关于开展扫黑除恶专项斗争的通知》明确要求，各有关部门要将日常执法检查中发现的涉黑涉恶线索及时向公安机关通报，建立健全线索发现移交机制。在扫黑除恶专项斗争期间，行业主管部门要贯彻落实中央的部署要求，在整治行业乱象中主动摸排涉黑涉恶线索，与政法机关密切配合，通过“一案一整治”加强行业治理。二是有利于快速及时发现案件线索。案件线索对于发现和侦破案件具有非常重要的意义。行业乱象和管理疏漏问题是产生有组织犯罪的土壤。有关国家机关在履行职责时应有针对性地建立摸排机制，人民群众对于乱象和问题深恶痛绝，也会通过各种渠道向政府和职能部门反映。据此，本条规定了发现和移送线索的两个途径，自主发现或者依职权发现以及接受举报。三是有利于加强各部门的互相配合。主要包括人民法院、人民检察院、公安机关、纪检监察机关、国家安全机关等依据职权在侦查、办理或者审理案件过程中，市场监管、金融监管、自然资源、交通运输等行业监管部门在日常的监管审核过程中等发现或找到与案件相关联的线索，或者能够根据现有证据情况深挖到其他案件的，应当及时将线索移送公安机关。通过汇集信息和案件线索，有利于第一时间掌握黑社会性质组织和恶势力组织的情况，及时采取有效措施减少人民群众生命财产损失，快速侦破案件。

（二）审议中各方面的意见

一是，一审稿中除了规定线索移送之外，还规定“配合开展调查”。审议中有的委员提出，并非所有的机关都有配合调查的义务，有的机关只是接收到举报后有转送的义务，一律规定“配合开展调查”，对有的机关来说赋予了过重的义务和责任，会影响移交的积极性，建议区分情形作出规定，不要一刀切。也有意见提出，对于国家机关发现线索，除了移交也要积极地配合开展后续调查工作。经过调研，不同国家机关的职责不同，都一律规定要配合开展调查确实会大大增加工作量，实践中可根据不同情况，结合侦查和办案需要视情况处理。因此，在二审稿中作了删除。

二是，一审稿中对线索和举报的移交对象只规定了公安机关。一审中有的部门提出，根据草案第二条规定，有组织犯罪包括黑恶组织实施的行贿罪等监察机关管辖的犯罪，建议将“移交公安机关”修改为“移交主管机关处理”，此意见被采纳，作了修改，表述为“移送公安机关等主管机关依法处理”。

条文解读

1. 关于案件线索移送的部门配合。本法第六条对于监察机关、人民法院、人民检察院、公安机关、司法行政机关以及其他有关国家机关根据分工相互配合作出了规定。在打击惩治黑恶势力犯罪中，各部门应当相互配合，既要做好线索发现和收集的前端工作，也不放松案件侦破和降低损失的后续环节。2019 年，《国家监察委员会、最高人民法院、最高人民检察院、公安部、司法部关于在扫黑除恶专项斗争中分工负责、互相配合、互相制约严惩公职人员涉黑涉恶违法犯罪问题的通知》，对监察机关、公安机关、人民检察院、人民法院、司法行政机关发现有组织犯罪线索的移送作出明确规定：监察机关、公安机关、人民检察院、人民法院、司法行政机关要建立公职人员涉黑涉恶违法犯罪线索移送制度，对工作中收到、发现的不属于本单位管辖的公职人员涉黑涉恶违法犯罪线索，应当及时移送有管辖权的单位处置。公安机关、人民检察院、人民法院、司法行政机关在工作中发现公职人员涉黑涉恶违法犯罪中的涉嫌贪污贿赂、失职渎职等职务违法和职务犯罪等应由监察机关管辖的问题线索，应当移送监察机关。监察机关在信访举报、监督检查、审查调查等工作中发现公职人员涉黑涉恶违法犯罪线索的，应当将其中涉嫌包庇、纵容黑社会性质组织犯罪等由公安机关管辖的案件线索移送公安机关处理。监察机关、公安机关、人民检察院、人民法院、司法行政机关在工作中发现司法工作人员涉嫌利用职权实施的侵犯公民权利、损害司法公正案件线索的，根据有关规定，经沟通后协商确定管辖机关。此外，本法第十三条规定市场监管、金融监管、自然资源、交通运输等行业主管部门应当会同公安机关对行业领域内有组织犯罪情况进行监测分析，并加强治理。因此，这些行业监管部门在监督管理过程中发现有组织犯罪的线索、情况等应及时移送公安机关等部门，做好行政管理与刑事侦查的衔接。

2. 公安机关等主管机关，主要是指公安机关、纪检监察机关、检察机关、国家安全机关等。根据本法第二条，有组织犯罪不仅包括组织、领导、参加黑社会性质组织犯罪，还包括黑社会性质组织、恶势力组织实施的犯罪，这类犯罪可以包括由纪检监察部门立案调查的特定主体身份的职务犯罪案件，也包括由公安机关、检察机关、国家安全机关立案侦查的其他刑事案件。因此，移送的机关除公安机关外，还包括纪检监察、检察、国家安全机关等。与此同时，如司法、市场监管、税务、海关、移民管理局等部门在日常的监管核查过程中发现可疑线索的，也应将线索及时移交。这里要做好行政违法案件与刑事犯罪的衔接和处理。

3. 关于黑恶势力案件的举报，主要是通过电话、信件、网络、信访等方式实现，包括公安机关、检察机关、人民法院在受理控告、申诉、信访案件及政府信访部门在接访过程中的举报。相当比例的有组织犯罪案件发生在农村和基层，人情社会味道重，很多黑恶势力组织是“村霸”和“地方高官”，人民群众与地方基层政权的紧密关系导致群众对举报有很大顾虑。另外，合法利益遭受侵害后，人民群众常受到有组织犯罪人员的威胁、恐吓，不敢通过正当途径举报、控告。因此，要积极畅通举报渠道，鼓励人民群众通过多种方式与黑恶势力作斗争。目前已在全国推出智能化举报平台12377，可以通过电话、扫码或者点击网址链接（https：//www. 12377. cn/）的方式发布举报信息，举报种类上可以进行线索举报、行业乱象举报，还可以在平台上实时查询处理进度。

对于该条的理解适用，需要注意以下问题：

第一，有关国家机关接到对有组织犯罪举报的，原则上不得以不是办案机关、不具有案件管辖权、不是黑恶势力的投诉举报电话等为由直接予以拒接，而应在了解基本情况后，及时移交公安机关等有处理权限的部门。

第二，公安机关在受理行业主管部门移送的有组织犯罪线索时，需要进行审查。根据实践经验，审查线索的要点可以从以下两个方面把握：（1）形式审查。审查移送的线索材料和相关手续是否齐全。（2）实质审查。对于明显属于因民事纠纷引起、偶然发生的行政或刑事案件，或者明显属于应当由行业主管部门管辖的线索，公安机关可以不予受理。

相关规定

《国家监察委员会、最高人民法院、最高人民检察院、公安部、司法部关于在扫黑除恶专项斗争中分工负责、互相配合、互相制约严惩公职人员涉黑涉恶违法犯罪问题的通知》

第二十六条　公安机关核查有组织犯罪线索，可以按照国家有关规定采取调查措施。公安机关向有关单位和个人收集、调取相关信息和材料的，有关单位和个人应当如实提供。

条文主旨

本条是关于公安机关在核查有组织犯罪线索时，有关单位和个人应如实提供信息和材料的规定。

立法背景

（一）起草背景

公安机关是刑事案件侦破的主力军，公安机关依据职责和权限在核查线索时采取调查措施，对于准确查清事实、对线索进行研判和案件侦破都是意义重大的。《刑事诉讼法》等基本程序法对于公安机关调查取证等作出了规定。本法对于公安机关核查线索，采取调查措施作出明确。从被调查人角度，应对公安机关予以支持和配合，这一内容也是非常有必要的。实践中，有些黑恶势力插手企业经营、干预地方经济发展，公安机关对知情者核实了解有关情况时，经常会遇到不配合、不理解的境况，有的理由就是法律没有明确规定，予以支持配合不属于自己的义务和职责。举报违法犯罪，协助调查、提供信息资料等是公民和法人打击惩治犯罪，维护社会和谐稳定应尽之力。这一内容的规定既是倡导也是要求，作出明确更有利于公安机关开展调查、核实、取证等工作。

（二）审议中各方面的意见

审议过程中，有的建议明确公安机关可以采取询问、搜查、调取、扣押、勘验检查等调查措施，在法条中作出明确列举。对于具体的调查措施没有作列举主要是考虑除传统的调查措施外，随着互联网大数据等的飞速发展，调查的方式和手段不断在发生变化，有的调查方式可能仅是某一阶段的主流然后被淘汰。列举的表述方式较为明确，但不能始终适应社会发展变化。此外，本条中“按照国家有关规定”是概括的表述，原则上只要是法律法规等“国家有关规定”有所涉及的即可作为行为依据。

条文解读

1. 关于“国家有关规定”的理解。对“违反国家规定”的界定主要见于《刑法》第九十六条，2011 年最高人民法院发布的《关于准确理解和适用刑法中“国家规定”的有关问题的通知》第一条、第二条规定。根据上述条款，“国家规定”包括全国人民代表大会及其常务委员会制定的法律和决定，国务院制定的行政法规、规定的行政措施、发布的决定和命令，以及符合一定条件的以国务院办公厅名义制发的文件。对“国家有关规定”的解释在司法解释中有规定，即《最高人民法院、最高人民检察院关于办理侵犯公民个人信息刑事案件适用法律若干问题的解释》第二条。该条将构成侵犯公民个人信息罪所要求的“违反国家有关规定”明确为“违反法律、行政法规、部门规章有关公民个人信息保护的规定”。可见，“国家有关规定”与“国家规定”的范围不尽相同，最明显的就是部门规章属于“国家有关规定”，但不属于“国家规定”。本条的“国家有关规定”可以包括《刑事诉讼法》《公安机关办理刑事案件电子数据取证规则》《公安机关办理刑事案件程序规定》《个人信息保护法》等。

2. 单位和个人在公安机关调查核实信息时，应予以积极支持和配合。在《反恐怖主义法》中对相关内容已作出明确，其中第五十一条规定公安机关调查恐怖活动嫌疑，有权向有关单位和个人收集、调取相关信息和材料。有关单位和个人应当如实提供。这一内容是对公民和组织配合调查取证的原则性规定。

相关规定

《中华人民共和国刑法》第九十六条；《中华人民共和国反恐怖主义法》第五十一条；《最高人民法院关于准确理解和适用刑法中“国家规定”的有关问题的通知》第一条、第二条；《中华人民共和国刑事诉讼法》；《公安机关办理刑事案件电子数据取证规则》；《公安机关办理刑事案件程序规定》

第二十七条　公安机关核查有组织犯罪线索，经县级以上公安机关负责人批准，可以查询嫌疑人员的存款、汇款、债券、股票、基金份额等财产信息。

公安机关核查黑社会性质组织犯罪线索，发现涉案财产有灭失、转移的紧急风险的，经设区的市级以上公安机关负责人批准，可以对有关涉案财产采取紧急止付或者临时冻结、临时扣押的紧急措施，期限不得超过四十八小时。期限届满或者适用紧急措施的情形消失的，应当立即解除紧急措施。

条文主旨

本条是关于公安机关核查有组织犯罪线索，可以查询嫌疑人员的财产信息，核查黑社会性质组织犯罪线索，符合特定条件的，可以对涉案财产采取紧急止付或者临时冻结、临时扣押的紧急措施的规定。

立法背景

（一）起草背景

1. 关于公安机关核查有组织犯罪线索，可以查询嫌疑人员的财产信息的规定。

公安机关接到有关有组织犯罪的信息线索后，需要采取一定的手段进行进一步的核查，在收集证据，摸清情况后，判断是否符合刑事立案的标准。《公安机关办理刑事案件程序规定》第一百七十四条规定，公安机关发现案件事实或者线索不明的，可以进行调查核实，在调查核实过程中，公安机关可以依照有关法律规定采取询问、查询、勘验、鉴定和调取证据材料等不限制被调查对象人身、财产权利的措施。其中，查询嫌疑人员的财产信息是公安机关采取的基础性措施，该措施有利于公安机关发现新的犯罪线索，查明、证实有组织犯罪案件。

2. 关于公安机关核查黑社会性质组织犯罪线索，符合特定条件的，可以对涉案财产采取紧急止付或者临时冻结、临时扣押的紧急措施的规定。

对公民财产采取冻结、扣押措施，涉及对公民财产权的限制。根据《刑事诉讼法》和《中共中央办公厅、国务院办公厅关于进一步规范刑事诉讼涉案财产处置工作的意见》的有关规定，一般情况下，是不能在立案之前查封、扣押、冻结财物的。在线索核查阶段就对涉案财产采取临时冻结、临时扣押等紧急措施，需要法律的明确规定授权。黑社会性质组织具有一定的经济实力，在一定区域或行业内，形成了非法控制或者重大影响，在转移违法所得方面一般具有更强的能力。特别是利用信息网络实施的黑社会性质组织犯罪，若有专业的团队进行操作，网络资金转账的效率很高，财产转移会非常迅速，有的财产还被转移到境外，转移后财产就很难追回。为防止涉案财产在立案前被快速转移，提高止付、冻结的成功率，挽回被害人的经济损失，确保“打财断血”的实现，有必要对该类犯罪的案件办理作出特别授权，允许在立案之前紧急临时冻结、临时扣押涉案财产。规定临时冻结、临时扣押的紧急措施，也可以防止被害人的财产继续被侵害，防止资金被继续用于黑社会性质组织犯罪，消除黑社会性质组织犯罪的经济基础，此外，还可以防止在立案前有关证据、赃款被转移、隐匿、处置，影响黑社会性质组织犯罪案件的调查取证、侦查起诉和判决执行。

紧急止付这一措施最早被用在电信网络犯罪案件的办理之中，在该类案件中，被害人若完成了支付，财产经常被专业犯罪集团迅速转移，常常在 1 分钟内就被转移至多级账户，被害人的财产很难追回来。为提高公安机关止付、冻结诈骗资金效率，切实保护社会公众财产安全，2016 年，中国人民银行、工业和信息化部、公安部、工商总局决定建立电信网络新型违法犯罪涉案账户紧急止付和快速冻结机制。通过该机制，受害人在遇到电信诈骗后第一时间报警，在民警核实情况后，立即启动紧急止付程序，大大缩短了处理的时间，提高了止付冻结的成功率。该机制至今已经运行了五年多的时间，成功挽回了大量的诈骗款，取得了很好的社会效果。在黑社会性质组织犯罪案件中也存在类似情况，主要是涉及网络的案件，如套路贷案件，黑社会性质犯罪案件每年的数量不多，但社会危害性很大，有必要在该类案件的办理中规定相关措施。

（二）审议中各方面的意见

在全国人大常委会审议和征求意见的过程中，有的地方建议在第一款中增加规定，有关部门应当配合公安机关的查询工作。有的社会公众建议核查有组织犯罪线索所采取的措施的审批应由上级公安机关负责人决定。

有的常委会委员和部门建议将第二款中规定的“黑社会性质组织”修改为“有组织犯罪组织”，将适用紧急措施的范围扩大到恶势力组织犯罪。有的地方建议将第二款规定的紧急措施的适用由设区的市级以上公安机关负责人批准修改为县级以上公安机关负责人批准。有的公众建议增加规定，特别情形下经省级公安机关批准，采取紧急措施的期限可以延长至七十二小时，经公安部、最高人民检察院批准，期限可以再进行延长。有的常委会组成人员建议将“临时扣押的紧急措施”修改为“临时扣押等紧急措施”。

有的地方和院校提出，在立案之前对公民的财产权利进行限制，是对刑事诉讼法规定的突破，建议明确可以采取紧急措施的适用条件和情形。有的学者提出，公安机关在立案前就采取冻结、扣押措施不妥，建议删去第二款的规定。有的常委会委员提出，《刑事诉讼法》第一百四十五条规定，对查封、扣押的财物等或者冻结的财产，经查明确实与案件无关的，应当在三日以内解除并予以退还。本条第二款规定的“期限不得超过四十八小时”与刑事诉讼法规定不一致，建议再斟酌。

条文解读

本条共分为两款。第一款是关于公安机关核查有组织犯罪线索，可以查询嫌疑人员的财产信息的规定。

根据本款规定，公安机关查询嫌疑人员的财产信息，应当是核查有组织犯罪线索的需要，所要查询的财产必须是嫌疑人员的财产。通过查询嫌疑人员的存款、汇款、债券、股票、基金份额等财产信息，可以发现新的犯罪线索，有利于案件的进一步调查处理。公安机关查询嫌疑人员的财产信息，有关单位和个人应当予以配合，为查询工作提供方便、提供协助，不得阻碍。为防止权力被滥用，本款对适用的审批程序作了规定，要求经县级以上公安机关负责人批准，才能采取该措施。在司法实践中，还应当注意保护有关单位和个人的合法财产权益，除了本条第二款规定的情形之外，查询财产信息之后需采取进一步的查封、扣押、冻结措施的，应在刑事立案之后根据刑事诉讼法的有关规定进行。

值得注意的是，对于嫌疑人员的财产信息，本款只列举了实践中常见的存款、汇款、债券、股票、基金份额五种形式，对于房产、车辆等财产信息，公安机关也是可以查询的，房管、车管部门应当配合协助。此外，与本款规定不同，本法第四十条规定的财产全面调查制度，是公安机关在立案之后，为全面掌握有组织犯罪的组织及其成员的财产状况，最大限度地追缴犯罪所得，为判决后的财产刑或等值没收的执行打好基础而采取的措施。

第二款是关于公安机关核查黑社会性质组织犯罪线索，符合特定条件的，可以对涉案财产采取紧急止付或者临时冻结、临时扣押的紧急措施的规定。

根据本款规定，公安机关核查黑社会性质组织犯罪线索，发现涉案财产有灭失、转移的紧急风险的，可以依法采取紧急止付、临时冻结、临时扣押的紧急措施。同时，考虑到这一措施涉及对企业、公民的财产权的限制，本款也对其适用作了严格限制：一是这些措施适用于立案前的线索核查阶段，且只针对黑社会性质组织犯罪。二是涉案财产有灭失、转移的紧急风险，认定时需要公安机关根据具体案件情况作出判断，如发现涉黑组织通过专业的手法洗钱，把大额的涉案资金转往境外，或者将涉案资金用来赌博挥霍等，可以综合考虑案件情况判定涉案财产是否有灭失、转移的紧急风险。三是须经设区的市级以上公安机关负责人批准，才可以采取上述紧急措施，这主要是为了对该项权力在程序上进一步进行制约。为避免过度执法，对企业经营造成影响，本款对公安机关批准的层级进行了限制。四是期限不得超过四十八小时，当期限届满或者紧急情形消失的，应当立即解除紧急措施。在这四十八小时期间，公安机关可以进一步进行线索核查，发现犯罪事实或者犯罪嫌疑人的，应当依照刑事诉讼法的规定立案侦查，之后就可以依照刑事诉讼法的规定采取扣押、冻结措施。无论案件情况如何，期限届满或者紧急情形消失的，都应当立即解除紧急措施。适用紧急措施的情形消失的，即便期限没有届满，公安机关也应当及时解除紧急措施。

对于本条规定的公安机关有关查询、紧急止付、临时冻结、临时扣押的措施，金融机构等相关单位应当按照规定协助公安机关执行。为保护储户的利益，我国《商业银行法》规定，对个人、单位存款，商业银行有权拒绝任何单位或者个人查询、冻结、扣划，但法律另有规定的除外。《邮政法》规定，除法律另有规定外，任何组织或者个人不得检查汇款。本法关于核查有组织犯罪线索，可以查询嫌疑人员的财产信息，也可以采取临时冻结的紧急措施的规定，就是商业银行法和邮政法所规定的“法律另有规定”的情形之一。2014 年，《银行业金融机构协助人民检察院公安机关国家安全机关查询冻结工作规定》对此也作出了明确规定，要求银行业金融机构建立健全内部制度，完善信息系统，依法做好协助查询、冻结工作，在接到协助文书后，严格保密，严禁通风报信，帮助隐匿或者转移财产。该规定还明确，非银行金融机构协助人民检察院、公安机关、国家安全机关查询冻结的，适用该规定。

此外，为保证紧急止付、临时冻结、临时扣押的紧急措施的执行能落到实处，本法第七十一条还规定，金融机构等相关单位未按照规定协助公安机关采取有关紧急措施的，由公安机关责令改正，拒不改正的，还规定了相应的行政处罚和处分。

对于该条的理解适用，需要注意以下问题：

第一，本法预防和治理、案件办理、涉案财产认定和处置部分规定的一些特殊的制度，根据实践情况，区分情形，规定了不同的适用案件类型和对象。有的适用于本法规定的所有有组织犯罪案件，包括黑社会性质组织犯罪和恶势力组织犯罪，如全面调查涉嫌有组织犯罪的组织及其成员的财产状况的财产调查制度，以及本条第一款关于公安机关核查有组织犯罪线索，可以查询嫌疑人员的财产信息的规定。有的适用对象仅包括黑社会性质组织犯罪的组织者、领导者，如个人财产及日常活动报告制度。有的只适用于黑社会性质组织犯罪案件，如将认定有关财产属于违法所得的证明标准调整为“高度可能”的案件范围，以及本条规定的公安机关在线索核查阶段的紧急止付、临时冻结、临时扣押的紧急措施等。实践中需要注意并正确予以把握。

第二，关于临时冻结，《反洗钱法》第二十六条也有类似规定，指的是在调查可疑交易活动中，当客户要求将调查所涉及的账户资金转往境外时，中国人民银行依法暂时禁止客户提取该账户资金的强制措施。反洗钱调查中的临时冻结措施，与本条中的临时冻结有所不同，从设置的条件看，反洗钱调查时在客户要求将调查所涉及的账户资金转往境外的情况下，才可以采取临时冻结措施，本条规定的是涉案财产有灭失、转移的紧急风险时，可以采取紧急措施。从审批的程序看，反洗钱调查中的临时冻结由中国人民银行负责人批准，本条规定的是由设区的市级以上公安机关负责人批准。但两者要达到的目的是一样的，都是为了防止财产被转移、处置，进一步巩固证据。

相关规定

《中华人民共和国刑事诉讼法》第一百四十四条；《中华人民共和国反洗钱法》第二十六条；《中华人民共和国反有组织犯罪法》第二十六条、第四十条、第七十一条；《中华人民共和国商业银行法》第二十九条、第三十条；《公安机关办理刑事案件程序规定》第一百七十四条

第二十八条　公安机关核查有组织犯罪线索，发现犯罪事实或者犯罪嫌疑人的，应当依照《中华人民共和国刑事诉讼法》的规定立案侦查。

条文主旨

本条是关于在核查有组织犯罪线索过程中应当依法立案侦查的规定。

立法背景

（一）起草背景

本条规定，公安机关在核查有组织犯罪线索过程中，发现犯罪事实或者犯罪嫌疑人的，应当依据刑事诉讼法的规定进行立案侦查，目的是要求公安机关对核查的线索依法进行处理，该立案的应当依法立案，立案后进一步开展有关侦查工作，及时惩治有组织犯罪。实践中有的部门在接收到有关有组织犯罪举报线索或者发现线索后，存在失职渎职、徇私舞弊，不依法移送线索，不认真核查，不依法立案，导致不能查处犯罪或者放纵犯罪，有的甚至充当“保护伞”，在核查有关线索过程中发现犯罪事实或者犯罪嫌疑人的，故意不依法立案。因此，本条对核查线索过程中应当依法立案作了强调和规定，本条是与刑事诉讼法相衔接的规定。

（二）审议中各方面的意见

本条在草案一审稿中未作规定，根据调研过程中有关方面提出的意见，在二审稿中增加规定。有的意见提出，实践中有关方面在发现、接收有组织犯罪线索、信息时，发现涉嫌有组织犯罪的，应当及时依法移送公安机关等处理，包括人民法院、人民检察院收到的有组织犯罪线索或者在办案中自行发现的有组织犯罪线索，都应当及时移交公安机关办理。同时，公安机关在核查过程中，对于符合立案条件的案件线索要及时立案，进一步查处有组织犯罪。

条文解读

本条是关于核查有组织犯罪线索时应当依法立案侦查的规定。本条规定可以从以下几个方面理解：一是本条强调的是“公安机关”在核查有组织犯罪线索工作过程当中发现有组织犯罪的，应当依法立案侦查。公安机关核查的有组织犯罪线索包括自身发现、有关部门移送或者群众举报的线索等。本法第八条规定，国家鼓励单位和个人举报有组织犯罪；第十一条规定，学校发现有组织犯罪侵害学生人身、财产安全，妨害校园及周边秩序的，有组织犯罪组织在学生中发展成员的，或者学生参加有组织犯罪活动的，应当及时制止，采取防范措施，并向公安机关和教育行政部门报告；第十二条规定，民政部门在对村民委员会、居民委员会成员候选人资格进行审查过程中，发现有组织犯罪线索的，应当及时向公安机关报告；第十六条中对电信业务经营者、互联网服务提供者发现有组织犯罪线索、信息向公安机关报告作了规定；第二十五条规定，有关国家机关在履行职责时发现有组织犯罪线索，或者接到对有组织犯罪的举报的，应当及时移送公安机关等主管机关依法处理。上述有关材料线索移送公安机关后，公安机关需要进一步核查，特别是群众举报的有关线索信息有大量筛查的工作需要开展，这是打击有组织犯罪的一项重要工作。因此，本法第二十四条明确要求，公安机关应当依法运用现代信息技术，建立有组织犯罪线索收集和研判机制，分级分类进行处置。公安机关接到对有组织犯罪的报案、控告、举报后，应当及时开展统计、分析、研判工作，组织核查或者移送有关主管机关依法处理。另外，根据本法规定，在核查有组织犯罪线索工作中，公安机关可以按照国家有关规定采取调查措施。公安机关向有关单位和个人收集、调取相关信息和材料的，有关单位和个人应当如实提供。公安机关核查有组织犯罪线索，经县级以上公安机关负责人批准，可以查询嫌疑人员的存款、汇款、债券、股票、基金份额等财产信息。通过上述有关核查措施，有利于发现犯罪事实或者犯罪嫌疑人，做到依法立案。

二是在核查线索过程中，发现犯罪事实或者犯罪嫌疑人的，应当依照刑事诉讼法的规定立案侦查。《刑事诉讼法》第一百零九条规定："公安机关或者人民检察院发现犯罪事实或者犯罪嫌疑人，应当按照管辖范围，立案侦查。"立案是刑事诉讼活动开始的标志。立案侦查是法律赋予侦查机关的专属权力，其他任何机关或者个人都不得行使。根据刑事诉讼法的规定，公安机关和人民检察院依照法律规定的案件管辖范围承担着对犯罪案件的侦查工作，肩负着打击犯罪，维护社会治安，维护社会稳定的职责。因此，发现犯罪事实或者犯罪嫌疑人的，应当由公安机关或者人民检察院立案侦查。此外，根据刑事诉讼法等法律规定，立案侦查的主体还有：国家安全机关办理危害国家安全的刑事案件，依法立案侦查；军队保卫部门对军队内部发生的刑事案件行使侦查权；中国海警局履行海上维权执法职责，对海上发生的刑事案件行使侦查权；监狱对罪犯在监狱内犯罪的案件进行立案侦查。上述机关也是法律规定的立案侦查部门。

本条规定的立案侦查条件与刑事诉讼法规定的情形一致。具有两种情形之一的，即应立案：发现犯罪事实或者发现犯罪嫌疑人，并不要求二者都具备。一些情况下，只有依法立案后才能进一步采取有关侦查措施，才能查证犯罪，因此对于发现涉嫌犯罪线索，符合刑事诉讼法规定的立案侦查条件的，应当及时依法立案。对公安机关的刑事案件侦查权，刑事诉讼法作了明确规定。对于案件应由哪个具体公安机关侦查，可根据案件发生地、造成的社会影响、复杂程度等因素确定具体的侦查机关。

根据《公安机关办理刑事案件程序规定》的规定，刑事案件由犯罪地的公安机关管辖，如果由犯罪嫌疑人居住地的公安机关管辖更为适宜的，可以由犯罪嫌疑人居住地的公安机关管辖。几个公安机关都有权管辖的刑事案件，由最初受理的公安机关管辖，必要时，可以由主要犯罪地的公安机关管辖。对于管辖有争议的，由有关公安机关协商，协商不成的，由共同的上级公安机关指定管辖。有关公安机关在核查有组织犯罪线索时，发现犯罪事实或者犯罪嫌疑人并属于自己管辖的，应当依法立案，对认为不属于自己管辖的，按照法律和有关规定移送有权管辖的公安机关。

对于公安机关核查有组织犯罪线索过程中，发现犯罪事实或者犯罪嫌疑人，不依法立案侦查，相关法律规定了相应的救济措施。《刑事诉讼法》第一百一十三条规定："人民检察院认为公安机关对应当立案侦查的案件而不立案侦查的，或者被害人认为公安机关对应当立案侦查的案件而不立案侦查，向人民检察院提出的，人民检察院应当要求公安机关说明不立案的理由。人民检察院认为公安机关不立案理由不能成立的，应当通知公安机关立案，公安机关接到通知后应当立案。"对于不依法立案，符合本法第五十条、第五十二条、第七十五条规定，构成犯罪的，依法追究刑事责任；尚不构成犯罪的，依法给予处分。

在该条的理解适用中，需要注意以下问题：

第一，公安机关在核查有关线索过程中发现有组织犯罪事实或者犯罪嫌疑人的，必须立案侦查，不得推诿、拖延，及时采取必要的侦查措施，及时发现和收集证据，从而确保准确、及时惩治有组织犯罪。如果该立案不立案或者立案不及时，就可能贻误侦查时机，放纵有组织犯罪，决不能为片面追求破案率或者不愿做工作而不依法积极立案、不破不立或者先破后立，这是严重违反本条规定的错误做法，应当予以纠正。

第二，核查有组织犯罪线索时予以立案侦查应当符合法律规定的条件，如果经核查没有犯罪事实，或者犯罪事实显著轻微不需要追究刑事责任，或者具有其他依法不追究刑事责任情形的，不予立案。在立案侦查后，经侦查发现存在不应追究刑事责任情形的，应当及时撤销案件。既要依法惩治有组织犯罪，也要防止拔高案件，将不是有组织犯罪的案件以有组织犯罪案件立案侦查。

第三，本条规定的主体是公安机关，是对公安机关核查有组织犯罪线索过程中依法立案的规定。主要是考虑到，公安机关是实践中打击惩治有组织犯罪的主要部门，多数有组织犯罪都属于由公安机关管辖的情况。同时，根据刑事诉讼法、监察法等法律规定，人民检察院对一些特定犯罪案件予以立案侦查，监察机关对贪污贿赂、失职渎职等职务违法犯罪进行监察调查，因此公安机关在核查有组织犯罪线索过程中，发现涉嫌监察机关、检察机关管辖犯罪的，应当将有关人员、情况移送监察机关、检察机关管辖，或者依照刑事诉讼法、监察法等法律规定或者有关办案衔接规定，对案件的管辖依法作出处理，如《监察法》第三十四条规定："人民法院、人民检察院、公安机关、审计机关等国家机关在工作中发现公职人员涉嫌贪污贿赂、失职渎职等职务违法或者职务犯罪的问题线索，应当移送监察机关，由监察机关依法调查处置。被调查人既涉嫌严重职务违法或者职务犯罪，又涉嫌其他违法犯罪的，一般应当由监察机关为主调查，其他机关予以协助。”《公安机关办理刑事案件程序规定》第二十九条规定，公安机关侦查的刑事案件的犯罪嫌疑人涉及监察机关管辖的案件时，应当及时与同级监察机关协商，一般应当由监察机关为主调查，公安机关予以协助。第三十条规定，公安机关侦查的刑事案件涉及人民检察院管辖的案件时，应当将属于人民检察院管辖的刑事案件移送人民检察院。涉嫌主罪属于公安机关管辖的，由公安机关为主侦查；涉嫌主罪属于人民检察院管辖的，公安机关予以配合。公安机关在依据本条核查有组织犯罪线索过程中，也应当依照上述法律等规定，由公安机关立案侦查或者依法移送其他机关立案侦查或者调查。

相关规定

《中华人民共和国刑事诉讼法》第一百零九条、第一百一十三条；《中华人民共和国监察法》第三十四条；《公安机关办理刑事案件程序规定》第二十九条、第三十条

第二十九条　公安机关办理有组织犯罪案件，可以依照《中华人民共和国出境入境管理法》的规定，决定对犯罪嫌疑人采取限制出境措施，通知移民管理机构执行。

条文主旨

本条是关于公安机关办理有组织犯罪案件可以依法采取限制出境措施的规定。

立法背景

（一）起草背景

本条规定的目的是进一步明确公安机关在办理有组织犯罪案件过程中，有权依法采取限制出境措施，防范涉嫌有组织犯罪人员出境逃避法律责任。实践中一些从事有组织犯罪人员会采取出境的方式逃避法律制裁，一旦出境就会给后续法律程序造成严重障碍，难以有效惩治。出境入境管理法对有关情形不得出境作了规定，其他法律也有一些限制出境措施的明确规定，如《监察法》第三十条规定："监察机关为防止被调查人及相关人员逃匿境外，经省级以上监察机关批准，可以对被调查人及相关人员采取限制出境措施，由公安机关依法执行。对于不需要继续采取限制出境措施的，应当及时解除。"《反恐怖主义法》第三十九条规定："出入境证件签发机关、出入境边防检查机关对恐怖活动人员和恐怖活动嫌疑人员，有权决定不准其出境入境、不予签发出境入境证件或者宣布其出境入境证件作废。"《民事诉讼法》对不履行裁判文书的限制出境作了规定："被执行人不履行法律文书确定的义务的，人民法院可以对其采取或者通知有关单位协助采取限制出境，在征信系统记录、通过媒体公布不履行义务信息以及法律规定的其他措施。"限制出境措施是依法惩治一些严重犯罪或者涉外犯罪的有效控制性手段，特别是对贪污贿赂、失职渎职、电信网络诈骗、有组织犯罪等，防止这些违法犯罪分子外逃是实现追究法律责任的重要环节。如果不能有效防范出境，后续通过国际刑事司法协助、引渡等将耗费巨大司法成本，也难以有效及时追究。

（二）审议中各方面的意见

本条在一审稿中作了规定，二审稿作了修改。一审稿第二十八条分三款作了规定，第一款规定：“公安机关核查有组织犯罪线索，经设区的市级以上公安机关负责人批准，可以决定对重大嫌疑人员采取限制出境入境措施。”第二款规定：“出入境证件签发机关、出入境边防检查机关根据公安机关通报，决定对上述人员不准出境入境、不予签发出境入境证件或者宣布其出境入境证件作废。”第三款规定：“依据本条第一款规定采取限制出境入境措施的期限最长不得超过九十日。对于不需要继续采取限制出境入境措施的，应当及时解除。”常委会审议和征求意见过程中对本条的意见主要有：有的提出，出境入境是涉及公民活动的一项重要权利，为防范犯罪进行限制是必要的，但应当具体明确，防范滥用；有的建议，参照《监察法》第三十条的规定，将限制出境入境的批准权限提高到经省级以上公安机关批准；还有的提出，什么是“重大嫌疑人员”没有具体标准，裁量范围太大，建议对“重大嫌疑人员”进行界定，与一般嫌疑人相区别；有的提出，九十日的期限过短，特殊情况下，应当允许延长期限；有的建议根据出境入境管理法的规定，将第二款修改为，出入境证件签发机关、出入境边防检查机关根据公安机关决定，对上述人员采取不予签发出境入境证件、宣布其出境入境证件作废、不准出境入境措施。总体上这一问题较为复杂，如何规定各方面也还有不同意见。考虑到出境入境管理法对限制出境作了规定，实践中可以根据出境入境管理法规定的措施，解决打击有组织犯罪中限制出境的需要，因此二审稿根据各方面意见对本条作了修改，将原来的三款规定修改为一款，主要修改是：(1) 关于本条规定定位和性质上，考虑情况复杂和实践需要，对限制出境的对象、情形和条件等未作专门规定，而是指引到出境入境管理法，与出境入境管理法相衔接，本条是衔接性规定，这与一审稿的思路具有很大不同。(2) 一审稿规定的适用对象是核查有组织犯罪线索过程中，对重大嫌疑人员采取限制出境入境措施，修改后的适用对象和情形则依照出境入境管理法的规定确定。也是考虑到原规定的在刑事立案前的“重大嫌疑人员”范围不清晰，适用中可能产生问题。(3) 一审稿对采取限制出境入境措施的公安机关决定层级，以及限制措施的最长期限和解除等作了规定，没有必要在此处再作规定，修改后删去了上述具体规定。(4) 对于一审稿第二十八条第二款“出入境证件签发机关、出入境边防检查机关根据公安机关通报，决定对上述人员不准出境入境、不予签发出境入境证件或者宣布其出境入境证件作废”，通盘考虑将部分内容纳入本法第二十一条第二款作了规定，出入境证件签发机关、移民管理机构对境外的黑社会组织的人员，有权决定不准其入境、不予签发入境证件或者宣布其入境证件作废。可以看出，主要是针对境外黑社会组织人员的入境限制措施作了规定，与原来规定的包括出境入境两方面措施和针对所有有组织犯罪重大嫌疑人员不同。

条文解读

本条规定可以从以下三个方面理解。

一是以出境入境管理法相关规定为依据依法决定。公安机关在办理有组织犯罪案件过程中，采取限制出境措施的条件和程序应当依照出境入境管理法及其相关配套规定为依据。《出境入境管理法》第十二条规定：“中国公民有下列情形之一的，不准出境：（一）未持有效出境入境证件或者拒绝、逃避接受边防检查的；（二）被判处刑罚尚未执行完毕或者属于刑事案件被告人、犯罪嫌疑人的；（三）有未了结的民事案件，人民法院决定不准出境的；（四）因妨害国（边）境管理受到刑事处罚或者因非法出境、非法居留、非法就业被其他国家或者地区遣返，未满不准出境规定年限的；（五）可能危害国家安全和利益，国务院有关主管部门决定不准出境的；（六）法律、行政法规规定不准出境的其他情形。”与有组织犯罪案件办理相关的主要是其中两种情形。（1）被判处刑罚尚未执行完毕或者属于刑事案件被告人、犯罪嫌疑人的。如果因有组织犯罪被判处刑罚尚未执行完毕，或者涉嫌有组织犯罪已经被立案侦查等，属于犯罪嫌疑人、被告人的，公安机关可依法决定不准出境。因此，对于有组织犯罪线索应当及时核查，采取有关调查措施，发现犯罪事实或者犯罪嫌疑人的，应及时依法立案，这样如需要对有组织犯罪嫌疑人采取有关限制出境措施时就不会有障碍，及时满足办案需要。（2）可能危害国家安全和利益，国务院有关主管部门决定不准出境的。实践中有的涉嫌有组织犯罪人员，由于证据或者有关程序等原因，公安机关还未采取立案侦查等措施，有关人员不属于犯罪嫌疑人、被告人，有关案件线索还在进一步核查中，这时不能依据《出境入境管理法》第十二条第二项规定的情形决定对其限制出境，但如果案件重大，可能危害国家安全和利益的，公安部、国家移民管理机构也可依法决定，采取限制出境措施。当然，如果相关人员具有《出境入境管理法》规定的“未持有效出境入境证件或者拒绝、逃避接受边防检查的”“有未了结的民事案件，人民法院决定不准出境的”“因妨害国（边）境管理受到刑事处罚或者因非法出境、非法居留、非法就业被其他国家或者地区遣返，未满不准出境规定年限的”“法律、行政法规规定不准出境的其他情形”四项情形的，可依法决定采取限制出境措施。

二是决定对犯罪嫌疑人采取限制出境措施。决定的主体是公安机关。关于作出决定的公安机关的层级本条没有规定，应当依照出境入境管理法规定的具体情形及其对应的有关规定确定，如依照《出境入境管理法》第十二条第五项情形限制出境的，则决定机关必须是国务院有关主管部门，因此需公安部、国家移民管理机构等确定。如属于对犯罪嫌疑人、被告人采取限制出境措施，则依照实践中相关规定的程序作决定和通知执行。根据《刑事诉讼法》第七十一条、第七十七条的规定，对于被采取取保候审、监视居住措施的犯罪嫌疑人，侦查机关除了可以采取限制出境措施由移民管理机构执行之外，还可以要求其将护照等出入境证件交执行机关保存，以更切实保障这一措施的执行。

三是通知移民管理机构执行。有关部门决定采取限制出境措施后应当及时通知移民管理机构执行，保证决定及时落地，防范被限制出境的有组织犯罪人员出境。移民管理机构是指国家和地方移民管理部门。通知和执行的具体程序和操作办法按照有关部门相应规定和要求进行。

在该条的理解适用中，需要注意以下问题：

第一，本款对限制出境作了规定。关于限制入境方面，依照出境入境管理法和本法第二十一条有关规定执行。特别是对境外的黑社会组织的人员，出入境证件签发机关、移民管理机构有权决定不准其入境、不予签发入境证件或者宣布其入境证件作废。

第二，本条对限制出境措施的期限没有规定，实践中应当依照有关规定执行。有关部门在决定限制出境措施后，应当及时查办案件，对于经查证不涉嫌有组织犯罪或者其他犯罪的，或者对于不需要采取限制出境措施的，或者超过限制出境措施期限未继续申请延长或者决定的，应当及时解除限制出境措施。

第三，本条对公安机关依法采取限制出境措施作了衔接性规定，对人民法院、人民检察院等其他办案机关采取限制措施未作规定。这主要是考虑到案件办理过程中，公安机关往往属于第一道程序，需要及时采取限制出境措施。一方面，对于监察机关、检察机关管辖案件，涉及需要对相关涉及有组织犯罪人员采取限制出境措施的，也可依照监察法、出境入境管理法等依法采取限制出境措施。另一方面，对于公安机关未采取限制出境措施，在审查起诉、审判阶段，人民法院、人民检察院可依照《出境入境管理法》第十二条的规定决定限制出境。但通常情况下，这个阶段犯罪嫌疑人、被告人已被羁押，因此不需要作出决定，如果犯罪嫌疑人、被告人未被羁押的，依照刑事诉讼法有关规定，对于采取取保候审的，人民法院、人民检察院可以根据案件情况，责令犯罪嫌疑人、被告人将护照等出入境证件、驾驶证件交执行机关保存；被监视居住的犯罪嫌疑人、被告人应当将护照等出入境证件、身份证件、驾驶证件交执行机关保存，上述刑事诉讼法的规定保证了在审查起诉、审判阶段未被羁押的犯罪嫌疑人、被告人实际上难以出境，已经达到了限制出境措施的效果。是否有必要再采取具体的限制出境措施，可由有关机关根据出境入境管理法的规定具体决定。

第四，根据本法第七十六条规定，有关单位和个人对依照本法作出的行政处罚和行政强制措施决定不服的，可以依法申请行政复议或者提起行政诉讼。有关公民对被采取限制出境措施不服的，可以依照行政诉讼法、行政复议法等法律规定，依法申请行政复议或者提起行政诉讼。

相关规定

《中华人民共和国刑事诉讼法》第七十一条、第七十七条；《中华人民共和国出境入境管理法》第十二条；《中华人民共和国反恐怖主义法》第三十九条

第三十条　对有组织犯罪案件的犯罪嫌疑人、被告人，根据办理案件和维护监管秩序的需要，可以采取异地羁押、分别羁押或者单独羁押等措施。采取异地羁押措施的，应当依法通知犯罪嫌疑人、被告人的家属和辩护人。

条文主旨

本条是关于对有组织犯罪的嫌疑人、被告人可以采取异地羁押、分别羁押或者单独羁押等措施的规定。

立法背景

（一）起草背景

本条规定主要是考虑到有组织犯罪案件的特殊性，为了依法办理案件，防止他人干涉案件、通风报信、串供或者更好的维护监管秩序等需要，对有组织犯罪嫌疑人、被告人的相关羁押措施作出的专门规定。其他法律如《反恐怖主义法》第二十九条在关押方面也专门作出规定，对恐怖主义犯罪、极端主义犯罪罪犯可以与普通刑事罪犯混合关押，也可以个别关押，这是法律上对羁押、关押措施作出的特别规定。

《中华人民共和国看守所条例》第十四条规定："对男性人犯和女性人犯，成年人犯和未成年人犯，同案犯以及其他需要分别羁押的人犯，应当分别羁押。"2012 年《最高人民法院、最高人民检察院、公安部、司法部关于办理黑社会性质组织犯罪案件若干问题的规定》第八条规定："对于黑社会性质组织犯罪案件的犯罪嫌疑人、被告人，看守所应当严格管理，防止发生串供、通风报信等行为。对于黑社会性质组织犯罪案件的犯罪嫌疑人、被告人，可以异地羁押。对于同一黑社会性质组织犯罪案件的犯罪嫌疑人、被告人，应当分别羁押，在看守所的室外活动应当分开进行。对于组织、领导黑社会性质组织的犯罪嫌疑人、被告人，有条件的地方应当单独羁押。"上述行政法规和规范性文件对分别羁押、单独羁押和异地羁押作了规定。本条根据实践需要，总结吸收了上述行政法规和扫黑除恶有关文件的规定。

（二）审议中各方面的意见

本条在草案一审稿作了规定，二审稿作了一些修改完善。

一审稿第三十二条规定："对于有组织犯罪案件的犯罪嫌疑人、被告人，可以采取异地羁押、分别羁押或者单独羁押等措施，防止串供、通风报信等。"审议和调研过程中，对本条的意见主要有：(1) 有的提出，实践中异地羁押有可能给刑讯逼供提供机会，甚至发生不在看守所羁押的情况，也增加了律师会见的难度，建议明确限制条件；(2) 有的提出，实践中存在因异地化名羁押、频繁更换羁押地而导致辩护人无法知道犯罪嫌疑人、被告人的羁押场所，无法会见，犯罪嫌疑人、被告人辩护权得不到保障的情况，建议增加规定，异地羁押的，应当通知犯罪嫌疑人、被告人家属及其辩护人；(3) 有的建议依照刑事诉讼法的规定，增加规定将羁押情况通知家属和辩护人的时间限制。根据上述意见，对本条作了进一步修改完善，主要修改是：(1) 对是否采取异地羁押、分别羁押或者单独羁押等措施，增加规定"根据办理案件和维护监管秩序的需要"。(2) 增加规定："依法通知犯罪嫌疑人、被告人的家属和辩护人"，依法保障当事人和辩护人权利。(3) 删除了一审稿中"防止串供、通风报信等"的规定，增加了"根据办理案件和维护监管秩序的需要"的规定，在判断这一条件时可以将防止串供、通风报信等因素考虑在内，综合决定是否需要采取本条规定的有关特别羁押措施。

条文解读

本条规定可以从以下几个方面理解：

一是采取异地羁押、分别羁押和单独羁押等措施的对象是有组织犯罪案件的犯罪嫌疑人、被告人。有组织犯罪依照本法相关规定依法确定和认定，对本条规定的异地羁押、分别羁押或者单独羁押等措施不得扩大适用。

二是是否采取上述羁押措施应当根据办理案件和维护监管秩序的需要。根据办理案件的需要，主要是看案件情况、涉嫌犯罪的人员情况等，是否可能发生串供，黑恶势力的范围和影响是否可能在当地产生非法干涉和保护主义，是否可能发生有关人员向犯罪人员通风报信等；根据维护监管秩序的需要，主要是考察黑恶势力组织人员情况，如果不采取异地羁押而是在当地关押，不采取分别、单独羁押而是混合、普通羁押，是否会对监管秩序造成严重风险，这也是有组织犯罪及其人员构成的危险性所决定的。

三是可以采取异地羁押、分别羁押或者单独羁押等措施。对犯罪嫌疑人、被告人一般在当地看守所羁押，对有组织犯罪案件的犯罪嫌疑人、被告人可以采取异地羁押，包括跨市县、跨省羁押措施。本法第三十五条还对异地执行刑罚作了规定，黑社会性质组织的组织者、领导者或者恶势力组织的首要分子被判处十年以上有期徒刑、无期徒刑、死刑缓期二年执行的，应当跨省、自治区、直辖市异地执行刑罚。

分别羁押是指对同一有组织犯罪案件的犯罪嫌疑人、被告人根据人员情况将他们分别羁押在不同看守所或者不同监舍，在看守所的室外活动分开进行，不能接触，避免他们互相联系，出现串供等情况。单独羁押是指对犯罪嫌疑人、被告人在单独监舍一个人隔离进行羁押，既是维护监管秩序的需要，防范危险行为，也是有效、彻底防范串供、通风报信的需要。根据2012年《关于办理黑社会性质组织犯罪案件若干问题的规定》，对于组织、领导黑社会性质组织的犯罪嫌疑人、被告人，有条件的地方应当单独羁押。

四是采取异地羁押措施的，应当依法通知犯罪嫌疑人、被告人的家属和辩护人。主要是考虑到异地羁押对当事人诉讼权利、家属探望和辩护人辩护工作具有影响，为了依法保障当事人和律师权利，有必要对通知作出规定。刑事诉讼法对拘留、逮捕后一般应当在二十四小时以内通知家属作了规定。本条没有对具体通知时限作出特别规定，因此除了因法定情形不能通知或者无法通知的情形外，决定对犯罪嫌疑人、被告人异地羁押的，应当根据刑事诉讼法的规定及时通知其家属和辩护人，告知犯罪嫌疑人、被告人被羁押的看守所等有关异地羁押的情况。

在该条的理解适用中，需要注意以下问题：

第一，不是对所有有组织犯罪案件的犯罪嫌疑人、被告人都要实行异地羁押、分别羁押或者单独羁押措施，而是要根据案件办理和维护监管秩序的实际需要。实践中主要是黑社会性质组织案件或者重大恶势力组织案件中根据需要采取这种特殊羁押措施。

第二，采取异地羁押的，应当依法通知犯罪嫌疑人、被告人的家属和辩护人。依法是依照刑事诉讼法等法律相关规定，除因法定情形不通知或者无法通知的以外，在决定对犯罪嫌疑人、被告人采取异地羁押措施后应当及时通知，不得拖延。根据《刑事诉讼法》第八十五条、第九十三条的规定，无论是异地羁押还是在当地羁押，无论是否单独羁押，都应当将犯罪嫌疑人、被告人羁押在看守所内，不得非法羁押在看守所以外，更不得刑讯逼供。

第三，对异地羁押的，人民检察院应当依法加强法律监督。根据《人民检察院刑事诉讼规则》第三百零四条规定，犯罪嫌疑人在异地羁押的，负责侦查的部门应当将决定、变更、撤销逮捕措施的情况书面通知羁押地人民检察院负责刑事执行检察的部门。对异地羁押的案件，发现办案机关超期羁押的，应当通报该办案机关的同级人民检察院，由其依法向办案机关发出纠正违法通知书。对异地羁押的，应当依法保障辩护律师的会见权。

相关规定

《中华人民共和国刑事诉讼法》第八十五条、第九十三条；《中华人民共和国反恐怖主义法》第二十九条；《中华人民共和国看守所条例》第十四条；《最高人民法院、最高人民检察院、公安部、司法部关于办理黑社会性质组织犯罪案件若干问题的规定》第八条

第三十一条　公安机关在立案后，根据侦查犯罪的需要，依照《中华人民共和国刑事诉讼法》的规定，可以采取技术侦查措施、实施控制下交付或者由有关人员隐匿身份进行侦查。

条文主旨

本条是关于公安机关可以依法采取技术侦查措施、实施控制下交付或者隐匿身份进行侦查的规定。

立法背景

（一）起草背景

本条规定是与刑事诉讼法有关技术侦查措施、控制下交付

和隐匿侦查的规定相衔接，进一步明确在有组织犯罪侦查过程中，符合刑事诉讼法规定的有关侦查措施适用条件和情形的，可依法适用有关特殊侦查措施。这是考虑到查办有组织犯罪的实践需要，如在调查有组织犯罪组织内部结构、人员和所实施的犯罪情况时，可能需要采取技术侦查措施、实施控制下交付或者由有关人员实施隐匿身份侦查，获取关键证据和侦破案件，这是有组织犯罪案件特点和侦办需要所决定的。

（二）审议中各方面的意见

草案一审稿第三十三条规定，“为查明案情，必要时，经县级以上公安机关负责人批准，可以实施控制下交付，可以由侦查人员或者公安机关指定的其他人员隐匿身份进行侦查。”二审稿作了修改，第三十一条规定：“公安机关在立案后，为查明案情，依照《中华人民共和国刑事诉讼法》的规定，可以采取技术侦查措施，可以由侦查人员或者公安机关指定的其他人员隐匿身份进行侦查，可以实施控制下交付。”二审稿对一审稿规定的主要修改：（1）增加明确采取有关侦查措施的时间为“公安机关在立案后”，可以采取有关特殊侦查措施。（2）在本条定位上，进一步明确是与刑事诉讼法相衔接的规定。一审稿中规定，“必要时，经县级以上公安机关负责人批准，可以实施控制下交付，可以由侦查人员或者公安机关指定的其他人员隐匿身份进行侦查”，这一规定方式表面看起来似乎针对有组织犯罪的特别侦查措施的适用作了另外的专门规定，与刑事诉讼法对有关技术侦查措施适用的情形、条件和程序等可以不同，二审稿将“必要时，经县级以上公安机关负责人批准”修改为“依照《中华人民共和国刑事诉讼法》的规定”，这样进一步明确了是衔接性规定。（3）在一审稿规定的实施控制下交付、隐匿身份侦查的基础上，增加规定了可以采取“技术侦查措施”。三审稿将隐匿身份进行侦查的主体，“由侦查人员或者公安机关指定的其他人员”修改为“由有关人员”的笼统规定，具体按照刑事诉讼法的规定执行；对实施控制下交付和隐匿身份进行侦查的表述顺序作了调整，先规定实施控制下交付，再规定由有关人员隐匿身份进行侦查；将“为查明案情”修改为“根据侦查犯罪的需要”。

本条立法过程中各方面意见或者争议的问题有：一是是否增加规定技术侦查措施。一审稿对技术侦查措施未作规定。有关方面建议增加规定技术侦查措施，并参照刑事诉讼法第一百五十条、第一百五十三条作出修改。二是关于技术侦查措施适用的范围，建议明确对黑社会性质组织犯罪之外的有组织犯罪，即恶势力组织实施的犯罪能否采取技术侦查措施。三是有的提出，刑事诉讼法将控制下交付的使用限定在“给付毒品等违禁品或者财物的犯罪活动”，草案没作此限制。四是有的建议参照《刑事诉讼法》第一百五十三条的规定明确隐匿身份侦查、控制下交付需要遵守的规范，或者规定实施控制下交付和隐匿身份侦查，应当严格依照刑事诉讼法的规定进行。五是有的提出，刑事诉讼法对技术侦查措施已有明确规定，建议在本条中不再规定，并建议将“为查明案情”修改为“为查明有组织犯罪案情”。六是有的建议完善对特殊侦查措施的制约和监督。根据上述意见对草案作了进一步修改完善。

（三）有关国家和地区的规定

在打击有组织犯罪方面，有关国际条约对相关技术侦查措施、实施控制下交付或者秘密侦查等特殊侦查措施作了规定。我国刑事诉讼法和本条规定与相关国际条约规定是相衔接的，具体情况如下：

1.《联合国打击跨国有组织犯罪公约》第二十条“特殊侦查手段”规定，一、各缔约国均应在其本国法律基本原则许可的情况下，视可能并根据本国法律所规定的条件采取必要措施，允许其主管当局在其境内适当使用控制下交付并在其认为适当的情况下使用其他特殊侦查手段，如电子或其他形式的监视和特工行动，以有效地打击有组织犯罪。二、为侦查本公约所涵盖的犯罪，鼓励缔约国在必要时为在国际一级合作时使用这类特殊侦查手段而缔结适当的双边或多边协定或安排。此类协定或安排的缔结和实施应充分遵循各国主权平等原则，执行时应严格遵守这类协定或安排的条件。三、在无本条第二款所列协定或安排的情况下，关于在国际一级使用这种特殊侦查手段的决定，应在个案基础上作出，必要时还可考虑到有关缔约国就行使管辖权所达成的财务安排或谅解。四、经各有关缔约国同意，关于在国际一级使用控制下交付的决定，可包括诸如拦截货物后允许其原封不动地或将其全部或部分取出替换后继续运送之类的办法。

2.《联合国禁止非法贩运麻醉药品和精神药物公约》第十一条“控制下交付”规定，一、在其国内法律制度基本原则允许的情况下，缔约国应在可能的范围内采取必要措施，根据相互达成的协定或安排，在国际一级适当使用控制下交付，以便查明涉及按第三条第一款确定的犯罪的人，并对之采取法律行动。二、使用控制下交付的决定应在逐案基础上作出，并可在必要时考虑财务安排和关于由有关缔约国行使管辖权的谅解。三、在有关缔约国的同意下，可以拦截已同意对之实行控制下交付的非法交运货物，并允许将麻醉药物或精神药品原封不动地继续运送或在将其完全或部分取出或替代后继续运送。

3.《联合国反腐败公约》第五十条“特殊侦查手段”规定，一、为有效地打击腐败，各缔约国均应当在其本国法律制度基本原则许可的范围内并根据本国法律规定的条件在其力所能及的情况下采取必要措施，允许其主管机关在其领域内酌情使用控制下交付和在其认为适当时使用诸如电子或者其他监视形式和特工行动等其他特殊侦查手段，并允许法庭采信由这些手段产生的证据。二、为侦查本公约所涵盖的犯罪，鼓励缔约国在必要情况下为在国际一级合作时使用这类特殊侦查手段而缔结适当的双边或多边协定或者安排。这类协定或者安排的缔结和实施应当充分遵循各国主权平等原则，执行时应当严格遵守这类协定或者安排的条款。三、在无本条第二款所述协定或者安排的情况下，关于在国际一级使用这种特殊侦查手段的决定，应当在个案基础上作出，必要时还可以考虑到有关缔约国就行使管辖权所达成的财务安排或者谅解。四、经有关缔约国同意，关于在国际一级使用控制下交付的决定，可以包括诸如拦截货物或者资金允许其原封不动地继续运送或将其全部或者部分取出或者替换之类的办法。

条文解读

本条规定包括以下几个方面的内容。

一是对有组织犯罪立案侦查后，根据侦查犯罪的需要，可以依照刑事诉讼法的规定采取有关特殊侦查措施。公安机关采取本条规定的有关特殊技术侦查措施必须在“立案”后，对于在有组织犯罪案件刑事立案以前，或者在有关调查核查阶段，未依法立案的，不得采取本条规定的特殊侦查措施。这一点属于刑事诉讼法的规定，在本条中再次作了强调，予以明确规定，也是为防止这类措施的滥用。这里还需要强调的是，本条措施的适用要依照刑事诉讼法的规定，包括有关侦查措施的适用条件、对象、程序等都应当依照刑事诉讼法的规定进行。本条规定是衔接性规定，没有创设新的法律制度。公安机关是否采取技术侦查措施要"根据侦查犯罪的需要"，也就是说，虽然本条规定了公安机关可以采取技术侦查措施，但并不意味着公安机关只要办理有组织犯罪案件都必须采取技术侦查措施，而是要根据侦查犯罪的需要，结合有组织犯罪涉及的具体犯罪情况、收集获取证据的需要等。

二是可以采取技术侦查措施。《刑事诉讼法》第二编第二章第八节对技术侦查措施作了专门规定。技术侦查措施，是指侦查机关为侦查犯罪需要，根据国家有关规定，采取的一种特殊侦查措施，包括记录监控、行踪监控、通信监控、场所监控等措施，如电子侦听、电话监听、电子监控、秘密拍照或者秘密录像、秘密获取某些物证、邮件检查等专门技术手段。随着科学技术的发展，技术侦查手段也会不断地发展变化。技术侦查措施的适用对象是犯罪嫌疑人、被告人以及与犯罪活动直接关联的人员。采取技术侦查措施是打击犯罪的需要，同时也涉及公民、组织的基本权利。因此，刑事诉讼法对采取技术侦查措施的条件、批准程序等都作了严格规定。根据《刑事诉讼法》第一百五十条第一款、第三款的规定，公安机关在立案后，对于危害国家安全犯罪、恐怖活动犯罪、黑社会性质的组织犯罪、重大毒品犯罪或者其他严重危害社会的犯罪案件，根据侦查犯罪的需要，经过严格的批准手续，可以采取技术侦查措施。追捕被通缉或者批准、决定逮捕的在逃的犯罪嫌疑人、被告人，经过批准，可以采取追捕所必需的技术侦查措施。在查办有组织犯罪案件中对哪些犯罪可以采取技术侦查措施应当依照刑事诉讼法的相关规定确定。实践中的有组织犯罪，如恶势力组织实施的犯罪，涉及的具体犯罪罪名实际上是很多的，常见的如故意伤害、非法拘禁、寻衅滋事、强迫交易、串通招标投标、非法经营等，有关犯罪是否属于刑事诉讼法规定的“其他严重危害社会的犯罪案件”，需要根据刑事诉讼法的规定及有关要求严格掌握，在实际执行中不能随意扩大使用。2020年《公安机关办理刑事案件程序规定》依据刑事诉讼法规定，对适用技术侦查措施的情形作了进一步明确规定。除了法律明确规定的危害国家安全犯罪、恐怖活动犯罪、黑社会性质的组织犯罪、重大毒品犯罪案件以外，还规定了故意杀人、故意伤害致人重伤或者死亡、强奸、抢劫、绑架、放火、爆炸、投放危险物质等严重暴力犯罪案件；集团性、系列性、跨区域性重大犯罪案件；利用电信、计算机网络、寄递渠道等实施的重大犯罪案件，以及针对计算机网络实施的重大犯罪案件；以及依法可能判处七年以上有期徒刑的其他严重危害社会的犯罪案件。

刑事诉讼法对采取技术侦查措施的批准、时限、获取的证据使用、保密等作了规定，对有组织犯罪采取技术侦查措施时同样必须遵守这些规定。根据《刑事诉讼法》第一百五十一条、第一百五十二条等的规定，特别需要注意执行以下规定：(1) 采取技术侦查措施需要经过严格的批准手续，批准决定应当根据侦查犯罪的需要，确定采取技术侦查措施的种类和适用对象。(2) 批准决定自签发之日起三个月以内有效。对于不需要继续采取技术侦查措施的，应当及时解除；对于复杂、疑难案件，期限届满仍有必要继续采取技术侦查措施的，经过批准，有效期可以延长，每次不得超过三个月。(3) 采取技术侦查措施，必须严格按照批准的措施种类、适用对象和期限执行。同时，根据刑事诉讼法的规定，公安机关依法采取技术侦查措施，有关单位和个人应当配合，并对有关情况予以保密。

三是实施控制下交付。《刑事诉讼法》第一百五十三条第二款规定："对涉及给付毒品等违禁品或者财物的犯罪活动，公安机关根据侦查犯罪的需要，可以依照规定实施控制下交付。"控制下交付主要是指侦查机关在发现非法或可疑交易后，在对交易活动进行秘密监控的情况下，允许非法、可疑物品或者用于犯罪的货币继续流转，从而查明参与该项犯罪的人员，彻底查明该案件。根据本款规定，实施控制下交付主要是针对涉及给付毒品等违禁品或者财物的犯罪活动。实践中主要是在侦破诸如毒品、走私、假币等犯罪中使用。是否实施控制下交付，应当由侦查机关根据侦查犯罪的需要决定。

四是有关人员隐匿身份侦查。《刑事诉讼法》第一百五十三条第一款规定："为了查明案情，在必要的时候，经公安机关负责人决定，可以由有关人员隐匿其身份实施侦查。但是，不得诱使他人犯罪，不得采用可能危害公共安全或者发生重大人身危险的方法。"在通常情况下，侦查人员进行侦查活动时，应当按照刑事诉讼法的规定向相关人员说明自己的身份并出示工作证件或者侦查机关的证明文件。但根据《刑事诉讼法》第一百五十三条进行侦查时，则可以采取适当方式隐匿身份，防止犯罪嫌疑人知道侦查人员或线人等的真实身份，采取各种方式逃避侦查，甚至危害侦查人员、线人等的人身安全。由于有组织犯罪组织严密，内部分工明确，犯罪集团的组织者、领导者往往不直接参与具体的犯罪行为，而只是在幕后策划、操纵、指挥，采取一般的侦查手段无法彻底查明整个犯罪，就无法将犯罪组织成员特别是组织者、领导者绳之以法，需要侦查人员或者侦查机关选定的人员隐匿真实身份，接近犯罪组织或者打入犯罪组织内部，获得他们的信任，从而侦查整个犯罪过程，获取犯罪证据。但在实施隐匿身份侦查过程中，不得诱使他人产生犯罪意图，不得采取可能危害公共安全或者发生重大人身危险的方法。采取隐匿身份侦查的“有关人员”，既包括公安机关的侦查人员，也包括侦查机关指派的适宜进行隐匿身份实施侦查的其他人员。根据刑事诉讼法的规定，采取隐匿身份实施侦查的，应当经公安机关负责人批准，也就是说，批准权由县级以上各级公安机关负责人行使。这种化装侦查，从侦查人员安全角度考虑，知道的人越少越好。

在该条的理解适用中，需要注意以下问题：

第一，有关特殊侦查措施必须按照刑事诉讼法规定，根据侦查犯罪的需要确定，不得滥用和非法使用有关特殊侦查措施。本条规定的前提条件是在对有组织犯罪立案侦查后采取有关特别侦查措施，对尚未刑事立案的不得依据本条采取特殊侦查措施。在立案前调查核实过程中，公安机关可以依照有关法律和规定采取询问、查询、勘验、鉴定和调取证据材料等不限制被调查对象人身、财产权利的措施，不得对被调查对象采取强制措施，不得查封、扣押、冻结被调查对象的财产，不得采取技术侦查措施。

第二，对技术侦查措施、控制下交付、隐匿身份侦查措施的确定和适用必须依照刑事诉讼法的规定进行，不得随意扩大适用，不得违反程序使用。根据刑事诉讼法的规定，技术侦查措施必须经过严格的批准手续，交有关机关执行。实践中采取隐匿身份侦查和实施控制下交付这两种侦查措施，也应当依照法律规定从严把握，一般应当在采取其他侦查手段难以获取犯罪证据和侦查犯罪组织结构、人员的情况下，才予以适用。

第三，根据刑事诉讼法的规定，依照本条采取的有关特殊侦查措施收集的材料在刑事诉讼中可以作为证据使用。如果使用该证据可能危及有关人员的人身安全，或者可能产生其他严重后果的，应当采取不暴露有关人员身份、技术方法等保护措施，必要的时候，可以由审判人员在庭外对证据进行核实。另外需要注意的是，使用本条规定的措施进行侦查获取的有关证据、材料只能用于对有组织犯罪的侦查、起诉和审判，不得用于其他用途，侦查人员对采取技术侦查措施过程中知悉的国家秘密、商业秘密和个人隐私，应当保密；对采取技术侦查措施获取的与案件无关的材料，必须及时销毁。

相关规定

《中华人民共和国刑事诉讼法》第一百五十条至第一百五十三条；《公安机关办理刑事案件程序规定》第二百五十四条

第三十二条　犯罪嫌疑人、被告人检举、揭发重大犯罪的其他共同犯罪人或者提供侦破重大案件的重要线索或者证据，同案处理可能导致其本人或者近亲属有人身危险的，可以分案处理。

条文主旨

本条是关于对检举、揭发或者提供侦破重大案件的重要线索或者证据的犯罪嫌疑人、被告人分案处理的规定。

立法背景

（一）起草背景

本条是根据办理有组织犯罪的需要，在总结实践经验的基础上作出的规定。有组织犯罪案件往往内部结构复杂，案情重大，为了有效查办案件，需要瓦解犯罪组织、分化人员，特别是对其中的参加人员，鼓励其检举、揭发或者提供证据、线索是侦破有组织犯罪案件、揪出组织者、领导者的一项重要工作。同时，对于具有上述情形的人员，为了保护其本人或者近亲属的人身安全，避免身份暴露、同案处理给其可能带来人身危险，本条规定可以分案处理。这既是保护有关人员的需要，有时也是根据案件情况，提高诉讼效率、及时审判案件的需要。2018 年《最高人民法院、最高人民检察院、公安部、司法部关于办理黑恶势力犯罪案件若干问题的指导意见》第三十五条对此也作了规定，对于确有重大立功或者对于认定重大犯罪事实或追缴、没收涉黑财产具有重要作用的组织成员，确有必要通过分案审理予以保护的，公安机关可以与人民检察院、人民法院在充分沟通的基础上作出另案处理的决定。

（二）审议中各方面的意见

本条内容草案一审稿第三十七条作了规定：“检举、揭发其他重大犯罪共同作案人，或者提供侦破重大案件的重要线索，合并处理可能导致犯罪嫌疑人、被告人及其近亲属、关系密切者有人身危险的，可以分案处理。”有的提出，“检举、揭发其他重大犯罪共同作案人”有歧义，是如实供述重大犯罪的其他共同作案人，还是检举、揭发共同作案人的其他重大犯罪，建议予以明确；有的专家建议将“共同作案人”修改为“同案犯”或“共同犯罪人”，根据上述意见，草案二审稿作了文字修改，规定为，“犯罪嫌疑人、被告人检举、揭发重大犯罪的其他共同犯罪人或者提供侦破重大案件的重要线索或者证据，同案处理可能导致其本人或者其近亲属有人身危险的，可以分案处理”，进一步予以明确和规范表述。主要修改：一是将“检举、揭发其他重大犯罪共同作案人”修改为“犯罪嫌疑人、被告人检举、揭发重大犯罪的其他共同犯罪人”。二是将“合并处理”可能导致犯罪嫌疑人、被告人及其近亲属、关系密切者有人身危险的修改为“同案处理”。三是将“可能导致犯罪嫌疑人、被告人及其近亲属、关系密切者有人身危险的”修改为“可能导致其本人或者其近亲属有人身危险的”，删去了“关系密切者”的表述。二审稿规定此后未作修改。

条文解读

本条主要是关于可以分案处理的情形的规定，可以从以下几个方面进行理解：

一是适用分案处理的原因或者基础是，犯罪嫌疑人、被告人检举、揭发重大犯罪的其他共同犯罪人或者提供侦破重大案件的重要线索或者证据。有组织犯罪是涉及多人的共同犯罪，一般情况下对有组织犯罪的犯罪人应当同案处理，一并侦查起诉和审判，但对于具有检举、揭发或者有关重要立功情形的犯罪嫌疑人、被告人可以采取分案处理，这样可以更好地侦破案件和保护有关人员利益。第一，检举、揭发重大犯罪的其他共同犯罪人。在公安机关对有组织犯罪其他有关共同犯罪人尚未掌握的情况下，积极检举、揭发其他共同犯罪人的犯罪行为，也就是检举、揭发重大犯罪的同案犯，同时检举、揭发涉及的犯罪应当是重大犯罪，是否属于重大犯罪根据涉嫌犯罪的罪名情况、人员情况、案件重要性、造成的后果和影响等确定。第二，提供侦破重大案件的重要线索或者证据的，即在公安机关侦查有组织犯罪重大案件过程中，提供侦破重大案件需要的重要线索，或者提供有关重要证据，使案件得以侦破的。比如，犯罪分子向司法机关提供未被司法机关掌握的重要犯罪线索，证明犯罪行为的重要事实或提供有关证人等，这种提供必须是犯罪分子自身掌握的，是实事求是的，不能是编造的线索。同时案件要被侦破，司法机关根据犯罪分子提供的线索或者证据，查清了犯罪事实，侦破了重大案件。

二是分案处理的重要条件是，同案处理可能导致其本人或者近亲属有人身危险的。有组织犯罪嫌疑人、被告人检举、揭发犯罪或者提供有关重要线索、证据侦破案件的情况下，同案审判就容易暴露，其他有组织犯罪成员就会知道犯罪嫌疑人、被告人的有关检举、揭发或者立功行为，由于有组织犯罪往往具有一定的组织机构和影响力，隐蔽性也较强，即使一些成员被定罪处理，社会上可能还有其他成员和犯罪一时难以瓦解。检举、揭发或者有关立功人员暴露后，会对其本人或者近亲属造成人身危险。同案处理是否会对本人或者近亲属造成人身危险，由办案机关具体确定。根据刑事诉讼法的规定，“近亲属”是指夫、妻、父、母、子、女、同胞兄弟姊妹。

三是分案处理。对于符合上述情形和条件的犯罪嫌疑人、被告人可以分案处理。分案处理是与同案处理、并案处理、另案处理等相对应的概念，刑事诉讼法没有对分案处理作出明确规定。2014 年，《最高人民检察院、公安部关于规范刑事案件

"另案处理"适用的指导意见》规定，本意见所称"另案处理"是指在办理刑事案件过程中，对于涉嫌共同犯罪案件或者与该案件有牵连关系的部分犯罪嫌疑人，由于法律有特殊规定或者案件存在特殊情况等原因，不能或者不宜与其他同案犯罪嫌疑人同案处理，而从案件中分离出来单独或者与其他案件并案处理的情形，并对有关情形作了规定。2021年《最高人民法院关于适用〈中华人民共和国刑事诉讼法〉的解释》第二百二十条第一款对分案审理作了规定，针对的也是共同犯罪案件的情况，规定："对一案起诉的共同犯罪或者关联犯罪案件，被告人人数众多、案情复杂，人民法院经审查认为，分案审理更有利于保障庭审质量和效率的，可以分案审理。分案审理不得影响当事人质证权等诉讼权利的行使。"

实践中，对黑恶势力有组织犯罪案件分案处理的情况是较多的，有关惩治黑恶势力犯罪的相关司法解释性质文件、政策等也作了相关规定。2018年《最高人民法院、最高人民检察院、公安部、司法部关于办理黑恶势力犯罪案件若干问题的指导意见》第三十五条第三款中规定："对于确有重大立功或者对于认定重大犯罪事实或追缴、没收涉黑财产具有重要作用的组织成员，确有必要通过分案审理予以保护的，公安机关可以与人民检察院、人民法院在充分沟通的基础上作出另案处理的决定。"2019年，《最高人民法院、最高人民检察院、公安部、司法部关于办理利用信息网络实施黑恶势力犯罪刑事案件若干问题的意见》第十六条中规定，人民检察院、人民法院认为应当分案起诉、审理的，可以依法分案处理。根据本条规定，对于犯罪嫌疑人、被告人具有检举、揭发或者为侦破重大案件提供重要线索、证据情形的，根据保护其本人及其近亲属人身安全的需要，办案机关可以采取分案处理，对上述犯罪嫌疑人、被告人与其他有组织犯罪成员分开处理的方式，实际上将同一共同犯罪案件基于特别需要作了分开处理。分案处理包括侦查阶段、审查起诉阶段和审判阶段的分案处理。

在该条的理解适用中，需要注意以下问题：

第一，分案处理在证据标准和程序方面同样必须依法进行，不得影响案件公正处理。分案应当遵循有利于案件顺利办理、有利于查明案件事实、有利于公正定罪量刑的基本原则，确保有效质证、事实统一、准确定罪、均衡量刑。分案处理时要考虑对案件的影响，考虑庭审质证等的公正。如果分案处理可能影响证据认定和案件侦查、审查起诉和审判顺利进行的，应当根据实际情况审慎进行分案处理。

第二，实践中除了本条规定的情形之外，还有其他一些情形也可适用分案处理，本条是针对有组织犯罪案件适用分案处理的一种情形的规定，不排除其他分案处理情形的适用。实践中分案处理的情况还包括：（1）《最高人民法院全国部分法院审理黑社会性质组织犯罪案件工作座谈会纪要》中规定："为便宜诉讼，提高审判效率，防止因法庭审理过于拖延而损害当事人的合法权益，对于被告人人数众多，合并审理难以保证庭审质量和庭审效率的黑社会性质组织犯罪案件，可分案进行审理。"（2）《最高人民法院关于适用〈中华人民共和国刑事诉讼法〉的解释》规定，有多名被告人的案件，部分被告人的犯罪事实不清、证据不足或者有新的犯罪事实需要追诉，且有关犯罪与其他同案被告人没有关联的，第二审人民法院根据案件情况，可以对该部分被告人分案处理，将部分被告人发回原审人民法院重新审判。（3）对于犯罪人员众多的案件，从诉讼便利和效率的角度，也可将犯罪人员进行分案处理，避免给一家办案机关造成巨大案件压力，由有关办案机关分别对有关人员分案处理，也可以更加准确及时查处犯罪。(4）对于办理成年人与未成年共同犯罪案件的，根据最高人民检察院印发的《未成年人刑事检察工作指引（试行）》的规定，一般也将未成年人与成年人分案处理，不宜分案处理的，应当对未成年人采取特殊保护措施。

第三，对于由于办案需要等不宜作分案处理的，为了更好地保护本条对象的人身安全，在同案处理时可依照《刑事诉讼法》第六十四条的规定采取有关保护措施等，如采取不暴露外貌、真实声音等出庭作证措施。

第四，本条规定的分案处理的情形，包括“检举、揭发重大犯罪的其他共同犯罪人”或者“提供侦破重大案件的重要线索或者证据”两种情况，这两种情况一般可认定为刑法规定的立功。《刑法》第六十八条规定，犯罪分子有揭发他人犯罪行为，查证属实的，或者提供重要线索，从而得以侦破其他案件等立功表现的，可以从轻或者减轻处罚；有重大立功表现的，可以减轻或者免除处罚。同时，本法第三十三条中规定，为查明犯罪组织的组织结构及其组织者、领导者、首要分子的地位、作用提供重要线索或者证据的，或者为查明犯罪组织实施的重大犯罪提供重要线索或者证据的，或者协助追缴、没收尚未掌握的赃款赃物的，或者为查处国家工作人员涉有组织犯罪提供重要线索或者证据的，或者有其他为查办有组织犯罪案件提供重要线索或者证据的情形，可以依法从宽处罚。因此，具有本条规定条件和情形，在采取分案处理措施以外，符合刑法有关立功规定的，应当依照刑法规定和本法第三十三条的规定依法从宽处罚。

相关规定

《中华人民共和国刑事诉讼法》第六十四条；《中华人民共和国刑法》第六十八条；《最高人民法院、最高人民检察院、公安部、司法部关于办理黑恶势力犯罪案件若干问题的指导意见》第三十五条

第三十三条 犯罪嫌疑人、被告人积极配合有组织犯罪案件的侦查、起诉、审判等工作，有下列情形之一的，可以依法从宽处罚，但对有组织犯罪的组织者、领导者应当严格适用：

（一）为查明犯罪组织的组织结构及其组织者、领导者、首要分子的地位、作用提供重要线索或者证据的；

（二）为查明犯罪组织实施的重大犯罪提供重要线索或者证据的；

（三）为查处国家工作人员涉有组织犯罪提供重要线索或者证据的；

（四）协助追缴、没收尚未掌握的赃款赃物的；

（五）其他为查办有组织犯罪案件提供重要线索或者证据的情形。

对参加有组织犯罪组织的犯罪嫌疑人、被告人不起诉或者免予刑事处罚的，可以根据案件的不同情况，依法予以训诫、责令具结悔过、赔礼道歉、赔偿损失，或者由主管部门予以行政处罚或者处分。

条文主旨

本条是关于对具有有关情形的有组织犯罪犯罪嫌疑人、被告人可以依法从宽处罚和依法予以非刑事处罚的规定。

立法背景

（一）起草背景

根据本条规定，在查处有组织犯罪案件时对积极配合，具有有关立功表现和对案件侦破发挥重要作用的人员需要采取有关从宽处罚措施，这既是侦办案件的需要，也是贯彻宽严相济刑事政策的体现。刑法、刑事诉讼法对法定从宽处罚情节作了规定，实践中还有一些酌定从宽处罚情节。一般而言，对有组织犯罪应当严厉惩处，这是总体精神，但对于有组织犯罪的不同人员，根据其配合、立功等情形依法从宽处罚也是需要的。本条将一些从宽处罚的情形明确列举，目的是明确这些情形应当依法从宽，同时也排除、限定了随意酌定从宽处罚的其他情形的适用。

本条规定是在总结司法实践经验的基础上，吸收有关扫黑除恶文件的规定。《最高人民法院、最高人民检察院、公安部、司法部关于办理黑恶势力犯罪案件若干问题的指导意见》第三十五条规定，犯罪嫌疑人、被告人，积极配合侦查、起诉、审判工作，在查明黑社会性质组织的组织结构和组织者、领导者的地位作用，组织实施的重大犯罪事实，追缴、没收赃款赃物，打击“保护伞”等方面提供重要线索和证据，经查证属实的，可以根据案件具体情况，依法从轻、减轻或者免除处罚，并对其参照证人保护的有关规定采取保护措施。前述规定，对于确属组织者、领导者的犯罪嫌疑人、被告人应当严格掌握。本条对上述规定予以修改后作了规定。另外，本条第二款规定的对有组织犯罪嫌疑人、被告人有关非刑罚处罚措施或者予以行政处罚或者处分的规定，与《刑法》第三十七条的规定相衔接，《刑法》第三十七条规定，对于犯罪情节轻微不需要判处刑罚的，可以免予刑事处罚，但是可以根据案件的不同情况，予以训诫或者责令具结悔过、赔礼道歉、赔偿损失，或者由主管部门予以行政处罚或者行政处分。

（二）审议中各方面的意见

本条内容在草案一审稿第三十六条中作了规定，二审稿、三审稿作了一些修改。本条审议过程中各方面提出的意见或者问题主要有：一是草案一审稿第三十六条第二款中规定，对参加犯罪组织的犯罪嫌疑人、被告人不起诉或者免予刑事处罚的，应当根据案件的不同情况，予以训诫或者责令具结悔过并"保证不再从事违法犯罪活动"。有的提出，对如何监督罪犯"不再从事违法犯罪活动"未规定措施，也未明确对再违法犯罪的罪犯要从重处罚。要求罪犯做出这种保证不是法律要求，实践中也不好掌握，建议删去"保证不再从事违法犯罪活动"。二是一审稿中规定的是犯罪嫌疑人、被告人积极配合"侦查、起诉、审判工作"，有的提出，有组织犯罪包括行贿罪等监察机关管辖的罪名，建议在第一款"侦查、起诉、审判工作"前增加"监察调查"，在第四项"司法机关"前增加"监察机关"，将第二款中的"行政处分"修改为"处分"。三是有的建议将对于有组织犯罪的组织者、领导者应当"严格掌握"修改为"严格适用"。四是有的建议增加赔礼道歉、赔偿损失等。上述意见在本条修改完善过程中作了研究吸收。

根据上述意见，草案二审稿对一审稿规定主要修改：(1) 将“犯罪嫌疑人、被告人积极配合”修改明确为“犯罪嫌疑人、被告人积极配合有组织犯罪案件”。(2) 将“侦查、起诉、审判工作”修改为“侦查、起诉、审判工作等”。(3) 将“从轻、减轻或者免除处罚”修改为“从宽处罚”。(4) 将“打击”修改为“查处”。(5) 将“协助司法机关追缴、没收尚未掌握的赃款赃物的”修改为“协助追缴、没收尚未掌握的赃款赃物的”。(6) 删去“并保证不再从事违法犯罪活动”。(7) 将“行政处分”修改为“处分”。(8) 增加了“赔礼道歉、赔偿损失”的非刑罚处罚措施。此外，三审稿对二审稿又做了一些文字修改。二审稿删去了一审稿“由主管部门予以行政处罚或者行政处分”中“由主管部门”的表述，有的建议参考《刑法》第三十七条的规定，对本条第二款中明确“由主管部门”予以行政处罚或者处分，因此草案三审稿恢复了上述表述。

条文解读

本条共分为两款。第一款是关于有关情形可以依法从宽处罚的规定。可以从以下几个方面进行理解：

一是关于从宽处罚的情形和条件。犯罪嫌疑人、被告人积极配合有组织犯罪案件的侦查、审查起诉、审判等工作。一般是在侦查、审查起诉、审判工作中积极配合，同时有组织犯罪可能还包括行贿罪等监察机关管辖的罪名。因此，在监察调查等工作中积极配合的，也可适用本条从宽处罚规定。从宽处罚包括从轻、减轻或者免除处罚。如何从宽处罚应当依照刑法的规定执行。根据具体情形，构成《刑法》第六十八条规定的立功、第六十七条规定的自首、特别自首或者坦白规定等法定从宽处罚情节的，依照刑法规定的从宽处罚种类执行，相关从宽情形刑法没有规定为法定从宽情节的，也可依法酌定从宽处罚，酌定从宽处罚不包括减轻处罚或者免除处罚，犯罪分子不具有刑法规定的减轻处罚情节，但是根据案件的特殊情况，需要减轻处罚的，应当依法经最高人民法院核准。另外，从轻处罚是指在法定刑档次内酌情从宽量刑；减轻处罚是指在法定刑以下判处刑罚，刑法规定有数个量刑幅度的，应当在法定量刑幅度的下一个量刑幅度内判处刑罚；免除处罚，是指免除追究刑事责任，根据《刑法》第三十七条的规定，对于犯罪情节轻微不需要判处刑罚的，可以免予刑事处罚。具体适用何种从宽处罚种类，需要结合刑法、本条规定以及案件和行为人的具体情况依法确定。本条规定了以下五种具体情形：

（1）为查明犯罪组织的组织结构及其组织者、领导者、首要分子的地位、作用提供重要线索或者证据的。这一规定有利于瓦解有组织犯罪内部结构，鼓励有组织犯罪成员积极配合案件调查，鼓励他们提供黑社会性质组织的领导者、组织者，恶势力组织的首要分子等组织、领导、策划有组织犯罪的线索、证据，以及相关人员在犯罪组织内部地位、作用大小的线索、证据等，这对于严厉惩治组织者、领导者具有重要作用，也可以做到对有组织犯罪不同成员区分情况实施宽严相济，对组织者、领导者予以重点惩治。因为组织者、领导者、首要分子在不参与直接实施相关犯罪的情况下，对其在有组织犯罪中的地位、作用大小等往往需要其他有组织犯罪成员提供有关线索、证据，才能查清有组织犯罪结构及认定相关组织者、领导者或者首要分子。

（2）为查明犯罪组织实施的重大犯罪提供重要线索或者证

据的。针对的是提供犯罪组织实施的有关重大犯罪的重要线索或者证据。黑恶势力组织往往实施多种重大犯罪，查证重大犯罪是对有组织犯罪组织及其成员惩治的基础。有组织犯罪组织及其实施的犯罪活动具有长期性、复杂性、实施多个犯罪等特点，在这样一个长链条的犯罪查处中，有组织犯罪成员积极配合，提供有关线索，侦查机关能够更顺利查清有组织犯罪组织实施的各项犯罪。对于犯罪组织成员积极配合案件调查，提供有关重大犯罪的线索、证据的，可依法从宽处罚。

（3）为查处国家工作人员涉有组织犯罪提供重要线索或者证据的。严厉铲除黑恶势力背后的“保护伞”是扫黑除恶专项斗争和今后常态化开展反有组织犯罪工作必须坚持的重要方面，是铲除有组织犯罪的关键性工作。有组织犯罪的形成发展往往背后都有“保护伞”的存在，“保护伞”通常又比较隐蔽，必须鼓励和依靠有组织犯罪人员的检举、揭发。因此，本项对有组织犯罪人员检举、揭发国家工作人员，或者提供有关重要线索、证据得以查办国家工作人员涉有组织犯罪的，可依法从宽处理。

（4）协助追缴、没收尚未掌握的赃款赃物的。“打财断血”是彻底铲除有组织犯罪根基的重要方面，有组织犯罪案件查处中必须特别重视财产追缴处置。为了更好的追缴、没收赃款赃物，有组织犯罪人员积极配合、交代，提供有关线索、证据或者协助是非常重要的。本项规定的是办案机关尚未掌握的赃款赃物，如有组织犯罪人员主动交代还有哪些赃款赃物，以及这些赃款赃物的去向，并协助追缴、没收的，可依法从宽处罚。

（5）其他为查办有组织犯罪案件提供重要线索或者证据的情形。除了上述列举的四种情形以外，还有其他为查办案件提供重要线索或者证据的情形。

二是对有组织犯罪的组织者、领导者应当严格适用。这样规定主要是考虑到有组织犯罪的组织者、领导者罪行重大，是有组织犯罪的重点惩治对象，一般情况下相对其他有组织犯罪成员应当严厉处罚，因此对组织者、领导者具有本条情形予以从宽处罚时应当严格适用。但也不是不能适用，只是相对于其他人员在条件和标准的把握上应当更为严格。如果有组织犯罪的组织者、领导者具有本条规定的上述五种情形，且属于为特别重大案件提供重要线索、关键证据，从而得以及时侦破重大案件、挽回重大损失的，可以考虑根据案件情况依法从宽处理。

第二款是关于对不予刑事处罚的犯罪嫌疑人、被告人可依法给予非刑罚处罚、行政处罚或者处分的规定。根据第二款规定，对参加有组织犯罪组织的犯罪嫌疑人、被告人不起诉或者免予刑事处罚的，可以根据案件的不同情况，依法予以训诫、责令具结悔过、赔礼道歉、赔偿损失，或者由主管部门予以行政处罚或者处分。

一是本款适用的对象是参加有组织犯罪组织的犯罪嫌疑人、被告人，包括积极参加和一般参加人员。对有组织犯罪的组织者、领导者一般不会作不起诉或者免予刑事处罚，因此不属于本款规定适用范围。

二是适用的情形是检察机关对上述人员作出不起诉决定，或者人民法院决定对这些人员免予刑事处罚的。只有在这种不予追究刑事责任的情况下，才能谈得上适用有关非刑罚处罚措施。

三是根据案件情况，依法予以训诫、责令具结悔过、赔礼道歉、赔偿损失，或者由主管部门予以行政处罚或者处分。《刑法》第三十七条规定："对于犯罪情节轻微不需要判处刑罚的，可以免予刑事处罚，但是可以根据案件的不同情况，予以训诫或者责令具结悔过、赔礼道歉、赔偿损失，或者由主管部门予以行政处罚或者行政处分。”本条规定与刑法上述规定相衔接。

关于训诫，除了上述刑法规定和本法规定训诫以外，刑事诉讼法、民事诉讼法等也作了规定，训诫是对犯罪人进行公开谴责的一种教育方法。责令具结悔过是责令其用书面方式保证悔改、不再重犯，我国一些法律中都规定了具结悔过的措施，如《预防未成年人犯罪法》第四十一条规定，对于有严重不良行为的未成年人，公安机关可以根据具体情况，采取责令具结悔过等矫治教育措施。责令赔礼道歉是责令其承认错误，向被害人表示歉意的教育方法；对于因被告人的犯罪行为遭受经济损失的被害人，可以责令被告人给予被害人一定经济赔偿。另外，还可以依据本条和其他法律规定，依法由主管部门予以行政处罚或者处分。如由公安机关对不予起诉或者判处刑罚的犯罪嫌疑人、被告人依据治安管理处罚法予以拘留、罚款等处罚。处分是指犯罪分子的所在单位或者基层组织，依照法律、规章制度，对免予刑事处罚的人员予以党纪政纪处分，如开除、记过、警告等。

在该条的理解适用中，需要注意的是，对于依法免予刑事处罚，并应当给予行政处罚或者处分的，应由主管部门作出相关决定。人民法院可以根据案件具体情况提出行政处罚或者处分的建议，但不能直接作出行政处罚或者处分的决定。司法机关和其他行政部门之间应当加强沟通和联系，充分发挥刑法及其他相关法律惩治有组织犯罪的作用，使犯罪行为人得到应有的惩罚，保护被害人的合法权益，使被害人经济上的损失得到赔偿。

相关规定

《中华人民共和国刑法》第三十七条；《最高人民法院、最高人民检察院、公安部、司法部关于办理黑恶势力犯罪案件若干问题的指导意见》第三十五条

第三十四条　对黑社会性质组织的组织者、领导者，应当依法并处没收财产。对其他组织成员，根据其在犯罪组织中的地位、作用以及所参与违法犯罪活动的次数、性质、违法所得数额、造成的损失等，可以依法并处罚金或者没收财产。

条文主旨

本条是关于对黑社会性质组织人员予以合适的财产处罚的规定。

立法背景

铲除黑社会性质组织的经济基础是扫黑除恶的关键。黑社会性质组织具有严重的社会危害性，很多在成型的过程中都具有“以黑促商，以商养黑”的重要特征，一方面通过各种非法手段最大化聚敛钱财并将这种财产用于支撑违法犯罪活动；另一方面又倚仗经济实力，腐蚀、拉拢政府官员，向经营领域渗透，将非法收入转化为合法收入，维护、巩固并获取更大的社会财富，从而进一步在一定区域或者行业内形成更大的非法控制，拓展地盘、巩固影响。1997 年刑法中对于黑社会性质组织犯罪没有规定财产刑，司法实践中只能按照《刑法》第六十四

条关于犯罪分子违法所得处置的规定处理涉黑财产，即追缴、没收犯罪分子的违法所得和用于犯罪的工具，对于黑社会性质组织的财产则不能予以没收，不利于从根本上铲除黑社会性质组织再犯罪的经济基础。实践中，很多黑社会性质组织在被打击惩治后能够“死灰复燃”，就是一直具有可以再实施犯罪的经济实力。为此，2011 年《刑法修正案（八）》对《刑法》第二百九十四条“组织、领导、参加黑社会性质组织罪”进行了修改，增加了财产刑，规定组织、领导黑社会性质的组织的，并处没收财产；积极参加的，可以并处罚金或者没收财产；其他参加的，可以并处罚金。《刑法》第二百九十四条对黑社会性质组织的组织者、领导者、积极参加者、其他参加者差别化地设置了经济处罚，既符合罪责刑相一致的精神，也符合特殊预防的要求，可以有效地剥夺黑社会性质组织及其成员的经济基础，防止黑社会性质组织成员再次实施犯罪。2019 年，《最高人民法院、最高人民检察院、公安部、司法部关于办理黑恶势力刑事案件中财产处置若干问题的意见》进一步重申了要彻底铲除黑恶势力犯罪经济基础的精神。该意见在“总体工作要求”部分第四点提出：“要彻底摧毁黑社会性质组织的经济基础，防止其死灰复燃。对于组织者、领导者一般应当并处没收个人全部财产。对于确属骨干成员或者为该组织转移、隐匿资产的积极参加者，可以并处没收个人全部财产。对于其他组织成员，应当根据所参与实施违法犯罪活动的次数、性质、地位、作用、违法所得数额以及造成损失的数额等情节，依法决定财产刑的适用。”为进一步巩固司法实践中的做法和成果，本条对黑社会性质组织成员的财产处罚作了专门规定，进一步做好与刑法相关规定的衔接。

条文解读

本条有两层意思。一是对黑社会性质组织的组织者、领导者，应当依法并处没收财产。这里的“黑社会性质组织”与《刑法》第二百九十四条中对黑社会性质组织的界定是一致的。黑社会性质组织应当具有以下特征：其一，形成较稳定的犯罪组织，人数较多，有明确的组织者、领导者，骨干成员基本固定；其二，有组织地通过违法犯罪活动或者其他手段获取经济利益，具有一定的经济实力，以支持该组织的活动；其三，以暴力、威胁或者其他手段，有组织地多次进行违法犯罪活动，为非作恶，欺压、残害群众；其四，通过实施违法犯罪活动，或者利用国家工作人员的包庇或者纵容，称霸一方，在一定区域或者行业内，形成非法控制或者重大影响，严重破坏经济、社会生活秩序。本条规定的黑社会性质组织的“组织者”，是指倡导、发起、策划、建立黑社会性质组织的人员；黑社会性质组织的“领导者”，是指在黑社会性质组织中处于领导地位，对该组织的活动进行策划、决策、指挥、协调的人员。黑社会性质组织的组织者、领导者在黑社会性质组织的活动中处于核心地位，根据案件相关证据的情况一般可以认定为犯罪集团的首要分子。《刑法》第二十六条规定，三人以上为共同实施犯罪而组成的较为固定的犯罪组织，是犯罪集团。对组织、领导犯罪集团的首要分子，按照集团所犯的全部罪行处罚。因此，有必要对黑社会性质组织的组织者、领导者施以比一般参加黑社会性质组织的人员更重的处罚。本条规定的“应当依法并处没收财产”是对黑社会性质组织的组织者、领导者判处财产刑的依据。这里的“依法”，是指应当根据刑法的规定对这些犯罪人员判处财产刑，主要是依据《刑法》第二百九十四条的规定，对组织、领导黑社会性质的组织的，处七年以上有期徒刑，并处没收财产。这里的“并处没收财产”，是指对黑社会性质组织的组织者、领导者在判处主刑的同时，并处没收财产的附加刑。根据《刑法》第五十九条的规定，没收财产是没收犯罪分子个人所有财产的一部或者全部。没收全部财产的，应当对犯罪分子个人及其扶养的家属保留必需的生活费用。在判处没收财产的时候，不得没收属于犯罪分子家属所有或者应有的财产。第六十条规定，没收财产以前犯罪分子所负的正当债务，需要以没收的财产偿还的，经债权人请求，应当偿还。

二是对其他组织成员，根据其在犯罪组织中的地位、作用以及所参与违法犯罪活动的次数、性质、违法所得数额、造成的损失等，可以依法并处罚金或者没收财产。这里的“其他组织成员”是指黑社会性质组织的组织者、领导者以外的组织成员。由于同在黑社会性质组织中，有些人属于积极参加的，其实施的犯罪行为、在黑社会性质组织中的作用和社会危害性大一些；还有一些人属于一般性参加的，其实施的犯罪行为、在黑社会性质组织中的作用和社会危害性小一些。为此，《刑法》第二百九十四条第一款对积极参加和其他参加黑社会性质组织的人员在罚金刑上作出了区分：即积极参加的，除处三年以上七年以下有期徒刑外，可以并处罚金或者没收财产；其他参加的，除处三年以下有期徒刑、拘役、管制或者剥夺政治权利外，可以并处罚金。这里规定“根据其在犯罪组织中的地位、作用以及所参与违法犯罪活动的次数、性质、违法所得数额、造成的损失等”，首先，要判断行为人在黑社会性质组织里属于“积极参加”的人员还是“其他参加”的人员。其次，如果行为人属于“积极参加”黑社会性质组织的人员，仍然需要根据其在犯罪组织中的地位、作用以及参与违法犯罪活动的次数、性质、违法所得数额、造成的损失等判断是否需要判处财产刑，以及判处何种财产刑。对于同一涉嫌黑社会性质组织的案件来说，当数个同案犯的社会危害性都属于“积极参加”黑社会性质组织的情形，那么其附加的财产刑一般会与行为人主刑的轻重相一致，即主刑较重的，财产刑也会较重；主刑较轻的，财产刑也会较轻。数个行为人的社会危害性同属于“其他参加”黑社会性质组织的，对是否处以罚金刑以及处以多少罚金刑，也同样需要根据其在犯罪组织中的具体地位、作用以及所参与违法犯罪活动的次数、性质、违法所得数额、造成的损失等进行判定。这里的“可以依法并处罚金或者没收财产”，主要是指依照《刑法》第二百九十四条第一款规定的对“积极参加的”人员，在处以主刑的同时“可以并处罚金或者没收财产”；对“其他参加的”人员，在处以主刑的同时“可以并处罚金”。总体上，对于“积极参加”黑社会性质组织的人员来说，根据其在黑社会性质组织中具体的犯罪情况处以主刑后，可以由重到轻处以并处没收财产、并处罚金的财产刑，也可以不处以财产刑。对于“其他参加”黑社会性质组织的人员来说，在主刑外，可以并处罚金，也可以不处以罚金。关于罚金，《刑法》第五十二条规定，判处罚金，应当根据犯罪情节决定罚金数额。第五十三条规定，罚金在判决指定的期限内一次或者分期缴纳。期满不缴纳的，强制缴纳。对于不能全部缴纳罚金的，人民法院在任何时候发现被执行人有可以执行的财产，应当随时追缴。由于遭遇不能抗拒的灾祸等原因缴纳确实有困难的，经人民法院裁定，可以延期缴纳、酌情减少或者免除。

根据本条的规定，司法机关可以根据刑法的相关规定，结合案件具体的实际情况，对黑社会性质组织的人员处以准确的财产刑。

在该条的理解适用中，需要注意以下问题：

对涉及黑社会性质组织犯罪的被告人，除主刑需要符合罪责刑相适应原则外，财产刑作为附加刑也应当考虑其在犯罪组织中的地位、作用以及所参与违法犯罪活动的次数、性质、违法所得数额、造成的损失等，要与行为人造成的社会危害性相一致，与主刑的定罪量刑相匹配。

相关规定

《中华人民共和国刑法》第二十六条、第五十二条、第五十三条、第五十九条、第六十条、第六十四条、第一百九十四条

第三十五条　对有组织犯罪的罪犯，执行机关应当依法从严管理。

黑社会性质组织的组织者、领导者或者恶势力组织的首要分子被判处十年以上有期徒刑、无期徒刑、死刑缓期二年执行的，应当跨省、自治区、直辖市异地执行刑罚。

条文主旨

本条是关于对有组织犯罪的罪犯从严管理的规定。

立法背景

有组织犯罪人数多、结构稳固复杂，对社会秩序、经济秩

序造成严重危害。在审判阶段，需要根据刑事政策的精神和刑法的具体规定依法作出判决。在刑罚执行阶段，也需要明确从严管理的精神，主要有以下考虑：

一是，有组织犯罪罪犯的主观恶性等特征决定了其较一般罪犯而言更难改造和管理。有组织犯罪属于最复杂的犯罪形态，罪犯实施犯罪的时间长、危害大，主观恶性比一般罪犯都要重，在接受惩罚和改造的过程中，产生抗拒的可能性也较大，需要有针对性地从严管理。根据《监狱法》第三十九条第二款的规定，监狱根据罪犯的犯罪类型、刑罚种类、刑期、改造表现等情况，对罪犯实行分别关押，采取不同方式管理。对有组织犯罪罪犯执行刑罚，应当充分考虑改造罪犯的难度，需要落实从严管理的精神，切实达到消除再犯罪的效果。实践中，刑罚执行机关已经根据有组织犯罪的特殊性质，在对该类罪犯的教育改造方面制定了特殊的管理方式，本条规定进一步明确了从严管理的精神。

二是，从刑事政策的角度出发，需要对有组织犯罪罪犯在刑罚执行阶段从严管理。对有组织犯罪从严惩治不仅在定罪量刑的审判阶段，在刑罚执行阶段也要从严，可以宣示对有组织犯罪整体从严惩治的态度。涉及有组织犯罪意味着更重的刑事责任和更严的刑罚执行，能够发挥刑罚威吓的效果，起到犯罪预防的作用，有利于防范、分化、瓦解有组织犯罪。

三是，从严管理体现了对刑罚执行机关及工作人员的要求。在扫黑除恶专项斗争过程中发现，对一些有组织犯罪的罪犯在刑罚执行阶段确实存在“宽、松、软”的情况，执行不严格，造成重判成轻判、轻判成空判，给司法公信力造成恶劣影响。有的案件反映，审判阶段依法从重惩处的罪犯，在刑罚执行阶段却通过一些理由、名目减少刑期、暂缓执行甚至不执行刑罚，使得刑罚的效果大打折扣。有的案件反映，黑社会性质组织、恶势力组织的首要分子在监狱中不仅没有依法严格接受教育改造，反而具有比一般服刑人员优待的特殊便利等。有的甚至还可以“遥控指挥”监狱外的事务，使得地方黑恶势力持续运作并继续发展壮大。为此，明确刑罚执行阶段对有组织犯罪的罪犯从严管理，可以防范出现执行“宽、松、软”的情况。

对有组织犯罪的罪犯从严管理是刑罚执行中一贯坚持的基本要求。在反有组织犯罪法颁布前，带有司法解释性质的规范性文件已经通过相关规定指导司法实践。2018 年，《最高人民法院、最高人民检察院、公安部、司法部关于办理黑恶势力犯罪案件若干问题的指导意见》中规定，执行等各阶段要体现依法从严惩处精神，严格掌握取保候审，严格掌握不起诉，严格掌握缓刑、减刑、假释，严格掌握保外就医适用条件，充分运用刑法总则关于共同犯罪和犯罪集团的规定加大惩处力度，充分利用资格刑、财产刑降低再犯可能性。监狱应当从严管理组织、领导、参加黑社会性质组织的罪犯，严格罪犯会见、减刑、假释、暂予监外执行等执法活动。对于判处十年以上有期徒刑、无期徒刑，判处死刑缓期二年执行减为有期徒刑、无期徒刑的黑社会性质组织的组织者、领导者，实行跨省、自治区、直辖市异地关押。积极开展黑恶势力犯罪线索排查，教育引导服刑人员检举揭发。社区矫正机构对拟适用社区矫正的黑恶势力犯罪案件的犯罪嫌疑人、被告人，应当认真开展调查评估，为准确适用非监禁刑提供参考。社区矫正机构对组织、领导、参加黑社会性质组织的社区服刑人员要严格监管教育。此外，2019 年，《最高人民法院、最高人民检察院、公安部、司法部关于办理恶势力刑事案件若干问题的意见》在“正确运用宽严相济刑事政策的有关要求”部分对恶势力的纠集者、恶势力犯罪集团的首要分子、重要成员以及恶势力、恶势力犯罪集团共同犯罪中罪责严重的主犯明确要求严格掌握缓刑、减刑、假释，严格掌握保外就医适用条件。反有组织犯罪法起草过程中，对司法实践中的相关做法进行了总结和提炼，形成了本条规定。

条文解读

本条共分为两款。第一款是关于执行机关应当对有组织犯罪的罪犯依法从严管理的规定。

这里的“有组织犯罪”，根据本法第二条的规定，是指根据《中华人民共和国刑法》第二百九十四条规定的组织、领导、参加黑社会性质组织犯罪，以及黑社会性质组织、恶势力组织实施的犯罪。境外的黑社会组织到中华人民共和国境内发展组织成员、实施犯罪，以及在境外对中华人民共和国国家或者公民犯罪，也属于这里的有组织犯罪。本款规定的“有组织犯罪的罪犯”，是指依照法定程序，因涉及有组织犯罪被人民法院判决有罪并被执行刑罚的人。这些罪犯可能涉及黑社会性质组织的犯罪，也可能涉及恶势力组织的犯罪；根据犯罪情节和参与程度不同，既可能是有组织犯罪的组织者、领导者、首要分子，也可能是积极参加者、一般参加者。因此，本款规定的“有组织犯罪的罪犯”并不限定罪犯所触犯的具体罪名、罪犯在犯罪中是主犯还是从犯、在犯罪中的作用和犯罪危害性的大小，以及刑罚如何执行等，只要罪犯因有组织犯罪被起诉和处以刑罚，就属于这里的“有组织犯罪的罪犯”。本款规定的“执行机关”，根据法院判决的刑罚不同，分别可能是监狱、看守所、公安机关、人民法院、社区矫正机构等执行刑罚的机关。根据《刑事诉讼法》第二百六十四条的规定，对被判处死刑缓期二年执行、无期徒刑、有期徒刑的罪犯，由公安机关依法将该罪犯送交监狱执行刑罚。对被判处有期徒刑的罪犯，在被交付执行刑罚前，剩余刑期在三个月以下的，由看守所代为执行。对被判处拘役的罪犯，由公安机关执行。对未成年犯应当在未成年犯管教所执行刑罚。第二百六十九条规定，对被判处管制、宣告缓刑、假释或者暂予监外执行的罪犯，依法实行社区矫正，由社区矫正机构负责执行。此外，对于罚金、没收财产等附加刑，《刑事诉讼法》第二百七十一条规定，被判处罚金的罪犯，期满不缴纳的，人民法院应当强制缴纳；如果由于遭遇不能抗拒的灾祸等原因缴纳确实有困难的，经人民法院裁定，可以延期缴纳、酌情减少或者免除。第二百七十二条规定，没收财产的判决，无论附加适用或者独立适用，都由人民法院执行；在必要的时候，可以会同公安机关执行。

本款规定的“应当依法从严管理”是本款规定的核心内容，有以下三层意思：

一是，执行机关应当对罪犯的管理和处遇依法从严。监狱、看守所、公安机关、社区矫正机构等执行刑罚的机关应当对有组织犯罪的罪犯严格执行。实践中，对罪犯分级处遇，有的地方根据罪犯的改造情况划分为严管级、考察级、普管级、宽管级四类，处遇内容逐级放宽。对于有组织犯罪的罪犯，在与一般性犯罪的罪犯同样的条件下，就不应具有与一般罪犯一样甚至更为宽缓的处遇等级、待遇等。

二是，执行机关应当在减刑、假释、暂予监外执行等方面依法从严管理。减刑、假释、暂予监外执行等特殊的刑罚执行制度需从严做好实质审查工作。2021 年 12 月，最高人民法院、最高人民检察院、公安部、司法部印发《关于加强减刑、假释案件实质化审理的意见》，对一般的减刑、假释案件提出要求，审理减刑、假释案件应当全面审查刑罚执行机关报送的材料，既要注重审查罪犯交付执行后的一贯表现，同时也要注重审查罪犯犯罪的性质、具体情节、社会危害程度、原判刑罚及生效裁判中财产性判项的履行情况等，依法作出公平、公正的裁定，切实防止将考核分数作为减刑、假释的唯一依据。根据这一规定，对有组织犯罪罪犯的减刑、假释、暂予监外执行等应当更为严格。

具体而言，对于刑法规定的立功、重大立功作为减刑的条件，执行机关在提出建议、检察机关在进行监督、人民法院在审核裁定的过程中，都要严格审查罪犯立功、重大立功的证据材料，准确把握认定条件。对于检举、揭发监狱内外犯罪活动，或者提供重要破案线索的，应当注重审查线索的来源。对于揭发线索来源存疑的，应当进一步核查，如果查明线索系通过贿买、暴力、威胁或者违反监规等非法手段获取的，不认定罪犯具有立功或者重大立功表现。对于实践中出现的可以认定立功的其他情况，如技术革新、发明创造等，应当注重审查罪犯是否具备该技术革新、发明创造的专业能力和条件，对于罪犯明显不具备相应专业能力及条件、不能说明技术革新或者发明创造原理及过程的，不认定罪犯具有立功或者重大立功表现。比如，云南孙小果案，孙小果被坊间称为“昆明恶霸”，1994 年就因参与轮奸 2 名女青年，被判强奸罪，因其不是主犯且未满 18 周岁，处三年有期徒刑。1998 年，其因强奸、强制侮辱妇女、故意伤害、寻衅滋事等罪名，一审被判处死刑，后由云南省高级人民法院二审判处死刑，缓期两年执行。2007

年，云南省高级人民法院再审改判其有期徒刑二十年。在实际服刑十二年零五个月释放后，孙小果又接连实施了一系列犯罪行为。2019 年 3 月，有关部门发现了这一重大案件线索，并将该案作为重点案件进行督办。经查，孙小果的家人多次运作并拉拢腐蚀司法工作人员，为孙小果违规办理保外就医、取保候审、再审改判减刑、多次违规减刑等提供帮助。特别是通过所谓的"联动锁紧式防盗窨井盖"新型专利获重大立功并报请减刑。2019 年 12 月，云南省高级人民法院对孙小果案经再审依法公开宣判，决定对孙小果执行死刑，剥夺政治权利终身，并处没收个人全部财产。2020 年 2 月，昆明市中院对孙小果执行死刑。对于阻止他人实施犯罪活动，协助司法机关抓捕其他犯罪嫌疑人，在日常生产、生活中舍己救人，在抗御自然灾害或者排除重大事故中有积极或者突出表现的，除应当审查有关部门出具的证明材料外，还应当注重审查能够证明上述行为的其他证据材料。总体上，严格把握"较大贡献"或者"重大贡献"的认定条件。这里的"较大贡献"或者"重大贡献"，是指对国家、社会具有积极影响，而非仅对个别人员、单位有贡献和帮助。对于申请暂予监外执行，主要是保外就医的，要充分体现从严精神，从严规定条件，从严规范程序，对于符合《刑事诉讼法》第二百六十八条规定的暂予监外执行的情形消失、严重违反有关暂予监外执行监督管理规定等情形的，应当及时收监。

三是，从严管理需要依法。这里的依法包括刑法、刑事诉讼法、反有组织犯罪法、社区矫正法等相关法律法规的规定。比如《刑法》第七十八条规定，如果经证实确实存在阻止他人重大犯罪活动、真正有发明创造或者重大技术革新等情况的，应当依法予以减刑。从严管理需要在法治的框架范围内执行，不能为实现从严管理违反法律法规的规定。

本条第二款是关于法律规定的有组织犯罪的罪犯应当跨省异地执行刑罚的规定。对特定的有组织犯罪的罪犯异地执行刑罚是十分必要的：

一是被判处重刑的黑社会性质组织的组织者、领导者或者恶势力的首要分子在当地服刑更容易受当地环境影响，有异地执行刑罚的必要。有组织犯罪的组织者、领导者、首要分子系犯罪的主要策划者、实施者，主观恶性大，认罪伏法难，对其需要长期从严教育改造。由于这类罪犯对当地的行业、经济、人员情况熟悉，容易受当地相关情况的影响，不安心接受改造，通过异地执行可以有效切断这种影响，有利于开展更为彻底的教育转化。

二是被判处重刑的黑社会性质组织的组织者、领导者或者恶势力的首要分子在当地服刑容易对同案的其他罪犯产生影响，需要异地执行刑罚。将有组织犯罪的组织者、领导者、首要分子与一般参加有组织犯罪的罪犯在地域上分开执行刑罚，可以避免主观恶性更大的组织者、领导者、首要分子继续发挥影响力，干扰同案的其他罪犯的教育改造，防范有组织犯罪在当地“久扑不灭”“死灰复燃”。

三是通过异地执行刑罚的制度设计，可以有效降低判处重刑的黑社会性质组织的组织者、领导者或者恶势力的首要分子拉拢腐蚀刑罚执行人员的可能性。

另外，需要注意的是，并不需要对所有的有组织犯罪罪犯均异地执行刑罚。其一，对所有的有组织犯罪罪犯大范围异地执行，会给执行机关调动服刑罪犯的工作造成压力。其二，一些主观恶性不大、犯罪危害较轻的罪犯，在本地服刑仍然能够在执行机关有效地监管下保持与当地亲属的联系，一定程度上有利于其教育改造，更快回归社会。其三，将判处重刑的，需要长期服刑的黑社会性质组织的组织者、领导者或者恶势力的首要分子异地执行，同案的其他短期服刑的罪犯本地执行，能够有效拆散和瓦解有组织犯罪的结构体系，断绝各种可能对执行刑罚造成的干扰和负面影响，同时也能节约刑罚执行机关调动罪犯的成本。基于以上考虑，本款作了相应的规定。

根据本款规定，异地执行刑罚有两个条件：

一是适用对象。根据本款规定的适用对象分为两类，其一，黑社会性质组织的组织者、领导者；其二，恶势力组织的首要分子。这两类罪犯在黑社会性质组织和恶势力组织中都居于核心地位，是组织、策划、指挥有组织犯罪的最主要人员。

二是刑期条件。根据本款规定，这些罪犯需要“被判处十年以上有期徒刑、无期徒刑、死刑缓期二年执行的”才应当异地执行。根据《刑法》第二百九十四条规定，组织、领导黑社会性质的组织的，处七年以上有期徒刑，并处没收财产。因此，并不是所有的黑社会性质组织的组织者、领导者都一概异地执行，只有被判处十年以上有期徒刑、无期徒刑、死刑缓刑二年执行的才属于本款规定的对象。此外，根据《刑法》第二十六条的规定，对组织、领导犯罪集团的首要分子，按照集团所犯的全部罪行处罚。恶势力组织的首要分子要按照恶势力犯罪集团所犯的全部罪行处罚，如果被判处十年以上有期徒刑、无期徒刑、死刑缓刑二年执行的，也属于本款规定的对象。

本款规定的“异地执行刑罚”，是指在有组织犯罪有组织、有规模地实施犯罪活动的地域或者长期居住的区域以外的地方，对有组织犯罪的罪犯执行刑罚。符合本款规定条件的罪犯应当跨省、自治区、直辖市异地执行刑罚。

相关规定

《中华人民共和国刑法》第二十六条、第九十七条、第二百九十四条；《中华人民共和国刑事诉讼法》第二百六十四条、第二百六十八条、第二百六十九条、第二百七十一条、第二百七十二条

第三十六条 **对被判处十年以上有期徒刑、无期徒刑、死刑缓期二年执行的黑社会性质组织的组织者、领导者或者恶势力组织的首要分子减刑的，执行机关应当依法提出减刑建议，报经省、自治区、直辖市监狱管理机关复核后，提请人民法院裁定。**

对黑社会性质组织的组织者、领导者或者恶势力组织的首要分子假释的，适用前款规定的程序。

条文主旨

本条是关于特定的有组织犯罪的罪犯减刑、假释程序的规定。

立法背景

相关法律对减刑、假释程序作出了一般性的规定。如《刑法》第七十九条、第八十二条；《刑事诉讼法》第二百七十三条；《监狱法》第三十条、第三十一条、第三十二条等。这些规定中的程序适用于所有罪犯的减刑、假释。

相关司法解释等配套性规定也对特定案件、特殊罪犯严格减刑、假释程序提出了要求。2012年《最高人民法院、最高人民检察院、公安部、司法部关于办理黑社会性质组织犯罪案件若干问题的规定》第二十七条规定，对组织、领导和积极参加黑社会性质组织的罪犯减刑的，执行机关应当依法提出减刑建议，报经省、自治区、直辖市监狱管理机关审核后，提请人民法院裁定。监狱管理机关审核时应当向同级人民检察院、公安机关通报情况。对被判处不满十年有期徒刑的组织、领导和积极参加黑社会性质组织的罪犯假释的，依照前款规定处理。2014年《最高人民法院关于减刑、假释案件审理程序的规定》第六条第五项规定，被报请减刑、假释罪犯系职务犯罪罪犯，组织（领导、参加、包庇、纵容）黑社会性质组织犯罪罪犯，破坏金融管理秩序和金融诈骗犯罪罪犯及其他在社会上有重大影响或社会关注度高的，人民法院应当开庭审理。

同时，需要进一步明确对特定的有组织犯罪罪犯从严减刑、假释程序。其一，特定的有组织犯罪罪犯主观恶性更大、认罪伏法更难，欺骗性也更强。特别是被判处十年以上有期徒刑、无期徒刑、死刑缓期二年执行的黑社会性质组织的组织者、领导者或者恶势力组织的首要分子，在减刑、假释时需要非常慎重地审查其是否真实符合减刑、假释的法定条件。通过设置特定的程序有利于刑罚执行机关、人民检察院、人民法院进一步审核、识别。其二，为彻底改造罪犯，达到惩罚和改造的效果，对于特定罪犯，刑罚执行机关需要加大教育转化力度，帮助其彻底转变为守法公民，因此在减刑、假释上需要慎重。其三，黑社会性质组织和恶势力组织在发展壮大的过程中，存在拉拢、腐蚀国家工作人员形成“保护伞”的情况。当黑社会性质组织和恶势力组织成员受到法律惩治和打击时，“保护伞”对其予以庇护，出现干扰办案、帮助罪犯不严格执行刑罚等个别情况，因此需要通过明确规定，进一步严格减刑、假释的程序，也可以防止实践中出现这种问题。

条文解读

本条共分为两款。第一款是特定的有组织犯罪的罪犯减刑程序的规定。本款的适用对象为“对被判处十年以上有期徒刑、无期徒刑、死刑缓期二年执行的黑社会性质组织的组织者、领导者或者恶势力组织的首要分子”。该类对象分为两类，一是黑社会性质组织的组织者、领导者；二是恶势力组织的首要分子。这两类罪犯在黑社会性质组织和恶势力组织中都居于核心地位，是组织、策划、指挥有组织犯罪的最主要人员。这些人员要符合“被判处十年以上有期徒刑、无期徒刑、死刑缓期二年执行的”条件。根据《刑法》第二百九十四条规定，组织、领导黑社会性质的组织的，处七年以上有期徒刑，并处没收财产。因此，并不是所有的黑社会性质组织的组织者、领导者一概都属于本款的适用对象，本款仅适用于被判处十年以上有期徒刑、无期徒刑、死刑缓刑二年执行的黑社会性质组织的组织者、领导者。根据《刑法》第二十六条的规定，对组织、领导犯罪集团的首要分子，按照集团所犯的全部罪行处罚。恶势力组织的首要分子要按照恶势力犯罪集团所犯的全部罪行处罚，如果其被判处十年以上有期徒刑、无期徒刑、死刑缓刑二年执行的，也属于本款的适用对象。

本款是特定的有组织犯罪的罪犯“减刑”程序的规定。这里的“减刑”首先需要符合刑法的规定。《刑法》第七十八条规定，被判处管制、拘役、有期徒刑、无期徒刑的犯罪分子，在执行期间，如果认真遵守监规，接受教育改造，确有悔改表现的，或者有立功表现的，可以减刑；有下列重大立功表现之一的，应当减刑：（一）阻止他人重大犯罪活动的；（二）检举监狱内外重大犯罪活动，经查证属实的；（三）有发明创造或者重大技术革新的；（四）在日常生产、生活中舍己救人的；（五）在抗御自然灾害或者排除重大事故中，有突出表现的；（六）对国家和社会有其他重大贡献的。减刑以后实际执行的刑期不能少于下列期限：（一）判处管制、拘役、有期徒刑的，不能少于原判刑期的二分之一；（二）判处无期徒刑的，不能少于十三年；（三）人民法院依照本法第五十条第二款规定限制减刑的死刑缓期执行的犯罪分子，缓期执行期满后依法减为无期徒刑的，不能少于二十五年，缓期执行期满后依法减为二十五年有期徒刑的，不能少于二十年。对于死刑缓期二年执行的减刑，《刑法》第五十条规定，判处死刑缓期执行的，在死刑缓期执行期间，如果没有故意犯罪，二年期满以后，减为无期徒刑；如果确有重大立功表现，二年期满以后，减为二十五年有期徒刑；如果故意犯罪，情节恶劣的，报请最高人民法院核准后执行死刑；对于故意犯罪未执行死刑的，死刑缓期执行的期间重新计算，并报最高人民法院备案。对被判处死刑缓期执行的累犯以及因故意杀人、强奸、抢劫、绑架、放火、爆炸、投放危险物质或者有组织的暴力性犯罪被判处死刑缓期执行的犯罪分子，人民法院根据犯罪情节等情况可以同时决定对其限制减刑。因此，根据罪犯被判处刑罚的主刑是有期徒刑、无期徒刑还是死刑缓期二年执行，执行机关应当依照刑法的相关规定对能否减刑作出判断。

本款规定，“执行机关应当依法提出减刑建议”。这里的“执行机关”根据本款对特定的有组织犯罪的罪犯判处刑罚的限制条件，主要是指监狱，也包括其他执行机关，如社区矫正机构等。这里的“依法”包括刑法、刑事诉讼法、监狱法等相关法律法规的规定，也包括本法的相关规定。刑法、刑事诉讼法、监狱法等法律法规对一般案件的减刑程序作了规定，而本法对特定有组织犯罪罪犯的减刑程序设置了更为严格的程序，增加了省一级监狱管理机关审核的程序。从这层意义上，执行机关对于本款规定的有组织犯罪的罪犯提出减刑建议的，必须根据本款规定报省一级监狱管理机关审核。

关于执行机关提出“减刑建议”，《刑法》第七十九条规定，对于犯罪分子的减刑，由执行机关向中级以上人民法院提出减刑建议书。人民法院应当组成合议庭进行审理，对确有悔改或者立功事实的，裁定予以减刑。非经法定程序不得减刑。《刑事诉讼法》第二百七十三条第二款规定，被判处管制、拘役、有期徒刑或者无期徒刑的罪犯，在执行期间确有悔改或者立功表现，应当依法予以减刑、假释的时候，由执行机关提出建议书，报请人民法院审核裁定，并将建议书副本抄送人民检察院。人民检察院可以向人民法院提出书面意见。对于死刑缓期二年执行的罪犯的减刑，《监狱法》第三十一条规定，被判处死刑缓期二年执行的罪犯，在死刑缓期执行期间，符合法律规定的减为无期徒刑、有期徒刑条件的，二年期满时，所在监狱应当及时提出减刑建议，报经省、自治区、直辖市监狱管理机关审核后，提请高级人民法院裁定。提出“减刑建议”的，应当制作减刑建议书。减刑建议书是执行机关制作，建议人民法院予以减刑的正式书面文件，也是人民法院启动减刑程序的依据，没有执行机关的减刑建议书，人民法院不能受理减刑案件，也不能制作减刑裁定书。

本款规定的“报经省、自治区、直辖市监狱管理机关复核”是对特定的有组织犯罪的罪犯予以减刑的特别程序。这里规定的“复核”程序，需要在执行机关依法提出减刑建议并审核同意后，先由省、自治区、直辖市监狱管理机关复核，再向人民法院提请裁定。这样规定，体现了对被判处十年以上有期徒刑、无期徒刑、死刑缓期二年执行的黑社会性质组织的组织者、领导者或者恶势力组织的首要分子在减刑上更为慎重的态度。

本款规定的“提请人民法院裁定”依照刑法、刑事诉讼法、监狱法的相关规定，考虑罪犯处以有期徒刑、无期徒刑、死刑缓期二年执行刑罚的不同，依法由中级人民法院或者高级人民法院进行裁定。需要注意的是，除本款规定的犯罪对象外的其他有组织犯罪罪犯的减刑程序，仍适用刑法、刑事诉讼法、监狱法等相关法律法规中作出的关于减刑的一般性程序规定。

第二款是特定的有组织犯罪的罪犯假释程序的规定。本款规定的适用对象与前款规定有一定的差别，为“黑社会性质组织的组织者、领导者或者恶势力组织的首要分子”。

这里的“假释”需要符合刑法的规定。《刑法》第八十一条规定，被判处有期徒刑的犯罪分子，执行原判刑期二分之一以上，被判处无期徒刑的犯罪分子，实际执行十三年以上，如果认真遵守监规，接受教育改造，确有悔改表现，没有再犯罪的危险的，可以假释。如果有特殊情况，经最高人民法院核准，可以不受上述执行刑期的限制。对累犯以及因故意杀人、强奸、抢劫、绑架、放火、爆炸、投放危险物质或者有组织的暴力性犯罪被判处十年以上有期徒刑、无期徒刑的犯罪分子，不得假释。对犯罪分子决定假释时，应当考虑其假释后对所居住社区的影响。

对本款规定的有组织犯罪的罪犯假释的“适用前款规定的程序”。刑法、刑事诉讼法、监狱法的相关规定中，假释程序基本与减刑程序一致。如《刑法》第八十二条规定，对于犯罪分子的假释，依照《刑法》第七十九条规定的程序进行，也就是依照犯罪分子减刑的程序进行。《监狱法》第三十二条规定，被判处无期徒刑、有期徒刑的罪犯，符合法律规定的假释条件的，由监狱根据考核结果向人民法院提出假释建议，人民法院应当自收到假释建议书之日起一个月内予以审核裁定；案情复杂或者情况特殊的，可以延长一个月。假释裁定的副本应当抄送人民检察院。因此，对于一般犯罪分子假释的，应当由执行机关向所在地的中级以上人民法院提出假释建议书，中级以上人民法院应当组成合议庭审理假释案件。对于黑社会性质组织的组织者、领导者或者恶势力组织的首要分子假释的，本款设置了更为严格的程序，即需要执行机关提出假释建议，报经省、自治区、直辖市监狱管理机关复核后，再提请人民法院裁定。也就是将黑社会性质组织的组织者、领导者或者恶势力组织的首要分子的所有假释案件均提到省级监狱管理机关审核，比一般性质的假释案件更为严格。

在该条的理解适用中，应当需要注意异地办理减刑、假释案件的问题。本法第三十五条第二款规定，黑社会性质组织的组织者、领导者或者恶势力组织的首要分子被判处十年以上有期徒刑、无期徒刑、死刑缓期二年执行的，应当跨省、自治区、直辖市异地执行刑罚。此外，2014 年，《最高人民法院关于减刑、假释案件审理程序的规定》第一条规定，对减刑、假释案件，应当按照下列情形分别处理：（一）对被判处死刑缓期执行的罪犯的减刑，由罪犯服刑地的高级人民法院在收到同级监狱管理机关审核同意的减刑建议书后一个月内作出裁定；（二）对被判处无期徒刑的罪犯的减刑、假释，由罪犯服刑地的高级人民法院在收到同级监狱管理机关审核同意的减刑、假释建议书后一个月内作出裁定，案情复杂或者情况特殊的，可以延长一个月；（三）对被判处有期徒刑和被减为有期徒刑的罪犯的减刑、假释，由罪犯服刑地的中级人民法院在收到执行机关提出的减刑、假释建议书后一个月内作出裁定，案情复杂或者情况特殊的，可以延长一个月；（四）对被判处拘役、管制的罪犯的减刑，由罪犯服刑地中级人民法院在收到同级执行机关审核同意的减刑、假释建议书后一个月内作出裁定。2021年，《最高人民法院关于适用〈中华人民共和国刑事诉讼法〉的解释》第五百三十四条也作了相同的规定。因此，在程序上，被判处十年以上有期徒刑、无期徒刑、死刑缓期二年执行的黑社会性质组织的组织者、领导者或者恶势力组织的首要分子的减刑、假释应当由异地的刑罚执行机关提出减刑、假释建议，并报其服刑地的省、自治区、直辖市监狱管理机关复核，再根据法律、司法解释等相关规定，分别由罪犯服刑地的高级人民法院或中级人民法院裁定。

相关规定

《中华人民共和国刑法》第二十六条、第二十七条、第五十条、第七十八条、第七十九条、第八十一条、第八十二条、第二百九十四条；《中华人民共和国刑事诉讼法》第二百七十三条；《中华人民共和国监狱法》第三十条、第三十一

条、第三十二条；《最高人民法院关于减刑、假释案件审理程序的规定》

第三十七条　人民法院审理黑社会性质组织犯罪罪犯的减刑、假释案件，应当通知人民检察院、执行机关参加审理，并通知被报请减刑、假释的罪犯参加，听取其意见。

条文主旨

本条是关于人民法院审理黑社会性质组织犯罪罪犯的减刑、假释案件相关程序的规定。

立法背景

本条对人民法院审理黑社会性质组织犯罪罪犯的减刑、假释案件设置了特别程序。刑法、刑事诉讼法、监狱法对减刑、假释案件的办理程序作了规定。《刑法》第七十九条规定，对于犯罪分子的减刑，由执行机关向中级以上人民法院提出减刑建议书。人民法院应当组成合议庭进行审理，对确有悔改或者立功事实的，裁定予以减刑。非经法定程序不得减刑。该条明确规定人民法院应当组成合议庭对减刑案件进行审理。同时，《刑法》第八十二条规定，对于犯罪分子的假释，依照本法第七十九条规定的程序进行，即人民法院同样应当组成合议庭对假释案件进行审理。《刑事诉讼法》第二百七十三条第二款规定，被判处管制、拘役、有期徒刑或者无期徒刑的罪犯，在执行期间确有悔改或者立功表现，应当依法予以减刑、假释的时候，由执行机关提出建议书，报请人民法院审核裁定，并将建议书副本抄送人民检察院。人民检察院可以向人民法院提出书面意见。

有关司法解释和规范性文件对减刑、假释案件的审理也作了一系列具体操作性规定。2014 年,《最高人民法院关于减刑、假释案件审理程序的规定》第六条规定,人民法院审理减刑、假释案件,可以采取开庭审理或者书面审理的方式。但下列减刑、假释案件,应当开庭审理:(一)因罪犯有重大立功表现报请减刑的;(二)报请减刑的起始时间、间隔时间或者减刑幅度不符合司法解释一般规定的;(三)公示期间收到不同意见的;(四)人民检察院有异议的;(五)被报请减刑、假释罪犯系职务犯罪罪犯,组织(领导、参加、包庇、纵容)黑社会性质组织犯罪罪犯,破坏金融管理秩序和金融诈骗犯罪罪犯及其他在社会上有重大影响或社会关注度高的;(六)人民法院认为其他应当开庭审理的。第七条规定,人民法院开庭审理减刑、假释案件,应当通知人民检察院、执行机关及被报请减刑、假释的罪犯参加庭审。人民法院根据需要,可以通知证明罪犯确有悔改表现或者立功、重大立功表现的证人,公示期间提出不同意见的人,以及鉴定人、翻译人员等其他人员参加庭审。2021 年,《最高人民法院关于适用〈中华人民共和国刑事诉讼法〉的解释》第五百三十八条对审理减刑、假释案件应当开庭审理的案件范围又增加了“社会影响重大或者社会关注度高的”情形。

同时,人民法院审理黑社会性质组织犯罪罪犯的减刑、假释案件,需要充分考虑该类罪犯的主观恶性、犯罪严重程度、在监狱中悔罪改造情况,并充分了解执行机关、人民检察院以及报请减刑、假释罪犯的意见。整体上,对该类罪犯的减刑、假释都是十分慎重的，防止对不符合条件、未真正悔罪改造的黑社会性质组织犯罪罪犯给予减刑、假释。对黑社会性质组织犯罪罪犯在减刑、假释案件的审理程序上从严，也有利于保持对黑社会性质组织犯罪的高压态势，发挥刑罚教育惩治的作用，让受到黑社会性质组织犯罪危害的社会秩序得以恢复，更长效地维护经济社会秩序与安宁。因此，本条总结实践经验，对黑社会性质组织犯罪罪犯的减刑、假释程序作了进一步明确，规定人民法院审理黑社会性质组织犯罪罪犯的减刑、假释案件的，应当通知人民检察院、执行机关和报请减刑、假释的罪犯参加，听取意见。

条文解读

本条有两层意思。

一是适用的案件范围。本条的适用范围为“人民法院审理黑社会性质组织犯罪罪犯的减刑、假释案件”。人民法院审理是对罪犯减刑、假释的重要环节。《刑法》第七十九条、第八十二条规定，对于犯罪分子非经法定程序不得减刑、假释。这里的法定程序需由执行机关提出减刑建议书或假释建议书，报人民法院审核裁定，人民法院应当组成合议庭进行审理。

二是通知参加审理的对象和目的。本条规定，人民法院审理黑社会性质组织犯罪罪犯的减刑、假释案件，“应当通知人民检察院、执行机关参加审理，并通知被报请减刑、假释的罪犯参加，听取其意见”。

这里的通知“人民检察院”参加，与其他法律有关规定是衔接的。《刑事诉讼法》第二百七十三条第二款规定，被判处管制、拘役、有期徒刑或者无期徒刑的罪犯，在执行期间确有悔改或者立功表现，应当依法予以减刑、假释的时候，由执行机关提出建议书，报请人民法院审核裁定，并将建议书副本抄送人民检察院。人民检察院可以向人民法院提出书面意见。人民法院在审理黑社会性质组织犯罪罪犯的减刑、假释案件，通知人民检察院参加审理，可以进一步发挥人民检察院监督职责。一般情况下，人民检察院只有在人民法院开庭审理减刑、假释案件时才出席法庭。2019 年，《人民检察院刑事诉讼规则》第六百三十七条规定，人民法院开庭审理减刑、假释案件，人民检察院应当指派检察人员出席法庭，发表意见。“通知人民检察院参加”并没有附带额外条件，不管人民检察院在人民法院审理前就执行机关提出减刑、假释建议的内容是否持反对意见，都需要人民检察院参加审理。

这里的“通知执行机关参加审理”，其目的是方便执行机关进一步就提出减刑、假释建议作出解释和说明，也有利于人民法院更全面充分地了解罪犯悔罪改造的情况。需要注意的是，人民检察院和执行机关的意见，对人民法院具有参考意义。对减刑、假释案件是否作出裁定的最终决定权在人民法院。其中，执行机关也可以提请撤回减刑、假释建议。2021 年，《最高人民法院关于适用〈中华人民共和国刑事诉讼法〉的解释》第五百四十条规定，减刑、假释裁定作出前，执行机关书面提请撤回减刑、假释建议的，人民法院可以决定是否准许。

这里的“通知被报请减刑、假释的罪犯参加，听取其意见”有利于人民法院进一步向报请减刑、假释的罪犯核实情况。合议庭成员如果对报请的情况有疑问的，可以向被报请减刑、假释的罪犯提问、了解情况，特别是证明罪犯确有悔改表现或者立功、重大立功表现的真实性，一些涉及发明创造、技术革新或者其他贡献的，可以了解该成果是否系罪犯在执行期间独立完成等；对于假释案件，还可以综合考察并了解罪犯的年龄、身体状况、性格特征、假释后生活来源以及监管条件等影响再犯罪的因素等。

在本条执行过程中，还需要注意两点：

一是人民法院审理黑社会性质组织犯罪罪犯的减刑、假释案件，应当根据规定由中级人民法院或者高级人民法院进行，并分别通知相应级别的人民检察院参加审理。2021 年，《最高人民法院关于适用〈中华人民共和国刑事诉讼法〉的解释》第五百三十四条规定，对减刑、假释案件，应当按照下列情形分别处理：（一）对被判处死刑缓期执行的罪犯的减刑，由罪犯服刑地的高级人民法院在收到同级监狱管理机关审核同意的减刑建议书后一个月内作出裁定；（二）对被判处无期徒刑的罪犯的减刑、假释，由罪犯服刑地的高级人民法院在收到同级监狱管理机关审核同意的减刑、假释建议书后一个月内作出裁定，案情复杂或者情况特殊的，可以延长一个月；（三）对被判处有期徒刑和被减为有期徒刑的罪犯的减刑、假释，由罪犯服刑地的中级人民法院在收到执行机关提出的减刑、假释建议书后一个月内作出裁定，案情复杂或者情况特殊的，可以延长一个月；（四）对被判处拘役、管制的罪犯的减刑，由罪犯服刑地中级人民法院在收到同级执行机关审核同意的减刑、假释建议书后一个月内作出裁定。对社区矫正对象的减刑，由社区矫正执行地的中级以上人民法院在收到社区矫正机构减刑建议书后三十日以内作出裁定。

二是需要根据案件的具体情况，按照有关法律规定，做好附送材料的工作。本条涉及的是审理“黑社会性质组织犯罪罪犯的减刑、假释案件”。这里的“黑社会性质组织犯罪罪犯”既可能是罪行较重的犯罪，如被判处死刑缓期二年执行的罪犯，也可能是罪行较轻的罪犯，如被判处拘役或者管制执行社区矫正的罪犯。人民法院在审理前，应当审查执行机关移送的材料。2021年，《最高人民法院关于适用〈中华人民共和国刑事诉讼法〉的解释》第五百三十五条规定，受理减刑、假释案件，应当审查执行机关移送的材料是否包括下列内容：（一）减刑、假释建议书；（二）原审法院的裁判文书、执行通知书、历次减刑裁定书的复制件；（三）证明罪犯确有悔改、立功或者重大立功表现具体事实的书面材料；（四）罪犯评审鉴定表、奖惩审批表等；（五）罪犯假释后对所居住社区影响的调查评估报告；（六）刑事裁判涉财产部分、附带民事裁判的执行、履行情况；（七）根据案件情况需要移送的其他材料。人民检察院对报请减刑、假释案件提出意见的，执行机关应当一并移送受理减刑、假释案件的人民法院。经审查，材料不全的，应当通知提请减刑、假释的执行机关在三日以内补送；逾期未补送的，不予立案。

这里还需要注意的是，对判处十年以上有期徒刑、无期徒刑、死刑缓期二年执行的黑社会性质组织的组织者、领导者的减刑案件，以及黑社会性质组织的组织者、领导者的假释案件是否符合本法第三十六条的规定，即经省、自治区、直辖市监狱管理机关复核后再由适格的执行机关提请人民法院作出裁定的情况，需要一并审查。

相关规定

《中华人民共和国刑法》第七十九条、第八十二条；《中华人民共和国刑事诉讼法》第二百七十三条；《最高人民法院关于减刑、假释案件审理程序的规定》第一条、第二条、第五条、第六条、第七条；《人民检察院刑事诉讼规则》第六百三十七条；《最高人民法院关于适用〈中华人民共和国刑事诉讼法〉的解释》第五百三十四条、第五百三十五条、第五百三十八条、第六百五十条

第三十八条　执行机关提出减刑、假释建议以及人民法院审理减刑、假释案件，应当充分考虑罪犯履行生效裁判中财产性判项、配合处置涉案财产等情况。

条文主旨

本条是关于办理减刑、假释案件要考虑财产刑的履行和涉案财产处置情况的规定。

立法背景

遏制有组织犯罪罪犯再犯罪需要在侦查、审查起诉、审判、执行全流程摧毁有组织犯罪的经济基础。规定在办理减刑、假释案件过程中充分考虑罪犯履行生效裁判的财产性判项、配合处置涉案财产等情况，有以下三点考虑：

一是，维护被害人合法权益，弥补相关损失，修复对社会的危害。在减刑、假释案件的办理中审查罪犯履行生效裁判中财产性判项、配合处置涉案财产等情况，可以激励罪犯返

还被害人合法财产、执行财产刑、刑事附带民事判决以及其他财产性判项，以进一步维护被害人的权益，修复有组织犯罪对社会的危害。

二是，检验有组织犯罪罪犯是否真实认罪悔罪。主动执行财产刑、配合处置涉案财产可以检验罪犯是否真正接受教育改造，确有悔改表现。如果在财产刑问题上怠于配合执行，很难证明罪犯已真心认罪悔过，将会影响减刑、假释的裁定。

三是，可以节省司法成本，提高执行率。在反有组织犯罪工作中，除了合法、科学地提高涉案财物处置效率，加大财产刑的执行力度之外，还要做好罪犯的教育引导工作，积极引导罪犯认真履行生效裁判中财产性判项、配合处置涉案财产，能够较好地避免财产刑空判，提升涉案财物的处置效率。实践中，有些有组织犯罪的罪犯极力转移、掩饰涉案财物，有的通过洗钱等方式掩饰、隐瞒犯罪所得及其收益、孳息；还有的涉及有组织犯罪案件的财产性质不清，合法财产与违法所得、孳息、收益含混不清，较难区分财产属于罪犯本人或罪犯家属等。以上情况造成财产刑在实际执行中存在一定困难。对于实践中办理有组织犯罪案件的涉案财产无法找到、灭失、较难与合法财产分割，或者有证据证明罪犯在实施黑社会性质组织犯罪期间获得的财产高度可能属于黑社会性质组织犯罪的违法所得及其孳息、收益的，反有组织犯罪法专门设置了执行财产的特殊规定。如果罪犯愿意主动执行财产刑，清楚说明财产属性和来源，协助办案机关处置财产，将更好地实现罪责自负，达到罪责刑相适应，并节省司法成本。

条文解读

本条包含三层意思。

一是适用对象。适用于所有涉及有组织犯罪案件的罪犯。

二是明确适用阶段，即执行机关提出减刑、假释建议和人民法院审理减刑、假释案件。其一，执行机关提出减刑、假释建议阶段。该阶段应当考虑罪犯履行生效裁判中财产性判项、配合处置涉案财产等情况。这里的执行机关根据罪犯被判处的不同刑罚，包括监狱、公安机关、社区矫正机构等。在“提出减刑、假释建议”时，执行机关需要检验罪犯是否接受教育悔改、确有悔罪表现，财产性判项、配合处置涉案财产等情况是认定其是否真实悔罪改造的一项重要依据。根据《刑事诉讼法》第二百七十三条规定，被判处管制、拘役、有期徒刑或者无期徒刑的罪犯，在执行期间确有悔改或者立功表现，应当依法予以减刑、假释的时候，由执行机关提出建议书，报请人民法院审核裁定，并将建议书副本抄送人民检察院。人民检察院可以向人民法院提出书面意见。因此，罪犯履行相关的财产性判项、配合处置涉案财产等情况应在减刑、假释建议书中予以反映。判决书副本应抄送人民检察院。人民检察院应就相关情况予以核实、监督并提出意见。

在具体执行过程中，还需要注意相关司法解释及司法性质文件中的规定。2016 年，《最高人民法院关于办理减刑、假释案件具体应用法律的规定》第三十八条规定，人民法院作出的刑事判决、裁定发生法律效力后，在依照刑事诉讼法第二百五十三条、第二百五十四条的规定将罪犯交付执行刑罚时，如果生效裁判中有财产性判项，人民法院应当将反映财产性判项执行、履行情况的有关材料一并随案移送刑罚执行机关。罪犯在服刑期间本人履行或者其亲属代为履行生效裁判中财产性判项的，应当及时向刑罚执行机关报告。刑罚执行机关报请减刑时应随案移送以上材料。2021 年，最高人民法院、最高人民检察院、公安部、司法部印发的《关于加强减刑、假释案件实质化审理的意见》第十五点要求完善财产性判项执行衔接机制。人民法院刑事审判部门作出具有财产性判项内容的刑事裁判后，应当及时按照规定移送负责执行的部门执行。刑罚执行机关对罪犯报请减刑、假释时，可以向负责执行财产性判项的人民法院调取罪犯财产性判项执行情况的有关材料，负责执行的人民法院应当予以配合。

其二，人民法院审理减刑、假释案件阶段。人民法院审理减刑、假释案件同样需要考虑罪犯履行生效裁判中财产性判项、配合处置涉案财产等情况。人民法院可以从执行机关、人民检察院、报请减刑、假释的罪犯三个方面进一步细致了解罪犯履行财产性判项的真实情况，以裁定是否予以减刑、假释。在执行本条规定时，需要注意相关司法解释及司法性质文件的规定。2016 年，《最高人民法院关于办理减刑、假释案件具体应用法律的规定》第三十八条第二款规定，人民法院办理减刑、假释案件时，可以向原一审人民法院核实罪犯履行财产性判项的情况。原一审人民法院应当出具相关证明。2021 年，最高人民法院、最高人民检察院、公安部、司法部印发的《关于加强减刑、假释案件实质化审理的意见》第十一点规定，人民法院开庭审理减刑、假释案件，应当围绕罪犯实际服刑表现、财产性判项执行履行情况等，认真进行法庭调查。人民检察院应当派员出庭履行职务，并充分发表意见。人民法院对于有疑问的证据材料，要重点进行核查，必要时可以要求有关机关或者罪犯本人作出说明，有效发挥庭审在查明事实、公正裁判中的作用。

三是明确需要考虑的内容，即“应当充分考虑罪犯履行生效裁判中财产性判项、配合处置涉案财产等情况”。

这里的“充分考虑”表明关于财产刑的履行和涉案财产的处置情况在减刑、假释建议的提出和审理过程中，应被作为重要的情况予以检验，作为重要的指标予以考虑。相关情况对于准确反映罪犯是否真正认罪悔过较为重要。

相关司法解释的规定体现了“充分考虑”的精神。2014年，《最高人民法院关于减刑、假释案件审理程序的规定》第五条第一款规定，人民法院审理减刑、假释案件，除应当审查罪犯在执行期间的一贯表现外，还应当综合考虑犯罪的具体情节、原判刑罚情况、财产刑执行情况、附带民事裁判履行情况、罪犯退赃退赔等情况。2016年，《最高人民法院关于办理减刑、假释案件具体应用法律的规定》第二条规定，对于罪犯符合刑法第七十八条第一款规定“可以减刑”条件的案件，在办理时应当综合考察罪犯犯罪的性质和具体情节、社会危害程度、原判刑罚及生效裁判中财产性判项的履行情况、交付执行后的一贯表现等因素。第三条对“确有悔改表现”的判断标准也作了细化规定，对职务犯罪、破坏金融管理秩序和金融诈骗犯罪、组织（领导、参加、包庇、纵容）黑社会性质组织犯罪等罪犯，不积极退赃、协助追缴赃款赃物、赔偿损失的，不认定其“确有悔改表现”。2021年，《最高人民法院关于适用〈中华人民共和国刑事诉讼法〉的解释》第五百三十六条规定，审理减刑、假释案件，对罪犯积极履行刑事裁判涉财产部分、附带民事裁判确定的义务的，可以认定有悔改表现，在减刑、假释时从宽掌握；对确有履行能力而不履行或者不全部履行的，在减刑、假释时从严掌握。

本条规定的“生效裁判中的财产性判项”，是指刑事判决书中对涉案财产作出的处理决定和刑事判决的财产性刑罚。人民法院经过审理并作出的最终生效的裁判文书，应当对涉案财物的处置作出明确结论，对侦查、检察机关先行采取的返还或者处置的财产措施的合法性作出评价，对尚未到案的涉案财物也应当作出是否继续追缴的裁判，同时依法判决财产刑。

根据刑法等法律的规定，“财产性判项”涉及涉案财物及财产刑的内容。《刑法》第六十四条规定，犯罪分子违法所得的一切财物，应当予以追缴或者责令退赔；对被害人的合法财产，应当及时返还；违禁品和供犯罪所用的本人财物，应当予以没收。没收的财物和罚金，一律上缴国库，不得挪用和自行处理。根据上述规定，如果案件涉及非法所得财物、被害人的合法财产、违禁品和供犯罪所用的本人财物等情况的，刑事判决中会作出相应的处理。同时，人民法院还会对被告人判处财产刑，包括罚金和没收财产，对于刑事附带民事诉讼的案件，刑事判决中的财产性判项还包括民事赔偿等。

本条规定的“配合处置涉案财产等情况”有较多的情形，如配合执行机关处理被扣押、冻结的债券、股票、基金份额以及有效期即将届满的汇票、本票、支票；协助处置被查封的涉案不动产和置于该不动产上不宜移动的设施等财物；协助处置涉案的车辆、船舶、航空器和大型机械、设备等需要定期维护保值的财物；帮助办理相关权属的关系变更、转移登记等手续；积极退赔被害人损失；帮助执行本法所规定的追缴、没收等值财产或者混合财产中的等值部分；积极履行附带民事诉讼判决的内容等。

实践中，认定罪犯“履行生效裁判中财产性判项、配合处置涉案财产等情况”需要综合考察罪犯的实际执行能力，对于确有履行能力而不履行财产性判项、不配合处置涉案财产的罪犯，在认定其确有认罪悔改时应慎重把握。对此，相关司法解释及司法性质文件有更为细化的规定。2016 年，《最高人民法院关于办理减刑、假释案件具体应用法律的规定》第二十七条规定，对于生效裁判中有财产性判项，罪犯确有履行能力而不履行或者不全部履行的，不予假释。2019 年，《最高人民法院关于办理减刑、假释案件具体应用法律的补充规定》第一条规定，对拒不认罪悔罪的，或者确有履行能力而不履行或者不全部履行生效裁判中财产性判项的，不予假释，一般不予减刑。2021 年，最高人民法院、最高人民检察院、公安部、司法部印发的《关于加强减刑、假释案件实质化审理的意见》第七点要求严格审查罪犯履行财产性判项的能力。罪犯未履行或者未全部履行财产性判项，具有下列情形之一的，不认定罪犯确有悔改表现：（1）拒不交代赃款、赃物去向；（2）隐瞒、藏匿、转移财产；（3）有可供履行的财产拒不履行。对于前款罪犯，无特殊原因狱内消费明显超出规定额度标准的，一般不认定罪犯确有悔改表现。

此外，对于有部分履行能力并积极履行财产性判项、配合处置涉案财产的罪犯，只要在其履行能力范围内积极履行了财产性判项的，是可以反映其悔罪态度的，应当根据情况予以适当的减刑或者假释；对于经确认确无履行能力的罪犯，以及犯罪前无合法经济收入的未成年罪犯，也应认真审查其认罪悔罪及接受教育改造情况，不能仅以其未履行财产性判项作为不得减刑、假释的依据。

在该条的理解适用中，应当需要注意以下问题：

相关司法解释及司法性质文件对于办理所有犯罪的减刑、假释案件时应考虑财产刑等执行情况，已经作了较为细致的规定。根据本条规定，办理有组织犯罪罪犯的减刑、假释案件，需要在执行机关提出和人民法院裁定的整个过程中检验其财产性判项的执行、配合处置涉案财产等情况。在执行本条的同时，应当注意相关司法解释及司法解释性质文件的适用。

相关规定

《最高人民法院关于减刑、假释案件审理程序的规定》第五条；《最高人民法院关于办理减刑、假释案件具体应用法律的规定》第二条、第三条、第二十七条、第三十八条；《最高人民法院关于办理减刑、假释案件具体应用法律的补充规定》第一条；《最高人民法院关于适用〈中华人民共和国刑事诉讼法〉的解释》第五百三十六条；《关于加强减刑、假释案件实质化审理的意见》第七点、第十一点、第十五点

第四章　涉案财产认定和处置

第三十九条　办理有组织犯罪案件中发现的可用以证明犯罪嫌疑人、被告人有罪或者无罪的各种财物、文件，应当依法查封、扣押。

公安机关、人民检察院、人民法院可以依照《中华人民共和国刑事诉讼法》的规定查询、冻结犯罪嫌疑人、被告人的存款、汇款、债券、股票、基金份额等财产。有关单位和个人应当配合。

条文主旨

本条是关于办理有组织犯罪案件对涉案财物进行查封、扣押、冻结的规定。

立法背景

制定本条规定，有以下考虑：

一是查明犯罪、证实犯罪，办理好有组织犯罪案件，需要明确侦查机关等办案部门查封、扣押、冻结相关证据的权力。办理有组织犯罪案件，需要收集、保全刑事诉讼证据，防止证据被隐匿、毁损等情况发生，保证诉讼活动能顺利进行。为此，需要明确规定办案机关有权查封、扣押、冻结涉案财物，支持刑事诉讼。

二是需要依法履行查封、扣押、冻结。查封、扣押、冻结措施直接影响到当事人的权益，有必要通过法律加以明确。如《商业银行法》明确规定，对个人、单位存款，商业银行有权拒绝任何单位或者个人查询、冻结、扣划，但是法律另有规定的除外。《邮政法》明确规定，除法律另有规定外，任何组织或者个人不得检查、扣留汇款。本条规定就是商业银行法、邮政法规定的“法律的另有规定”，为公安机关、人民检察院、人民法院办理有组织犯罪案件，实施查询、冻结犯罪嫌疑人、被告人的财产提供了法律依据。

三是需要与刑事诉讼法、相关司法解释等做好衔接。刑事诉讼法、相关司法解释等对一般案件的查封、扣押、冻结程序作了相应规定。如《刑事诉讼法》第一百零二条、第一百一十五条、第一百一十七条、第一百四十一条、第一百四十四条、第一百四十五条、第一百九十六条、第二百九十八条等。《最高人民法院关于适用〈中华人民共和国刑事诉讼法〉的解释》第一百八十九条、第三百四十一条、第三百四十二条、第三百四十三条、第六百一十三条等。为了更好地办理有组织犯罪案件，与刑事诉讼法做好衔接，本条对依照刑事诉讼法的规定作了进一步明确。

条文解读

本条共分为两款。第一款是关于办理有组织犯罪案件查封、扣押范围的规定。本款有三层意思。

一是适用本款的案件范围和阶段。本款适用于“有组织犯罪案件”，即本法第二条规定的所有有组织犯罪的案件都适用本款规定。本款规定的“办理有组织犯罪案件中”，涵盖了对有组织犯罪案件的侦查、起诉、审判各阶段。

二是查封、扣押的范围。本款规定查封、扣押的范围是办理有组织犯罪案件中发现的“可用以证明犯罪嫌疑人、被告人有罪或者无罪的各种财物、文件”。《刑事诉讼法》第一百四十一条第一款规定，在侦查活动中发现的可用以证明犯罪嫌疑人有罪或者无罪的各种财物、文件，应当查封、扣押；与案件无关的财物、文件，不得查封、扣押。本款除规定对有组织犯罪犯罪嫌疑人的特定财物、文件依法予以查封、扣押外，还规定了对有组织犯罪被告人的特定财物、文件依法予以查封、扣押。

查封、扣押犯罪嫌疑人、被告人的特定财物、文件应是“可用以证明有罪或者无罪的各种财物、文件”。对于证据的收集要客观、全面，不能只收集一方面的证据，既要注重能够证明有罪、罪重的证据，同时也要注重无罪、罪轻的证据。此外，被查封、扣押的财物、文件要与案件有关，可以作为证据使用。《刑事诉讼法》第一百一十五条规定，公安机关对已经立案的刑事案件，应当进行侦查，收集、调取犯罪嫌疑人有罪或者无罪、罪轻或者罪重的证据材料。人民检察院审查起诉、提出量刑建议、人民法院审理案件时也应当注重犯罪嫌疑人、被告人有罪或者无罪、罪轻或者罪重的证据材料，以准确确定犯罪性质，科学确定量刑。因此，“可用以证明有罪或者无罪的各种财物和文件”是指能够证明犯罪嫌疑人、被告人有罪或无罪、罪重或罪轻的物证、书证及视听资料等证据。这里的“财物”是指可作为证据使用的财产和物品，包括动产和不动产，如房产、汽车、人民币、票据等。

三是本款规定的措施。基于这些证据的重要性，本款规定对可用以证明犯罪嫌疑人、被告人有罪或者无罪的各种财物、文件应当依法查封、扣押。同时，如果与案件无关的财物、文件不得查封、扣押，不得随意扩大查封、扣押的范围。如果出现查封、扣押、冻结与案件无关的财物的，当事人和辩护人、诉讼代理人、利害关系人可以依照《刑事诉讼法》第一百一十七条的规定，有权向该机关申诉或者控告。

第二款是关于办案部门可以依法查询、冻结犯罪嫌疑人、被告人的财产的规定。本款有四层意思。

一是适用主体为公安机关、人民检察院、人民法院。这些主体是办理有组织犯罪案件各环节的主体。

二是办案主体要依照刑事诉讼法的规定查询、冻结财产。刑事诉讼法中对公安机关、人民检察院、人民法院在符合相关条件的情况下查询、冻结犯罪嫌疑人、被告人财产作了明确的规定。

关于人民检察院、公安机关的权限，《刑事诉讼法》第一百四十四条规定，人民检察院、公安机关根据侦查犯罪的需要，可以依照规定查询、冻结犯罪嫌疑人的存款、汇款、债券、股票、基金份额等财产。有关单位和个人应当配合。犯罪嫌疑人的存款、汇款、债券、股票、基金份额等财产已被冻结的，不得重复冻结。第一百四十五条规定，对查封、扣押的财物、文件、邮件、电报或者冻结的存款、汇款、债券、股票、基金份额等财产，经查明确实与案件无关的，应当在三日以内解除查封、扣押、冻结，予以退还。

人民法院在审理案件的过程中，可以依法采取查封、扣押、冻结等措施。《刑事诉讼法》第一百九十六条规定，法庭审理过程中，合议庭对证据有疑问的，可以宣布休庭，对证据进行调查核实。人民法院调查核实证据，可以进行勘验、检查、查封、扣押、鉴定和查询、冻结。关于犯罪嫌疑人、被告人逃匿、死亡案件违法所得的没收程序，《刑事诉讼法》第二百九十八条规定，对于贪污贿赂犯罪、恐怖活动犯罪等重大犯罪案件，犯罪嫌疑人、被告人逃匿，在通缉一年后不能到案，或者犯罪嫌疑人、被告人死亡，依照刑法规定应当追缴其违法所得及其他涉案财产的，人民检察院可以向人民法院提出没收违法所得的申请。公安机关认为有前款规定情形的，应当写出没收违法所得意见书，移送人民检察院。没收违法所得的申请应当提供与犯罪事实、违法所得相关的证据材料，并列明财产的种类、数量、所在地及查封、扣押、冻结的情况。人民法院在必要的时候，可以查封、扣押、冻结申请没收的财产。在审理刑事附带民事诉讼案件过程中，人民法院可以依法采取财产保全措施。《刑事诉讼法》第一百零二条规定，人民法院在必要的时候，可以采取保全措施，查封、扣押或者冻结被告人的财产。附带民事诉讼原告人或者人民检察院可以申请人民法院采取保全措施。人民法院采取保全措施，适用民事诉讼法的有关规定。

刑事诉讼法的相关规定明确了公安机关、人民检察院、人民法院可以查询、冻结犯罪嫌疑人、被告人财产的条件和情形。根据本款规定，在办理有组织犯罪案件的过程中，公安机关、人民检察院、人民法院查询、冻结犯罪嫌疑人、被告人财产的程序，适用刑事诉讼法的规定。

三是相关财产要与犯罪嫌疑人、被告人及其所犯的有组织犯罪有关，即属于犯罪嫌疑人、被告人或者与其犯罪有牵连的人的存款、汇款、债券、股票、基金份额。这些财产或被用于有组织犯罪，或为有组织犯罪所得。通过查询这些财产的情况，可以查明案情，查清犯罪嫌疑人、被告人有罪或者无罪、罪重或者罪轻的事实。查询、冻结存款、汇款、债券、股票、基金份额等财产还可以有效防止赃款转移，斩断有组织犯罪的经济基础，换回并减少损失。

四是有关单位和个人应当配合。查询、冻结存款、汇款、债券、股票、基金份额等涉案财产是办理有组织犯罪的重要措施。本款特别对单位和个人设定了应当配合的义务。当依法有权进行查询、冻结涉案财产的公安机关、检察机关、人民法院实施查询、冻结措施时，有关单位和个人必须配合。这里的“配合”主要是指为查询、冻结工作提供方便和协助，履行冻结手续，不得以保密为由阻碍等。

在该条的理解适用中，需要注意以下问题：

第一，实践中，对公安机关、人民检察院、人民法院依法查封、扣押、冻结涉有组织犯罪的犯罪嫌疑人、被告人的财物，需要注意司法解释等相关规定的适用。如 2021 年《最高人民法院关于适用〈中华人民共和国刑事诉讼法〉的解释》第一百八十九条第一款对刑事附带民事诉讼中人民法院可以采取查封、扣押、冻结措施作了进一步细化规定，即人民法院对可能因被告人的行为或者其他原因，使附带民事判决难以执行的案件，根据附带民事诉讼原告人的申请，可以裁定采取保全措施，查封、扣押或者冻结被告人的财产；附带民事诉讼原告人未提出申请的，必要时，人民法院也可以采取保全措施。

第二，有组织犯罪有较大概率涉及单位犯罪，在单位犯罪案件的审理中，上述司法解释第三百四十一条规定，被告单位的违法所得及其他涉案财物，尚未被依法追缴或者查封、扣押、冻结的，人民法院应当决定追缴或者查封、扣押、冻结。

上述司法解释第三百四十二条规定，为保证判决的执行，人民法院可以先行查封、扣押、冻结被告单位的财产，或者由被告单位提出担保。上述司法解释第三百四十三条规定，采取查封、扣押、冻结等措施，应当严格依照法定程序进行，最大限度降低对被告单位正常生产经营活动的影响。

第三，对于重大的黑社会性质组织犯罪案件的犯罪嫌疑人、被告人有逃匿，长期通缉不能到案，或者死亡的情形，依照刑法规定应当追缴其违法所得及其他涉案财产的，人民检察院可以依法向人民法院提出没收违法所得的申请。对于办理黑社会性质组织及其成员涉及隐匿、死亡时没收违法所得的案件，上述司法解释第六百一十三条第二款规定，人民检察院尚未查封、扣押、冻结申请没收的财产或者查封、扣押、冻结期限即将届满，涉案财产有被隐匿、转移或者毁损、灭失危险的，人民法院可以查封、扣押、冻结申请没收的财产。

相关规定

《中华人民共和国刑事诉讼法》第一百零二条、第一百一十五条、第一百一十七条、第一百四十一条、第一百四十四条、第一百四十五条、第一百九十六条、第二百九十八条；《最高人民法院关于适用〈中华人民共和国刑事诉讼法〉的解释》第一百八十九条、第三百四十一条、第三百四十二条、第三百四十三条、第六百一十三条

第四十条　**公安机关、人民检察院、人民法院根据办理有组织犯罪案件的需要，可以全面调查涉嫌有组织犯罪的组织及其成员的财产状况。**

条文主旨

本条是关于对涉嫌有组织犯罪的组织及其成员财产调查的规定。

立法背景

（一）起草背景

全面、高效、准确地把握涉案财产情况，是定罪量刑证据的基本要求之一，也是在诉讼中有效进行涉案财产认定和处置程序的重要前提。刑事诉讼法中对查询、查封、扣押、冻结涉案财物作了规定。《刑事诉讼法》第一百四十一条规定，在侦查活动中发现的可用以证明犯罪嫌疑人有罪或者无罪的各种财物、文件，应当查封、扣押；与案件无关的财物、文件，不得查封、扣押。第一百四十四条规定，人民检察院、公安机关根据侦查犯罪的需要，可以依照规定查询、冻结犯罪嫌疑人的存款、汇款、债券、股票、基金份额等财产。有关单位和个人应当配合。第一百四十五条规定，对查封、扣押的财物、文件、邮件、电报或者冻结的存款、汇款、债券、股票、基金份额等财产，经查明确实与案件无关的，应当在三日以内解除查封、扣押、冻结，予以退还。第一百九十六条第二款规定，人民法院调查核实证据，可以进行勘验、检查、查封、扣押、鉴定和查询、冻结。有组织犯罪的一个重要特点就是有组织地通过违法犯罪活动或者其他手段获取经济利益，具有一定的经济实力，以支持该组织的活动。黑恶势力犯罪案件的这种财产性特征，决定了该类犯罪会不择手段地攫取大量财产。扫黑除恶斗争要对黑恶势力犯罪的涉案财产进行调查并采取相应的处置，一方面要挽回犯罪给企业、公民及社会造成的财产损失，另一方面也要彻底铲除有组织犯罪的经济基础，实现“打财断血”，防止黑恶势力死灰复燃。刑事诉讼法对涉案财物特别是作为证据使用的财产物品的查询、查封、扣押、冻结作了明确规定。但对调查犯罪嫌疑人、被告人的合法财产没有明确规定，司法行政机关在调查犯罪嫌疑人、被告人其他财产状况时缺少明确的法律依据。

一些司法解释对如何执行财产刑或者财产性判项调查犯罪嫌疑人的财产状况作了规定。2014 年，《最高人民法院关于刑事裁判涉财产部分执行的若干规定》第四条规定，人民法院刑事审判中可能判处被告人财产刑、责令退赔的，刑事审判部门应当依法对被告人的财产状况进行调查；发现可能隐匿、转移财产的，应当及时查封、扣押、冻结其相应财产。2018 年最高人民法院、最高人民检察院、公安部、司法部印发的《关于办理黑恶势力犯罪案件若干问题的指导意见》中规定，公安机关、人民检察院、人民法院根据黑社会性质组织犯罪案件的诉讼需要，应当依法查询、查封、扣押、冻结全部涉案财产。公安机关侦查期间，要会同工商、税务、国土、住建、审计、人民银行等部门全面调查涉黑组织及其成员的财产状况。2019 年，《最高人民法院、最高人民检察院、公安部、司法部关于办理黑恶势力刑事案件中财产处置若干问题的意见》中提出，公安机关、人民检察院、人民法院在办理黑恶势力犯罪案件时，在查明黑恶势力组织违法犯罪事实并对黑恶势力成员依法定罪量刑的同时，要全面调查黑恶势力组织及其成员的财产状况，依法对涉案财产采取查询、查封、扣押、冻结等措施，并根据查明的情况，依法作出处理。处理既包括对涉案财产中犯罪分子违法所得、违禁品、供犯罪所用的本人财物以及其他等值财产等依法追缴、没收，也包括对被害人的合法财产等依法返还。公安机关侦查期间，要根据《公安机关办理刑事案件适用查封、冻结措施相关规定》等有关规定，会同有关部门全面调查黑恶势力及其成员的财产状况，并可以根据诉讼需要，先行依法对相应的财产采取查询、查封、扣押、冻结等措施。

实践中，一些地区在办理案件过程中，对犯罪组织及其成员的财产状况进行调查，既取得了较好的效果，也积累了很好的经验。本条总结扫黑除恶专项斗争中“打财断血”的重要经验做法，确立财产调查制度，为调查和了解涉嫌有组织犯罪的组织及其成员的财产状况和经济能力提供了明确的法律依据，有利于全面收集证据、及时采取强制措施、准确区分合法财产、依法保全涉案财产、正确定罪量刑、消除黑恶犯罪的经济基础、弥补被害人因犯罪而遭受的经济损失、保障当事人合法权益。

具体从以下几个方面考虑：(1) 确立财产调查制度是全面收集证据，及时固定证据，采取强制措施的重要保证。在办理一些有组织犯罪案件的司法实践中，由于缺乏财产调查的法律依据，无法完全掌握涉案财产的范围，办案机关往往只能固定一些较为明显的证据，依法能够采取查封、扣押、冻结等措施的涉案财产也较为有限。致使部分关键证据不能及时被收集、固定而导致灭失，从而影响有组织犯罪的整体认定。(2) 确立财产调查制度是准确甄别涉案财产，维护当事人合法权益的重要保证。财产调查制度的明确，是快速、准确查明涉案财产范围的重要前提，也是办案机关能够准确甄别涉案财产与合法财产的重要条件，从而避免实践中涉案财产处置范围过大或者滥用涉财产性强制措施，导致的侵犯当事人合法权益的现象。

（3）确立财产调查制度是第一时间发现、保全涉案财产，提高诉讼效率的重要保证。在案件的办理过程中，侦查质量往往直接影响到起诉、审判的质量，从保障刑事诉讼进行的角度，财产调查制度的有效运用能够及时发现、保全涉案财产，从而保障诉讼能够有效进行，涉案财产得到有效处置。

（二）审议中各方面的意见

一审稿规定，办理有组织犯罪案件应当全面调查涉案财产的状况，收集证明涉案财产来源、性质、用途、权属及价值的有关证据，依法对涉案财产采取查询、查封、扣押、冻结等措施，并根据查明的情况依法作出处理。关于在本法中确立财产调查制度，各方总体意见比较统一，赞成设立这一制度，并对其表述方式和条文结构提出一些建议。有的意见提出，实践中存在对有组织犯罪财产范围甄别难、甄别不及时、涉案财产处置程序不规范、对利害关系人的权利保障不够等问题，建议进一步细化有关规定，严格查询、查封、扣押、冻结等措施实施的范围和程序，明确对涉案财物处置程序及案外人对涉案财物处置提出异议的方式，明确公检法及监察机关相互监督制约的程序。对办案机关处置财产有错误的，应规定纠错和赔偿措施。有的意见提出，本条规定的是案件处理过程中的问题，建议移至第三章；建议将本条中的“成员”修改为“有组织犯罪案件的犯罪嫌疑人、被告人”。还有的提出，财产状况调查是采取查封、扣押、冻结措施的准备，将本条移至第三十九条关于查封、扣押、冻结的有关规定之前，逻辑上更为合理。本条对这些意见作了合理吸收。

（三）有关国家和地区的规定

有的国家规定了财产调查制度。如意大利刑事诉讼法就赋予了执法机关特殊的调查权力。执法机关有权调查黑手党资金的来源、流向、投资和运行情况，反黑手党调查局局长可以申请对可疑人员和财产采取预防性调查措施，获取反洗钱报告，派人进入金融机构进行调查，要求金融机构监控可疑账户，要求有关部门联合行动等。《联合国打击跨国有组织犯罪公约》要求各缔约国应考虑采取切实可行的措施调查和监督现金和有关流通票据出入本国国境的情况，但须有保障措施以确保情报的妥善使用且不致以任何方式妨碍合法资本的流动。这类措施可包括要求个人和企业报告大额现金和有关流通票据的跨境划拨。

条文解读

本条是关于对涉嫌有组织犯罪的组织及其成员财产调查的规定。

根据本条规定，公安机关、人民检察院、人民法院根据办理有组织犯罪案件的需要，可以全面调查涉嫌有组织犯罪的组织及其成员的财产状况。本条对财产调查制度的规定可以从以下几个方面理解：（1）规定了对财产进行调查的有权主体及适用阶段。公安机关、人民检察院、人民法院均有权对涉嫌有组织犯罪的组织及其成员的财产状况进行调查。根据《刑事诉讼法》第五十四条第一款的规定，人民法院、人民检察院和公安机关有权向有关单位和个人收集、调取证据。有关单位和个人应当如实提供证据。公安机关、人民检察院、人民法院是刑事诉讼中收集、调查、核实证据的主体，赋予其相应的财产调查权符合刑事诉讼法的内在要求。（2）规定了对涉嫌有组织犯罪的组织及其成员的财产状况进行调查的范围为全面调查。全面调查，是指对涉嫌有组织犯罪的组织及其成员的所有财产进行调查，而不以是否为涉案财产为限制。具体范围包括有组织犯罪组织及其成员的所有合法财产与非法财产。(3) 规定了对涉嫌有组织犯罪的组织及其成员的财产状况进行调查的前提条件。要求公安机关、人民检察院、人民法院在办理有组织犯罪过程中，实施该财产调查措施，要根据办理有组织犯罪案件的需要。根据办理有组织犯罪案件的需要，是指办案机关认为有必要的理由对涉嫌有组织犯罪的组织及其成员财产状况进行调查，如果不采取财产调查措施，就可能导致涉案财产有关的事实、证据无法查清等后果，给有组织犯罪查处带来阻碍。只要是出于办理有组织犯罪案件的需要，公安机关、人民检察院、人民法院即有权实施财产调查措施。

为防止财产调查措施启动及适用的随意性，该规定实践中适用应具备相应的条件：(1) 财产调查适用的案件范围为有组织犯罪案件，其他类型案件不适用该规定。本法第二条第一款已对有组织犯罪作了明确解释。(2) 司法实践中，为防止该措施案件适用范围扩大，或以调查有组织犯罪案件为由，行调查其他案件当事人财产状况之实的现象发生，办案机关及人员在财产调查措施实施过程中，应把握好惩治犯罪的便利性与当事人财产信息隐私权的保护二者间的关系。(3) 在财产调查的适用对象范围上，本法明确为有组织犯罪组织及其成员，不包括该成员的近亲属及其他存在利害关系的组织和人员的财产，防止对财产调查制度的滥用侵犯到社会公众的基本权利。(4) 财产调查措施涉及公民的财产权这一基本权利，进行调查和采取查封、扣押、冻结措施要依法进行，启动与实施应符合刑事诉讼法的规定和相应的刑事诉讼程序要求，防止侵犯人民和法人的合法权益。

相关规定

《最高人民法院关于刑事裁判涉财产部分执行的若干规定》第四条；《最高人民法院、最高人民检察院、公安部、司法部关于办理黑恶势力犯罪案件若干问题的指导意见》；《最高人民法院、最高人民检察院、公安部、司法部关于办理黑恶势力刑事案件中财产处置若干问题的意见》

第四十一条 **查封、扣押、冻结、处置涉案财物，应当严格依照法定条件和程序进行，依法保护公民和组织的合法财产权益，严格区分违法所得与合法财产、本人财产与其家属的财产，减少对企业正常经营活动的不利影响。不得查封、扣押、冻结与案件无关的财物。经查明确实与案件无关的财物，应当在三日以内解除查封、扣押、冻结，予以退还。对被害人的合法财产，应当及时返还。**

查封、扣押、冻结涉案财物，应当为犯罪嫌疑人、被告人及其扶养的家属保留必需的生活费用和物品。

条文主旨

本条是关于查封、扣押、冻结、处置涉案财物的要求的规定。

立法背景

（一）起草背景

查封、扣押、冻结涉案财产是保障刑事裁判执行的重要措施，处置涉案财物是斩断黑恶势力的财产链条，“打财断血”的重要环节，因此查封、扣押、冻结、处置涉案财物是处理涉有组织犯罪案件的重要措施。同时，查封、扣押、冻结和处置涉案财物过程中如果出现问题，容易影响企业、个人合法权益，甚至产生腐败问题，从而影响反有组织犯罪的整体社会效果。为了规范和保障在刑事诉讼中的涉案财物查封、扣押、冻结，刑事诉讼法对查封、扣押、冻结的范围、财物的保管与封存、有关单位和个人的配合义务等作了明确规定。

为了贯彻执行刑事诉讼法有关规定，有关文件、司法解释也对查封、扣押、冻结作了进一步细化规定。有的提出更为具体的要求，使法律的规定更有可操作性，有的对依法采取查封、扣押、冻结措施作了进一步强调。2015 年中共中央办公厅、国务院办公厅印发的《关于进一步规范刑事诉讼涉案财物处置工作的意见》第二条规定，规范涉案财物查封、扣押、冻结程序，查封、扣押、冻结涉案财物，应当严格依照法定条件和程序进行。严禁在立案之前查封、扣押、冻结财物。不得查封、扣押、冻结与案件无关的财物。凡查封、扣押、冻结的财物，都应当及时进行审查；经查明确实与案件无关的，应当在三日内予以解除、退还，并通知有关当事人。查封、扣押、冻结涉案财物，应当为犯罪嫌疑人、被告人及其所扶养的亲属保留必需的生活费用和物品，减少对涉案单位正常办公、生产、经营等活动的影响。公安机关、国家安全机关决定撤销案件或者终止侦查、人民检察院决定撤销案件或者不起诉、人民法院作出无罪判决的，涉案财物除依法另行处理外，应当解除查封、扣押、冻结措施，需要返还当事人的应当及时返还。在查封、扣押、冻结涉案财物时，应当收集固定依法应当追缴的证据材料并随案移送。2016年中共中央、国务院《关于完善产权保护制度依法保护产权的意见》第五条中规定，进一步细化涉嫌违法的企业和人员财产处置规则，依法慎重决定是否采取相关强制措施。确需采取查封、扣押、冻结等措施的，要严格按照法定程序进行，除依法需责令关闭企业的情形外，在条件允许情况下可以为企业预留必要的流动资金和往来账户，最大限度降低对企业正常生产经营活动的不利影响。采取查封、扣押、冻结措施和处置涉案财物时，要依法严格区分个人财产和企业法人财产。对股东、企业经营管理者等自然人违法，在处置其个人财产时不任意牵连企业法人财产；对企业违法，在处置企业法人财产时不任意牵连股东、企业经营管理者个人合法财产。严格区分违法所得和合法财产，区分涉案人员个人财产和家庭成员财产，在处置违法所得时不牵连合法财产。完善涉案财物保管、鉴定、估价、拍卖、变卖制度，做到公开公正和规范高效，充分尊重和依法保护当事人及其近亲属、股东、债权人等相关方的合法权益。

在扫黑除恶专项斗争中，有关部门也对涉黑涉恶财产的处理作了进一步规定。2019年，《最高人民法院、最高人民检察院、公安部、司法部关于办理黑恶势力刑事案件中财产处置若干问题的意见》对查封、扣押、冻结和处置有组织犯罪案件中的涉案财物作出了较为详细的规定。上述法律和规范性文件对于指导司法实践发挥了重要作用。

反有组织犯罪法在总结实践经验的基础上，与刑事诉讼法等法律相衔接，对查封、扣押、冻结和处置涉案财物提出了明确和相对具体的要求，进一步重申了依法查封、扣押、冻结的原则，并对依法采取查封、扣押、冻结作了进一步细化的规定。

（二）审议中各方面的意见

在常委会审议一审稿过程中，有意见认为，实践中存在对有组织犯罪财产范围甄别难、甄别不及时、涉案财产处置程序不规范、对利害关系人的权利保障不够等问题，建议进一步细化有关规定，严格查询、查封、扣押、冻结等措施实施的范围和程序，明确对涉案财物处置程序及案外人对涉案财物处置提出异议的方式，明确公检法及监察机关相互监督制约的程序。对办案机关处置财产有错误的，应规定纠错和赔偿措施。本条的规定部分吸收了上述意见的内容。

（三）有关国家和地区的规定

各国都非常重视对涉案财物处置中相关利害关系人的权益保障，考虑到查封、扣押、冻结措施涉及对公民财产权这一基本权利的限制和剥夺，一般对采取查封、扣押、冻结等措施的审批程序，可查封、扣押、冻结财物的范围，以及相关权利人的救济程序等都作了较为严格详细的规定。

一是采取查封、扣押、冻结需经过严格的批准手续。境外一些国家和地区对涉案财物进行查封、扣押、冻结，采取的是令状主义下的司法审查制度，侦查机关如果要采取查封、扣押、冻结措施，就需要提请法官作出裁定。具体程序是由刑事侦查或者检控机关提出申请，交由法官裁量是否适用。有的国家允许由检察机关决定，有的国家规定在紧急情况下，警察也有权直接行使搜查、扣押权，事后再由法官予以确认。如意大利规定，允许司法警察或者检察官在紧急情况下采取扣押、冻结措施，但需要在法定期限内得到法官确认，否则就解除这些措施。

二是相关权利人对涉案财物处置享有知情权、请求权和抗辩权。如根据《德国刑事诉讼法》，对涉案财物的扣押等，是作为强制性措施进行规范的，如果公民对法官采取的措施有异议，可以向上一级法院提起抗告，对检察机关、警察人员决定采取的措施有异议的，公民可以向所在地的法院申请异议。根据《日本刑事诉讼法》，当没收的财产涉及第三人时，应当按照规定允许第三人参加案件的审理程序。

条文解读

本条分两款。第一款是关于查封、扣押、冻结、处置涉案财物的要求的规定：

一是查封、扣押、冻结、处置涉案财物，应当严格依照法定条件和程序进行。

这里的“涉案财物”包括犯罪分子违法所得的财物、违禁品和供犯罪所用的本人财物等。违法所得的财物，是指通过黑恶势力违法犯罪所得的财产和物品，包括动产和不动产，如房屋、汽车、货币等。违禁品，是指依照国家规定，公民不得私自留存、使用的物品，如国家禁止非法持有、经营、流通的物品，包括枪支弹药、易燃易爆物品、毒品、淫秽物品等。供犯罪所用的本人财物，是指供犯罪分子进行犯罪活动而使用的属于其本人所有的钱款和物品，如用于有组织犯罪的运输工具等。

这里的法定条件和程序，主要是指《刑事诉讼法》第一百四十一条、第一百四十二条和第一百四十四条等的规定，以及本法有关条文的规定。查封、扣押、冻结、处置涉案财物，是办理有组织犯罪案件的重要环节之一，必须严格依法进行。《刑事诉讼法》第一百四十一条规定，在侦查活动中发现的可用以证明犯罪嫌疑人有罪或者无罪的各种财物、文件，应当查封、扣押；与案件无关的财物、文件，不得查封、扣押；对查封、扣押的财物、文件，要妥善保管或者封存，不得使用、调换或者损毁。第一百四十二条规定，对查封、扣押的财物、文件，应当会同在场见证人和被查封、扣押财物、文件持有人查点清楚，当场开列清单一式二份，由侦查人员、见证人和持有人签名或者盖章，一份交给持有人，另一份附卷备查。第一百四十四条规定，人民检察院、公安机关根据侦查犯罪的需要，可以依照规定查询、冻结犯罪嫌疑人的存款、汇款、债券、股票、基金份额等财产。有关单位和个人应当配合。犯罪嫌疑人的存款、汇款、债券、股票、基金份额等财产已被冻结的，不得重复冻结。《最高人民法院、最高人民检察院、公安部、司法部关于办理黑恶势力刑事案件中财产处置若干问题的意见》也规定，严禁在立案之前查封、扣押、冻结财物；凡查封、扣押、冻结的财物，都应当及时进行审查，防止因程序违法、工作瑕疵等影响案件审理以及涉案财产处置。

二是查封、扣押、冻结、处置涉案财物要依法保护公民和组织的合法财产权益，要严格区分违法所得与合法财产、本人财产与其家属的财产，要减少对企业正常经营活动的不利影响。

财产权益是公民和组织重要的民事权利，直接关系到公民个人及相对人的切身利益，也是法律重点保护的对象。因此，在查封、扣押、冻结、处置涉案财物的过程中，要严格区分违法所得与合法财产、本人财产与其家属的财产，减少对企业正常经营活动的不利影响。犯罪分子的本人财产，是指属于犯罪分子本人所有的财物及其在与他人共有财产中依法应有的份额。在处理有组织犯罪案件时，应当依据有关的民事法律界定犯罪分子个人所有的财产，严格划清犯罪分子本人财产与其家属或者他人财产的界限。属于犯罪分子家属的财产，是指属于与犯罪分子共同生活的家庭成员个人所有的财产和在家庭共有财产中应当占有的份额。只有在法律规定的情形下，才可以查封、扣押、冻结、处置犯罪分子家属所有或者应有的财产，如本法第四十六条规定"涉案财产符合下列情形之一的，应当依法予以追缴、没收：（一）为支持或者资助有组织犯罪活动而提供给有组织犯罪组织及其成员的财产；（二）有组织犯罪组织成员的家庭财产中实际用于支持有组织犯罪活动的部分；（三）利用有组织犯罪组织及其成员的违法犯罪活动获得的财产及其孳息、收益。"

严格区分犯罪分子本人财产与其家属的财产，主要是为了保护犯罪分子家属的合法权益，体现罪责自负，不株连无辜的原则。

"减少对企业正常经营活动的不利影响"也是查封、扣押、冻结、处置涉案财物的要求之一。企业是社会经济活动的主体，有关办案部门在执行查封、扣押、冻结、处置的过程中，要充分认识企业对社会经济发展的重要作用，切实增强支持企业发展的自觉性，履行支持企业健康发展的重要职责，坚持主动服务、平等保护、规范执法，努力为经济发展壮大创造安全稳定的社会环境、公平正义的法制环境。办案部门在日常工作和涉企业有组织犯罪案件侦办工作中，要进一步提升产权保护意识，坚持惩罚犯罪与保障人权并重、实体公正与程序公正并重、查证犯罪与挽回损失并重、依法办案和服务发展并重，加强对各种所有制经济产权与合法权益的保护。2019 年《最高人民法院、最高人民检察院、公安部、司法部关于办理黑恶势力刑事案件中财产处置若干问题的意见》规定，根据案件具体情况，在保证诉讼活动正常进行的同时，可以允许有关人员继续合理使用有关涉案财产，并采取必要的保值保管措施，以减少案件办理对企业正常办公和合法生产经营的影响。

三是不得查封、扣押、冻结与案件无关的财物。刑事诉讼法规定，在侦查活动中发现的可用以证明犯罪嫌疑人有罪或者无罪的各种财物、文件，应当查封、扣押，与案件无关的财物、文件，不得查封、扣押。查封、扣押、冻结涉及企业、公民的财产权等相关权利，不得随意扩大查封、扣押、冻结的范围。与案件无关的财物，既不能作为证据使用，又影响企业、公民对其财产权利的行使，因此不得查封、扣押，否则就是对公民合法权益的侵犯。

四是经查明确实与案件无关的财物，应当在三日以内解除查封、扣押、冻结，予以退还。司法机关查封、扣押或者冻结有组织犯罪嫌疑人、被告人的财产，一方面是为了在刑事诉讼中切实保全相关证据，有利于及时准确全面地查清案件事实，另一方面也可以保证在刑事诉讼期间，有关涉案财产不被转移、隐匿或者遭受损坏，保障被害人等的合法财产，挽回损失。对于经查明与案件无关的财物，应及时解除查封、扣押、冻结，有利于维护当事人的合法财产权益。刑事诉讼法对此也有类似的规定，《刑事诉讼法》第一百四十五条规定，对查封、扣押的财物、文件、邮件、电报或者冻结的存款、汇款、债券、股票、基金份额等财产，经查明确实与案件无关的，应当在三日以内解除查封、扣押、冻结，予以退还。

有组织犯罪办案人员对查封、扣押的物品、文件、邮件、电报或者冻结的存款、汇款、债券、股票、基金份额等财产，应当及时认真的进行审查。经审查后，凡是与案件无关的，应当在查明情况后三日以内解除查封、扣押、冻结，予以退回。查封、扣押、冻结犯罪嫌疑人财产的目的是查明犯罪、证实犯罪，及时、准确地惩罚犯罪，保护国家、集体和公民的合法权益。在惩罚犯罪的同时，也要切实保障公民、组织的合法权利，防止执法部门在这一问题上出现偏差或权利滥用。所以，本条明确规定了在查明确实与案件无关后，解除扣押、冻结的期限。其中“查明确实与案件无关”是指经过侦查，询问证人，讯问犯罪嫌疑人，调查核实证据，并对查封、扣押的财物进行认真分析，认定该查封、扣押的财物或冻结款项、债券、股票、基金份额等并非违法所得，也不具有证明犯罪嫌疑人是否犯罪、罪轻、罪重的作用，不能作为证据使用，与犯罪行为无任何牵连。“三日以内解除查封、扣押、冻结，予以退还”是指自确定该查封、扣押物和冻结款项、债券、股票、基金份额等与犯罪行为无关之日起三日以内应当解除查封、扣押、冻结。这里规定的“予以退还”是指将查封、扣押财物、文件交还包括犯罪嫌疑人在内的财物、文件所有人。查封、扣押、冻结财产涉及公民的财产权利，一旦查明与犯罪无关，应当及时解除，有利于保障公民的合法权利，减少公民的损失。执行及时退还与案件无关财物的要求，应当注意以下三点：（1）查封、扣押财物、文件、邮件、电报或者冻结存款、汇款、债券、股票、基金份额后，必须及时调查核实，弄清被查封、扣押物与有组织犯罪案件及犯罪嫌疑人的关系，不能扣而不查；（2）对被查封、扣押的财物、文件、邮件、电报应当妥善保管，不得损坏或私自处理；（3）经查明确实与案件无关的查封、扣押物，应当及时退回，对被冻结的存款、汇款、债券、股票、基金份额要尽快解冻，不得以任何借口留置或者拖延退还、解冻。

五是对被害人的合法财产，应当及时返还。对于查封、扣押、冻结的财物及其孳息，如果有证据证明是被害人的合法财产，且不是必须在法庭上作为证据出示的，应当及时返还给被害人，以保证被害人的生产、生活需要。

第二款是关于查封、扣押、冻结涉案财物的限制的规定。

为了维持犯罪分子及其扶养的家属基本的生活需要，体现人道主义精神，在查封、扣押、冻结涉案财物时，应当给犯罪分子本人以及其所扶养的家属保留必要的生活费用和物品。这里所说的其扶养的家属既包括由其扶养的配偶，也包括由其抚养的子女和赡养的老人，还包括根据具体情况作为其家属需要其承担扶养责任的人。我国刑法也有与本条内容精神相似的规定，如《刑法》第五十九条规定，没收犯罪分子个人全部财产的，应当对犯罪分子个人及其扶养的家属保留必需的生活费用。在判处没收财产的时候，不得没收属于犯罪分子家属所有或者应有的财产。

在该条的理解适用中，需要注意以下问题：

第一，有关部门在侦查阶段查封、扣押、冻结涉案财物时，要严格依照刑事诉讼法和有关规定的程序，开具清单要具体、完整、规范，列明被查封、冻结、扣押财物的涉案性质，明确是作为犯罪工具、被害人合法财物、违禁品还是作为犯罪所得被查封、扣押、冻结的。对于犯罪所得，要充分进行调查，尽可能进行追缴。

第二，对于未按照法定条件和程序进行查封、扣押、冻结涉案财物的，可以依照相关法律规定处理，如《刑事诉讼法》第一百一十七条中规定，当事人和辩护人、诉讼代理人、利害关系人对于司法机关及其工作人员有下列行为之一的，有权向该机关申诉或者控告：（一）采取强制措施法定期限届满，不予以释放、解除或者变更的；（二）应当退还取保候审保证金不退还的；（三）对与案件无关的财物采取查封、扣押、冻结措施的；（四）应当解除查封、扣押、冻结不解除的；（五）贪污、挪用、私分、调换、违反规定使用查封、扣押、冻结的财物的。受理申诉或者控告的机关应当及时处理。对处理不服的，可以向同级人民检察院申诉；人民检察院直接受理的案件，可以向上一级人民检察院申诉。人民检察院对申诉应当及时进行审查，情况属实的，通知有关机关予以纠正。

根据刑事诉讼法、人民检察院组织法等的规定，对侦查机关涉案财物处置进行监督的主要是检察机关。《刑事诉讼法》第十九条规定，人民检察院在对诉讼活动实行法律监督中发现的司法工作人员利用职权实施的非法拘禁、刑讯逼供、非法搜查等侵犯公民权利、损害司法公正的犯罪，可以由人民检察院立案侦查。对于侦查机关违法处置涉案财物行为构成犯罪，如果属于检察机关立案侦查范围的，检察机关还可以依法立案侦查。检察机关应当积极履行法定监督职责，完善有关工作机制，加大对侦查机关涉案财物处置工作的监督力度，及时发现和纠正涉案财物处置中的违规违法行为，保障当事人的合法财产权利，维护司法公正。

第三，要根据案件具体情况，依法及时返还与案件无关的财物。我国实行以审判为中心的刑事诉讼制度改革，应当发挥庭审在查明事实、认定证据、保护诉权、公正裁判中的决定性作用。法院的裁判是处理涉案财物的基本依据，由法院对涉案财物作出最终的认定和处置，有利于保障被告人的涉案财物在案件审理终结之前不被随意处分，防止被告人被宣告无罪后先前被处分的财物难以追回，也有利于落实追缴、责令退赔和没收等执行责任等。但对权属明确的被害人合法财产，返还不损害其他被害人或者利害关系人的利益、不影响诉讼正常进行的，公安机关、人民检察院、人民法院都可以及时返还。需要注意的是，对于权属有争议的，或者受害者众多的涉众型经济案件，应当在人民法院判决时一并处理。

第四，对刑事涉案财物的查封、扣押、冻结要以保障准确查明犯罪事实，顺利进行刑事诉讼，惩治犯罪、阻止犯罪造成的损失扩大，弥补犯罪对权利人的侵害为目的，在采取查封、扣押、冻结措施时，要注意尽可能保护合法产权和相关人员的合法权利。在刑事涉案财物存在损毁、灭失、转移、减值等情况下，可能无法达到预期诉讼目的时，有关机关才可以采用查封、扣押、冻结等强制性手段。一是查封、扣押、冻结要坚持目的性原则，围绕固定犯罪证据的需要，查封、扣押可以用以证明犯罪嫌疑人有罪或者无罪的各种财物、文件，冻结犯罪嫌疑人的存款、汇款、债券、股票、基金份额等财产。二是要坚持比例性原则，查封、扣押、冻结的范围主要应是有组织犯罪违法所得、违禁品和供犯罪所用的本人财物，以及作为证据使用的其他财物等。目的性原则要求司法机关在采用强制性措施的原因消失或者发生变化后，应当及时解除或者变更强制性措施。对于符合解除查封、扣押、冻结条件的财物，而拒不解除的做法，司法机关应当承担相应的法律责任。

相关规定

《中华人民共和国刑法》第五十九条；《中华人民共和国刑事诉讼法》第一百四十一条至第一百四十五条、第二百四十五条；《关于进一步规范刑事诉讼涉案财物处置工作的意见》；《关于完善产权保护制度依法保护产权的意见》；《人民检察院刑事诉讼涉案财物管理规定》；《最高人民法院、最高人民检察院、公安部、司法部关于办理黑恶势力刑事案件中财产处置若干问题的意见》

第四十二条　公安机关可以向反洗钱行政主管部门查询与有组织犯罪相关的信息数据，提请协查与有组织犯罪相关的可疑交易活动，反洗钱行政主管部门应当予以配合并及时回复。

条文主旨

本条是关于公安机关可以向反洗钱行政主管部门查询信息数据、提请协查的规定。

立法背景

（一）起草背景

有组织犯罪活动经常与洗钱行为相伴发生，有组织犯罪需要通过洗钱来掩饰、隐瞒犯罪所得及其收益的来源和性质。反洗钱是指为了预防洗钱活动，依照反洗钱法等法律的规定采取的相关措施，这些措施包括多方面的内容，如客户身份识别、大额交易和可疑交易报告、保存客户身份资料和交易记录，以及依法进行的反洗钱检查、调查等。通过健全金融监管措施和信息数据分析发现可疑交易活动是反洗钱的重要内容。通过反洗钱相关措施，可以有效地发现有组织犯罪的财产来源、资金流向等，一方面为侦查有组织犯罪提供线索和证据支持，另一方面也为查封、扣押、冻结、处置涉案财物打好工作基础。

有关法律对反洗钱信息和企业、个人的财产信息等的保密要求作了规定。如《反洗钱法》第五条规定，对依法履行反洗钱职责或者义务获得的客户身份资料和交易信息，应当予以保密；非依法律规定，不得向任何单位和个人提供。反洗钱行政主管部门和其他依法负有反洗钱监督管理职责的部门、机构履行反洗钱职责获得的客户身份资料和交易信息，只能用于反洗钱行政调查。司法机关依照本法获得的客户身份资料和交易信息，只能用于反洗钱刑事诉讼。其他相关法律也有关于金融数据信息保密的规定，如《商业银行法》第二十九条第二款规定，对个人储蓄存款，商业银行有权拒绝任何单位或者个人查询、冻结、扣划，但法律另有规定的除外；第三十条规定，对单位存款，商业银行有权拒绝任何单位或者个人查询，但法律、行政法规另有规定的除外；有权拒绝任何单位或者个人冻结、扣划，但法律另有规定的除外。《邮政法》第三条规定，用户交汇的汇款受法律保护，除法律另有规定外，任何组织或者个人不得检查、扣留。

通过反洗钱信息数据查询有组织犯罪的相关情况，涉及与反洗钱行政主管部门的信息沟通，同时也涉及组织和个人的财产信息，只有法律明确授权才能行使。考虑到有组织犯罪案件的危害性、特殊性，以及防范、调查和惩治有组织犯罪活动的特别需要，本条明确规定了公安机关可以向反洗钱行政主管部门查询与有组织犯罪相关的信息数据，提请协查与有组织犯罪相关的可疑交易活动，这是针对调查有组织犯罪案件作出的授权规定。赋予公安机关上述权力，是查明、证实有组织犯罪案件、收集、固定证据的需要，是发现新的犯罪线索、扩大侦查成果的需要，有利于防止证据转移、赃款转移，防止资金、财物被继续用于有组织犯罪活动，消除有组织犯罪活动的经济基础。

（二）审议中各方面的意见

《反有组织犯罪法》一审稿第四十四条第二款规定“公安机关可以向反洗钱行政主管部门调取与有组织犯罪相关的信息数据和提出可疑交易调查，反洗钱行政主管部门应当予以配合。”对此，有的部门建议将第二款单独规定为一条，并调整章节位置。有的建议本条规定应做好与反洗钱法修改的衔接。立法机关经研究，部分采纳了上述意见。

条文解读

本条是关于公安机关可以向反洗钱行政主管部门查询信息数据、提请协查的规定。

本条主要规定了以下几个方面的内容：一是公安机关可以向反洗钱行政主管部门查询与有组织犯罪相关的信息数据。根据反洗钱法、中国人民银行法的规定，“反洗钱行政主管部门”是指中国人民银行，中国人民银行承担国务院反洗钱行政主管部门的职责。《反洗钱法》第四条规定，国务院反洗钱行政主管部门负责全国的反洗钱监督管理工作。国务院有关部门、机构在各自的职责范围内履行反洗钱监督管理职责。国务院反洗钱行政主管部门、国务院有关部门、机构和司法机关在反洗钱工作中应当相互配合。《反洗钱法》第十条规定，国务院反洗钱行政主管部门设立反洗钱信息中心，负责大额交易和可疑交易报告的接收、分析，并按照规定向国务院反洗钱行政主管部门报告分析结果，履行国务院反洗钱行政主管部门规定的其他职责。根据本条规定，公安机关调查有组织犯罪活动，可以向反洗钱行政主管部门查询与有组织犯罪相关的信息数据。

二是公安机关可以向反洗钱行政主管部门提请协查与有组织犯罪相关的可疑交易活动。所谓可疑交易活动，是指公安机关发现或者有合理理由怀疑有关的交易活动与有组织犯罪相关。与有组织犯罪相关的可疑交易活动，相对于一般的正常支付交易具有许多不同的特征和疑点，这些具有不同特征和疑点的支付交易极可能是有组织犯罪洗钱行为的表现。中国人民银行2018年《金融机构大额交易和可疑交易报告管理办法》第十一条规定，金融机构发现或者有合理理由怀疑客户、客户的资金或者其他资产、客户的交易或者试图进行的交易与洗钱、恐怖融资等犯罪活动相关的，不论所涉资金金额或者资产价值大小，应当提交可疑交易报告。《金融机构大额交易和可疑交易报告管理办法》第十二条规定，金融机构应当制定本机构的交易监测标准，并对其有效性负责。交易监测标准包括并不限于客户的身份、行为，交易的资金来源、金额、频率、流向、性质等存在异常的情形，并应当参考以下因素：（一）中国人民银行及其分支机构发布的反洗钱、反恐怖融资规定及指引、风险提示、洗钱类型分析报告和风险评估报告。（二）公安机关、司法机关发布的犯罪形势分析、风险提示、犯罪类型报告和工作报告。（三）本机构的资产规模、地域分布、业务特点、客户群体、交易特征，洗钱和恐怖融资风险评估结论。（四）

中国人民银行及其分支机构出具的反洗钱监管意见。（五）中国人民银行要求关注的其他因素。

三是反洗钱行政主管部门应当予以配合，并及时回复。这里的“配合”主要是指应当为相关查询工作提供方便，提供协助，提供相应的信息数据，不得以保密为由进行阻碍或者拒绝。《反洗钱法》第八条规定，国务院反洗钱行政主管部门组织、协调全国的反洗钱工作，负责反洗钱的资金监测，制定或者会同国务院有关金融监督管理机构制定金融机构反洗钱规章，监督、检查金融机构履行反洗钱义务的情况，在职责范围内调查可疑交易活动，履行法律和国务院规定的有关反洗钱的其他职责。对于公安机关向反洗钱行政主管部门提出的查询与有组织犯罪相关的信息数据，提请协查与有组织犯罪相关的可疑交易活动的要求，反洗钱行政主管部门应当积极配合、协助，并及时回复。

在该条的理解适用中，需要注意本条与本法第十七条内容的关系。本法第十七条规定，国务院反洗钱行政主管部门、国务院其他有关部门、机构应当督促金融机构和特定非金融机构履行反洗钱义务。发现与有组织犯罪有关的可疑交易活动的，有关主管部门可以依法进行调查，经调查不能排除洗钱嫌疑的，应当及时向公安机关报案。该条规定主要是关于反洗钱行政主管部门以及金融机构和特定非金融机构在履行反洗钱义务中发现与有组织犯罪有关的可疑交易活动时的调查和报告义务，而本条是公安机关主动就有关情况向反洗钱行政主管部门要求协助调查的规定。两个条文尽管侧重点有所不同，但目标都是通过反洗钱工作为发现、处置有组织犯罪案件提供支持。

相关规定

《中华人民共和国反洗钱法》第四条、第六条、第八条、第十条；《中华人民共和国商业银行法》第二十九条、第三十条；《中华人民共和国邮政法》第三条；《金融机构大额交易和可疑交易报告管理办法》第十一条、第十二条

第四十三条 对下列财产，经县级以上公安机关、人民检察院或者人民法院主要负责人批准，可以依法先行出售、变现或者变卖、拍卖，所得价款由扣押、冻结机关保管，并及时告知犯罪嫌疑人、被告人或者其近亲属：

（一）易损毁、灭失、变质等不宜长期保存的物品；

（二）有效期即将届满的汇票、本票、支票等；

（三）债券、股票、基金份额等财产，经权利人申请，出售不损害国家利益、被害人利益，不影响诉讼正常进行的。

条文主旨

本条是关于涉案财产可以先行处置的规定。

立法背景

（一）起草背景

涉有组织犯罪被司法部门采取扣押、冻结措施的财产中，有的财产不宜长期保存、保管，但是实践中司法机关对有组织犯罪案件的办理需要一定的时间，因此对这些财产需要及时进

行处理，否则就可能导致市场价值大幅“缩水”，从而损害国家利益或者当事人的合法权益。这些财产经人民法院的判决认定，最终有可能是属于违法所得或者其他涉案财产依法应当予以追缴，也有可能是属于被害人的合法财产依法应当予以返还，还有可能是属于犯罪嫌疑人、被告人或者其他利害关系人的合法财产或者与案件无关的财产。因此，在特定情况下，应当允许在判决生效前对有关财产依法出售或者变现，在判决生效后，再对出售或者变现所得价款进行执行。但为了防止出现滥用，应当同时规定严格的适用条件和操作程序。在判决生效前依法出售和变现有关财产，与在判决生效后再对这些财产进行没收、返还等作实质处理，二者是不矛盾的，且司法实践中确实存在这种需要和做法。

涉案财物先行处置制度，其目的是保证涉案财物不贬值、不灭失，有利于实现诉讼目的和方便执行。关于涉案财物的先行处置，有关法律和规范性文件等已经有相应规定。如现行《刑事诉讼法》第二百四十五条中规定，公安机关、人民检察院和人民法院对查封、扣押、冻结的犯罪嫌疑人、被告人的财物及其孳息，应当妥善保管，以供核查，并制作清单，随案移送。任何单位和个人不得挪用或者自行处理。对被害人的合法财产，应当及时返还。对违禁品或者不宜长期保存的物品，应当依照国家有关规定处理。

2015年，中共中央办公厅、国务院办公厅印发的《关于进一步规范刑事诉讼涉案财物处置工作的意见》第七条规定，“完善涉案财物先行处置程序。对易损毁、灭失、变质等不宜长期保存的物品，易贬值的汽车、船艇等物品，或者市场价格波动大的债券、股票、基金份额等财产，有效期即将届满的汇票、本票、支票等，经权利人同意或者申请，并经县级以上公安机关、国家安全机关、人民检察院或者人民法院主要负责人批准，可以依法出售、变现或者先行变卖、拍卖。所得款项统一存入各单位唯一合规账户。涉案财物先行处置应当做到公开、公平。”

2012年，《最高人民法院、最高人民检察院、公安部、国家安全部、司法部、全国人大常委会法制工作委员会关于实施刑事诉讼法若干问题的规定》第三十六条第二款规定：“对于被扣押、冻结的债券、股票、基金份额等财产，在扣押、冻结期间权利人申请出售，经扣押、冻结机关审查，不损害国家利益、被害人利益，不影响诉讼正常进行的，以及扣押、冻结的汇票、本票、支票的有效期即将届满的，可以在判决生效前依法出售或者变现，所得价款由扣押、冻结机关保管，并及时告知当事人或者其近亲属。”

2019年，《最高人民法院、最高人民检察院、公安部、司法部关于办理黑恶势力刑事案件中财产处置若干问题的意见》第十二条第二款规定：“对易损毁、灭失、变质等不宜长期保存的物品，易贬值的汽车、船艇等物品，或者市场价格波动大的债券、股票、基金等财产，有效期即将届满的汇票、本票、支票等，经权利人同意或者申请，并经县级以上公安机关、人民检察院或者人民法院主要负责人批准，可以依法出售、变现或者先行变卖、拍卖，所得价款由扣押、冻结机关保管，并及时告知当事人或者其近亲属。”

上述法律和规范性文件的规定为先行处置扣押、冻结财产提供了有益经验，在反有组织犯罪法中作出相应的衔接性规定，对于实践执行更具针对性和指导性。

(二) 审议中各方面的意见

草案一次审议稿第四十七条中规定，对扣押、冻结的财产，经权利人同意或者申请，并经县级以上公安机关、人民检察院或者人民法院主要负责人批准，可以依法出售、变现或者先行变卖、拍卖，所得价款由扣押、冻结机关保管。

在征求意见过程中，有的部门建议对第一项规定的物品的处理取消“经权利人同意或者申请”的条件，避免出现当事人无正当理由拒不同意先行变卖处置，导致相关涉案财物保管难、处置难的问题。有的地方建议对权利人的范围予以明确，并增加告知权利人、当事人或其他利害关系人的规定。立法机关经研究，吸收了上述意见。

条文解读

本条是关于涉有组织犯罪财产可以先行处置的规定。本条主要规定了以下几层意思：

一是规定了可以先行处置的财产的范围。对于扣押、冻结的部分财产，有的需要在人民法院作出判决生效以前出售或者变现，再等待最终执行。本条明确下列财产可以先行处置：（一）易损毁、灭失、变质等不宜长期保存的物品；（二）有效期即将届满的汇票、本票、支票等；（三）债券、股票、基金份额等财产，经权利人申请，出售不损害国家利益、被害人利益，不影响诉讼正常进行的。这里的“易损毁、灭失、变质等不宜长期保存的物品”，主要是指因为财产自身的物理特性而导致其易于损毁、灭失、变质，不适宜长期保存，如鲜活、易腐的货物等，对于这些物品，如果不及时处理，就必然造成财物的损失。“有效期即将届满的汇票、本票、支票等”，被扣押、冻结的汇票、本票、支票等票据，在扣押、冻结期间可能会发生其有效期即将届满的情形，根据票据法等有关法律规定，如果有效期届满不及时变现，有关票据权利就会受到影响甚至消灭，从而损害国家利益或者当事人的合法权益。债券、股票、基金份额等财产的价值具有波动性，在司法实践中有时在扣押、冻结期间其市场价值会发生重大变化，不及时予以出售，有关债券、股票、基金份额等财产的市场价值就会大幅“缩水”。

二是规定了对相关财产进行先行处置的程序要求，即“经县级以上公安机关、人民检察院或者人民法院主要负责人批准，可以依法先行出售、变现或者变卖、拍卖”。财产的处置涉及当事人财产权益，因此，法律对于涉有组织犯罪财物的先行处置规定了较为严格的程序要求，必须经县级以上公安机关、人民检察院或者人民法院主要负责人批准，才能出售、变现或者变卖、拍卖。

需要注意的是，对于易损毁、灭失、变质等不宜长期保存的物品和有效期即将届满的汇票、本票、支票等，经县级以上公安机关、人民检察院或者人民法院主要负责人批准，即可以先行出售、变现或者变卖、拍卖。但是对于“债券、股票、基金份额等财产”的处置，除需经批准外，还需要满足“经权利人申请，出售不损害国家利益、被害人利益，不影响诉讼正常进行”的条件。法律之所以作出特别要求，主要是因为债券、股票、基金份额等财产的价值具有波动性，其不同于易损毁、灭失、变质等不宜长期保存的物品和有效期即将届满的汇票、本票、支票等，需要由权利人选择适当的时机进行处置。启动程序是由权利人提出申请，权利人未提出申请，扣押、冻结机关不能依职权作出先行处置决定；对权利人申请的，司法机关还应当审查先行处置是否会损害国家利益、被害人利益，是否影响诉讼正常进行，对于不损害国家利益、被害人利益，不影响诉讼正常进行的，才可以经批准先行处置。

三是规定了涉案财产处置后的相关要求，即“所得价款由扣押、冻结机关保管，并及时告知犯罪嫌疑人、被告人或者其近亲属”。规定所得价款由扣押、冻结机关保管，主要是为了确保扣押、冻结的效果，明确涉案财产处置后的价款管理问题，不能交由其他机关保管，更不能交由个人保管。规定要及时告知犯罪嫌疑人、被告人或者其近亲属，是指告知其相关财产的处置情况。这样规定，既有利于维护当事人的知情权，同时也可以发挥当事人的监督作用，对于不合理的处置行为，当事人还可以通过相应渠道寻求救济。

在该条的理解适用中，需要注意以下问题：

一是对扣押、冻结的财产进行处理，涉及国家利益，也涉及当事人的合法权益，必须严格依照法律规定的权限和程序进行，切实履行各项法定义务，以防止危害国家利益和当事人合法权益，影响诉讼正常进行的情况发生。

二是司法机关必须严格执行有关财经纪律，不得将先行处置财产所得的价款挪作他用，也不能与经费保障、有关考核奖励等挂钩，以防止由于利益驱动而违法处置涉案财产，避免违法处理涉案财产的情况发生，保障司法机关及其工作人员严格依法办事。

相关规定

《中华人民共和国刑事诉讼法》第二百四十五条；《最高人

民法院、最高人民检察院、公安部、国家安全部、司法部、全国人大常委会法制工作委员会关于实施刑事诉讼法若干问题的规定》第三十六条；《关于进一步规范刑事诉讼涉案财物处置工作的意见》；《最高人民法院、最高人民检察院、公安部、司法部关于办理黑恶势力刑事案件中财产处置若干问题的意见》第十二条

第四十四条　公安机关、人民检察院应当对涉案财产审查甄别。在移送审查起诉、提起公诉时，应当对涉案财产提出处理意见。

在审理有组织犯罪案件过程中，应当对与涉案财产的性质、权属有关的事实、证据进行法庭调查、辩论。人民法院应当依法作出判决，对涉案财产作出处理。

条文主旨

本条是关于涉案财产甄别和处理的规定。

立法背景

（一）起草背景

司法实践中，有组织犯罪案件涉案财产的处理，既是办理有组织犯罪案件的重点，也是难点之一。在立法调研中，地方普遍反映：有组织犯罪案件涉案财产权属复杂，个人财产与家庭财产、个人财产与企业财产、非法财产与合法经营财产交织。一些案件在侦查、审查起诉环节甄别不力，给审判和执行带来较大困难。希望反有组织犯罪法专门针对财产甄别、处理和处置作出规定。相关法律、规范性文件对于财产的甄别和处

置有规定，如《刑事诉讼法》第二百四十五条中规定，人民法院作出的判决，应当对查封、扣押、冻结的财物及其孳息作出处理。2019年，《最高人民法院、最高人民检察院、公安部、司法部关于办理黑恶势力刑事案件中财产处置若干问题的意见》第十一条规定，公安机关、人民检察院应当加强对在案财产审查甄别。在移送审查起诉、提起公诉时，一般应当对采取措施的涉案财产提出处理意见建议，并将采取措施的涉案财产及其清单随案移送。人民检察院经审查，除对随案移送的涉案财产提出处理意见外，还需要对继续追缴的尚未被足额查封、扣押的其他违法所得提出处理意见建议。涉案财产不宜随案移送的，应当按照相关法律、司法解释的规定，提供相应的清单、照片、录像、封存手续、存放地点说明、鉴定、评估意见、变价处理凭证等材料。在总结上述法律和规范性文件内容的基础上，针对实践中的问题，与刑事诉讼法等相关法律相衔接，反有组织犯罪法对涉案财产的甄别、处理等作出了更具针对性的规定。

（二）审议中各方面的意见

针对二次审议稿中有关财产处置的规定，在常委会审议中，有的提出，实践中存在对有组织犯罪财产范围甄别难、甄别不及时、涉案财产处置程序不规范、对利害关系人的权利保障不够等问题，建议进一步细化有关规定。对于上述意见，《反有组织犯罪法》第四十九条专门规定了利害关系人可以对查封、扣押、冻结、处置涉案财物提出异议。公安机关、人民检察院、人民法院对涉案财物作出处理后，利害关系人对处理不服的，可以提出申诉或者控告。

条文解读

本条共分两款。第一款是关于公安机关、人民检察院应当对涉案财产审查甄别和提出处理意见的规定。公安机关、人民检察院应当对涉案财产审查甄别。在移送审查起诉、提起公诉时，应当对涉案财产提出处理意见。

有组织犯罪案件中对涉案财产的处置是一个系统工作，需要公安机关、检察机关、人民法院分工协作、互相配合。公安机关、检察机关、人民法院在刑事诉讼的全流程中都要把涉案财物处置作为工作重点之一，与对查清犯罪嫌疑人、被告人的犯罪事实、定罪量刑工作同等重视、同等对待。这里的“审查甄别”，是要求公安机关、人民检察院、人民法院要对涉案财物的权属、来源、性质等进行审查分类，区分财物是犯罪人所有还是被害人所有，是犯罪工具还是赃款赃物，同时在本阶段程序终结时提出具体的处理意见。

具体而言，在侦查阶段，公安机关在查封、冻结、扣押涉案财物时，要严格依照刑事诉讼法和有关规定的程序，开具清单要具体、完整、规范，列明被查封、冻结、扣押财物的涉案性质，明确是作为犯罪工具、被害人合法财物、违禁品还是作为犯罪所得被查封、扣押、冻结的。对于犯罪所得，要充分进行调查，尽可能进行追缴。在侦查终结移送人民检察院审查起诉时，要在起诉意见书中对涉案财产的情况作详细说明，并提出处理的意见。对于尚未追缴的犯罪所得，可以在案件移送审查起诉后继续追缴。对于可能判处财产刑，特别是没收财产刑的案件，还要对犯罪嫌疑人的财产状况进行详细调查，防止犯罪嫌疑人及其亲属提前转移、隐匿财产。

在审查起诉阶段，检察机关应当对侦查阶段认定的涉案财物的性质及相关证据依法进行审查，查明侦查机关移送的涉案财物的状况、权属，以及对涉案财物采取的措施是否合法、适当，对涉案财物提出的处置建议是否适当等。对于应当追缴但尚未追缴到案的财物，应当督促侦查机关继续采取措施予以追缴。对与涉案财物有关的重大事项事实不清，需要补充侦查的，必要时可以退回侦查机关补充侦查，或者由检察机关自行补充侦查。检察机关在向人民法院提起公诉时，应当在起诉书中列明涉案财物的信息，并对涉案财物的处置提出明确的意见。

第二款是关于人民法院应当就涉案财产进行法庭调查、辩论，通过判决作出处理的规定。主要包含了两层意思。

一是人民法院在审理有组织犯罪案件过程中，应当对与涉案财产的性质、权属有关的事实、证据进行法庭调查、辩论，充分听取公诉人、被害人、被告人、辩护人及其他诉讼参与人对涉案财物处置的意见。在此基础上对涉案财物与被指控的犯罪行为的关联性，即是否属于犯罪所得及其孳息等应当没收的涉案财物，侦查（调查）机关、检察机关对涉案财物采取的查封、扣押、冻结等措施是否合法、适当，提出的处理意见是否合法、合理等进行审查，必要时可以依法对有关证据进行调查核实。

二是人民法院应当依法作出判决，对涉案财产作出处理。在办理刑事案件过程中，对与案件有关的犯罪嫌疑人、被告人的财物进行查封、扣押、冻结的情况很复杂，有的财物是被害人的，有的是犯罪工具，有的是赃款赃物，有的是善意第三人的，有的财物所有者明确，有的不清楚、存在争议，如何认定和处理直接关系有组织犯罪案件的办案效果。对此，人民法院经过审理形成的裁判文书，应当对涉案财物的处置作出明确结论，对侦查机关、检察机关先行采取的返还或者处置措施的合法性应当作出评价，对尚未到案的涉案财物也应当作出是否继续追缴的裁判。在法院审理完毕作出判决后，超出案件执行部分被查封、扣押、冻结的财产或者不需要追缴、没收的财产部分，就应当及时解除查封、扣押、冻结。

本条第二款的规定体现了对涉案财物的最终处置决定应当由人民法院作出的原则。在刑事诉讼中，对涉案财物性质的认定，原则上不能由控辩双方的任何一方进行，而是应当由人民法院认定。因此，《刑事诉讼法》第二百四十五条中规定："公安机关、人民检察院和人民法院对查封、扣押、冻结的犯罪嫌疑人、被告人的财物及其孳息，应当妥善保管，以供核查，并制作清单，随案移送。任何单位和个人不得挪用或者自行处理。对被害人的合法财产，应当及时返还。对违禁品或者不宜长期保存的物品，应当依照国家有关规定处理。对作为证据使用的实物应当随案移送，对不宜移送的，应当将其清单、照片或者其他证明文件随案移送。人民法院作出的判决，应当对查封、扣押、冻结的财物及其孳息作出处理。人民法院作出的判决生效以后，有关机关应当根据判决对查封、扣押、冻结的财物及其孳息进行处理。对查封、扣押、冻结的赃款赃物及其孳息，除依法返还被害人的以外，一律上缴国库。"因此，在移送审查起诉、提起公诉时，公安机关、人民检察院应当对采取措施的涉案财产提出处理意见，但最终的处置决定由人民法院作出，人民检察院、公安机关、国家安全机关、司法行政机关等应当予以配合。

在该条的理解适用中，需要注意：在审判阶段，可以通过庭审中相对独立的涉案财物处置环节，促进公正处理涉案财物相关问题。一是在具体程序上，可以借鉴此前人民法院完善量刑程序的经验，把涉案财物处置作为刑事案件法庭审判中相对独立的一个部分或者阶段进行，对涉案财物问题进行充分的审理。二是在法庭调查阶段，法庭应当对涉案财物的性质、权属、与犯罪行为的关联性等进行调查，由控辩双方进行举证、质证。在法庭辩论阶段，法庭应当充分听取控辩双方对涉案财物处置的意见。三是涉案财物处置涉及被告人、被害人以外的第三人权利的，人民法院应当充分保障第三人的诉讼权利，充分听取其意见。

相关规定

《中华人民共和国刑事诉讼法》第二百四十五条；《最高人民法院、最高人民检察院、公安部、司法部关于办理黑恶势力刑事案件中财产处置若干问题的意见》第六条、第十一条

第四十五条　有组织犯罪组织及其成员违法所得的一切财物及其孳息、收益，违禁品和供犯罪所用的本人财物，应当依法予以追缴、没收或者责令退赔。

依法应当追缴、没收的涉案财产无法找到、灭失或者与其他合法财产混合且不可分割的，可以追缴、没收其他等值财产或者混合财产中的等值部分。

被告人实施黑社会性质组织犯罪的定罪量刑事实已经查清，有证据证明其在犯罪期间获得的财产高度可能属于黑社会性质组织犯罪的违法所得及其孳息、收益，被告人不能说明财产合法来源的，应当依法予以追缴、没收。

条文主旨

本条是关于对有组织犯罪组织及其成员违法所得的一般处理、等值追缴、没收的法律适用及高度可能性证明标准的规定。

立法背景

（一）起草背景

2002年4月28日，第九届全国人民代表大会常务委员会第二十七次会议通过了《关于〈中华人民共和国刑法〉第二百九十四条第一款的解释》，对《刑法》第二百九十四条第一款作出解释，规定黑社会性质的组织应当同时具备组织特征、经济特征、行为特征和危害性特征。其中经济特征是指有组织地通过违法犯罪活动或者其他手段获取经济利益，具有一定的经济实力，以支持该组织的活动。经济特征也是黑恶势力组织犯罪的重要特征。最大限度地获取巨额经济利益是有组织犯罪的主要目的之一。很多有组织犯罪组织的发展过程就是一个“以黑促商，以商养黑”的循环过程，一方面通过各种非法手段聚敛钱财并将这种财产用于支撑其违法犯罪活动，另一方面又依仗其经济实力，腐蚀、拉拢政府官员，并向经营领域渗透，将非法收入转化为合法收入，维护自己的既得利益，获取更大的社会财富，进一步在一定区域或者行业内形成更大的非法控制，拓展地盘和影响。黑恶势力犯罪所具有的经济特征，决定了有组织犯罪组织往往具有一定的经济实力，这也是其做大成势、称霸一方的基础。要彻底铲除黑恶势力犯罪的根基，就要彻底摧毁有组织犯罪组织的经济基础。实践经验表明，只有在扫黑除恶中落实“打财断血”，才能防止黑恶势力死灰复燃，从而根本上消除黑恶势力犯罪的土壤。

实践发现，黑恶势力犯罪组织经常利用各种方式隐匿、转移、掩饰、隐瞒犯罪所得，许多案件中涉案财产的成份、类型和流转情况相当复杂。此外，黑恶势力犯罪组织通过违法犯罪活动所积聚的大量财产被消耗和挥霍，涉案财产流失导致被害人的合法财产无法追回，人民法院判决中的财产性判项得不到落实，形成空判，影响司法的效果和权威。关于涉案财产处置，《刑法》第六十四条、《刑事诉讼法》第二百四十五条等，对犯罪分子的违法所得、违禁品和供犯罪所用的本人财物，以及对查封、扣押、冻结的财物及其孳息等作了较为明确的规定。以上规定仅限于对犯罪组织及其成员违法所得的财产等进行处置，对其他涉案财产无法适用。我国刑事诉讼法第五十五规定的证据证明标准，要求达到“证据确实、充分”“排除合理怀疑”的程度，也导致部分涉案财产因达不到该证明标准而无法处置。司法实践中，仅根据以上条款不能完全解决有组织犯罪中的涉案财产处置问题。对此，《联合国打击跨国有组织犯罪公约》有明确要求，英国《2002年犯罪收益追缴法》、《意大利反腐败法》、韩国《关于预防非法贩运毒品特别问题法律》等中的有关规定，为反有组织犯罪法中涉案财产的处置提供了重要借鉴。要实现彻底扫黑除恶，就要深化“打财断血”达到“黑财见底”，全面、准确、高效地处置有组织犯罪案件中的涉案财产。

（二）审议中各方面的意见

审议中各方面对本条提出的意见和主要争议的问题集中在以下几个方面：一是关于违法所得、违禁品和供犯罪所用的本人财物的一般处理与《刑法》第六十四条关于涉案财物的处理之间的协调衔接关系。有的建议在追缴、没收的基础上增加责令退赔，表述上更为完整。有的建议该款按照《刑法》第六十四条规定对涉案财物进一步区分处理。二是关于等值没收的规定。有的建议进行柔性规定，充分考虑因不可抗力灭失或被第三人善意取得的情况。三是关于部分涉案财产证明标准的规定，各方面争议较大，涉案财产证明也应遵守刑事诉讼法规定的事实清楚，证据确实、充分，排除合理怀疑的证明标准，减少容易产生侵犯合法财产的现象。有的建议与黑恶势力犯罪中涉案财产的复杂特殊的实践情况相匹配，对涉案财产认定实行举证责任倒置：由犯罪嫌疑人、被告人证明其财产是合法获得的，而不是通过犯罪获得的。对本条审议中提出的意见，在认真权衡不同方案利弊的基础上，进行了合理的吸收。

（三）有关国家和地区的规定

1. 对有组织犯罪组织及其成员违法所得予以追缴、没收或者责令退赔，《联合国打击跨国有组织犯罪公约》有明确要求：缔约国应在本国法律制度的范围内尽最大可能采取必要措施，以便能够没收本公约所涵盖的犯罪的犯罪所得或价值与其相当的财产，以及用于或拟用于本公约所涵盖的犯罪的财产、设备或其他工具；应采取必要措施，辨认、追查、冻结或扣押上述物品，以便最终予以没收；如果犯罪所得已经部分或全部转变或转化为其他财产，也适用上述措施；如果犯罪所得已与从合法来源获得的财产相混合，则应在不影响冻结权或扣押权的情况下没收这类财产，没收价值可达混合于其中的犯罪所得的估计价值；对于来自犯罪所得、来自由犯罪所得转变或转化而成的财产或已与犯罪所得相混合的财产所产生的收入或其他利益，也适用没收、扣押措施，其方式和程度与处置犯罪所得相同；应使法院或其他主管当局有权下令提供或扣押银行、财务或商务记录，不得以银行保密为由拒绝；可考虑要求由犯罪的人证明应予没收的涉嫌犯罪所得或其他财产的合法来源，但此种要求应符合本国法律原则和司法及其他程序的性质。

2. 等值没收，当犯罪所得及其收益因被挥霍、转让等原因而无法实现对其没收时，允许用犯罪人的其他财产实行充抵，即允许“等值没收”，在事实上无法没收原物时，可以没收其替代物。如《联合国打击跨国有组织犯罪公约》第十二条“没收和扣押”中规定，对于来自有组织犯罪的犯罪所得，或者与其价值相当的财产，可以采取必要的措施，以便能够没收。德国《刑法典》第七十四条规定，如果犯罪人对其享有所有权或处分权，但应当被没收的财物，在法院判决前出售、消耗或者以其他方式使其无法被没收的，法院可以没收与该财物价值相当的财物或者折价款。

3. 推定为犯罪所得。一般来说，各国法院认定财物属于犯罪所得，都要求控诉方证明有关财物来源于特定的犯罪，并达到刑事案件“内心确信”或者“排除合理怀疑”的证明标准。由于实践中情况比较复杂，针对一些特殊的案件和情况，有的国家也规定了“推定的犯罪所得”制度，即在特定的情形下，不需要达到定罪所需要的证明标准，也就可以推定被告人的特定财产来源于犯罪，系犯罪所得并予以追缴、没收。主要有以下几种情形：

一是认定“犯罪生活方式”。法院认定被告人具有“犯罪生活方式”的，可以认定其生活对犯罪收益具有依赖性，进而可以推定被告人在一定期限内获得的财产或者发生的开销均来自犯罪收益。英国《2002 年犯罪收益追缴法》规定，以下三种情形可推定为犯罪生活方式：（1）被告人犯有以下9类犯罪之一，包括贩毒罪、洗钱罪、领导恐怖活动罪、贩卖人口罪、贩卖武器罪、走私罪、侵犯知识产权罪、组织卖淫活动罪、敲诈勒索罪；（2）被告人在6个月以上时间持续从罪行中获益；（3）被定罪行为为犯罪活动进程组成部分，具有职业性的特点。“一定期限”最长可为自被告人受追诉之日起向前回溯6年。

二是认定为“特定犯罪所得”。被告人实施了特定的犯罪，且综合各种情形有理由推定其财产来源于犯罪，这些财产可以推定为犯罪所得。如韩国《关于预防非法贩运毒品特别问题法律》第十七条规定，在评估毒品犯罪的获利时，对于犯罪人在其持续实施毒品犯罪活动期间所取得的财产，如果相较于其合法财产收入状况被发现明显增加，有合理根据认为所取得的财产来自于毒品犯罪的非法收益的，则有关财产应当被推定为与毒品犯罪相关的非法收益。

三是不能说明合法来源而推定为犯罪所得。被告人具有特定身份且不能对其财产的合法来源作出合理解释的，可以推定其财产为犯罪所得。被告人具有国家工作人员身份时，这种推定比较常见。《联合国反腐败公约》第二十二条要求各国需考虑将“公职人员的资产显著增加，而本人无法以其合法收入作出合理解释”的行为规定为犯罪。《联合国打击跨国有组织犯罪公约》第十二条中规定，缔约国可考虑要求由犯罪的人证明应予没收的涉嫌犯罪所得或其他财产的合法来源，但此种要求应符合其本国法律原则和司法及其他程序的性质。一些国家也作了类似的规定。匈牙利规定，有组织犯罪的行为人在参与有组织犯罪期间所获得的所有财产，在被证实来源合法之前，一律予以没收。意大利《反腐败法》规定，对因贪污、索贿、受贿、介绍贿赂等行为被定罪的，没收其不能说明合法来源的钱款、财物或者其他利益，以及与其缴纳所得税时申报的收入不相符合或者与其经济活动不相符合的钱款、财物或者其他利益。我国《刑法》第三百九十五条规定的针对国家工作人员的巨额财产来源不明罪就属于这一类。

一旦被认定为“推定的犯罪所得”，被告人在一定时段的收入和花费都可以被推定为犯罪所得，其在这段时间赠予第三人的财产，也可以是追缴的对象。为确保司法公正，防止推定发生错误，各国也规定了一些不能实行推定的情形，如存在相反证据时，以及法官综合考量各种因素后，认为适用推定是错误的或者可能造成严重的不公正时，应当放弃推定。

条文解读

本条共分三款。第一款是关于对违法所得、违禁品和供犯罪所用的本人财物的一般处理的规定。

关于犯罪物品的处理，《刑法》第六十四条规定，犯罪分子违法所得的一切财物，应当予以追缴或者责令退赔；对被害人的合法财产，应当及时返还；违禁品和供犯罪所用的本人财物，应当予以没收。没收的财物和罚金，一律上缴国库，不得挪用和自行处理。本款规定与《刑法》第六十四条关于犯罪物品处理的规定是一致的，专门就涉案财产中违法所得、违禁品和供犯罪所用的本人财物的处理进行规定，属于对涉案财产处理的一般性规定条款。根据本款规定，有组织犯罪组织及其成员违法所得的一切财物及其孳息、收益，违禁品和供犯罪所用的本人财物，应当依法予以追缴、没收或者责令退赔。

本款针对的主体为有组织犯罪组织及其成员，明确涉案财产处理的具体范围包括违法所得的一切财物及其孳息、收益，违禁品和供犯罪所用的本人财物。所谓“违法所得的一切财物”，是指有组织犯罪组织及其成员因实施犯罪活动，而取得的全部财物，包括金钱或者物品，如有组织犯罪组织非法经营所得的金钱、房产或者物品等。“孳息”，是指涉案财产所产生的收益，包括天然孳息和法定孳息。“收益”，包括但不限于以下情形：（1）聚敛、获取的财产直接产生的收益，如使用聚敛、获取的财产购买彩票中奖所得收益等；（2）聚敛、获取的财产用于违法犯罪活动产生的收益，如使用聚敛、获取的财产赌博赢利所得收益、非法放贷所得收益、购买并贩卖毒品所得收益等；（3）聚敛、获取的财产投资、置业形成的财产及其收益；（4）聚敛、获取的财产和其他合法财产共同投资或者置业形成的财产中，与聚敛、获取的财产对应的份额及其收益；（5）应当认定为收益的其他情形。“违禁品”，是指依照国家规定，公民不得私自留存、使用的物品，如枪支、弹药、管制刀具、毒品以及淫秽物品等。“供犯罪所用的本人财物”，是指供有组织犯罪组织及其成员进行犯罪活动而使用的属于该组织或成员本人所有的钱款和物品，如用于犯罪的交通工具等。

对违法所得的处理方式和结论分别根据涉案财产的具体情况进行追缴、没收或者责令退赔。所谓“追缴”，是指将有组织犯罪组织及其成员的违法所得强制收缴。如在刑事诉讼过程中，对有组织犯罪组织及其成员的违法所得进行追缴、收缴；对于在办案过程中发现的犯罪分子已转移、隐藏的赃物追查下落，予以追缴。对于违禁品和供犯罪所用的本人财物，应当没收。对违禁品，不管属于谁所有，法律规定都应当予以没收。“责令退赔”，是指有组织犯罪组织及其成员已将违法所得使用、挥霍或者毁损的，也要责令其按违法所得财物的价值退赔。

需要说明的是，对于追缴和责令退赔的违法所得，如果是属于被害人的合法财产，应当及时返还。涉案财物中如果不是犯罪分子本人的，而是借用或者擅自使用的他人财物，财物所有人事前不知是供犯罪使用的，应当予以返还。但是，对司法机关作为证据扣押的，需要等到案件审理结束后，再发还给财物所有人。如果通过照片、录像资料能够使原物充分发挥证据作用的，也可以将原物发还给财物所有人，只保存照片、录像资料。

第二款是关于等值追缴、没收的法律适用的规定。

根据本款规定，依法应当追缴、没收的涉案财产无法找到、灭失或者与其他合法财产混合且不可分割的，可以追缴、没收其他等值财产或者混合财产中的等值部分。其中规定了三种可以等值追缴、没收的情形。第一种是应当追缴、没收的涉案财产无法找到的情形。这里指侦查机关在寻找、查处涉案财产过程中，已穷尽所有侦查手段和方法仍然无法找到相应涉案财产的情形。第二种是涉案财产已经灭失的情况。所谓“灭失”，是指涉案财产因自然灾害、被盗、遗失等原因不复存在，包括实体消灭和丧失下落。第三种是与其他合法财产混合且不可分割。“混合财产”，是指与其他人的财产混在一起，形成不能识别或难以识别的混合物或者混合的财产不可分割，如经添附、附和或加工后无法分割的物品、房产等。出现上述三种法定情况，可以追缴、没收其他等值财产或者混合财产中的等值部分。这是等值追缴、没收的限定性规定。“其他等值财产”，是指与应当追缴、没收的涉案财产同等价值的其他财产。“混合财产中的等值部分”，是指混合财产中与违法所得相等价值的部分。

第三款是关于高度可能性证明标准的法律适用的规定。根据本款规定，被告人实施黑社会性质组织犯罪的定罪量刑事实已经查清，有证据证明其在犯罪期间获得的财产高度可能属于黑社会性质组织犯罪的违法所得及其孳息、收益，被告人不能说明财产合法来源的，应当依法予以追缴、没收。本款从以下几个方面进行理解：1. 在案件适用范围上，只限于黑社会性质组织犯罪，不适用于其他犯罪和有组织犯罪中的恶势力犯罪。2. 本款在具体适用上还应具备以下几个前提条件：（1）黑社会性质组织犯罪定罪量刑事实的证明标准不降低，必须达到《刑事诉讼法》第五十五条规定的证据确实、充分的程度，即：定罪量刑的事实都有证据证明；据以定案的证据均经法定程序查证属实；综合全案证据，对所认定事实已排除合理怀疑。（2）证明涉案财产为犯罪期间获得的财产。黑社会性质组织一般在短时间内难以形成，“恶势力”团伙和犯罪集团向黑社会性质组织发展是一个渐进的过程，没有明显的性质转变的节点，故对黑社会性质组织存在时间、成员人数问题不宜作出“一刀切”的规定。黑社会性质组织未举行成立仪式或者进行类似活动的，成立时间可以按照足以反映其初步形成非法影响的标志性事件的发生时认定。没有明显标志性事件的，可以将组织者、领导者与其他组织成员首次共同实施有组织犯罪活动的时间认定为该组织的形成时间。该组织者、领导者因未到案或者因死亡等法定情形未被起诉的，不影响认定。（3）涉案财产的证明标准要达到高度可能的程度，而不是较大可能性或一般可能性，从证据数量、种类、证明程度及排除合理怀疑等方面来看，已经十分接近“证据确实、充分”的证明标准。（4）从适用对象上进行严格限制，突出适用对象的特殊性。高度可能的证明标准适用的具体对象只能为黑社会性质组织犯罪的违法所得及其孳息、收益。(5) 被告人对此类涉案财产处置可以提出异议。如果被告人对适用高度可能的证明标准处置涉案财产有异议，并且能够合理地说明其来源，办案机关就不应按照本款的规定对涉案财产进行处置，而是应当认真调查，在确认财产确实属于违法犯罪所得的情况下，根据刑法、刑事诉讼法的规定对财产作出处置。

对该条的理解适用，需要注意以下问题：

第一，关于对违法所得、违禁品和供犯罪所用的本人财物的一般处理的规定，应注意与《刑法》第六十四条衔接配合适用。其中对违法所得的一切财物及其孳息、收益的处理，实践中应首先确定违法所得，在此基础上对其产生的孳息、收益进行处理，而不能在违法所得不确定的情况下，对其孳息、收益进行处理。

第二，关于等值追缴、没收的适用，实践中应首先追缴违法犯罪所得及其孳息、收益，只有在涉案财产无法折抵犯罪造成的损失的情况下，才采取第二款规定的等值追缴、没收的方式。同时，所追缴、没收的其他等值财产或混合财产的等值部分，应优先折抵被害人的损失。

第三，关于高度可能性证明标准的法律适用，司法实践中应严格掌握其适用范围。第三款虽然规定限于黑社会性质组织犯罪，但对于涉案财产权属清晰的涉黑案件，应直接根据刑事诉讼法的有关规定予以追缴、没收。在要求被告人对其财产合法性做出说明之前，侦查机关、公诉机关对涉案财产的证明首先要满足两个条件，即定罪量刑事实已经查清，达到高度可能的证明标准，只有在这种情况下才可以要求被告人说明财产合法来源，如果侦查机关、公诉机关达不到前两项要求，就应当认定为涉案财产认定的事实不清，证据不足。

第四十六条 涉案财产符合下列情形之一的，应当依法予以追缴、没收：

（一）为支持或者资助有组织犯罪活动而提供给有组织犯罪组织及其成员的财产；

（二）有组织犯罪组织成员的家庭财产中实际用于支持有组织犯罪活动的部分；

（三）利用有组织犯罪组织及其成员的违法犯罪活动获得的财产及其孳息、收益。

条文主旨

本条是关于不属于有组织犯罪组织及其成员所有的涉案财产中应当依法予以追缴、没收的特殊情形的规定。

立法背景

（一）起草背景

本法第四十五条规定了对有组织犯罪组织及其成员违法所得、违禁品和供犯罪所用的本人财物进行的处置，对等值追缴、没收的法律适用，以及对涉案财产中高度可能性证明标准的法律适用，为处置有组织犯罪案件中的涉案财产提供了有力的法律依据。实践表明，随着各种犯罪组织的犯罪活动及其手段日益隐蔽、复杂，其背后的不法财源支持问题也日益凸显，如何打掉犯罪活动幕后黑手、黑财，成为预防和惩治有组织犯罪必须要解决的问题。黑恶势力组织往往盘踞地方多年，犯罪形式多样，涉案财产成分、类型和流转情况相当复杂，不乏利用其他人的财产实施犯罪，利用其他手段掩饰、隐瞒犯罪所得及其收益，或者其他人利用有组织犯罪去谋取利益等情况。其中既涉及有组织犯罪组织及其成员的违法所得、违禁品、供犯罪所用的财物等，也存在与有组织犯罪组织及其成员相关的其他组织或个人的涉案财产，如本条规定的三种情形：为支持或者资助有组织犯罪活动而提供给有组织犯罪组织及其成员的财产；有组织犯罪组织成员的家庭财产中实际用于支持有组织犯罪活动的部分；利用有组织犯罪组织及其成员的违法犯罪活动获得的财产及其孳息、收益。要彻底摧毁黑恶势力组织的犯罪基础，就要全面摧毁其财产基础。在涉案财产处置过程中，既要处置涉案财产中的“明财”，也要处置涉案财产中的“暗财”，加大涉案财产的审查、处置力度，铲除黑恶势力财产基础可能存在的源头和土壤，防止其死灰复燃。打掉有组织犯罪所积聚的“明财”，铲除为有组织犯罪提供帮助或输送利益的“暗财”，是扫黑除恶专项斗争中“打财断血”中的一项重要举措和成熟经验。本条在以往涉案财产处置的实践经验基础上，对涉案财产中应当依法予以追缴、没收的范围作了进一步界定、细化和适当拓展，将进一步提高有组织犯罪案件中涉案财产的处置效果。

（二）审议中各方面的意见

除对有组织犯罪组织及其成员涉案财产处理的一般性规定外，本条总结出其他涉案财产中用以支持、资助或利用有组织犯罪及其成员的情形，规定应当予以依法追缴、没收，从而对有组织犯罪给予更为有利的打击。审议中各方面对本条的规定比较赞同，从立法技术上能体现出对“打财断血”目标的纵深化，是涉案财产处置方面的重要突破。同时，也有意见认为应对条文追缴、没收的具体对象作细化规定，经过讨论修改，最终结合《刑法》第六十四条规定作出本条规定。

（三）有关国家和地区的规定

对涉案财产的追缴、没收，能否超出有组织犯罪组织及其成员的违法所得，一些国家的法律中规定，在一定范围内允许针对第三人的财物实行没收。如日本《刑法典》第十九条规定，只有不属于犯罪人以外的人所有之物，才可以没收，但是属于犯罪人以外的人所有之物，在犯罪以后该人知情并取得财物的，也可以没收。德国《刑法典》第七十五条规定，第三人出于重大过失将其财物用作犯罪工具，或者明知该物应当没收并取得财物的，可以没收。

条文解读

本条分三项对涉案财产中应当依法予以追缴、没收的特殊情形作出规定，是对本法第四十五条财产处置规定的补充和扩展。第四十五条适用的对象为有组织犯罪组织及其成员违法犯罪活动的涉案财产，本条适用的对象则是有组织犯罪组织及其成员之外的其他人所有的涉案财产。

根据第一项的规定，为支持或者资助有组织犯罪活动而提供给有组织犯罪组织及其成员的财产，应当予以追缴、没收。构成本项行为应当符合以下条件：（1）提供此类支持或者资助的行为人，往往不直接参与有组织犯罪，而是采用暗中帮助、提供财物的隐蔽形式来实际支持或资助犯罪，属于有组织犯罪的幕后黑手。（2）要求行为人主观上明知是有组织犯罪组织及其成员实施的有组织犯罪活动而提供财产进行支持或者资助。如果行为人对此并不明知而提供了财产支持或者资助，不能认定为本项规定的行为。（3）这里的财产，是指其他单位、组织、个人为支持该黑恶势力组织活动资助或者主动提供的财产，既可能是金钱也可能是其他类型的财物。此类财产本身可能是合法的，但实际却用于犯罪行为，属于涉案财产的范围，故应当予以追缴、没收。

根据第二项的规定，有组织犯罪组织成员的家庭财产中实际用于支持有组织犯罪活动的部分，应当予以追缴、没收。本项行为有以下几层含义：(1) 这里的“家庭财产”指的是家庭中的共有合法财产。家庭财产是在家庭中全部或部分家庭成员共同所有的财产，是指家庭成员在家庭共同生活关系存续期间共同创造、共同所得的财产。(2) 家庭财产与家庭成员共同生活期间的个人财产是有区别的。该项规定表明，不仅有组织犯罪组织成员供犯罪所用的本人财物应当予以追缴、没收，其家庭共有财产中的合法财产，实际上是其他家庭成员所有的财产，如果实际用于支持有组织犯罪活动的，也应当予以追缴、没收。(3)“实际用于”，是指家庭财产中的这部分财产，已经用于支持实际的有组织犯罪活动或者作为有组织犯罪活动的财产进行管理，已经成为犯罪资产或犯罪工具的。

根据第三项的规定，利用有组织犯罪组织及其成员的违法犯罪活动获得的财产及其孳息、收益，应当予以追缴、没收。具体是指其他单位、组织、个人利用黑恶势力组织及其成员违法犯罪活动获取的财产及其孳息、收益。本项行为有以下几层含义：(1) 这里所述的财产及其孳息、收益，本身并非有组织犯罪组织及其成员的犯罪所得，也不是有组织犯罪活动的直接产物，而是利用有组织犯罪组织及其成员的违法犯罪活动而获得。(2) 虽然该项规定的获取财产的行为不是直接参与有组织犯罪的违法犯罪活动，但获得的这些财产及孳息、收益，却与有组织犯罪组织及其成员的违法犯罪活动存在相应的因果关联。比较典型的行为，如雇佣有组织犯罪组织成员充当保镖等进行不正当的市场竞争，利用有组织犯罪组织的影响力去从事显失公平的交易等。（3）利用有组织犯罪组织及其成员通过违法犯罪活动，而获得相应的经济利益的行为，在实践中问题已比较突出，严重影响正常的营商环境，有必要进行规制。值得注意的是，这里的“利用”一般指间接性的行为，如果有组织犯罪组织及其成员直接参与具体的商业经营行为，那么所获得的财产及其孳息、收益就应属于违法所得及其孳息、收益。

在该条的理解适用，需要注意以下问题：

第一，本条中应当依法予以追缴、没收的涉案财产，实际认定时应严格界定范围。依据本条认定涉案财产的范围，应仅限于已经用于支持或者资助有组织犯罪，家庭财产中实际已经用于支持有组织犯罪活动的部分，以及利用有组织犯罪组织及其成员的违法犯罪活动已经获得的财产及孳息收益。这些财产应当是已经成为用于或将要用于违法犯罪活动的涉案财产，以及利用有组织违法犯罪实际上已取得的收益。

第二，本条中所列举的行为与有组织犯罪组织及其成员的违法犯罪活动间存在直接关联。本条三种情形中所列的涉案财产，在处置过程中涉及第三人的财产权，适用过程中应特别谨慎，在实际适用过程中应严格查明本条规定的情形与违法犯罪活动的关联关系。当无法确定其二者间的关联，无法认定属于本条规定的情形时，则不应依照本条的规定予以追缴、没收，以保护公民、法人的合法财产权益。

第三，本条中所列举的情形中，当事人主观上应为故意，在当事人不知情的情况下不适用本条。在实际办案中，应严格区分本条规定的行为与确不知情前提下所进行的投资、借贷等普通民事行为。

第四，符合本条情形的，不仅涉案财产应当依法予以追缴、没收，如果支持者、利用者本人的行为涉嫌违法犯罪的还应当依照相关法律规定追究相应的法律责任。

相关规定

《中华人民共和国刑法》第六十四条；《最高人民法院、最高人民检察院、公安部、司法部关于办理黑恶势力刑事案件中财产处置若干问题的意见》

第四十七条　黑社会性质组织犯罪案件的犯罪嫌疑人、被告人逃匿，在通缉一年后不能到案，或者犯罪嫌疑人、被告人死亡，依照《中华人民共和国刑法》规定应当追缴其违法所得及其他涉案财产的，依照《中华人民共和国刑事诉讼法》有关犯罪嫌疑人、被告人逃匿、死亡案件违法所得的没收程序的规定办理。

条文主旨

本条是关于黑社会性质组织犯罪案件的犯罪嫌疑人、被告人逃匿、死亡案件违法所得的没收程序的规定。

立法背景

（一）起草背景

2012 年 3 月 14 日，第十一届全国人民代表大会第五次会议通过的《关于修改〈中华人民共和国刑事诉讼法〉的决定》在刑事诉讼法中增加了犯罪嫌疑人、被告人逃匿、死亡案件违法所得的没收程序。科学技术的发展和全球一体化趋势的加强在给人们经济活动和生活带来极大便利的同时，也为犯罪分子逃匿和隐匿财产创造了条件。对此，修改后的刑事诉讼法明确了没收程序的适用范围、申请、公告、审理和救济程序。

2017 年 1 月，最高人民法院、最高人民检察院联合发布《关于适用犯罪嫌疑人、被告人逃匿、死亡案件违法所得没收程序若干问题的规定》，共二十五条，就违法所得没收程序适用的罪名范围、概念认定、证明标准以及具体操作规范进行了明确。该规定的出台，增强了违法所得没收程序的实践可操作性，为司法实践中适用违法所得没收程序提供了依据。2018 年，《最高人民法院、最高人民检察院、公安部、司法部关于办理黑恶势力犯罪案件若干问题的指导意见》第三十条规定，黑社会性质组织犯罪嫌疑人、被告人逃匿，在通缉一年后不能到案，或者犯罪嫌疑人、被告人死亡的，应当依照法定程序没收其违法所得。

在反有组织犯罪法立法过程中，根据实践需要，与刑法、刑事诉讼法的有关规定相衔接，反有组织犯罪法规定了黑社会性质组织犯罪案件的犯罪嫌疑人、被告人逃匿、死亡案件违法所得的没收程序。

（二）审议中各方面的意见

在法律草案征求意见的过程中，有意见认为，本条扩大了刑事诉讼法中违法所得没收程序的适用范围，需要考虑与刑事诉讼法的衔接及落实问题。立法机关经研究认为，《刑事诉讼法》第二百九十八条的适用范围是贪污贿赂犯罪、恐怖活动犯罪“等重大犯罪案件”，2017 年，《最高人民法院、最高人民检察院关于适用犯罪嫌疑人、被告人逃匿、死亡案件违法所得没收程序若干问题的规定》进一步明确，违法所得没收程序还适用于危害国家安全、走私、洗钱、金融诈骗、黑社会性质的组织、毒品犯罪案件等犯罪。考虑到黑社会性质组织犯罪较为特殊的社会危害性和实践需要，通过立法进一步明确黑社会性质组织犯罪案件适用违法所得没收程序，是适当的。

条文解读

本条是关于黑社会性质组织犯罪案件的犯罪嫌疑人、被告人逃匿、死亡案件违法所得的没收程序的规定。从内容上看，主要规定了违法所得没收程序的适用条件和适用程序。

1. 违法所得没收程序的适用条件

一是，“黑社会性质组织犯罪案件的犯罪嫌疑人、被告人逃匿，在通缉一年后不能到案，或者犯罪嫌疑人、被告人死亡”。“黑社会性质组织犯罪案件的犯罪嫌疑人、被告人”是适用违法所得的没收程序的对象，对于本法规定的恶势力犯罪的嫌疑人、被告人，如果实施了刑事诉讼法及最高人民法院、最高人民检察院《关于适用犯罪嫌疑人、被告人逃匿、死亡案件违法所得没收程序若干问题的规定》规定的案件，则可以适用这一程序，否则不适用本条规定。也就是说，不能根据本法的规定对恶势力犯罪的嫌疑人、被告人适用违法所得没收程序。一般情况下，黑社会性质组织犯罪案件的犯罪嫌疑人、被告人如果逃匿，诉讼程序就无法进行下去；如果犯罪嫌疑人、被告人死亡，依照《刑事诉讼法》第十六条的规定，就应当撤销案件，或者不起诉，或者终止审理。但是违法所得的没收程序属于特别程序，在黑社会性质组织犯罪案件的犯罪嫌疑人、被告人不能到案的情况下，可以对其违法所得及其他涉案财产进行审理并作出裁定。如果黑社会性质组织犯罪案件的犯罪嫌疑人、被告人能够到案接受处理的，应当依照刑事诉讼法有关侦查、起诉和审判的程序，在追究其刑事责任的同时依法对涉案财产作出处理。这里所说的“逃匿”，是指犯罪嫌疑人、被告人在犯罪后，为逃避侦查和刑事追究潜逃、隐匿，或者在刑事诉讼过程中脱逃的。“通缉”，是指公安机关或人民检察院通令缉拿应当逮捕而在逃的犯罪嫌疑人归案的一种侦查行为。实践中，一般由县级以上的公安机关发布通缉令。

二是，“依照《中华人民共和国刑法》规定应当追缴其违法所得及其他涉案财产的”。《刑法》第六十四条规定，犯罪分子违法所得的一切财物，应当予以追缴。这里的“违法所得”，是指因实施犯罪活动而取得的全部财物，包括金钱或者物品，如通过实施有黑社会性质组织犯罪得到的金钱或者物品等。“其他涉案财产”，一般是指除违法所得外的与犯罪有关的款物、作案工具和非法持有的违禁品等。“追缴”，是指将违法所得的财产强制追回。

2. 违法所得没收程序适用的具体程序

“依照《中华人民共和国刑事诉讼法》有关犯罪嫌疑人、被告人逃匿、死亡案件违法所得的没收程序的规定办理”，这里的刑事诉讼法的规定，主要是指刑事诉讼法第二百九十八条至第三百零一条的规定。

根据本法和《刑事诉讼法》第二百九十八条的规定，对于符合“黑社会性质组织犯罪案件的犯罪嫌疑人、被告人逃匿，在通缉一年后不能到案，或者犯罪嫌疑人、被告人死亡，依照《中华人民共和国刑法》规定应当追缴其违法所得及其他涉案财产的”条件，需要对犯罪嫌疑人、被告人的违法所得及其他涉案财产予以没收的，应当由人民检察院向人民法院提出没收违法所得的申请。如果在审判阶段犯罪嫌疑人、被告人逃匿的，人民法院应当根据《刑事诉讼法》第二百零六条的规定中止审理；如果犯罪嫌疑人、被告人死亡的，人民法院应当根据《刑事诉讼法》第十六条的规定终止审理。如果符合没收违法所得条件的，应当再由人民检察院提出没收违法所得的申请，人民法院不能在被告人不能到案的情况下直接作出没收违法所得的裁定。

根据刑事诉讼法的相关规定，侦查阶段需要启动没收程序的，由公安机关写出没收违法所得意见书并移送人民检察院。公安机关在侦查黑社会性质组织犯罪案件过程中，如果存在犯罪嫌疑人逃匿，在通缉一年后不能到案，或者犯罪嫌疑人死亡，依照刑法规定应当追缴其违法所得及其他涉案财产的情形，应当写出没收违法所得意见书，移送人民检察院，由人民检察院申请人民法院对违法所得的财产予以没收。“没收违法所得意见书”，是指公安机关对认为存在上述规定情形的，应当写出书面意见并移送人民检察院处理的法律文书，其中应当写明黑社会性质组织犯罪案件犯罪嫌疑人的犯罪事实、违法所得的有关情况、处理的意见和理由以及所依据的法律条款等。

根据刑事诉讼法的规定，没收违法所得的申请应当提供与犯罪事实、违法所得相关的证据材料，并列明财产的种类、数量、所在地及查封、扣押、冻结的情况。也就是说，人民检察院在向人民法院提出违法所得没收程序申请时，必须提供犯罪嫌疑人、被告人有关犯罪事实的证据材料，以及能够证明属于犯罪嫌疑人、被告人违法所得及其他涉案财产的相关证据材料。同时在案卷中还应当载明违法所得及其他涉案财产的种类、数量、存放地点以及查封、扣押、冻结有关财产的情况。这样规定主要考虑：一是只有人民检察院提供了犯罪嫌疑人、被告人犯罪事实、违法所得的证据材料，以及财产的详细情况，人民法院才能在犯罪嫌疑人、被告人不到案的情况下对是否没收犯罪嫌疑人、被告人财产作出正确的判断，从而保证案件办理的质量。二是明确这些内容，便于法院采取保全措施和裁定的执行。

根据刑事诉讼法的规定，人民法院在必要的时候，可以查封、扣押、冻结申请没收的财产。在侦查阶段，侦查机关根据侦查犯罪的需要，有权查封、扣押与犯罪有关的财物，有权冻结犯罪嫌疑人的存款、汇款、债券、股票、基金份额等财产。如果侦查机关没有对犯罪嫌疑人的财产采取查封、扣押、冻结措施，人民法院在审理没收违法所得申请时，也有权根据案件情况和审判的需要对犯罪嫌疑人、被告人的财产采取查封、扣押和冻结措施。

在该条的理解适用中应当注意，对于黑社会性质组织犯罪案件的犯罪嫌疑人、被告人逃匿的，司法机关首先应当尽力通缉、抓捕，以使之尽快到案并依照法定程序追诉，只有对确实在通缉一年后仍无法抓捕到案的，才可以适用违法所得没收的特别程序。

相关规定

《中华人民共和国刑事诉讼法》第二百九十八条至第三百零一条；《最高人民法院、最高人民检察院、公安部、司法部关于办理黑恶势力犯罪案件若干问题的指导意见》第三十条；《最高人民法院、最高人民检察院关于适用犯罪嫌疑人、被告人逃匿、死亡案件违法所得没收程序若干问题的规定》

第四十八条 监察机关、公安机关、人民检察院发现与有组织犯罪相关的洗钱以及掩饰、隐瞒犯罪所得、犯罪所得收益等犯罪的，应当依法查处。

条文主旨

本条是关于依法查处与有组织犯罪相关的洗钱以及掩饰、隐瞒犯罪所得、犯罪所得收益等犯罪的规定。

立法背景

有组织犯罪的犯罪分子通常需要通过洗钱等行为来掩饰、隐瞒犯罪所得及其收益的来源和性质，因此有组织犯罪活动经常与洗钱犯罪、掩饰、隐瞒犯罪所得、犯罪所得收益犯罪相伴发生。

“洗钱”一词通常是指为了隐瞒或者掩饰犯罪收益的真实来源和性质，通过各种手段使其在形式上合法化。通俗地讲，洗钱就是将“不干净”的非法收入通过“清洗”变成“干净”的钱。洗钱活动的过程相当复杂，模式也不固定。典型的洗钱过程通常被分为三个阶段，即处置阶段、离析阶段和融合阶段。每个阶段都各有其目的及运行模式，洗钱者有时交错运用，以达到最终的清洗目的。

1. 处置阶段。处置阶段亦称放置阶段，是指将犯罪收益投到清洗系统的过程。处置阶段是洗钱手法的第一阶段，也是洗钱过程中最容易被反洗钱机构发现的阶段。在本阶段，洗钱者把犯罪收益注入银行等正规金融机构或转换为银行票据、国债、信用证等金融票证，为清洗资金做好准备。如有的将赃钱存到不同账户后，再分别签发支票给第三者，使赃钱由洗钱账户转账到第三者在其他银行的户头内，避免因现金申报而被查到；还有的洗钱者将钱存入地下钱庄，通过地下钱庄将犯罪收益转移到境外。

2. 离析阶段。离析阶段也叫培植阶段，主要是通过复杂多层的金融交易，将非法收益与其来源分隔，分散资金流向，从而掩盖账目线索和隐藏罪犯身份，减少被发现的概率。在该阶段，行为人通过资金在地理位置的转移，资产形式上的转化、利用空壳公司做账和虚假运营，以及账户所有人名称的变化等方法，模糊犯罪收益的真实来源、性质，掩盖财产所有人或实际控制人的身份，让执法机关难以追查。

3. 融合阶段。融合阶段又叫归并阶段，是洗钱链条中的最后阶段，又称为“整合阶段”，被形象地描述为“把赃钱甩干”，其目的是使不法财产成为表面合法的收入。本阶段，犯罪收益经过充分的清洗后，已经与合法的资金混同存在于社会生活中，犯罪收益已经披上了合法的外衣，犯罪收益人可以自由使用。

通过洗钱行为，有组织犯罪分子可以获得进一步的资金支持，开展更大规模的犯罪活动，为了贯彻“打财断血”的要求，必须严厉查处有组织违法犯罪的洗钱和掩饰、隐瞒犯罪所得、犯罪所得收益等行为。监察机关、公安机关、人民检察院在调查、查处有组织犯罪案件的过程中，通过相关线索，易于发现与之相关的洗钱以及掩饰、隐瞒犯罪所得、犯罪所得收益等犯罪行为。对此，反有组织犯罪法明确规定，监察机关、公安机关、人民检察院应当依法查处相关的犯罪行为。

条文解读

本条是关于依法查处与有组织犯罪相关的洗钱以及掩饰、隐瞒犯罪所得、犯罪所得收益等犯罪的规定。本条主要从涉案财产认定和处置的角度列举了与有组织犯罪关系较为密切的两类犯罪，包括洗钱罪和掩饰、隐瞒犯罪所得、犯罪所得收益罪。

1. 洗钱罪。指根据《刑法》第一百九十一条规定："为掩饰、隐瞒毒品犯罪、黑社会性质的组织犯罪、恐怖活动犯罪、走私犯罪、贪污贿赂犯罪、破坏金融管理秩序犯罪、金融诈骗犯罪的所得及其产生的收益的来源和性质，有下列行为之一的，没收实施以上犯罪的所得及其产生的收益，处五年以下有期徒刑或者拘役，并处或者单处罚金；情节严重的，处五年以上十年以下有期徒刑，并处罚金：（一）提供资金帐户的；（二）将财产转换为现金、金融票据、有价证券的；（三）通过转帐或者其他支付结算方式转移资金的；（四）跨境转移资产的；（五）以其他方法掩饰、隐瞒犯罪所得及其收益的来源和性质的。单位犯前款罪的，对单位判处罚金，并对其直接负责的主管人员和其他直接责任人员，依照前款的规定处罚。"这里的洗钱包括有组织犯罪分子"为他人洗钱"和"自洗钱"两种行为。"为他人洗钱"，是指有组织犯罪分子帮助其他犯罪分子开展洗钱活动，符合洗钱罪的构成要件的。"自洗钱"，是指行为人自己实施上游犯罪并掩饰、隐瞒其犯罪所得及产生的收益的来源和性质的行为。2020 年 12 月 26 日第十三届全国人民代表大会常务委员会第二十四次会议通过的《刑法修正案（十一）》对刑法第一百九十一条作了修改，将自"自洗钱"行为规定为犯罪，即对行为人自己实施上游犯罪并掩饰、隐瞒其犯罪所得及产生的收益的来源和性质的行为，也应当依法追究刑事责任。为自己的上游犯罪进行洗钱，属于实施上游犯罪后的额外行为，不仅放大了上游犯罪的危害后果，而且对国家的金融稳定等产生了额外伤害。

根据刑法规定，构成洗钱罪需要具备以下条件：一是主观上是为掩饰、隐瞒上游犯罪的所得及其产生的收益的来源和性质。这里的“掩饰、隐瞒”，是指行为人以窝藏、转移、转换、收购等方法将自己或者他人实施上游犯罪的所得及其产生的收益予以掩盖或洗白。行为人的主观方面，可以通过行为人的认知能力，接触和掌握上游犯罪及其犯罪所得和收益的情况，犯罪所得及其收益的种类、数额，掩饰、隐瞒犯罪所得及其收益的方式等，结合客观实际情况与犯罪意图综合判断。二是行为人实施了掩饰、隐瞒毒品犯罪，黑社会性质的组织犯罪、恐怖活动犯罪、走私犯罪、贪污贿赂犯罪，破坏金融管理秩序犯罪、金融诈骗犯罪的所得及其产生收益的来源和性质的行为。洗钱罪的本质在于为上游犯罪的犯罪所得披上合法外衣，消灭犯罪线索和证据，从而达到逃避法律追究和制裁，实现犯罪所得的安全循环使用的目的。

2. 掩饰、隐瞒犯罪所得、犯罪所得收益罪。根据《刑法》第三百一十二条的规定，掩饰、隐瞒犯罪所得、犯罪所得收益罪是指“明知是犯罪所得及其产生的收益而予以窝藏、转移、收购、代为销售或者以其他方法掩饰、隐瞒的，处三年以下有期徒刑、拘役或者管制，并处或者单处罚金；情节严重的，处三年以上七年以下有期徒刑，并处罚金。单位犯前款罪的，对单位判处罚金，并对其直接负责的主管人员和其他直接责任人员，依照前款的规定处罚”。根据刑法规定，构成掩饰、隐瞒犯罪所得、犯罪所得收益罪，需要具备以下条件：第一，明知是犯罪所得及其产生的收益。行为人是故意犯罪，即明知是犯罪所得及其产生的收益而故意予以掩饰，隐瞒的。“明知”不要求明确知道，包括推定为应当知道的情况。第二，行为人实施了窝藏、转移、收购、代为销售或者以其他方法掩饰、隐瞒犯罪所得及其收益的行为。

需要指出的是，根据《刑法修正案（十一）》对洗钱罪的修改，“自洗钱”行为可以按照《刑法》第一百九十一条洗钱罪定罪处罚，作为广义的洗钱犯罪，《刑法》第三百一十二条“掩饰、隐瞒犯罪所得、犯罪所得收益罪”也适用“自洗钱”行为可以独立定罪。因此，尽管《刑法修正案（十一）》没有对刑法第三百一十二条进行修改，“自洗钱”独立定罪处罚也一并适用于刑法第三百一十二条“掩饰、隐瞒犯罪所得、犯罪所得收益罪”。《全国人民代表大会宪法和法律委员会关于〈中华人民共和国刑法修正案（十一）〉（草案）修改情况的汇报》对此作了明确说明：“宪法和法律委员会经同有关方面研究，建议对草案作以下修改补充……修改洗钱罪，将实施一些严重犯罪后的‘自洗钱’明确为犯罪，同时完善有关洗钱行为方式，增加地下钱庄通过‘支付’结算方式洗钱等。作上述修改以后，我国《刑法》第一百九十一条、第三百一十二条等规定的洗钱犯罪的上游犯罪包含所有犯罪，‘自洗钱’也可单独定罪，为有关部门有效预防、惩治洗钱违法犯罪以及境外追逃追赃提供充足的法律保障。”根据上述规定，对于有组织犯罪案件中，犯罪分子自己实施有组织犯罪后，具有掩饰、隐瞒犯罪所得及其收益的目的，并且对财物进行了转换、转移等明显的清洗行为，构成“自洗钱”的，应当依法定罪处罚。但是，掩饰、隐瞒犯罪所得、犯罪所得收益罪中也包括了传统的赃物犯罪，对这类赃物犯罪的“自窝赃”不宜作为单独犯罪处理，如实施了盗窃罪后的窝藏、使用、出售等行为，一般应当认定为盗窃罪的延伸行为、后续处理行为。

根据本条规定，依法查处与有组织犯罪相关的洗钱以及掩饰、隐瞒犯罪所得、犯罪所得收益等犯罪的主体包括监察机关、公安机关、人民检察院。“依法查处”，是指依照职责分工，依法调查、侦查有关的犯罪活动，收集、固定证据，依照监察法、刑事诉讼法的规定开展相应的工作。监察机关、公安机关、人民检察院发现与有组织犯罪相关的洗钱以及掩饰、隐瞒犯罪所得、犯罪所得收益等犯罪的，对于属于自己职权管辖范围的，应当直接立案查处，对于不属于自己职权管辖范围的，应当连同案件线索一并移送有管辖权的机关，但是对发现的犯罪行为不能置之不理，更不能故意隐瞒。

关于监察机关、公安机关、人民检察院的职责分工。根据《监察法》的规定，监察委员会负责对涉嫌贪污贿赂、滥用职权、玩忽职守、权力寻租、利益输送、徇私舞弊以及浪费国家资财等职务违法和职务犯罪进行调查。根据 2018 年《刑事诉讼法》第十九条的规定，刑事案件的侦查由公安机关进行，法律另有规定的除外。人民检察院在对诉讼活动实行法律监督中发现的司法工作人员利用职权实施的非法拘禁、刑讯逼供、非法搜查等侵犯公民权利、损害司法公正的犯罪，可以由人民检察院立案侦查。对于公安机关管辖的国家机关工作人员利用职权实施的重大犯罪案件，需要由人民检察院直接受理的时候，经省级以上人民检察院决定，可以由人民检察院立案侦查。

2018 年刑事诉讼法修改后，人民检察院的侦查职权变化较大，概括起来，人民检察院自侦案件主要包括以下两类：1. 检察机关在对诉讼活动实行法律监督中发现的司法工作人员利用职权实施的非法拘禁、刑讯逼供、非法搜查等侵犯公民权利、损害司法公正的犯罪。检察机关是国家法律监督机关，依法对诉讼活动实行法律监督是检察机关的重要职责。这里的司法工作人员，根据《刑法》第九十四条的规定，是指有侦查、检察、审判、监管职责的工作人员。这里的诉讼活动，包括侦查、审查起诉、审判、执行的全过程。从实践来看，司法工作人员在侦查阶段可能涉及的罪名包括：非法拘禁罪（刑法第二百三十八条）、非法搜查罪（刑法第二百四十五条）、刑讯逼供罪（刑法第二百四十七条）、暴力取证罪（刑法第二百四十七条）等。审判阶段可能涉及的罪名包括：徇私枉法罪（刑法第三百九十九条第一款）、民事、行政枉法裁判罪（刑法第三百九十九条第二款）等，涵盖了刑事诉讼、民事诉讼、行政诉讼。对于监管、执行过程中可能涉及的罪名包括：虐待被监管人罪（刑法第二百四十八条）、执行判决、裁定失职罪（刑法第三百九十九条第三款）、执行判决、裁定滥用职权罪（刑法第三百九十九条第三款）、私放在押人员罪（刑法第四百条第一款）、失职致使在押人员脱逃罪（刑法第四百条第二款）、徇私舞弊减刑、假释、暂予监外执行罪（刑法第四百零一条）等。此外，发生在司法活动中的司法工作人员玩忽职守罪、滥用职权罪（刑法第三百九十七条）也属于“对诉讼活动实行法律监督”中发现的司法工作人员利用职权实施的侵犯公民权利、损害司法公正的犯罪。2. 对于公安机关管辖的国家机关工作人员利用职权实施的重大犯罪案件，需要由人民检察院直接受理的时候，经省级以上人民检察院决定，可以由人民检察院立案侦查。这一规定也是检察机关行使监督权的体现，有利于加强检察机关对公安机关立案侦查活动的监督。需要注意的是，上述两类案件“可以由人民检察院立案侦查”，但不排除监察机关直接调查的可能。另外，检察机关在查办这些可能与“腐败型”犯罪有牵连的案件时，如果发现涉嫌“腐败型”职务犯罪线索的，应当及时将“腐败型”职务犯罪线索移送监察机关。

实践中，需要注意：一是，关于洗钱罪是否需要在上游犯罪判决之后才能认定的问题。对此，《最高人民法院关于审理洗钱等刑事案件具体应用法律若干问题的解释》第四条规定了下述三种情形不影响洗钱犯罪的审判和认定：（1）上游犯罪尚未依法裁判，但查证属实的；（2）上游犯罪事实可以确认，因行为人死亡等原因依法不予追究刑事责任的；（3）上游犯罪事实可以确认，依法以其他罪名定罪处罚的。

二是，与有组织犯罪相关的犯罪并非仅限于洗钱以及掩饰、隐瞒犯罪所得、犯罪所得收益等犯罪，由于有组织犯罪的复杂性，犯罪分子可能涉嫌的罪名非常广泛，如行贿罪、毒品犯罪等。根据刑法规定，如果有组织犯罪分子实施其他犯罪行为，被监察机关、公安机关、人民检察院在查办有组织犯罪过程中发现的，都应当依法查处。

相关规定

《中华人民共和国刑法》第一百九十一条、第三百一十二条；《中华人民共和国刑事诉讼法》第十九条

第四十九条 **利害关系人对查封、扣押、冻结、处置涉案财物提出异议的，公安机关、人民检察院、人民法院应当及时予以核实，听取其意见，依法作出处理。**

公安机关、人民检察院、人民法院对涉案财物作出处理后，利害关系人对处理不服的，可以提出申诉或者控告。

条文主旨

本条是关于利害关系人对查封、扣押、冻结、处置涉案财物提出异议应当如何处理，以及利害关系人对涉案财物处理不服应当如何救济的规定。

立法背景

（一）起草背景

反有组织犯罪法强调反有组织犯罪工作应当依法进行，尊重和保障人权，维护公民和组织的合法权益。由于刑事涉案财产的性质、权属关系较为复杂，实践中存在超范围查封、扣押、不当查封、扣押善意第三人、案外人等利害关系人财物等问题，在查封、扣押、冻结、处置涉案财物过程中，应该注重对利害关系人合法权益的保障。除本法第四十一条规定的查封、扣押、冻结、处置涉案财物需要遵循的基本原则外，利害关系人在合法权益受到侵害时，还需要有效的权利救济渠道。主要体现在办案过程中，对于司法机关采取的查封、扣押、冻结、处置等行为，利害关系人有提出异议、进行申诉或者控告的权利。

2015 年印发的《关于进一步规范刑事诉讼涉案财物处置工作的意见》对刑事涉案财物处置工作作了进一步规范，对我国刑事涉案财物处置过程中的权利救济提出了要求，也为办理有组织犯罪案件中有关涉案财产的利害关系人权利救济途径提供了参考。

（二）审议中各方面的意见

一审稿涉及利害关系人权利部分表述较少，其第四十九条第二款曾对利害关系人提出异议作出规定：对涉案财产较多或者财产性质、权属等问题较为复杂、争议较大的，人民法院可以召开庭前会议，组织控辩双方出示证据、发表意见。利害关系人提出异议的，人民法院应当通知利害关系人到场。根据该一审稿规定，利害关系人在进入法院审理阶段后，有权提出异议并参与庭前会议。有的提出，应当进一步强调利害关系人参加庭审的权利，规定利害关系人提出异议的，人民法院应当通知其出席庭前会议，参加庭审。二审稿吸收了有关意见，并参考《关于进一步规范刑事诉讼涉案财物处置工作的意见》有关规定，对利害关系人的诉讼权利作了进一步保障，规定查封、扣押、冻结、处置涉案财物与案外人存在利害关系的，或者案外人提出异议的，公安机关、人民检察院、人民法院应当告知其相关诉讼权利并听取其意见；必要时，人民法院可以通知其出庭。利害关系人认为查封、扣押、冻结措施不当的，有权依法提出申诉或者控告。利害关系人对涉案财物处理决定不服的，可以请求人民检察院提出抗诉。

在二审稿征求意见过程中，有的意见提出，“必要时，人民法院可以通知其出庭”中的“必要时”在司法实践中不好掌握，且刑事诉讼法并没有通知涉案财物的利害关系人出庭的规定，建议不在本法作出规定。除此之外，有关方面还曾就利害关系人对涉案财物处理决定不服的，是否可以请求人民检察院提出抗诉存在争议意见。有的提出，刑事诉讼法没有规定利害关系人就涉案财物处理决定请求检察院抗诉的情形，不宜在本法中作出抗诉规定；有的提出，对公安机关等机关作出的处理决定，不存在抗诉的问题，建议将“请求人民检察院提出抗诉”修改为“申请人民检察院予以监督”较为周延；有的建议，增加利害关系人向作出处理决定的机关的上级机关申诉的规定。经研究，刑事抗诉是法律赋予人民检察院的重要职权，通过刑事抗诉纠正确有错误的裁判是人民检察院行使法律监督职权的重要体现。涉案财物处理主体包括公安机关、人民检察院和人民法院，可能发生在刑事诉讼的各个程序阶段。根据刑事诉讼法规定，当事人、利害关系人等对查封、扣押、冻结、处置涉案财物不服的，有权向作出该处理的机关提出申诉；认为司法机关工作人员有违法犯罪行为的，有权向作出处理的机关提出控告。受理申诉或者控告的机关应当及时处理。经吸收各方面意见，考虑到刑事诉讼法已有规定较为完善，三审稿简化规定为利害关系人提出异议的，公安机关、人民检察院、人民法院应当及时予以核实，听取其意见，依法作出处理。利害关系人对涉案财物处理不服的，可以提出申诉或者控告。

条文解读

本条共分两款。第一款是关于利害关系人对查封、扣押、冻结、处置涉案财物提出异议的，公安机关、人民检察院、人民法院应当及时予以核实，听取其意见，依法作出处理的规定。

根据本款规定，“利害关系人”，是指与案件有关联并存在利害关系的人，这里主要是指与有关涉案财产有利害关系的人。

利害关系人对刑事涉案财物提出异议，既不是接受被告人的委托代其行使辩护权，也不是作为证人针对案件事实提供证据，而是针对涉案财物提出自己的权利主张及相关证据，其诉讼地位既不同于被告，也不同于其他诉讼参与人，而是类似于对涉案财物享有独立请求权的第三人，应当享有相应的诉讼权利。

“提出异议”，是指由利害关系人以书面形式或者口头形式，直接向对涉案财物采取查封、扣押、冻结以及处置行为的司法机关提出异议。提出异议的时间应当在司法机关对涉案财物作出处理决定之前。利害关系人提出异议，可以分为三个阶段。第一个阶段是案件侦查阶段，利害关系人认为公安机关对与案件无关的涉案财物采取查封、扣押、冻结措施或者应当解除不解除的，有权向该公安机关提出异议，公安机关应当及时核实强制措施情况，听取利害关系人意见，并依法作出相应处理；利害关系人认为公安机关先行处置行为不当并提出异议的，公安机关应当结合其意见，依法处理。第二个阶段是审查起诉阶段，利害关系人认为人民检察院采取强制措施不当或者应当解除不解除的，或者先行处置行为不当的，有权提出异议，人民检察院应当及时核实，听取其意见，依法作出处理。第三阶段是在案件审判阶段，利害关系人认为人民法院采取强制措施不当或者应当解除不解除的，或者先行处置行为不当的，有权提出异议，人民法院应当依法处理。在第三个阶段即案件审判阶段，人民法院需要对定罪、量刑有关的事实、证据进行调查，包括对涉案财物有关事实进行认定，根据需要，人民法院可以在庭前或者法庭审理过程中听取利害关系人的意见。

第二款是关于公安机关、人民检察院、人民法院对涉案财物作出处理后，利害关系人对处理不服的，可以提出申诉或者控告的规定。公安机关、人民检察院、人民法院对涉案财物作出处理，包括对涉案财物作出查封、扣押、冻结决定，或者先行处置涉案财物，或者人民法院对涉案财物作出裁判等影响该涉案财物实体权利状态的行为。“对处理不服”，包括对司法机关作出的该处理本身不服，以及对司法机关工作人员在处理过程中采取的行为不服。具体而言，认为司法机关对与案件无关的财物采取查封、扣押、冻结措施的，应当解除不解除的，先行处置不当的，生效判决涉财产部分有错误的，利害关系人均有权向作出相应处理的司法机关提出申诉；认为司法机关工作人员在查封、扣押、冻结、处置涉案财物中存在贪污、挪用、私分、调换、违反规定使用等违法犯罪行为的，利害关系人有权向该司法机关提出控告。根据《刑事诉讼法》第一百一十七条第二款的规定，受理申诉或者控告的机关应当及时处理。对处理不服的，可以向同级人民检察院申诉；人民检察院直接受理的案件，可以向上一级人民检察院申诉。人民检察院对申诉应当及时进行审查，情况属实的，通知有关机关予以纠正。

对该条的理解适用，需要注意以下问题：

第一，关于利害关系人向人民法院提出异议后，人民法院是否可以通知其出庭的问题。

关于是否允许利害关系人出庭参与庭审，实践中有所争议。刑事诉讼法规定的“当事人”，是指被害人、自诉人、犯罪嫌疑人、被告人、附带民事诉讼的原告人和被告人；“诉讼参与人”，是指当事人、法定代理人、诉讼代理人、辩护人、证人、鉴定人和翻译人员。上述可以出庭参与庭审的人员范围似乎并未包括与涉案财产有利害关系的（案外）人。但是，根据《最高人民法院关于适用〈中华人民共和国刑事诉讼法〉的解释》第二百一十八条规定，对提起公诉的案件，人民法院应当在收到起诉书、案卷、证据后，审查是否查封、扣押、冻结被告人的违法所得或者其他涉案财物，查封、扣押、冻结是否逾期；是否列明涉案财物权属情况；是否就涉案财物处理提供相关证据材料等能够证明涉案财物权属性质和权利状态的材料。因此，利害关系人对查封、扣押、冻结、处置涉案财物有异议的，人民法院应当予以核实，查明有关事实。

实践中，有的人民法院书面审查利害关系人提出的异议，有的人民法院则在开庭前的庭前会议中听取利害关系人意见等。根据现有法律规定和规范涉案财物处置、保护权利人合法权益的有关精神，不应当排除利害关系人出庭参与庭审。人民法院认为有必要的，可以依职权通知涉案财物的利害关系人出庭，听取其意见，对其提交的证据进行审查。需要说明的是，利害关系人出庭参与庭审尚缺乏明确的法律依据，其诉讼地位和参与庭审的程序尚未统一，在司法实践中应当注意其与当事人、证人等主体诉讼权利的区别，如不得举证质证、参与法庭辩论等。

第二，对涉案财物处理有错误的，利害关系人是否可以申请国家赔偿。根据《国家赔偿法》第十八条规定，行使侦查、检察、审判职权的机关及其工作人员在行使职权时，违法对财产采取查封、扣押、冻结、追缴等措施的，受害人有取得赔偿的权利。根据本法规定，利害关系人作为赔偿请求人，可以向赔偿义务机关，即对涉案财物作出相应处理的机关，申请国家赔偿。赔偿义务机关应当自收到申请之日起两个月内，作出是否赔偿的决定。赔偿义务机关作出赔偿决定，应当充分听取赔偿请求人的意见，并可以与赔偿请求人就赔偿方式、赔偿项目和赔偿数额依法进行协商。赔偿义务机关在规定期限内未作出是否赔偿的决定，赔偿请求人可以自期限届满之日起三十日内向赔偿义务机关的上一级机关申请复议。赔偿请求人对赔偿的方式、项目、数额有异议的，或者赔偿义务机关作出不予赔偿决定的，赔偿请求人可以自赔偿义务机关作出赔偿或者不予赔偿决定之日起三十日内，向赔偿义务机关的上一级机关申请复议。赔偿义务机关是人民法院的，赔偿请求人可以向其上一级人民法院赔偿委员会申请作出赔偿决定。

相关规定

《关于进一步规范刑事诉讼涉案财物处置工作的意见》；《中华人民共和国刑事诉讼法》第一百一十七条；《中华人民共和国国家赔偿法》第十八条；《最高人民法院关于适用〈中华人民共和国刑事诉讼法〉的解释》第二百一十八条

第五章　国家工作人员涉有组织犯罪的处理

第五十条　国家工作人员有下列行为的，应当全面调查，依法作出处理：

（一）组织、领导、参加有组织犯罪活动的；

（二）为有组织犯罪组织及其犯罪活动提供帮助的；

（三）包庇有组织犯罪组织、纵容有组织犯罪活动的；

（四）在查办有组织犯罪案件工作中失职渎职的；

（五）利用职权或者职务上的影响干预反有组织犯罪工作的；

（六）其他涉有组织犯罪的违法犯罪行为。

国家工作人员组织、领导、参加有组织犯罪的，应当依法从重处罚。

条文主旨

本条是关于国家工作人员涉有组织犯罪的处理，国家工作人员组织、领导、参加有组织犯罪应当依法从重处罚的规定。

立法背景

（一）起草背景

黑恶势力犯罪具有明显的危害性特征，往往自己直接实施有组织的具体违法犯罪活动，为该组织争夺势力范围打击竞争对手、形成强势地位、牟取经济利益、树立非法权威、扩大非法影响、寻求非法保护、增强犯罪能力等创造条件。由于黑恶势力组织通常拥有一定的资产，操纵着一些行业或者区域的经济，为了巩固犯罪基础，他们有的通过贿赂等手段拉拢一些国家干部充当保护伞，插手控制基层政权，对一定区域内正常的社会、经济秩序造成更大的危害，严重败坏社会道德风尚，严重威胁社会治安。有的国家工作人员成为“保护伞”，黑恶势力犯罪组织利用国家工作人员的包庇或者纵容，称霸一方，在一定区域或者行业内，形成非法控制或者重大影响，严重破坏经济、社会生活秩序。《刑法》第二百九十四条第三款专门规定了包庇、纵容黑社会性质组织罪，对国家机关工作人员包庇黑社会性质的组织，或者纵容黑社会性质的组织进行违法犯罪活动的行为，进行严厉处罚。在扫黑除恶专项斗争中，长期坚持把扫黑除恶与反腐败斗争、基层“拍蝇”结合起来，深挖黑恶势力的“保护伞”，取得了很好的社会效果。为总结实践经验，保障“打伞破网”，反有组织犯罪法第五章对国家工作人员涉有组织犯罪的处理作了明确规定，明确了国家工作人员涉有组织犯罪的违法犯罪行为的具体类型，明确对于这些行为，应当全面调查，依法作出处理；并规定国家工作人员组织、领导、参加有组织犯罪的，应当依法从重处罚。

（二）审议中各方面的意见

从审议中的意见来看，各方面对国家工作人员涉有组织犯罪进行处理的规定，在法条内容上均表示赞同，认为本条是以往扫黑除恶斗争经验中严惩“保护伞”的重要体现，将“打伞破网”的惩治与预防思路充分反映在具体法条中，是常态化、机制化开展扫黑除恶工作的重要举措。各方面的主要争议在于第二款关于国家工作人员涉有组织犯罪应当依法从重处罚的情形上。草案中规定的应当从重处罚的情形，除国家工作人员组织、领导、参加有组织犯罪外，还包括包庇、纵容、帮助有组织犯罪，或者实施与有组织犯罪关系密切的违法犯罪的行为。对此，有的意见提出，国家机关工作人员包庇、纵容黑社会性质组织是一个独立的犯罪，规定“从重处罚”不合逻辑。也有的意见提出，刑法对国家机关工作人员包庇、纵容黑社会性质组织犯罪已经作了规定，并规定了比渎职罪更重的法定刑，不宜再规定“应当依法从重处罚”，建议删去“包庇、纵容、帮助有组织犯罪”。有意见提出，草案规定包庇、纵容有组织犯罪的主体是国家工作人员，与刑法规定的国家机关工作人员不一致。包庇、纵容与帮助行为之间的关系也需要进一步明确。经过讨论修改，本条第二款充分采纳了上述意见，删除了包庇、纵容、帮助有组织犯罪和实施与有组织犯罪关系密切的违法犯罪的内容。此外，有的意见提出，第一款中的列项建议按照违法犯罪行为的严重程度来设置。本条充分吸收了该建议，对条文中列项的逻辑关系进行了调整，并对一些条文表述进行了完善。

（三）有关国家和地区的规定

《联合国打击跨国有组织犯罪公约》要求，各缔约国要将行贿和受贿都规定为刑事犯罪，对这些行为涉及的外国公职人员或国际公职人员的行为也要规定为刑事犯罪。对于反腐败，公约要求各缔约国：一是应在适当时并在符合本国法律制度的情况下，采取立法、行政或其他有效措施，以促进公职人员廉洁奉公，并预防、调查和惩治腐败行为；二是应采取措施，确保本国当局在预防、调查和惩治公职人员腐败行为方面采取有效行动，包括使该当局具备适当的独立性，以免其行动受到不适当的影响。

德国反有组织犯罪立法的核心在于通过引入一系列有针对性的措施，以有效地预防和惩治有组织犯罪，重在相关行业和领域的规范和管理，重在对犯罪的预防，从源头遏制犯罪特别是有组织犯罪的滋生和发展。针对腐败行为，《反腐败法》、《公务员法》等规定了大量预防性措施，如所有公职人员都不得接受任何形式的馈赠和捐献；公务员经批准并向社会公开后，才能从事第二职业；对容易滋生腐败的权力机关或敏感岗位的公务员，三年必须换岗，其他部门五年必须轮岗等。

美国2011年通过《公共腐败起诉改进法》，将某些严重的公共腐败犯罪的诉讼时效延长至六年，提高了联邦刑法中某些腐败犯罪的刑罚上限；在《反犯罪组织侵蚀合法组织法》（“RICO法案”）的基础上增加了贿赂、盗窃、侵占公共资金；增加了其他的无线电窃听规定；扩大了伪证罪和妨碍司法程序罪的管辖范围等。

意大利加强反腐败立法。随着有组织犯罪形态的转变，官员与黑手党等犯罪组织相互勾结，严重侵害国家利益、威胁国家安全，意大利加大了对与有组织犯罪有关的贪污腐败犯罪的打击力度。2015年4月，意大利议会通过一项反腐败法案，其中规定，涉案官员一旦被认定犯贪腐罪，将判处等同于其受贿所得的罚金；与腐败相关有组织犯罪的主犯和从犯，将面临最高达二十六年的囚禁。

条文解读

本条共分两款。第一款是关于国家工作人员涉有组织犯罪的处理的规定。本款共六项内容，对国家工作人员有这六项行为的，应当全面调查，依法作出处理。全面调查，是指对行为人进行调查的范围上，不受该行为或该案件范围的限制，不仅要调查与该行为有关的案件信息，还应当全面调查与行为人行为相关的其他信息和关系，深挖细查与有组织犯罪相关的犯罪，从严打击有组织犯罪幕后的国家工作人员。

第一项为组织、领导、参加有组织犯罪活动的行为。所谓“组织”有组织犯罪，是指倡导、发起、策划、建立有组织犯罪的行为。“领导”有组织犯罪，是指在有组织犯罪组织中处于领导地位，对该组织的发展、运行、活动进行策划、决策、指挥、协调、管理的行为。“参加”有组织犯罪活动，是指加入有组织犯罪组织的行为，包括参与该组织的违法犯罪活动，或者在违法犯罪活动中起作用。

第二项是为有组织犯罪组织及其犯罪活动提供帮助的行为。本项中所谓的“提供帮助”，其方式和途径可以不作限定，既可能是利用国家工作人员的职权便利向犯罪分子通风报信、提供逃避侦查的便利；也可能是向犯罪组织及其成员提供的私人帮助，如提供财物等；还可能是在参与有组织犯罪活动中提供具体的犯罪帮助。提供帮助的具体受益对象，既可以是有组织犯罪的整个组织，也可以是有组织犯罪组织的具体成员。

第三项为包庇有组织犯罪组织、纵容有组织犯罪活动的行为。所谓“包庇有组织犯罪组织”，是指国家工作人员为使有组织犯罪组织及其成员逃避查禁，而通风报信，隐匿、毁灭、伪造证据，阻止他人作证、检举揭发，指使他人作伪证，帮助逃匿，或者阻挠其他国家工作人员依法查禁等行为。“纵容有组织犯罪活动”，是指国家工作人员不依法履行职责，对有组织犯罪组织的违法犯罪活动不依法制止，反而予以放纵的行为。

第四项为在查办有组织犯罪案件工作中失职渎职的行为。具体包含以下几层含义：(1) 在查办有组织犯罪案件工作中失职渎职的行为主体，应当是负有查办有组织犯罪案件或者依照职责支持、协助查办有组织犯罪案件职责的国家工作人员。(2) 有组织犯罪案件工作中的失职渎职行为往往与案件直接相关，如接到报案、控告、举报不受理，发现犯罪信息、线索隐瞒不报、不如实报告，或者未经批准、授权擅自处置、不移送犯罪线索、涉案材料；向违法犯罪人员通风报信，阻碍案件查处；违背事实和法律处理案件；违反规定查封、扣押、冻结、处置涉案财物等。(3) 具体的案件类型包括：负有查禁监管职责的国家机关工作人员滥用职权、玩忽职守帮助犯罪分子逃避处罚的案件；司法工作人员徇私枉法、民事枉法裁判、执行判决裁定失职或滥用职权、私放在押人员以及徇私舞弊减刑、假释、暂予监外执行的案件；负有查办职责的公职人员滥用职权，徇私舞弊，包庇、阻碍查处黑恶势力犯罪的案件，以及泄露国家秘密、商业秘密、工作秘密，为犯罪分子通风报信的案件等。

第五项为利用职权或者职务上的影响干预反有组织犯罪工作的行为。“利用职权”干预有组织犯罪工作，是指国家工作人员利用其职务范围内掌握的国家权力和地位，违规插手、干扰、影响反有组织犯罪的具体工作。“利用职务上的影响”干预反有组织犯罪工作，是指国家工作人员利用其职权或者地位形成的影响力，通过其他国家工作人员的职务行为，参与、干扰、影响反有组织犯罪的具体工作。

第六项为其他涉有组织犯罪的违法犯罪行为。本项为兜底项，是指除上述五项外，需要全面调查，依法作出处理的与有组织犯罪相关的违法犯罪行为。

第二款是关于国家工作人员组织、领导、参加有组织犯罪应当依法从重处罚的规定。“从重处罚”，是指在法定刑的幅度内，对犯罪分子适用相对较重的刑种或者处以相对较长的刑期。也就是在犯罪分子所犯罪行应适用的法定刑幅度内相对从重，而不能在法定最高刑之上判处刑罚。从重处罚是要根据犯罪分子的具体犯罪行为和情节、危害后果等，相对于其如果没有该从重情节的情况下应判处的刑罚，适当从重，而不是一律判处最高刑或者一律适用较重的刑种、较长的刑期或者一律在法定刑的平均刑期以上判处刑罚。我国刑法中规定了多个从重处罚的情节，如教唆不满 18 周岁的人犯罪、累犯、奸淫不满 14 周岁的幼女等。《刑法》第二百九十四条第一款对组织、领导、参加黑社会性质组织罪进行了规定。本款在该条基础上对国家工作人员组织、领导、参加有组织犯罪的行为，规定为从重处罚情节。这是考虑到国家工作人员依法承担着一定的国家和社会公共事务的管理职责和权力，如果具有组织、领导、参加有组织犯罪的行为，其造成的社会危害性相较非国家工作人员也更大，形成的社会不良影响也更深。将本款规定为从重处罚情节，有利于提高“打伞破网”的震慑力，符合反有组织犯罪法的立法宗旨。

相关规定

《中华人民共和国刑法》第二百九十四条；《国家监察委员会、最高人民法院、最高人民检察院、公安部、司法部关于在扫黑除恶专项斗争中分工负责、互相配合、互相制约严惩公职人员涉黑涉恶违法犯罪问题的通知》

第五十一条　监察机关、人民法院、人民检察院、公安机关、司法行政机关应当加强协作配合，建立线索办理沟通机制，发现国家工作人员涉嫌本法第五十条规定的违法犯罪的线索，应当依法处理或者及时移送主管机关处理。

任何单位和个人发现国家工作人员与有组织犯罪有关的违法犯罪行为，有权向监察机关、人民检察院、公安机关等部门报案、控告、举报。有关部门接到报案、控告、举报后，应当及时处理。

条文主旨

本条是关于对国家工作人员涉有组织犯罪建立线索办理沟通机制，单位和个人报案、控告、举报及其处理的规定。

立法背景

（一）起草背景

宪法、刑事诉讼法规定了分工负责、相互配合、相互制约的原则。在打击犯罪过程中，一方面要依照法律规定的分工，在各自的职责范围内，各司其职，各负其责，既不能包办代替，越权行事，也不能互相推诿，不负责任。另一方面要按照法律规定，在正确履行各自职责的基础上，互相支持，共同完成惩罚犯罪和保护人民的任务。而不能违反法律规定，各行其是，互不通气，甚至互相扯皮。在打击惩治有组织犯罪案件过程中，更需要加强相互协作配合，建立线索办理沟通机制。在2019年扫黑除恶专项斗争过程中，国家监察委员会、最高人民法院、最高人民检察院、公安部、司法部五部门联合发布了

《关于在扫黑除恶专项斗争中分工负责、互相配合、互相制约严惩公职人员涉黑涉恶违法犯罪问题的通知》，专门就相关国家机关在扫黑除恶专项斗争中的分工负责、互相配合、互相制约严惩公职人员涉黑涉恶违法犯罪问题进行了规定，形成打击公职人员涉黑涉恶违法犯罪的监督制约、配合衔接机制。建立完善线索办理沟通机制，积极落实报案、控告、举报及其处理制度，进一步规范和加强各级监察机关、人民法院、人民检察院、公安机关、司法行政机关在惩治公职人员涉黑涉恶违法犯罪中的协作配合，是巩固扫黑除恶专项斗争成果，常态化开展扫黑除恶斗争，全面落实习近平总书记关于扫黑除恶与反腐败结合起来，与基层“拍蝇”结合起来的重要批示指示精神的要求，有助于深挖黑恶势力滋生根源，铲除黑恶势力生存根基，严惩公职人员涉黑涉恶违法犯罪，除恶务尽，切实维护群众利益，进一步净化基层政治生态，推进全面从严治党不断向基层延伸。

我国是人民民主专政的社会主义国家，国家的一切权力属于人民，人民是国家的主人。同犯罪作斗争既是公民的权利也是公民的义务。在实际生活中，除监察机关、人民法院、人民检察院、公安机关发现与有组织犯罪有关的违法犯罪行为外，单位和个人的报案、举报、控告也是案件的重要来源。实践证明，单位和个人的报案、举报、控告对于有关机关侦破案件、揭露犯罪、惩罚犯罪，保护人民，保障国家安全和社会秩序发挥了重要作用。为了更好地发挥单位、个人报案、举报控告的作用，保障公民、组织更好地行使这一权利，履行这一义务，有利于同有组织犯罪作斗争，在总结扫黑除恶专项斗争实践经验的基础上，规定了本条。

（二）审议中各方面的意见

关于该条规定的内容，审议中各方面总体表示赞同。第一款中的主要意见争议集中于发现线索如何处置的问题。有的意见提出，有关部门对违法犯罪线索，有的可依职权处理，有的需要移送其他主管机关。本条充分吸收了该意见，最终修改为"应当依法处理或者及时移送主管机关处理"。第二款中的主要意见争议集中于单位和个人有权报案、控告、举报的范围及处理的机关。有的意见提出，应将范围扩大到国家工作人员涉有组织犯罪的全部违法犯罪行为。有的建议明确处理的有关部门是指监察机关和检察机关。本条修改过程中充分考虑到这些意见，并进行了合理的吸收。鉴于本法为惩治和预防有组织犯罪的专门法律，对单位和个人有权报案、控告、举报的范围，限于与有组织犯罪有关的违法犯罪行为。关于处理报案、控告、举报的有关机关，指的是本款规定的监察机关、人民检察院、公安机关等部门。

条文解读

本条共分两款。第一款是关于建立线索办理沟通机制的规定。

一是，查办有组织犯罪案件包括国家工作人员涉有组织犯罪案件，涉及不同部门的职责。监察机关、公安机关、人民检察院、人民法院在查处、办理公职人员涉黑涉恶违法犯罪案件过程中，应当分工负责，互相配合，互相制约，通过对办理的黑恶势力犯罪案件逐案筛查、循线深挖等方法，保证准确有效地执行法律，彻查公职人员涉黑涉恶违法犯罪。

二是，为更好地做好协调沟通，根据常态化扫黑除恶的要求，既要建立有组织犯罪案件线索通报机制，也要建立国家工作人员涉有组织犯罪案件线索通报机制，实现“打伞破网”的常态化。监察机关、公安机关、人民检察院、人民法院要建立完善查处公职人员涉黑涉恶违法犯罪重大疑难案件研判分析、案件通报等工作机制，进一步加强监察机关、政法机关之间的配合，共同研究和解决案件查处、办理过程中遇到的疑难问题，相互及时通报案件进展情况，进一步增强工作整体性、协同性。

三是，监察机关、公安机关、人民检察院、人民法院、司法行政机关要建立公职人员涉黑涉恶违法犯罪线索移送制度，对工作中收到、发现的不属于本单位管辖的公职人员涉黑涉恶违法犯罪线索，应当及时移送有管辖权的单位处置：（1）公安机关、人民检察院、人民法院、司法行政机关在工作中发现公职人员涉黑涉恶违法犯罪中的涉嫌贪污贿赂、失职渎职等职务违法和职务犯罪等应由监察机关管辖的问题线索，应当移送监察机关。（2）监察机关在信访举报、监督检查、审查调查等工作中发现公职人员涉黑涉恶违法犯罪线索的，应当将其中涉嫌包庇、纵容黑社会性质组织犯罪等由公安机关管辖的案件线索移送公安机关处理。（3）监察机关、公安机关、人民检察院、人民法院、司法行政机关在工作中发现司法工作人员涉嫌利用职权实施的侵犯公民权利、损害司法公正案件线索的，根据有关规定，经沟通后协商确定管辖机关。监察机关、公安机关、人民检察院接到移送的公职人员涉黑涉恶违法犯罪线索，应当按各自职责及时处置、核查，依法依规作出处理，并做好沟通反馈工作；必要时，可以与相关线索或案件并案处理。对于重大疑难复杂的公职人员涉黑涉恶违法犯罪案件，监察机关、公安机关、人民检察院可以同步立案、同步查处，根据案件办理需要，相互移送相关证据，加强沟通配合，做到协同推进。

四是，公职人员在涉黑涉恶违法犯罪案件中，既涉嫌贪污贿赂、失职渎职等严重职务违法或职务犯罪，又涉嫌公安机关、人民检察院管辖的违法犯罪的，一般应当以监察机关为主调查，公安机关、人民检察院予以协助。监察机关和公安机关、人民检察院分别立案调查（侦查）的，由监察机关协调调查和侦查工作。犯罪行为仅涉及公安机关、人民检察院管辖的，由有关机关依法按照管辖职能进行侦查。

本款适用的主体包括监察机关、人民法院、人民检察院、公安机关、司法行政机关，针对发现国家工作人员涉嫌本法第五十条规定的违法犯罪的线索，强调国家机关间的协作配合，依法处理或者及时移送主管机关处理。之所以规定监察机关、人民法院、人民检察院、公安机关、司法行政机关五部门间要加强协作配合，建立线索办理沟通机制，是考虑到这些部门在办理有组织犯罪案件过程中承担着相应的职责，相比其他机关更容易发现国家工作人员涉嫌本法第五十条规定的违法犯罪的线索。同时，这些部门的国家工作人员涉有组织犯罪的风险，相比其他部门的国家工作人员也更高。在这些部门之间明确加强协作配合，建立线索办理沟通机制，具有较强的实践意义，客观上形成相应的制度制约，也有助于公职人员涉有组织犯罪案件的深挖细查。

第二款是关于报案、控告、举报及其处理的规定。

任何单位和个人发现有犯罪事实或者犯罪嫌疑人，有权利也有义务向公安机关、人民检察院或者人民法院报案或者举报。被害人对侵犯其人身、财产权利的犯罪事实或者犯罪嫌疑人，有权向公安机关、人民检察院或者人民法院报案或者控告。公安机关、人民检察院或者人民法院对于报案、控告、举报，都应当接受。对于不属于自己管辖的，应当移送主管机关处理，并且通知报案人、控告人、举报人；对于不属于自己管辖而又必须采取紧急措施的，应当先采取紧急措施，然后移送主管机关。

这里的“报案”，是指单位和个人（包括被害人）向监察机关、人民法院、人民检察院、公安机关报告发现与有组织犯罪有关的违法犯罪行为；“控告”，是指被害人及其近亲属或其诉讼代理人，对侵犯被害人合法权益的犯罪行为向司法机关告诉，要求追究侵害人的法律责任的行为；“举报”，是指当事人以外的其他知情人向监察机关、人民法院、人民检察院、公安机关检举、揭发与有组织犯罪有关的违法犯罪行为。需要注意的是，虽然刑事诉讼法、监察法对监察机关、人民法院、人民检察院、公安机关各自的职责和管辖范围有明确规定，但本款对单位和个人报案、控告、举报的机关未作任何限制，即发现与有组织犯罪有关的违法犯罪行为的单位和个人，可以向监察机关、人民法院、人民检察院、公安机关任何一个机关报案、控告、举报。至于案件具体如何分工，归哪一个机关管辖，待这四个机关收到报案、举报、控告后，再根据法律规定确定。

对单位和个人的报案、控告、举报，监察机关、人民法院、人民检察院、公安机关都应当接受，决不能以任何理由拒绝、推诿。在接受以后应当马上进行初步审查，对于不属于自己管辖的，应当移送主管机关处理，并且通知报案人、控告人、举报人，以便于他们了解处理结果。对于不属于自己管辖而又必须采取紧急措施的，应当先采取紧急措施，然后移送主管机关。

相关规定

《中华人民共和国刑事诉讼法》第一百一十条；《国家监察委员会、最高人民法院、最高人民检察院、公安部、司法部关于在扫黑除恶专项斗争中分工负责、互相配合、互相制约严惩公职人员涉黑涉恶违法犯罪问题的通知》

第五十二条 依法查办有组织犯罪案件或者依照职责支持、协助查办有组织犯罪案件的国家工作人员，不得有下列行为：

（一）接到报案、控告、举报不受理，发现犯罪信息、线索隐瞒不报、不如实报告，或者未经批准、授权擅自处置、不移送犯罪线索、涉案材料；

（二）向违法犯罪人员通风报信，阻碍案件查处；

（三）违背事实和法律处理案件；

（四）违反规定查封、扣押、冻结、处置涉案财物；

（五）其他滥用职权、玩忽职守、徇私舞弊的行为。

条文主旨

本条是关于依法查办有组织犯罪案件或者依照职责支持、协助查办有组织犯罪案件的国家工作人员涉有组织犯罪的处理规定。

立法背景

（一）起草背景

负有特殊职责的国家工作人员，尤其是司法工作人员，与查办有组织犯罪往往具有直接关联，更容易接触案件事实和相关人员，也更容易成为黑恶势力收买的对象。有的禁不住诱惑，成为“保护伞”，在查办案件及日常工作中为有组织犯罪组织及其成员通风报信，甚至滥用职权故意隐瞒有组织犯罪线索、材料、信息等，为有组织犯罪组织及其成员暗中提供帮助。也有的国家工作人员在工作中对有组织犯罪案件作出不当处理，故意出入罪或者滥用职权、玩忽职守、徇私舞弊。这都给当事人的合法权益造成了损害，不仅妨碍了对有组织犯罪的查处，也损害了国家机关特别是监察机关、司法机关的权威。严厉查处国家工作人员涉有组织犯罪，督促负有查办有组织犯罪案件职责的部门和人员认真履行职责，对在查办有组织犯罪过程中负有一定职责的工作人员细化相应的禁止行为，有助于国家工作人员在具体行为上及时自我对照提醒，是对扫黑除恶中“打伞破网”政策的强化。

（二）审议中各方面的意见

审议中对本条的各方面意见及争议，主要集中于本条与第五十条一般性规定的关系上，以及条文的顺序设置上，同时也对一些具体表述提出了意见。草案中对本法第五十条、第五十二条的内容未作细化区分，只作为不同的列项加以规定。有的意见提出，本条的五项禁止性规定与第五十条对一般国家工作人员的六项禁止性规定，存在内容上的包含关系，第五十二条建议作为第五十条的特殊性、具体性规定。经过讨论修改，本法对上述意见作了合理的吸收，调整了相关立法的体例和有关条款的内容。本条最后作了分条处理，对负有特殊职责的国家工作人员，尤其是司法工作人员，列明了具体行为的禁止性规定。

（三）有关国家和地区的规定

《联合国打击跨国有组织犯罪公约》要求，各缔约国要将公职人员腐败行为规定为刑事犯罪，对这些行为涉及的外国公职人员或国际公职人员的行为同样规定为刑事犯罪。

德国反有组织犯罪立法的核心就在于通过引入一系列有针对性的措施，以有效地预防和惩治有组织犯罪，重在相关行业和领域的规范和管理，重在对犯罪的预防，从源头遏制犯罪特别是有组织犯罪的滋生和发展，如对容易滋生腐败的权力机关或敏感岗位的公务员，三年必须换岗，其他部门五年必须轮岗等。

美国在 2011 年通过的《公共腐败起诉改进法》中将某些严重的公共腐败犯罪的诉讼时效延长至六年，提高了联邦刑法中某些腐败犯罪的刑罚上限；在《反犯罪组织侵蚀合法组织法》（“RICO 法案”）的基础上增加了其他的无线电窃听规定；扩大了伪证罪和妨碍司法程序罪的管辖范围等。

意大利为了应对官员与黑手党等犯罪组织相互勾结，严重侵害国家利益、威胁国家安全的有组织犯罪形态，进一步加强了反腐败立法，加大了对与有组织犯罪有关的贪污腐败犯罪的打击力度。如意大利议会 2015 年通过的一项反腐败法案，其中规定，涉案官员一旦被认定为犯贪腐罪，将判处等同于其受贿所得的罚金；与腐败相关有组织犯罪的主犯和从犯，将面临最高达二十六年的囚禁。

条文解读

本条对依法查办有组织犯罪案件或者依照职责支持、协助查办有组织犯罪案件的国家工作人员，作了禁止性规定。本条明确了适用的对象为依法查办有组织犯罪案件或者依照职责支持、协助查办有组织犯罪案件的国家工作人员，具体是指在查办有组织犯罪案件过程中，负有一定职责的监察机关、人民法院、人民检察院、公安机关、司法行政机关等工作人员。这些工作人员的特殊性在于，在查办有组织犯罪案件过程中具有相应的职责，同时对案件也具有一定的处置权限。尤其是负责查办案件的司法工作人员，往往是第一时间掌握案件线索等信息的专业人员，对案件如何处置具有相应的话语权，能够直接影响案件的查办进程。同时，这些工作人员往往是查办有组织犯罪案件的一线人员或审批人员，更容易接触案件事实和相关人员，也更容易受到黑恶势力的诱导、收买等成为“保护伞”，从而存在比一般国家工作人员更高的廉政风险。

对于黑恶势力的“保护伞”，我国《刑法》第二百九十四条第三款专门规定了包庇、纵容黑社会性质组织罪。该条第四款规定包庇、纵容黑社会性质组织又有其他犯罪行为的，依照数罪并罚的规定处罚。此外，对于其他包庇、放纵黑恶势力违法犯罪的，可以根据案件具体情况，适用刑法规定的包庇罪、伪证罪、徇私枉法罪、枉法裁判罪、徇私舞弊不移交刑事案件罪、放纵走私罪、放纵制售伪劣商品犯罪行为罪、帮助犯罪分子逃避处罚罪、私放在押人员罪、徇私舞弊减刑、假释、暂予监外执行罪、受贿罪等罪名定罪处罚。

《最高人民法院、最高人民检察院、公安部、司法部关于办理黑恶势力犯罪案件若干问题的指导意见》第二十二条中明确规定：“刑法第二百九十四条第三款中规定的‘包庇’行为，不要求相关国家机关工作人员利用职务便利。利用职务便利包庇黑社会性质组织的，酌情从重处罚。包庇、纵容黑社会性质组织，事先有通谋的，以具体犯罪的共犯论处。”《国家监察委员会、最高人民法院、最高人民检察院、公安部、司法部关于在扫黑除恶专项斗争中分工负责、互相配合、互相制约严惩公职人员涉黑涉恶违法犯罪问题的通知》中提出，要严格查办公职人员涉黑涉恶违法犯罪案件，列明了重点查办的案件包括：公职人员直接组织、领导、参与黑恶势力违法犯罪活动的案件；公职人员包庇、纵容、支持黑恶势力犯罪及其他严重刑事犯罪的案件；公职人员收受贿赂、滥用职权，帮助黑恶势力人员获取公职或政治荣誉，侵占国家和集体资金、资源、资产，破坏公平竞争秩序，或为黑恶势力提供政策、项目、资金、金融信贷等支持帮助的案件；负有查禁监管职责的国家机关工作人员滥用职权、玩忽职守帮助犯罪分子逃避处罚的案件；司法工作人员徇私枉法、民事枉法裁判、执行判决裁定失职或滥用职权、私放在押人员以及徇私舞弊减刑、假释、暂予监外执行的案件；在扫黑除恶专项斗争中发生的公职人员滥用职权，徇私舞弊，包庇、阻碍查处黑恶势力犯罪的案件，以及泄露国家秘密、商业秘密、工作秘密，为犯罪分子通风报信的案件；公职人员利用职权打击报复办案人员的案件。

本条共包含五项具体禁止性内容。第一项是接到报案、控告、举报不受理，发现犯罪信息、线索隐瞒不报、不如实报告，或者未经批准、授权擅自处置、不移送犯罪线索、涉案材料。这一项的焦点集中在有组织犯罪案件线索、信息等处置上。具体行为是指接到报案、控告、举报不受理，该受理的案件故意不受理或怠于受理；发现犯罪信息、线索隐瞒不报、不如实报告，故意隐瞒案件线索、信息或者不如实汇报；未经批准、授权擅自处置、不移送犯罪线索、涉案材料，对于犯罪线索、涉案材料滥用相关职权违法处置或负有相应职责而不作为。这些不法行为对于顺利查办有组织犯罪案件产生了直接的阻碍作用，具有较大的社会危害性和不利后果。

第二项是向违法犯罪人员通风报信，阻碍案件查处。这一项是关于有组织犯罪查处过程中案件保密的禁止性规定。这些国家工作人员通常掌握着案件侦破方向或内情等关键信息，这些涉密信息一旦泄露很可能会打草惊蛇，给案件进一步办理造成较大困难。

第三项是违背事实和法律处理案件。这一项是关于对有组织犯罪案件查办过程中的禁止性规定。这类行为的表现形式较多，主要是指处理案件过程中的包庇、纵容行为，徇私枉法等渎职行为。典型的如包庇、纵容黑社会性质组织罪、徇私枉法罪、徇私舞弊减刑、假释、暂予监外执行罪等。具体分两种情况，一种是在处理案件中违背事实的情况，这种情况下可能存在故意隐瞒犯罪事实，也可能存在虚构无罪或罪轻的事实。另一种是在处理案件中违背法律的情况，如在侦查过程中违法办理取保候审措施，在审查起诉时违法决定不起诉、提出畸轻量刑意见，审判过程中违法裁判，刑罚执行中违法办理减刑、假释、暂予监外执行等，其目的都是帮助有组织犯罪组织及其成员逃避或减轻法律的制裁。

第四项是违反规定查封、扣押、冻结、处置涉案财物。这一项是关于对有组织犯罪案件查办过程中涉案财产处置的禁止性规定。《刑事诉讼法》第一百四十一条中明确规定，与案件无关的财物、文件，不得查封、扣押。对查封、扣押的财物、文件，要妥善保管或者封存，不得使用、调换或者损毁。这里的“违反规定”，除刑事诉讼法中对查封、扣押、冻结的规定外，还包括违反相关司法解释、法律文件等的行为，如《最高人民法院关于适用〈中华人民共和国刑事诉讼法〉的解释》《人民检察院刑事诉讼规则》《公安机关办理刑事案件程序规定》《关于实施刑事诉讼法若干问题的规定》等。

第五项是其他滥用职权、玩忽职守、徇私舞弊的行为。依法查办有组织犯罪案件或者依照职责支持、协助查办有组织犯罪案件的国家工作人员，除上述四项比较典型、多发的违法行为外，还可能存在其他滥用职权、玩忽职守、徇私舞弊的行为。

在该条的理解适用中，需要注意以下问题：

第一，要注意本条与第五十条的适用关系问题。第五十条是对国家工作人员的总体要求，即不得涉有组织犯罪活动。第五十二条是第五十条规定内容的一些特殊行为，适用的对象是其中依法查办有组织犯罪案件或者依照职责支持、协助查办有组织犯罪案件的国家工作人员。这两条的适用关系是一般规定与特别规定的包含关系。

第二，本条规定的五项禁止性内容，可以作为不法行为认定的具体指引。同时，也是在本法中对依法查办有组织犯罪案件或者依照职责支持、协助查办有组织犯罪案件的国家工作人员相关行为的明确提醒，司法实践中应当禁止的行为绝不止于此，本条第五项也规定了其他滥用职权、玩忽职守、徇私舞弊的行为。因此，国家工作人员在反有组织犯罪工作中出现本条规定之外的滥用职权、玩忽职守、徇私舞弊行为的，也应当根据本条及有关法律的规定，依法予以追究。

第五十三条　有关机关接到对从事反有组织犯罪工作的执法、司法工作人员的举报后，应当依法处理，防止犯罪嫌疑人、被告人等利用举报干扰办案、打击报复。

对利用举报等方式歪曲捏造事实，诬告陷害从事反有组织犯罪工作的执法、司法工作人员的，应当依法追究责任；造成不良影响的，应当按照规定及时澄清事实，恢复名誉，消除不良影响。

条文主旨

本条是关于对从事反有组织犯罪工作的执法、司法人员依法履职的保障规定和因依法履职而遭受名誉损害的保障制度的规定。

立法背景

(一) 起草背景

党的十八届四中全会决定，要建立健全、司法人员履行法定职责保护机制，这体现了党和国家对司法工作人员的高度重视，为保障法律正确实施、惩治反有组织犯罪提供了制度保障。实践中，从事反有组织犯罪工作的执法、司法人员履行法定职责面临三个方面的困扰：一是来自社会各方面包括内部，类似“批条子”“打招呼”等形形色色的干扰；二是执法、司法机关内部不同程度存在的考评考核、责任界定不清、惩戒程序缺乏外部监督，使得执法、司法办案走了样、变了形；三是时有发生的执法、司法工作人员遇害遇险等事件凸显执法、司法人员履职人身安全保护机制不完善，执法、司法工作人员执法办案特别是办理人身危险性高的反有组织犯罪案件存在后顾之忧。在具体执法、司法中，一些当事人对执法、司法工作和结果不满，采取了恶意举报，在互联网等媒介上捏造事实、诬告陷害从事反有组织犯罪工作的执法、司法人员的人格和名誉等手段，干扰办案、进行打击报复。这些行为不仅侵犯了执法、司法工作人员个人权益，有关不实材料和言论在一定范围内的传播、散布，也使得人民群众对办理反有组织犯罪案件的公正性产生质疑，从而影响了正常的执法、司法工作，甚至严重损害了国家执法、司法权威。

（二）审议中各方面的意见

1. 草案一审稿规定："对从事反有组织犯罪工作的执法、司法工作人员的举报应当依法处理，防止犯罪嫌疑人、被告人等利用举报干扰办案、打击报复。对举报事项不明确的匿名举报，可以不予受理。"有的常委会组成人员和地方意见提出，举报事项不明确的匿名举报也可能构成案件线索，应当按照有关规定进行办理，不用强调不予受理，且"事项不明确"如何认定太笼统。综合上述意见，对"举报事项不明确的匿名举报，可以不予受理"，不再作出具体规定。实践中，需要对线索举报人实施严格的保密措施，对举报的事项进行具体甄别，依照反有组织犯罪相关规定进行处理。

2. 草案一审稿规定："必要时，对被诬告受害人进行公开澄清。"有的地方建议在"对被诬告受害人进行公开澄清"前增加"应当"，并进一步细化"公开澄清"方式，修改为"及时公开澄清，恢复名誉，消除不良影响"。考虑到对公开澄清的方式进一步细化，有利于维护从事反有组织犯罪工作的执法、司法人员的合法权益，保障其正当履职，维护执法、司法工作的公正性、权威性，本条第二款相应内容规定为，"造成不良影响的，应当按照规定及时澄清事实，恢复名誉，消除不良影响。"

3. 草案二次审议稿规定："对从事反有组织犯罪工作的执

法、司法工作人员的举报应当依法处理，防止犯罪嫌疑人、被告人利用举报干扰办案、打击报复。对利用信访举报等方式歪曲捏造事实、诬告陷害从事反有组织犯罪工作的执法、司法工作人员的，应当依法追究责任，从严处理。造成不良影响的，应当按照规定及时澄清事实，恢复名誉，消除不良影响”。

有的地方建议，在“犯罪嫌疑人、被告人”之后增加“近亲属、利害关系人”，不限于犯罪嫌疑人、被告人利用举报干扰办案，打击报复，以加大对办案人员的保护力度。考虑到具体列举主体可能造成列举不全，为避免挂一漏万，草案三次审议稿中在犯罪嫌疑人、被告人后增加“等”，实践中，可以包括利用举报干扰反有组织犯罪工作办案、进行打击报复的犯罪嫌疑人、被告人的近亲属、利害关系人和其他人。

有的意见提出，草案二次审议稿将利用信访举报等方式单独作了列举，建议将“信访举报”修改为“举报”，以完善举报方式规定。草案三次审议稿采纳了上述建议，完善举报方式，以加大对从事反有组织犯罪工作人员的保护力度，保障反有组织犯罪工作的顺利进行。

条文解读

本条共分两款。

第一款是关于从事反有组织犯罪工作的执法、司法人员依法履职的保障规定。举报在我国执法、司法实践中发挥着重要作用。公民可以通过举报表达对国家和社会的看法，可以对国家机关和国家工作人员进行批评、提出建议，可以对违纪违法的现象进行控告，有利于发现犯罪线索、监督国家机关和国家机关工作人员公正执法、司法，发挥沟通连结人民群众、宣传发动人民群众，震慑和惩处犯罪作用。举报可以采用口头或者书面形式举报，如可以现场举报或者利用互联网媒介等进行线上举报，可以实名举报也可以匿名举报。依法如实举报有利于提升反有组织犯罪工作法治化、规范化、专业化水平。但实践中，有些不实举报，明知不是真实情况，却采取捏造事实、虚构证据等手段对从事反有组织犯罪工作的执法、司法人员进行举报，包括向上级单位举报，也包括向纪检监察机关举报，目的是影响正常的办案程序，对办案结果施加影响，以作出对从事有组织犯罪的犯罪嫌疑人、被告人的有利结果。根据本款规定，对从事反有组织犯罪工作的执法、司法工作人员的举报应当依法处理，防止犯罪嫌疑人、被告人等利用举报干扰办案、打击报复。“依法处理”主要是指收到举报的相关部门应当依照法定程序、职权等对举报线索进行甄别，防止犯罪嫌疑人、被告人等利用举报干扰办案、打击报复。“打击报复”表现为相关人员利用职权或者其他手段对从事反有组织犯罪工作的执法、司法工作人员进行打击、报复、陷害等，侵犯其人身权利、民主权利的行为，具体方式多种多样，如以暴力、威胁或者非法限制人身自由的方式侵犯人身安全；非法占有或者毁损财产；栽赃陷害执法、司法人员等。既可能涉及职务职级调整也可能涉及福利待遇，严重的可能直接侵犯人身财产的显性打击报复，也可能更多地表现为利用职权进行变相打击的隐性报复。

第二款是关于因依法履职而遭受名誉损害的保障制度的规定，包含两个方面的内容：一是要依法追究不实举报人的责任；二是造成不良影响的，要及时澄清事实，恢复名誉，消除不良影响，维护执法、司法工作人员的合法履职权益和名誉。

对利用举报等方式歪曲捏造事实，诬告陷害从事反有组织犯罪工作的执法、司法工作人员的，依法追究责任。这里的责任包括承担相应的民事责任、行政责任和刑事责任及给予相应的行政处分、政务处分。我国《刑法》第二百四十三条规定了诬告陷害罪、第二百五十四条规定了报复陷害罪，对于侵害从事反有组织犯罪工作人员合法权益，构成犯罪的，依法追究刑事责任。对于尚不构成犯罪的，可依法予以治安管理处罚法关于捏造事实诬告陷害他人，企图使他人受到刑事追究或者治安管理处罚的规定等给予治安管理处罚。我国《民法典》对侵犯他人生命权、健康权、名誉权、荣誉权等民事权益的，规定依法承担停止侵害、赔礼道歉等侵权责任。此外，我国公务员法还规定了对国家工作人员实施的报复陷害、侮辱诽谤行为给予行政处分。《公务员法》第五十九条规定，公务员应当遵纪守法，不得有压制批评，打击报复，滥用职权，侵害公民、法人或者其他组织的合法权益等行为。公务员违反上述规定的，应当依法承担纪律责任的，依照公务员法的规定给予处分，包括警告、记过、记大过、降级、撤职、开除。《公职人员政务处分法》第三十二条规定，诬告陷害，意图使他人受到名誉损害或者责任追究等不良影响的，予以警告、记过或者记大过；情节较重的，予以降级或者撤职；情节严重的，予以开除。

我国《刑法》第二百四十三条规定了诬告陷害罪。对利用举报等方式歪曲捏造事实，诬告陷害从事反有组织犯罪工作的执法、司法工作人员，严重的可追究刑事责任。我国《宪法》第三十八条规定："中华人民共和国公民的人格尊严不受侵犯。

禁止用任何方法对公民进行侮辱、诽谤和诬告陷害。”检举揭发违法犯罪行为是每个公民的权利，但实践中往往有些人滥用检举揭发权，无中生有，诬告陷害从事反有组织犯罪工作人员，严重影响社会和谐发展，破坏社会风气，应当予以惩处。由于行为人企图假手司法机关实现其诬陷无辜的目的，不仅侵犯了公民的人身权利，使无辜者的名誉受到损害，而且可能导致冤假错案，造成错捕、错判甚至错杀的严重后果，干扰司法机关的正常活动，破坏司法机关的威信，因此必须依法予以严惩。诬告陷害罪，是指捏造事实，作虚假告发，意图陷害他人，使他人受刑事追究，情节严重的行为。诬告陷害罪侵犯的客体是复杂客体，既侵犯了他人的人身权利，也侵犯了司法机关的正常活动。构成诬告陷害罪必须具备以下条件：

1. 诬告陷害他人，必须以使他人受刑事追究为目的。行为人诬陷他人可能出于不同的动机，有的是发泄私愤，有的是嫉贤妒能，有的是排除异己，但必须以使他人受刑事追究为目的，才能构成诬告陷害罪。如果不以使他人受刑事追究为目的而捏造事实诬告的，如以败坏他人名誉、阻止他人得到某种奖励或者提升等为目的而诬告他人有违法或不道德行为的，则不构成本罪。

2. 捏造的事实必须是他人的犯罪事实，如果捏造的事实不足以使他人受到刑事追究的，则不构成本罪。捏造事实，既包括无中生有，捏造犯罪事实陷害他人，也包括栽赃陷害，在确实发生了具体犯罪事实的情况下，捏造证据栽赃、嫁祸他人，还包括借题发挥，将不构成犯罪的事实夸大为犯罪事实，进而陷害他人等。

3. 行为表现不仅捏造了他人的犯罪事实，而且将捏造的犯罪事实向有关机关进行了告发。行为人虽有捏造他人犯罪事实的行为，但如果没有进行告发，其诬陷的目的就无法实现，因而也不构成诬陷罪。告发的形式可以是书面告发，也可以是口头告发；可以是实名告发，也可以是匿名告发。

4. 诬告陷害的行为必须有明确的对象，如果行为人只是捏造了某种犯罪事实，向有关机关告发，并没有具体的告发对象，这种行为虽然也侵犯了司法机关的正常活动，但并未直接侵犯他人的人身权利，也不构成本罪。有明确的对象并非要求行为人必须指名道姓告发，如果通过告发的事实可以明显地判断出告发对象，即使没有提出具体姓名，也属于有明确的对象。

5. 诬告陷害情节严重的，“情节严重”主要是指捏造的犯罪事实情节严重、诬陷手段恶劣、严重影响了司法机关的正常工作、社会影响恶劣等。

只要诬告陷害的行为符合以上条件，本罪就成立。“造成严重后果”，主要是指被害人被错误地追究了刑事责任，或者使被诬陷人的人身权利、民主权利、财产权利等受到重大损害，或者使司法机关的正常工作遭受特别重大的损害。犯诬告陷害罪的，处三年以下有期徒刑、拘役或者管制；造成严重后果的，处三年以上十年以下有期徒刑。但是，关于错告或者检举失实，不适用本罪的规定。这样规定是为了正确区分诬告陷害与错告、检举失实的界限，以有利于打击犯罪，保护公民与违法犯罪作斗争的积极性。我国《宪法》第四十一条第一款规定：“中华人民共和国公民对于任何国家机关和国家工作人员，有提出批评和建议的权利；对于任何国家机关和国家工作人员的违法失职行为，有向有关国家机关提出申诉、控告或者检举的权利，但是不得捏造或者歪曲事实进行诬告陷害。”

我国《刑法》第二百五十四条规定了报复陷害罪。根据我国宪法和有关法律的规定，控告权、申诉权、批评建议权以及举报权是公民的重要民主权利。我国《宪法》第四十一条第一款、第二款规定：“中华人民共和国公民对于任何国家机关和国家工作人员，有提出批评和建议的权利；对于任何国家机关和国家工作人员的违法失职行为，有向有关国家机关提出申诉、控告或者检举的权利，但是不得捏造或者歪曲事实进行诬告陷害。对于公民的申诉、控告或者检举，有关国家机关必须查清事实，负责处理。任何人不得压制和打击报复。”对控告人、申诉人、批评人、举报人进行报复陷害，就是对公民民主权利的严重侵害，应当依法予以惩处。报复陷害罪是指国家机关工作人员滥用职权、假公济私，对控告人、申诉人、批评人、举报人实行报复陷害的行为。这里规定的“报复陷害”，主要是指利用手中的权力，以种种借口进行政治上或者经济上的迫害，如降职、降级、调离岗位、经济处罚、开除公职、捏造事实诬陷其经济、生活作风上有问题等。报复陷害的行为，必须采取滥用职权或者假公济私的方法。如果行为人进行报复陷害与滥用职权、假公济私没有联系，则不构成本罪。根据本条规定，报复陷害的对象只能是控告人、申诉人、批评人和举报人。国家机关工作人员滥用职权、假公济私，对控告人、申诉人、批评人、举报人实行报复陷害的，处二年以下有期徒刑或者拘役；情节严重的，处二年以上七年以下有期徒刑。

对于从事反有组织犯罪工作的执法、司法人员被举报的，有关部门应当首先了解事实，认真调查有关情况，确认是利用举报等方式歪曲捏造事实，诬告陷害从事反有组织犯罪工作的，应当采取适当方式向知悉不实情况的单位和社会公众及时通报真实情况，防止不实信息继续扩散，对履职情况作出解释说明，消除单位和社会公众对办理案件过程和办理案件结果的质疑。对于因诬告陷害遭受调查处理的人员，应当及时停止调查处理。关于澄清事实和消除影响的范围、方式，应当结合有关情况确定，如可以通过官方网站、微博、微信公众号或者新闻发布会等形式及时澄清事实，总之要在相应范围内消除不良影响，维护从事反有组织犯罪工作的司法、执法人员的良好声誉。从事反有组织犯罪工作的执法、司法人员也可以拿起法律的武器，依法要求侵权人承担相应的法律责任，维护自己的合法权益。

在该条的理解适用中，应当注意正确区别不实举报和举报失实之间的关系。二者在客观上都表现为向国家机关或有关单位告发的犯罪事实与客观事实不相符合。但在主观方面，二者有着质的不同：前者是故意捏造或者歪曲事实告发他人，具有陷害他人的故意；后者则是行为人认为自己告发的是真实犯罪事实，只是由于情况不明，或者认识片面而在控告、检举中发生差错，没有陷害他人的故意。由此可见，是否具有诬告陷害的故意，是区分诬告与错告的根本标志。如果举报人并无主观故意，而是因证据不足、错告等原因致使举报失实、名誉受损的，一般不予追究举报人的法律责任，但也应当及时澄清事实，消除不良影响。实践中要准确区分诬告与错告，就必须根据行为人告发的背景、原因、告发的事实来源、告发人与被告人之间的关系等综合判定。

相关规定

《中华人民共和国宪法》第四十一条；《中华人民共和国刑法》第二百四十三条、第二百五十四条；《中华人民共和国治安管理处罚法》第四十二条；《中华人民共和国公务员法》第五十九条、第六十二条；《中华人民共和国公职人员政务处分法》第三十二条

第六章　国际合作

第五十四条　中华人民共和国根据缔结或者参加的国际条约，或者按照平等互惠原则，与其他国家、地区、国际组织开展反有组织犯罪合作。

条文主旨

本条是关于开展反有组织犯罪国际合作的规定。

立法背景

随着我国国际地位的日益提高，对外交往日益频繁，我国缔结和参加了许多有犯罪行为规定的国际条约，且今后还会参加一些国际条约。中国作为国际社会负责任的一员，为信守承诺，履行我国承担的国际义务，打击犯罪，我们在开展反有组织犯罪合作时，应当遵守我国缔结或者参加的国际条约，积极行使条约赋予的权利，履行条约规定的义务。

互相尊重主权和领土完整、互不侵犯、互不干涉内政、平等互利、和平共处五项基本原则是我国提出的处理国际关系的基本原则。和平共处五项原则不仅是我国奉行独立自主和平外交政策的基础，而且已经被世界上绝大多数国家接受，不仅在各国大量的双边条约中得到体现，而且成为规范国际关系的重要准则。1970 年第 25 届联大通过的《关于各国依联合国宪章建立友好关系及合作之国际法原则之宣言》，1974 年，联合国大会第 6 届特别会议通过的《建立新的国际经济秩序宣言》，都明确把和平共处五项基本原则包括在内。反有组织犯罪合作是国际合作的一个重要领域，坚持和奉行这些原则，一方面要求我们在反有组织犯罪工作中从平等互惠角度出发，规范相关处理的程序和机制，更好的开展合作，促进各自司法活动的有效顺利开展，另一方面要求我们坚持主权原则，维护国家主权、安全和社会公共利益，遵守我国法律的基本原则。同时，考虑到有些国家无视别国主权、安全和社会公共利益，通过所谓的“长臂管辖权”等，将自己国家的司法主权凌驾于他国司法主权之上的做法，作出应对性规定，也有利于维护我国主权、安全和社会公共利益。我国在与其他国家开展反有组织犯罪合作时，一直坚持和遵循这些原则，对于其他国家和地区请求我国提供反有组织犯罪工作合作时，我们也要求他们遵循这些原则。这是国际交往中遵循的规则。当今的有组织犯罪具有有组织和跨国性等特征，各国越来越认识到有组织犯罪不是某一个国家能够单独面对和解决的问题，如禁止和惩治贩运人口特别是妇女和儿童等，还需要加强国际合作，积极开展多边反有组织犯罪合作，在反有组织犯罪刑事司法合作、执法和证据认定等方面加强沟通和合作。

条文解读

本条是关于反有组织犯罪开展国际合作的规定。有两方面的含义：一是根据中华人民共和国缔结或者参加的国际条约，与其他国家、地区、国际组织开展反有组织犯罪合作。二是按照平等互惠原则开展国际合作。

根据国际法的原则和普遍惯例，国际合作必须通过相应的程序和条件予以规范。国际合作事关国家主权和国家利益。处理国家之间的相关事务时，既需遵循相关执法、司法制度，同时必须以一定的外交关系作为基础，需遵循处理国际关系的有关准则，要求国家之间具有平等关系和互助、互利关系。根据本条的规定，开展反有组织犯罪合作，一是要根据缔结或者参加的国际条约开展国际合作。这里的国际合作，是指国际法主体之间缔结的用于确定相互权利义务关系的书面协议。二是如果我国与其他国家、地区、国际组织之间没有缔结或者参加国际条约的，应当依照平等互惠原则来进行。

这里的“缔结或者参加的国际条约”，既包括我国与外国共同加入的国际公约，也包括中国与外国签订的多边、双边条约，如《联合国打击跨国有组织犯罪公约》以及我国与他国签订的国际刑事司法协助等条约的有关内容，在我国与其他国家就开展反有组织犯罪国际合作时，是同样适用的。实践中，反有组犯罪合作主要体现在情报交流、信息交换、培训和执法合作、建立会谈会晤等合作机制、司法协助等方面。

这里的“平等互惠原则”，是处理国家关系的一项基本原则，是基于主权国家之间，在司法上应平等对待的理论确立的原则，也是国际上所公认的一项原则。我国是独立的主权国家，处理与其他国家的关系，包括司法上的关系，一向以平等互惠为基础。这些原则体现在我国与其他国家签订的国际条约中，也体现在我国国内的相关法律规定中。如我国《民事诉讼法》规定，外国人、无国籍人、外国企业和组织在中华人民共和国进行诉讼，同等享有我国法律规定的诉讼权利。外国法院对中华人民共和国公民、法人和其他组织的民事诉讼权利加以限制的，中华人民共和国人民法院应当对该国公民、企业和组织的民事诉讼权利，实行对等原则。此外，我国《刑事诉讼法》规定，根据中华人民共和国缔结或者参加的国际条约，或者按照互惠原则，我国司法机关和外国司法机关可以相互请求刑事司法协助。我国《引渡法》规定，中华人民共和国和外国之间在平等互惠的基础上进行引渡合作。我国《国际刑事司法协助法》规定，中华人民共和国和外国按照平等互惠原则开展国际刑事司法协助。在反有组织犯罪领域，如果我国与其他国家之间没有缔结或者参加的国际条约的，应当按照平等互惠原则来开展国际合作。

第五十五条　国务院有关部门根据国务院授权，代表中国政府与外国政府和有关国际组织开展反有组织犯罪情报信息交流和执法合作。

国务院公安部门应当加强跨境反有组织犯罪警务合作，推动与有关国家和地区建立警务合作机制。经国务院公安部门批准，边境地区公安机关可以与相邻国家或者地区执法机构建立跨境有组织犯罪情报信息交流和警务合作机制。

条文主旨

本条是关于开展国际合作具体机制的规定。

立法背景

（一）起草背景

当前，跨国有组织犯罪形势依然严峻，如贩毒、贩运妇女儿童等，具有严密的组织性和反侦查能力，且随着科技进步，联络方式越来越便捷，沟通越来越密切，导致打击跨国有组织犯罪越来越困难。这就需要世界各国加强反有组织犯罪国家合作，切实履行条约义务。在法律中明确规定有关部门代表中国政府与外国政府和有关国际组织开展反有组织犯罪国际合作，有利于反组织犯罪条约义务的履行，也有利于反有组织犯罪国际合作的开展。

（二）审议中各方面的意见

1. 草案二次审议稿规定："国务院有关部门根据国务院授权，代表中国政府与外国政府和有关国际组织开展反有组织犯罪情报信息交流和执法合作。国务院公安部门应当加强跨境反有组织犯罪警务合作，推动与有关国家和地区建立警务合作机制。经国务院公安部门批准，边境地区公安机关可以与境外执法机构建立跨境有组织犯罪情报信息交流和警务合作机制。"有的意见提出，边境地区公安机关加强境外执法合作应当重点加强与相邻国家与地区执法机构合作，建议法律予以明确。

2. 草案三次审议稿规定："国务院有关部门根据国务院授权，代表中国政府与外国政府和有关国际组织开展反有组织犯罪情报信息交流和执法合作。国务院公安部门应当加强跨境反有组织犯罪警务合作，推动与有关国家和地区建立警务合作机制。经国务院公安部门批准，边境地区公安机关可以与相邻国家或者地区执法机构建立跨境有组织犯罪情报信息交流和警务合作机制。"草案三次审议稿将草案二次审议稿"境外"修改为"相邻国家或者地区"，加强与重点地区的执法合作。

条文解读

本条共分为两款。第一款是关于开展反有组织犯罪国际合作的规定。反有组织犯罪国际合作是指与其他国家、地区和国际组织之间在反有组织犯罪的犯罪侦查、执法、情报交流、人才培训等方面互相给予支持、便利和协助的一种合作。具体机制包括情报信息的交流与合作、犯罪调查取证、送达刑事诉讼文书、移交物证、书证和视听资料、安排证人作证或者协助调查，查封、扣押、冻结涉案财物，没收、返还违法所得及其他涉案财物、引渡等合作内容。反有组织犯罪国际合作的刑事案件仅限于具有涉外因素的犯罪案件。就协助调查取证来说，一般是由国内侦查机关根据外国当局的委托，在国内进行刑事侦查，并将犯罪情报和犯罪线索提供给请求国，以帮助请求国顺利完成侦查任务。就查封、扣押、冻结涉案财物来说，一般是指国内有关部门根据请求国的查封、扣押、冻结涉及犯罪案件的财物的请求，依照我国法律的规定进行审核，对符合条件的协助进行查封、扣押、冻结。对于有组织犯罪案件的侦查、起诉、审判和执行等活动中的送达文书、调查取证、安排证人作证或者协助调查，查封、扣押、冻结涉案财物，没收、返还违法所得及其他涉案财物的国际刑事司法协助，都需要依照国际刑事司法协助法进行，对外国提出的刑事司法协助请求，由相关部门根据职责分工进行审核，并承担具体的工作职责。

根据本款的规定，在我国，国务院有关部门根据国务院授权，开展反有组织犯罪国际合作。也就是说，国务院有关部门代表中国政府与外国政府开展国际合作，必须具有国务院的授权。授权的方式，主要是国家通过制定行政法规或者发布具体的命令予以具体的授权。这里的国务院有关部门，主要是指与反有组织犯罪密切相关的司法机关、司法行政机关等部门，加强与其他国家、地区和国际组织的情报信息交流，会大大加强反有组织犯罪工作力度。

此外，有组织犯罪活动具有一定的隐蔽性，不会公开进行，有组织犯罪分子为了逃避侦查，入境发展成员等通常会采用比较隐蔽的作案方法，因此事先获得可靠的情报信息对于破获有组织犯罪案件极为重要。获得可靠的情报信息，有助于有效地抓获犯罪分子，获得侦查主动权。为了有效打击有组织犯罪分子，各国之间尤其是与周边国家和地区之间需要及时交换本国收集的有关有组织犯罪的情报信息，交流打击有组织犯罪的进展情况，以便得到他国的情报信息。我国在重视现有合作机制的基础上，在法律中明确规定开展反有组织犯罪情报信息交流和执法合作，为开展反有组织犯罪工作提供充足的法律依据。

第二款是关于公安部门应当加强跨境反有组织犯罪警务合作的规定。公安机关承担着预防、制止和侦查违法犯罪活动，维护社会治安秩序，制止危害社会治安秩序行为的职责，在扫黑除恶专项斗争中发挥着重要作用。本款明确国务院公安部门职责，公安机关应当加强跨境反有组织犯罪警务合作，推动与有关国家和地区建立警务合作机制。同时，边境之间加强合作有利于提高打击跨境有组织犯罪工作的灵活性和主动性，在经国务院公安部门即公安部批准后，边境地区公安机关可以与相邻国家或地区（包括陆地国境和水域）建立跨境有组织犯罪情报信息交流和警务合作机制。

第五十六条 涉及有组织犯罪的刑事司法协助、引渡，依照有关法律的规定办理。

条文主旨

本条是关于涉及有组织犯罪的刑事司法协助、引渡的规定。

立法背景

在实践中，由于存在跨国、跨境犯罪、犯罪嫌疑人、被告人外逃，在境外犯罪或者犯罪地涉及本国及外国、证据在外国等各种因素，有时候只能在本国开展相关诉讼活动，由于司法主权的原因，无法到外国开展刑事诉讼，追究跨国、跨境犯罪嫌疑人、被告人的刑事责任。开展国家与其他国家、地区和国际组织之间的刑事司法协助等国际合作就尤为重要。目前世界上许多国家通过签订双边或者多边条约等形式，确定了打击犯罪的国际合作。联合国反腐败公约、联合国打击跨国有组织犯罪公约等也都有开展国际合作的内容。刑事司法协助是国家和国家之间开展协助、打击犯罪的一种合作活动。许多国家之间签订双边国际刑事司法协助条约，以及为专项目的而签订条约，如移管被判刑人条约等。从各国司法实践情况来看，国际刑事司法协助已经成为有效惩治犯罪，保护个人和组织的合法权益，维护国家利益和社会秩序的一种重要手段，使犯罪分子的犯罪行为不因国家在地域管辖上的限制而逃脱法网，对维护国际社会的共同利益具有很重要的作用。刑事司法协助涉及的范围很广。我国《国际刑事司法协助法》第二条明确规定，国际刑事司法协助，是指中华人民共和国和外国在刑事案件调查、侦查、起诉、审判和执行等活动中相互提供协助，包括送达文书，调查取证，安排证人作证或者协助调查，查封、扣押、冻结涉案财物，没收、返还违法所得及其他涉案财物，移管被判刑人以及其他协助。

引渡是一国向另一国提出请求，要求另一国将在其境内的某一刑事逃犯移交给请求国，以便请求国对其提起刑事诉讼或执行刑罚的活动，是惩治犯罪行为、追究刑事责任、保障刑事诉讼程序正常进行的重要制度。引渡是国家之间开展打击犯罪的一种刑事司法协助活动，目前世界上许多国家通过签订双边或者多边引渡条约等形式，确定了打击犯罪的国际合作，如美洲国家之间签订的美洲国家间引渡公约等，还有许多国家签订了两国之间的引渡条约。我国自改革开放以来，随着对外交往的增多，涉外刑事案件也日益增多，一些犯罪分子携巨款潜逃境外，有的境内外犯罪组织相互勾结进行洗钱、贩毒等，为了有效地打击这些犯罪活动，我国在引渡法颁布前已先后与十二个国家签订了双边引渡条约，开始生效。随着国际社会对打击严重危害人类共同利益的犯罪活动的日益重视，为了有效地加强国际合作，2000 年 11 月联合国大会通过了《联合国打击跨国有组织犯罪公约》，我国已经签署了该公约，该公约对引渡的有关问题也作了规定。从各国引渡实践情况来看，引渡已成为打击严重犯罪活动，尤其是打击某些国际犯罪活动的一种重要手段，它使犯罪分子不因国家在地域管辖上的限制而逃脱法网，对维护国际社会的共同利益具有很重要的作用。

条文解读

本条是关于涉及有组织犯罪的刑事司法协助、引渡的规定。根据本条规定，涉及有组织犯罪的刑事司法协助、引渡，依照有关法律的规定办理。这里的有关法律，主要是指《国际刑事司法协助法》《引渡法》等涉及国家与国家之间在刑事诉讼领域开展国际合作的法律。

关于国际刑事司法协助问题。2018 年 10 月 26 日第十三届全国人大常委会第六次会议通过的《国际刑事司法协助法》，为开展涉及有组织犯罪的刑事司法协助提供了法律依据。《国际刑事司法协助法》的通过，保障了国际刑事司法协助的正常进行，加强刑事司法领域的国际合作，有效惩治犯罪，保护个人和组织的合法权益，维护国家利益和社会秩序。国际刑事司法协助是指中华人民共和国和外国在刑事案件调查、侦查、起诉、审判和执行等活动中相互提供帮助，包括送达文书、调查取证、安排证人作证或者协助调查、查封、扣押、冻结涉案财物，没收、返还违法所得及其他涉案财物，移管被判刑人以及其他协助。国与国之间按照平等互惠原则，开展国际刑事司法协助。国际刑事司法协助不得损害中华人民共和国的主权、安全和社会公共利益，不得违反中华人民共和国法律的基本原则。《国际刑事司法协助法》共九章七十条，对国际刑事司法协助的立法目的、依据、对外联系机关、主管机关及其职责，刑事司法协助请求的提出、接收和处理，以及送达文书、调查取证、安排证人作证或者协助调查，查封、扣押、冻结涉案财物，没收、返还违法所得及其他涉案财物，移管被判刑人等协助事项的具体办理作了规定。广义上的刑事司法协助包括引渡等活动。我国已经于 2000 年制定了《引渡法》，国际刑事司法协助法规定的内容中不包括引渡。有组织犯罪的刑事司法协助包括两个方面：一是外国向我国提出刑事司法协助请求，要求我国为其开展的刑事诉讼活动提供协助；二是我国向外国提出的刑事司法协助请求，请求外国为我国正在进行的有组织犯罪案件的调查、侦查、起诉、审判、执行活动提供协助。对于外国向我国提出刑事司法协助请求的，从该请求的提出，需要提供什么文件和材料、如何由有关部门进行审查以及决定是否提供协助，如何开展具体的协助活动等，国际刑事司法协助法作出了规定。对于我国向外国提出刑事司法协助请求的，由于是请求外国提供协助，对于外国如何进行审查、是否提出协助以及执行请求的具体程序等，需要由外国法律作出规定，国际刑事司法协助法规定我国如何向外国提出刑事司法协助请求。在我国向外国提出请求的过程中，相关的国内程序，如办案机关提出请求时请求书的内容和格式、主管机关的审核等程序，应当依据国际刑事司法协助法的规定进行。

相关规定

《中华人民共和国引渡法》；《中华人民共和国国际刑事司法协助法》

第五十七条　通过反有组织犯罪国际合作取得的材料可以在行政处罚、刑事诉讼中作为证据使用，但依据条约规定或者我方承诺不作为证据使用的除外。

条文主旨

本条是关于反有组织犯罪国际合作中的证据使用的规定。

立法背景

追究有组织犯罪人员的行政或者刑事法律责任，需要有证据支持。随着有组织犯罪活动范围的扩大，在我国境内发生的有组织犯罪行为人为逃避法律追究，逃到境外，或者在我国境外发生的针对我国或者我国公民发生的犯罪行为，在追究这些组织和人员的法律责任的时候，有些证据需要国际合作取得。证据问题是反有组织犯罪国际合作中非常重要的内容。一般来说，可以用于证明案件事实的材料都可以作为证据使用。但是，不同于国内调查取得的证据，通过国际合作取得的材料有一定的特殊性，因为涉及其他国家或地区，因此要受到国际条约和与相关国家的条约或者协议的约束。本条对通过反有组织犯罪国际合作取得的材料能否在行政处罚、刑事诉讼中作为证据使用的问题作了规定，为执法和司法提供了法律依据。

关于刑事诉讼程序中的证据，我国《刑事诉讼法》第五十条对证据的概念、种类以及证据须经查证属实才能作为定案的根据作出规定。以事实为根据，以法律为准绳，是办理刑事案件的基本原则之一，是我国长期以来刑事诉讼的重要经验，是正确惩治犯罪，防止错案，保障无罪的人不受追究的重要保证。一个人是否犯罪，是罪轻还是罪重，都要以事实为根据。人民法院、人民检察院、公安机关进行刑事诉讼，必须以客观存在的、经过调查属实的、有证据证明的事实为根据，而不能靠主观想像、推测和怀疑来办案。可以用于证明案件事实的材料，都是证据。从实践情况来看，司法机关进行刑事诉讼，主要是通过收集、审查、采信证据来认定案件事实。收集来的证据不一定都真实，也不一定都被司法机关采纳作为定案的根据。可从以下三个方面来理解：（1）证据是材料，包括物证、书证等客观性较强的材料和证言、供述等主观性较强的材料。（2）证据可以用于证明案件事实，即证据与案件事实有着一定程度的关联性，可以用于揭示、推断案件事实。但某一证据是否真实地反映了案件事实，需要经过司法机关的审查判断。（3）证据既包括证明犯罪嫌疑人、被告人有罪的材料，也包括证明犯罪嫌疑人、被告人无罪的材料；既包括证明犯罪嫌疑人、被告人罪重的材料，也包括证明犯罪嫌疑人、被告人罪轻或者可以从轻、减轻、免除处罚的材料。根据规定，证据包括以下八种：（1）物证。是指与案件相关联，可以用于证明案件情况和犯罪嫌疑人、被告人情况的实物或者痕迹，如作案工具、现场遗留物、赃物、血迹、精斑、脚印等。（2）书证。是指能够以其内容证明案件事实的文字、图案等资料，如合同、账本、同案人之间有联络犯罪内容的书信等。（3）证人证言。是指了解案件情况的人就其了解的案件情况所作的陈述。（4）被害人陈述。是指直接受犯罪行为侵害的人，就案件的情况所作的陈述。（5）犯罪嫌疑人、被告人供述和辩解。是指犯罪嫌疑人、被告人就案件情况所作的陈述，既包括承认自己有罪的人对自己犯罪情况的供述，也包括声称自己无罪或者罪轻的辩解。（6）鉴定意见。是指有专门知识的鉴定人对案件中的专门性问题进行鉴定后提出的书面意见，如法医鉴定报告、指纹鉴定报告、血迹鉴定报告等。鉴定的结果不是最终结论，仍然要经过司法机关结合全案情况和其他证据进行审查判断，查证属实之后，才能作为定案的根据。（7）勘验、检查、辨认、侦查实验等笔录。勘验、检查笔录是指侦查人员对与犯罪有关的场所、物品、人身、尸体等进行现场勘验、检查所作的记录。辨认笔录是指侦查人员让被害人、犯罪嫌疑人或者证人对与犯罪有关的物品、文件、尸体、场所或者犯罪嫌疑人进行辨认所作的记录。侦查实验笔录是指侦查人员在必要的时候按照某一事件发生时的环境、条件，进行实验性重演的侦查活动形成的笔录。侦查机关依法进行其他侦查活动形成的笔录，也可以作为证据。(8) 视听资料、电子数据。视听资料是指载有与案件相关内容的录像、录音材料等。电子数据是指与案件事实有关的电子邮件、网上聊天记录、电子签名、访问记录等电子形式的证据。证据须经查证属实才能作为定案的根据的规定。证据只是可以用于证明案件事实的材料，真实性还需要经过司法机关的审查。只有证据本身是真实的，才能证明案件的真实情况，虚假的证据会造成对案件认定的错误，“证据必须经过查证属实，才能作为定案的根据”。这是证据使用的根本原则，违背这一原则就会出现错案、假案，放纵犯罪或者侵犯公民的合法权利。“查证”是指司法机关经过法定程序，对证据的客观性、合法性等情况进行审查，并将某一证据所提供的情况与其他证据相互验证，去伪存真，从而确定证据是否真实。“作为定案的根据”是指作为认定案件事实，作出是否移送起诉、是否起诉等决定和判决、裁定的依据。追究有组织犯罪人员的刑事法律责任，需要证据支持，要严格依照刑事诉讼法的规定来认定证据，做到以事实为根据，以法律为准绳，做到罪责刑相适应，正确打击有组织犯罪。

关于行政诉讼的证据。我国行政诉讼法对证据种类、认定等作出具体规定。《行政诉讼法》第五章对证据问题作出专章规定。《行政诉讼法》第三十三条规定：“证据包括：（一）书证；（二）物证；（三）视听资料；（四）电子数据；（五）证人证言；（六）当事人的陈述；（七）鉴定意见；（八）勘验笔录、现场笔录。以上证据经法庭审查属实，才能作为认定案件事实的根据。”同时，对证据的认定要遵循行政诉讼规则。行政诉讼证据规则是行政诉讼过程中关于能够证明行政案件真实情况的一切事实的基本准则。对行政诉讼中证据的认定要遵守以下规则：各种证据只有经法庭审查属实，才能作为定案的根据；被告对作出的行政行为负有举证责任，应当提供作出该行政行为的证据和所依据的规范性文件；在诉讼过程中，被告不得自行向原告和证人收集证据；人民法院有权要求当事人提供或者补充证据，并有权向有关行政机关以及其他组织、公民调取证据；在行政诉讼过程中，人民法院认为对专门性问题需要鉴定的，应当交由法定鉴定部门鉴定，没有法定鉴定部门的，由人民法院指定的鉴定部门鉴定；在证据可能灭失或者以后难以取得的情况下，诉讼参加人可以向人民法院申请保全证据，人民法院也可以主动采取保全措施。这些证据规则，对于保证人民法院正确查明行政案件的真实情况，以作出正确的裁判有重要作用。对于通过国际合作取得的证据用于行政处罚的证据的认定，也应当遵守上述规则。同时，对于依据条约规定或者我方承诺不作为证据使用的材料，要履行相关承诺，不得作为行政处罚、刑事诉讼的证据，构建良好的反有组织犯罪国际合作局面。

条文解读

本条有两层含义：

1. 通过反有组织犯罪国际合作取得的材料原则上可以在行政处罚、刑事诉讼中作为证据使用。我国法律对行政处罚和刑事诉讼的证据要求作了明确规定，追究任何人的行政责任或者刑事责任，都要依法进行。行政处罚是指行政机关依法对违反行政管理秩序的公民、法人或者其他组织，以减损权益或者增加义务的方式予以惩戒的行为。对公民、法人或者其他组织给予行政处罚，行政机关必须查明事实，违法事实不清的不得给予行政处罚。行政机关发现公民、法人或者其他组织有依法应当给予行政处罚的行为的，必须全面、客观、公正地调查，收集有关证据，决定给予行政处罚的应当制作行政处罚决定书，行政处罚决定书应当载明违反法律、法规或者规章的事实和证据。刑事诉讼是依法追究违反刑法规定构成犯罪的人的刑事责任的诉讼活动。根据刑事诉讼法规定，案件事实清楚，证据确实、充分，依据法律认定被告人有罪的，应当作出有罪判决；证据不足，不能认定被告人有罪的，应当作出证据不足、指控的犯罪不能成立的无罪判决。依照刑事诉讼法的规定，可以用于证明案件事实的材料，都是证据，包括物证，书证，证人证言，被害人陈述，犯罪嫌疑人、被告人的供述和辩解，鉴定意见，勘验、检查、辨认、侦查、实验等笔录，视听资料、电子数据等。通过国际合作取得的材料通常是由国际合作方收集，主体及程序上与我们自己收集证据往往会有一定的差异，以往的实践中有的需要经过转换方能在我们的行政处罚、刑事诉讼中作为证据使用。明确通过反有组织犯罪国际合作取得的材料原则上可以在行政处罚、刑事诉讼中作为证据使用，有利于依法惩治有组织犯罪活动和有组织犯罪人员。

2. 例外情况下，通过反有组织犯罪国际合作取得的材料不可以在行政处罚、刑事诉讼中作为证据使用，例外情况就是本法规定的“我方承诺不作为证据使用”。根据国际惯例或者为了得到有关国家的配合获取相关证据而与其签订的条约或者协议，我国有时会对通过国际合作取得的证据在使用方面作出一些承诺，主要是限制证据使用方面的承诺。《联合国反腐败公约》第四十六条第十九款规定："未经被请求缔约国事先同意，请求缔约国不得将被请求缔约国提供的资料或者证据转交或者用于请求书所述以外的侦查、起诉或者审判程序……"上述规定虽然针对的是反腐败领域的国际合作，但是此类关于限制使用通过国际刑事司法协助获得的证据材料的规定几乎存在于所有双边司法协助条约当中。比如，2007 年 12 月 1 日签订、2008 年 8 月 29 日十一届全国人大常委会第四次会议批准的《中华人民共和国和日本国关于刑事司法协助的条约》中规定，协助包括：获取包括证言、陈述、文件、记录和物品在内的证据；执行搜查和扣押；进行专家鉴定以及对人员、场所、文件、记录或者物品进行检查或者勘验等。同时规定，未经被请求方中央机关的事先同意，请求方不得将根据本条约提供的证据用于除请求所述的侦查、起诉或者其他诉讼程序外的目的。如果被请求方中央机关提出要求，请求方应当根据本条约提供的证据予以保密，或者仅在被请求方中央机关指明的条件下使用该证据。这种规定对于我国刑事司法机关使用和采纳证据的权利构成限制。规定通过反有组织犯罪国际合作取得的材料在我方承诺的情况下不在行政处罚、刑事诉讼中作为证据使用，有利于消除有关国家的疑虑，为我国与有关国家进行反有组织犯罪合作排除法律障碍。如果某一通过反有组织犯罪国际合作取得的材料也能证明其他案件的事实，而外国主管机关又将该证据材料的使用限制于特定案件或者附加其他限制，我国行政机关和司法机关在办理案件中就应当遵守有关约定或者承诺。

相关规定

《中华人民共和国刑事诉讼法》第五十条；《联合国反腐败公约》第四十六条；《中华人民共和国和日本国关于刑事司法协助的条约》

第七章　保障措施

第五十八条　国家为反有组织犯罪工作提供必要的组织保障、制度保障和物质保障。

条文主旨

本条是关于为反有组织犯罪工作提供各项保障的规定。

立法背景

组织保障、制度保障和物质保障是顺利开展反有组织犯罪工作的重要前提。我国多部法律都对工作开展规定了提供组织保障、经费保障，如反恐怖主义法、法官法、检察官法等。在法律中明确提供组织保障、制度保障和物质保障，有利于充实具有反有组织犯罪工作职责的部门和单位工作人员队伍，有利于提供各项制度保障，有效履行法律赋予的职责和使命，有利于提高反有组织犯罪的工作效率，加强工作凝聚力、战斗力，实现反有组织犯罪工作的规范化、制度化和法治化。本法第六条规定，监察机关、人民法院、人民检察院、公安机关、司法行政机关以及其他有关国家机关，应当根据分工，互相配合，互相制约，依法做好反有组织犯罪工作。有关部门应当动员、依靠村民委员会、居民委员会、企业事业单位、社会组织，共同开展反有组织犯罪工作。本法第七条规定，任何单位和个人都有协助、配合有关部门开展反有组织犯罪工作的义务。国家依法对协助、配合反有组织犯罪工作的单位和个人给予保护。有关部门和单位应当在具体工作中落实。

条文解读

本条规定了国家为反有组织犯罪工作提供三个方面的保障：

一是，提供组织保障。主要包括以下几个内容：一是要保障有充足的工作人员投入到反有组织犯罪工作中，满足工作需要；二是要提高工作人员工作能力，提高反有组织犯罪工作效率，促使反有组织犯罪工作顺利进行；三是坚持从严管理从事反有组织犯罪工作的干部，加强对干部队伍的监督管理，特别是对关键岗位、重点领域、重点对象进行重点监督，加大对违纪违法干部的查处力度。各有关部门、地方各级人民政府要切实加强组织协调，明确部门职责分工，综合运用法律、行政、科技、经济等手段，推进反有组织犯罪工作。要推进宣传教育工作。各地区、各部门可以采取多种形式开展各级领导干部反有组织犯罪指导工作，提高反有组织犯罪意识；要加强舆论引导，各有关部门要加强同宣传部门和新闻媒体的联系沟通，及时准确提供信息，做好反有组织犯罪工作宣传报道，引导社会公众正确理解和使用反有组织犯罪工作信息，防止歪曲报道、恶意炒作，营造全社会共同重视和支持反有组织犯罪工作的良好氛围。

二是，提供制度保障。制定反有组织犯罪法，为反有组织工作提供了依据，徒法不足以自行，法律规定需要通过具体制度进行落实，要完善各项配套的制度规定，形成制度保障体系。

三是，提供物质保障，重要的是加大资金投入。财政部门要加大资金支持力度。开展反有组织犯罪工作，必然产生相关的支出和费用，需要国家财政予以支持和保障。对于需要经费支出和保障的，国家可以通过财政转移支付等方式实施。我国预算法规定，国家实行财政转移支付制度。财政转移支付包括中央对地方的转移支付和地方上级政府对下级政府的转移支付。目前我国中央对地方转移支付分为一般性转移支付和专项转移支付。一般性转移支付是指上级政府对有财力缺口的下级政府，按照规定给予的补助。一般性转移支付不规定具体用途，由下级政府根据本地区实际情况统筹安排使用。专项转移支付是指上级政府为了实现特定的经济发展和社会发展目标，给予下级政府的资金补助，由下级政府按照上级政府规定的用途安排使用。对于反组织犯罪应当提供经费保障，一是保障本法规定的反有组织犯罪查处、涉案财物的处置、国际合作所支付的费用等，以保障反有组织犯罪基础工作的开展；二是要保障重大的、影响范围广的有组织犯罪案件的办理工作。

第五十九条　公安机关和有关部门应当依照职责，建立健全反有组织犯罪专业力量，加强人才队伍建设和专业训练，提升反有组织犯罪工作能力。

条文主旨

本条是关于加强反有组织犯罪队伍建设的规定。

立法背景

（一）起草背景

建立健全反有组织犯罪专业力量，加强人才队伍建设和专业训练，严厉惩治反有组织犯罪，最重要的是要建立一支强大、高效的反有组织犯罪队伍。本法总则第三条至第七条对反有组织犯罪工作坚持原则、工作要求等作出了规定，对反有组织犯罪的能力建设问题和坚持专门工作与群众路线相结合问题作了规定。本条是对总则以上规定的落实，对公安机关和有关部门应当依照职责，建立健全反有组织犯罪专业力量，加强人才队伍建设和专业训练，以保障法律赋予的各项职责有效履行，反有组织犯罪工作取得实效。

（二）审议中各方面的意见

1. 草案二次审议稿规定："公安机关和有关部门，应当依照法律规定的职责，建立健全反有组织犯罪专业力量，加强专业训练，提升反有组织犯罪工作能力。"在审议过程中，有的常委委员提出，人才队伍建设是保障反有组织犯罪工作开展的基础，应当在专业训练前增加"人才队伍建设"和内容。

2. 草案三次审议稿规定："公安机关和有关部门应当依照法律规定的职责，建立健全反有组织犯罪专业力量，加强人才队伍建设和专业训练，提升反有组织犯罪工作能力。"考虑到人才队伍建设是加强组织保障的重要内容，在法律中专门规定加强人才队伍建设，有利于从法律层面保障充实公安机关和有关部门，健全反有组织犯罪专业力量，草案三次审议稿在专业训练前增加"人才队伍建设"的内容。

条文解读

反有组织犯罪专业力量是防范、打击和惩治反有组织犯罪的主要力量，是有关部门和单位反有组织犯罪职责的具体实施者，在反有组织犯罪线索发现、证据收集、侦查逮捕等方面发挥着重要作用。当今的反有组织犯罪形式多样、涉及领域较多和人民群众联系密切，反有组织犯罪工作危险性高、专业性强突出，这都需要一支经过专业训练、具备丰富经验的力量来执行反有组织犯罪职责。加强反有组织犯罪专业力量建设，强化反有组织犯罪情报信息收集能力，面对错综复杂的反有组织犯罪事件增强及时、果断采取科学的应对能力，加强反有组织犯罪力量的自我保护，从而尽可能避免反有组织犯罪的发生和减少反有组织犯罪活动造成的人民群众生命财产损失。

需要注意的是，建立健全反有组织犯罪专业力量的主体是公安机关和有关部门。公安部门既可以建立健全本系统反有组织犯罪专业力量，也可以与有关部门合作，加强专业力量建设，如加强对基层司法行政机关等从事反有组织犯罪工作人员的指导。

对于建立健全反有组织犯罪专业力量，应当加强专业训练。专业训练，是指针对反有组织犯罪行为的特点、规律、手段、方式等进行有针对性的训练，掌握相应活动的技能、技巧，使得反有组织犯罪专业力量在应对和面对有组织犯罪活动时能够在合适的时机采取合适的措施。同时，还应当加强反有组织犯罪专业力量物质保障，保障在面对有组织犯罪活动时有专业设备、设施，切实提高反有组织犯罪工作能力。

第六十条　国务院和县级以上地方各级人民政府应当按照事权划分，将反有组织犯罪工作经费列入本级财政预算。

条文主旨

本条是关于反有组织犯罪工作经费保障的规定。

立法背景

（一）起草背景

2018年1月11日，中共中央、国务院发出《关于开展扫黑除恶专项斗争的通知》，中央成立全国扫黑除恶专项斗争领导小组，由中央政法委牵头，中央纪委机关、中央组织部、中央宣传部等二十三家成员单位参加，在全国开展为期三年的扫黑除恶专项斗争。经过三年斗争，黑恶势力基本肃清，涉黑涉恶“保护伞”得到清除，基层基础明显加强，党风政风、社会风气持续净化，为决胜全面建成小康社会、决战脱贫攻坚和疫情防控营造了安全稳定的社会环境，为全面从严治党向基层延伸、夯实党的执政根基作出了突出贡献。中央保留全国扫黑除恶领导小组及其办公室，各级党委和有关部门保留相应机构，完善工作机制，设置专项编制，充实人员队伍。推动各级党委和政府把扫黑除恶纳入经济社会发展全局谋划，作为平安建设重点工作部署，并纳入同级财政预算。反有组织犯罪工作的经费保障是开展反有组织犯罪工作的物质前提，是落实本法第七章相关保障措施的一个重要方面。与反恐怖主义法、突发事件应对法、人民警察法、人民武装警察法对相关工作的经费保障问题作出明确规定一样，本条对反有组织犯罪工作的经费保障作出专门规定，对于承担反有组织犯罪工作职责的部门和单位有效履行职责，提高工作效率，增强反有组织犯罪工作能力，具有重要的意义。

（二）有关国家和地区的规定

美国反有组织犯罪立法形成了以制定法为主的反有组织犯罪法律体系。1968年《犯罪综合控制与安全街道法》是美国第一部专门针对有组织犯罪的法律，该法提出了美国反有组织犯罪的经费来源，即联邦政府通过“协助执法管理基金”（LEAA）向地方执法机构提供资金，打击有组织犯罪。明确了美国打击有组织犯罪的经费保障。

条文解读

本条是对国务院和县级以上地方各级人民政府按照事权划分将反有组织犯罪工作经费分别列入同级财政预算作了规定。本条包含以下两个方面的内容：

1. 按照事权划分保障经费

2013年11月12日党的十八届三中全会通过的《中共中央关于全面深化改革若干重大问题的决定》提出，建立事权和支出责任相适应的制度。中央和地方按照事权划分相应的承担和分担支出责任。国务院即中央人民政府，是最高国家权力机关的执行机关，是最高国家行政机关。地方各级人民政府是地方各级国家权力机关的执行机关，是地方各级国家行政机关，县级以上地方各级人民政府包括县级、设区的市级和省级三级人民政府。本法对国务院及其有关部门和县级以上地方各级人民政府及其有关部门，在反有组织犯罪工作中应当履行的职责和承担的任务作了规定。如本法第九条规定，各级人民政府和有关部门应当依法组织开展有组织犯罪预防和治理工作，将有组织犯罪预防和治理工作纳入考评体系。村民委员会、居民委员会应当协助人民政府以及有关部门开展有组织犯罪预防和治理工作。

反有组织犯罪工作的经费保障同样体现了按照事权划分保障经费的原则。所谓事权，就是政府承担职能和事务的责任与权力。其中，事务是前提，权力是工具，职能是内容，责任是约束，合理是标尺。明确划分各级政府之间、政府与政府之间的事权关系，才能更好地明确一级政府在公共事务和服务中应该承担的任务和责任，才能更好地明确其权利义务。按照财权与事权相匹配的原则，一级政府按照其所承担的事权，根据财力状况匹配财权，才能使一级政府运转正常。反有组织犯罪工作的经费按照国家确定的原则予以保障。确定的保障原则，决定了反有组织犯罪的经费保障体制、经费来源渠道和具体方式。相关经费按照事权划分的原则予以保障，深刻体现了全面深化改革的创新发展理念。

根据本条规定，国务院和县级以上地方各级人民政府应当根据本级政府在反有组织犯罪工作中依法承担的职责和任务，保障所需的工作经费，即国务院事权范围内事项的所需工作经费由国务院予以保障，省级政府事权范围内事项的所需工作经费由省级政府予以保障，设区的市级政府和县级政府事权范围内事项的所需工作经费分别由相应级别政府予以保障。党的十八届三中全会通过的《中共中央关于全面深化改革若干重大问题的决定》进一步明确，“适度加强中央事权和支出责任，国防、外交、国家安全、关系全国统一市场规则和管理等作为中央事权”。近年来，中央按照财权与事权相匹配的原则，明确相关领域财政事权和支出责任划分的指导意见。2016 年 8 月，国务院印发了《关于推进中央与地方财政事权和支出责任划分改革的指导意见》，从事权和支出责任划分即政府公共权力纵向配置角度推进财税体制改革。2018 年 1 月，国务院办公厅印发《基本公共服务领域中央与地方共同财政事权和支出责任划分改革方案》，将八大类十八项主要基本公共服务事项，首先纳入中央与地方共同财政事权范围，制定基本公共服务保障国家基础标准，规范中央与地方共同财政事权的支出责任分担方式。

2. 保障的方式

保障的方式是纳入财政预算，即纳入相应级别政府财政正常的预算支出范围，由政府财政予以保障，从而建立稳定的反有组织犯罪工作经费保障机制。财政预算也称政府预算，是政府的基本财政收支计划，即经法定程序批准的国家年度财政收支计划。我国的财政预算由中央预算和地方预算组成。根据《预算法》第二条至第八条的规定，我国的财政预算体制是：国家实行一级政府一级预算；中央政府预算由中央各部门（含直属单位）的预算组成；地方各级政府预算由本级各部门（含直属单位）的预算组成；各部门预算由本部门所属各单位预算组成；单位预算是指列入部门预算的国家机关、社会团体和其他单位的收支预算。预算包括一般公共预算、政府性基金预算、国有资本经营预算、社会保险基金预算。反有组织犯罪的经费纳入财政预算，就是一种有助于维护国家安全的预算形式。

在该条的理解适用中，需要注意以下问题：

《预算法》第六十三条规定，各部门、各单位应当加强对预算收入和支出的管理，不得截留或者动用应当上缴的预算收入，不得擅自改变预算支出的用途。党的十八届三中全会将“财政”定位为国家治理的基础和重要支柱，预算是财政的核心，预算治理是推动国家治理体系和治理能力现代化的重点环节、关键手段、重要支撑。因此，反有组织犯罪工作由政府财政予以保障，有助于建立稳定的反有组织犯罪工作经费保障机制。

相关规定

《中华人民共和国反恐怖主义法》第七十三条；《中华人民共和国预算法》第二条、第三条、第四条、第五条、第六条、第七条、第六十三条；《中华人民共和国人民警察法》第三十七条；《公安机关办理刑事案件程序规定》第七十七条

第六十一条 因举报、控告和制止有组织犯罪活动，在有组织犯罪案件中作证，本人或者其近亲属的人身安全面临危险的，公安机关、人民检察院、人民法院应当按照有关规定，采取下列一项或者多项保护措施：

（一）不公开真实姓名、住址和工作单位等个人信息；

（二）采取不暴露外貌、真实声音等出庭作证措施；

（三）禁止特定的人接触被保护人员；

（四）对人身和住宅采取专门性保护措施；

（五）变更被保护人员的身份，重新安排住所和工作单位；

（六）其他必要的保护措施。

条文主旨

本条是关于对举报、控告和制止有组织犯罪活动及在有组织犯罪案件中作证等相关人员采取保护措施的规定。

立法背景

（一）起草背景

在刑事诉讼中，一些不法分子为了阻止和妨碍证人作证，

有时会对证人及其近亲属采取威胁、侮辱、甚至伤害等手段，妨碍诉讼的正常进行，同时也会对举报、控告和制止有组织犯罪活动的相关人员进行报复。本法所涉及的有组织犯罪往往以黑社会性质组织、恶势力组织为依托，因此具有更大的危险性。

举报、控告和制止有组织犯罪活动的人及在有组织犯罪案件中作证的证人所直接面对的可能是各类黑恶势力，包括威胁政治安全特别是政权安全、制度安全以及向政治领域渗透的黑恶势力；把持基层政权、操纵破坏基层换届选举、垄断农村资源、侵吞集体资产的黑恶势力；利用家族、宗族势力横行乡里、称霸一方、欺压残害百姓的“村霸”等黑恶势力；在征地、租地、拆迁、工程项目建设等过程中煽动闹事的黑恶势力；在建筑工程、交通运输、矿产资源、渔业捕捞等行业、领域，强揽工程、恶意竞标、非法占地、滥开滥采的黑恶势力；在商贸集市、批发市场、车站码头、旅游景区等场所欺行霸市、强买强卖、收保护费的市霸、行霸等黑恶势力；操纵、经营“黄赌毒”等违法犯罪活动的黑恶势力；非法高利放贷、暴力讨债的黑恶势力；插手民间纠纷，充当“地下执法队”的黑恶势力；组织或雇佣网络“水军”在网上威胁、恐吓、侮辱、诽谤、滋扰的黑恶势力；境外黑社会入境发展渗透以及跨国跨境的黑恶势力。这些黑恶势力自身的暴力、威胁手段实际是以组织的势力、影响和犯罪能力为依托，以暴力、威胁的现实可能性为基础，足以使他人产生恐惧、恐慌进而形成心理强制或者足以影响、限制他人人身自由、危及他人人身财产安全或者影响正常生产、工作、生活，因此需要强有力的保护措施来确保因举报、控告和制止有组织犯罪活动，在有组织犯罪案件中作证的本人或者其近亲属的人身安全。

（二）审议中各方面的意见

2021年8月20日至9月18日，反有组织犯罪法草案二次审议稿在中国人大网公布，向社会公开征求意见。期间，共收到353位公众提出的678条意见，还收到了一些群众来信，对草案提出意见。在这些建议中，有的建议删除第五项关于变更被保护人员的身份，重新安排住所和工作单位的规定。考虑到有组织犯罪的危险性一般更大，应尽可能明确更多的保护措施，故对该措施予以保留。

（三）有关国家和地区的规定

证人的保护是各国及地区刑事诉讼领域普遍关注的问题。为了强化证人保护，德国、美国、意大利、英国等国家都制定了专门的证人保护法。

二十世纪七十年代以前，德国的刑事诉讼程序为了有效追诉犯罪，视证人出庭作证为应尽的义务，疏于对证人的保护。1992年和1998年打包修改法律时，加强了对证人的保护，规定：

一是证人提供住所地可能对证人和其他人员带来危害的，证人可以不告知真实住址、有关身份信息。《德国刑事诉讼法》第六十八条第二款规定，在询问证人过程中，“告诉住所可能导致证人或者其他人员遭到危险的，证人可以不回答住所问题，而是告诉他的工作或者公务地址或者其他可以传唤的地址。审判长在庭审中可以许可证人不回答问题。”第三款规定：“公开证人身份、住所或者居所可能给证人或者其他人员的生命、身体或者自由造成危险的，可以许可证人不回答个人问题或者只告诉以前的身份。但证人在审判中应当说明以何身份了解到陈述的事实。证明证人身份的文件由检察人员保管。只有在危险消除时，才能纳入本案的案卷。”二是被告人出庭可能妨碍证人真实陈述的，询问证人时，可以要求被告离庭。三是证人可能遭受危害的，审判长可以决定全部或者部分不公开审理。四是证人接受法庭询问，符合法定情形的，可以在与被告人不同的房间或者在法院以外的其他地方接受询问，并在法庭同步进行视频播放。

美国的证人保护制度可以追溯至1960年联邦证人保护项目：任何人一旦被确定为证人，立刻被政府纳入证人保护计划中，受到政府全方位保护；同时，对被认定威胁证人的行为人，可以“威胁证人罪”判处高达二十年以上的刑罚；一旦被确认事后报复证人的，可以被判处终身监禁。2000年，美国国会通过了《非法交易和暴力犯罪被害人保护法》，在保护被害人权益的同时，进一步补充和完善了证人保护制度的相关细节。联邦政府在可能利用的财源范围内，在不损害被告人各种宪法权利的情况下，可以为证人提供人身保护、经济资助，包括为其提供新的生活空间，新的职业与工作，甚至为其改换身份等。

意大利于1991年通过《证人保护法案》，规定了对合作者及其家属的一系列保护措施，并建立了专门的证人保护系统。由证人保护中心负责向被保护人及其家属提供虚假身份、住房、经济来源，帮助其融入社会等。

1999年的《英国警察与刑事证据法》规定了八项特殊的作证措施，具体包括：“向被告遮蔽证人，但不能阻止证人与法官或陪审团等人相互看见；通过现场视频连线的方式提供证据；秘密给出证据；除去假发和法官袍；以庭前证人谈话的录像记录作为主要证据；以证人在接受交叉询问和再询问时录像记录作为证据；通过中介询问证人；提供必要的手段协助与证人交流。”

联合国相关公约对于证人保护也有原则性规定。联合国《有效防止和调查法外、任意和即决处决的原则》第十五条规定：“应保护原告、证人、进行调查的人及其家属不受暴力、以暴力相威胁或任何其他形式的恐吓。凡可能牵连到法外、任意或即决处决的人均应调离任何对原告、证人及其家属以及对进行调查的人直接或间接进行控制或拥有权限的职位。”

联合国《反腐败公约》第三十二条也规定：“各缔约国均应当根据本国法律制度并在其力所能及的范围内采取适当的措施，为就根据本公约确立的犯罪作证的证人和鉴定人并酌情为其亲属及其他与其关系密切者提供有效的保护，使其免遭可能的报复或者恐吓。”这些规定，都对刑事诉讼中证人的保护具有很大的借鉴意义。

2000 年 11 月 15 日，第 55 届联合国大会通过了《打击跨国有组织犯罪公约》。公约对各缔约国如何完善打击跨国有组织犯罪的有关刑事诉讼程序，如保护证人、帮助和保护被害人等，作了规定。公约要求，各缔约国应采取措施，为证人并酌情为其亲属及其他与其关系密切者提供有效的保护，使其免遭可能的报复或恐吓；证人保护措施可包括制定提供人身保护的程序，如人身转移、不披露或限制披露身份和下落等；规定可允许以确保证人安全的方式作证的证据规则，如允许借助于诸如视像连接之类的通信技术或其他适当手段提供证言。

条文解读

本条是对因举报、控告和制止有组织犯罪活动，在有组织犯罪案件中作证，本人或者其近亲属的人身安全面临危险时可以采取保护措施的规定。在刑事诉讼法及其相关规定的基础上，进一步强化了相应的措施，以加强对举报、控告和制止有组织犯罪活动，在有组织犯罪案件中作证的相关人员的保护，这既是反有组织犯罪法规定的保障措施的重要内容，也是解除作证及相关人员后顾之忧，推动反有组织犯罪工作的实际需要。

本条规定包括以下四个方面的内容：

1. 适用范围和对象，本条规定的保护措施适用于两类人员。第一类是因举报、控告和制止有组织犯罪活动，本人或者其近亲属的人身安全面临危险的人。第二类是在有组织犯罪案件中作证，本人或者其近亲属的人身安全面临危险的人。根据本法第二条第一款的规定，本法所称有组织犯罪，是指《中华人民共和国刑法》第二百九十四条规定的组织、领导、参加黑社会性质组织犯罪，以及黑社会性质组织、恶势力组织实施的犯罪。因为举报、控告和制止上述有组织犯罪活动，本人或者其近亲属的人身安全面临危险的人，可以申请采取相应的保护措施。

关于“近亲属”的范围，根据《刑事诉讼法》第一百零八条的规定，主要是指夫、妻、父、母、子、女、同胞兄弟姊妹。

2. 适用条件，即因上述反有组织犯罪相关行为，本人及其近亲属的人身安全面临危险。实践中，举报、控告和制止有组织犯罪活动、在有组织犯罪案件中作证的人，本人及其近亲属遭受打击报复的风险较高，面临很大的人身安全威胁。因此，对以上人员中人身安全面临危险的，有必要采取相应的措施予以保护。这里的“面临危险”，是指本人及其近亲属的人身安全可能面临比较迫切的现实危险的情形，而不是想象的精神威胁。是否属于“面临危险”，需要结合不同人员的具体情况等综合考虑。实践中比较典型的危险是可能遭受打击报复的情况。根据《人民检察院刑事诉讼规则》第一百三十二条，犯罪嫌疑人具有下列情形之一的，可以认定为“可能对被害人、举报人、控告人实施打击报复”：(一) 扬言或者准备、策划对被害人、举报人、控告人实施打击报复的；(二) 曾经对被害人、举报人、控告人实施打击、要挟、迫害等行为的；(三) 采取其他方式滋扰被害人、举报人、控告人的正常生活、工作的；(四) 其他可能对被害人、举报人、控告人实施打击报复的情形。

3. 适用程序及执行主体，根据《刑事诉讼法》第六十四条规定，办案机关可以主动决定采取保护措施，也可以应上述人员依照《刑事诉讼法》第六十四条第二款提出的请求采取保护措施。采取保护措施的执行主体为人民法院、人民检察院、公安机关。执行中需要结合被保护人的具体情况和需要采取的具体保护措施确定执行主体。根据本法第六十二条规定，针对“禁止特定的人接触被保护人员”和“对人身和住宅采取专门性保护措施”的执行机关为公安机关；针对“变更被保护人员的身份，重新安排住所和工作单位”，由国务院公安部门批准和组织实施。

4. 具体的保护措施包括下列一项或者多项保护措施：

(1) 不公开真实姓名、住址和工作单位等个人信息。这是对被保护人的个人身份不予公开的保护措施。在刑事诉讼中，人民法院、人民检察院和公安机关对于依法决定不公开证人等人员的真实姓名、住址和工作单位等个人信息的，可以在判决书、裁定书、起诉书、询问笔录等法律文书、证据材料中使用化名等代替证人等人员的个人信息。但是，应当书面说明使用化名的情况并标明密级，单独成卷。辩护律师经法庭许可，查阅对证人等人员使用化名情况的，应当签署保密承诺书。证人保护密卷不得提供给人民法院、人民检察院和公安机关的承办人员以外的人员查阅，法律另有规定的除外。对上述证人询问过程制作同步录音录像的，应当对视音频资料进行处理，避免暴露证人外貌、声音等。在公安机关以外的场所询问证人时，应当对询问场所进行清理、控制，无关人员不得在场，并避免与犯罪嫌疑人接触。

（2）采取不暴露外貌、真实声音等出庭作证措施。是指人民法院在有关人员出庭参与诉讼时，采取技术措施不使其外貌、声音等暴露给被告人、旁听人员等，但应当保证控辩双方质证的顺利进行。

（3）禁止特定的人接触被保护人员。这是禁止可能实施打击报复的特定人员在一定期间内接触被保护人的措施。根据《公安机关办理刑事案件证人保护工作规定》，采取禁止特定人员接触被保护人措施的，公安机关应当制作禁止令，书面告知特定人员，禁止其在一定期限内接触被保护人。特定人员违反禁止令，接触被保护人，公安机关应当依法进行调查处理，对犯罪嫌疑人视情采取或者变更强制措施，其他人员构成违反治安管理行为的，依法给予治安管理处罚；涉嫌犯罪的，依法追究刑事责任。

（4）对人身和住宅采取专门性保护措施。该措施包括派警力保护相关人员人身和住宅的安全。第三类、第四类措施要付出更大的人力、物力成本，对面临比较迫切的重大危险的人，可以考虑采取此类措施。根据《公安机关办理刑事案件证人保护工作规定》，被保护人面临重大人身安全危险的，经被保护人同意，公安机关可以在被保护人的人身或者住宅安装定位、报警、视频监控等装置。必要时，可以指派专门人员对被保护人的住宅进行巡逻、守护，或者在一定期限内开展贴身保护，防止侵害发生。证人保护部门对人身和住宅采取专门性保护措施，需要由被保护人居住地辖区公安派出所或者公安机关其他部门协助落实的，应当及时将协助函送交有关派出所或者部门。有关派出所或部门应当及时安排人员协助证人保护部门落实证人保护工作。有条件的地方，可以聘请社会安保力量承担具体保护工作。

（5）变更被保护人员的身份，重新安排住所和工作单位。本项保护措施是在刑事诉讼法相关保护规定的基础上，根据反有组织犯罪需要，新增加的保护措施。该措施在《反恐怖主义法》第七十六条中的表述为"变更被保护人员的姓名，重新安排住所和工作单位。"可以看出，本项从"姓名"到"身份"的变化，为通过改变姓名以外保护证人的方式提供了法律依据。

（6）其他必要的保护措施。"其他必要的保护措施"是个兜底性的条款，可以理解为因案情特殊，对因举报、控告和制止有组织犯罪活动，在有组织犯罪案件中作证，本人或者其近亲属确实面临非常重大的危险，可能因作证遭受打击报复时，公安司法机关有义务采取一切有利于保护其人身安全的保护措施。

此外，我国法律制度对于证人的保护也在不断的完善过程之中：

我国《宪法》第四十一条第二款规定："对于公民的申诉、控告或者检举，有关国家机关必须查清事实，负责处理。任何人不得压制和打击报复。”该条是我国证人保护的宪法渊源。

1996 年修改的《刑事诉讼法》第四十九条规定：“人民法院、人民检察院和公安机关应当保障证人及其近亲属的安全。对证人及其近亲属进行威胁、侮辱、殴打或者打击报复，构成犯罪的，依法追究刑事责任；尚不够刑事处罚的，依法给予治安管理处罚。”

1998 年 5 月，公安部《公安机关办理刑事案件程序规定》第五十五条规定“公安机关应当保障证人及近亲属的安全”。

2010 年 6 月，最高人民法院、最高人民检察院、公安部、国家安全部、司法部《关于办理死刑案件审查判断证据若干问题的规定》第十六条规定：“证人作证，涉及国家秘密或者个人隐私的，应当保守秘密。证人出庭作证，必要时，人民法院可以采取限制公开证人信息、限制询问、遮蔽容貌、改变声音等保护性措施。”

2018 年修改的《刑事诉讼法》在证人保护方面进一步完善。增加规定了对特定案件的证人采取特别的保护措施。同时，特定案件的鉴定人、被害人因为参与诉讼，也可能面临打击报复的危险，也需要纳入保护的范围。对于一些特定类型的犯罪案件，由于案件关系国家安全、公共安全，或者犯罪性质恶劣、组织性强，证人遭到打击报复的可能性大，后果也可能更严重，甚至是有生命危险。对于这些案件，有必要在对打击报复证人的行为追究责任之外，再有针对性地加强对证人的保护力度，以预防打击报复证人的事件发生，保证公民履行作证义务，保障诉讼活动的顺利进行，同时通过切实保护公民的人身安全，支持和鼓励人民群众积极同犯罪行为作斗争，更好地实现刑事诉讼法“打击犯罪，保护人民”的立法目的。其第六十四条规定：“对于危害国家安全犯罪、恐怖活动犯罪、黑社会性质的组织犯罪、毒品犯罪等案件，证人、鉴定人、被害人因在诉讼中作证，本人或者其近亲属的人身安全面临危险的，人民法院、人民检察院和公安机关应当采取以下一项或者多项保护措施：（一）不公开真实姓名、住址和工作单位等个人信息；（二）采取不暴露外貌、真实声音等出庭作证措施；（三）禁止特定的人员接触证人、鉴定人、被害人及其近亲属；（四）对人身和住宅采取专门性保护措施；（五）其他必要的保护措施。证人、鉴定人、被害人认为因在诉讼中作证，本人或者其近亲属的人身安全面临危险的，可以向人民法院、人民检察院、公安机关请求予以保护。人民法院、人民检察院、公安机关依法采取保护措施，有关单位和个人应当配合。”

2020年7月，《公安机关办理刑事案件程序规定》第七十五条第一款、第二款中也规定了具体措施：对危害国家安全犯罪、恐怖活动犯罪、黑社会性质的组织犯罪、毒品犯罪等案件，证人、鉴定人、被害人因在侦查过程中作证，本人或者其近亲属的人身安全面临危险的，公安机关应当采取以下一项或者多项保护措施：（一）不公开真实姓名、住址、通讯方式和工作单位等个人信息；（二）禁止特定的人员接触被保护人；（三）对被保护人的人身和住宅采取专门性保护措施；（四）将被保护人带到安全场所保护；（五）变更被保护人的住所和姓名；（六）其他必要的保护措施。证人、鉴定人、被害人认为因在侦查过程中作证，本人或者其近亲属的人身安全面临危险，向公安机关请求予以保护，公安机关经审查认为符合前款规定的条件，确有必要采取保护措施的，应当采取上述一项或者多项保护措施。

对于黑恶势力妨害作证以及威胁、打击报复证人的行为，刑法规定了妨害作证罪、打击报复证人罪。《刑法》第三百零七条第一款规定，以暴力、威胁、贿买等方法阻止证人作证或者指使他人作伪证的，处三年以下有期徒刑或者拘役；情节严重的，处三年以上七年以下有期徒刑。第三百零八条规定，对证人进行打击报复的，处三年以下有期徒刑或者拘役；情节严重的，处三年以上七年以下有期徒刑。对威胁、打击报复证人构成犯罪的，应当依法追究刑事责任。

上述规定基本构建了当前我国证人保护措施的框架，从程序法到实体法的规范体系基本定型，从原则性的角度规范国家保障证人安全的义务，到明确具体的保护措施及相关机制，都对保障证人履行作证义务，查明案件真相，保证刑事诉讼的顺利进行，显示出积极意义。

在该条的理解适用中，需要注意以下问题：

在有组织犯罪案件中，由于证人遭到打击报复的可能性大，后果也可能更严重，甚至是有生命危险。对于这些案件，有必要在对打击报复证人的行为追究责任之外，更有针对性地加强对证人的保护力度，以预防打击报复证人的事件发生，保证公民履行作证义务，保障诉讼活动的顺利进行，同时通过切实保护公民的人身安全。

相关规定

《中华人民共和国刑事诉讼法》第六十四条；《中华人民共和国反恐怖主义法》第七十六条；《最高人民法院关于适用〈中华人民共和国刑事诉讼法〉的解释》第二百五十六条；《人民检察院刑事诉讼规则》第七十九条、第一百三十二条；《公

安机关办理刑事案件程序规定》第七十一条、第七十五条；《公安机关办理刑事案件证人保护工作规定》第九条、第十条、第十一条

第六十二条　采取本法第六十一条第三项、第四项规定的保护措施，由公安机关执行。根据本法第六十一条第五项规定，变更被保护人员身份的，由国务院公安部门批准和组织实施。

公安机关、人民检察院、人民法院依法采取保护措施，有关单位和个人应当配合。

条文主旨

本条是关于有组织犯罪案件中保护措施的批准和执行机关的规定。

立法背景

（一）起草背景

人民法院、人民检察院和公安机关是保护证人及近亲属人身安全的法定主体，但在三个机关都负有保护证人及近亲属人身安全义务的情况下，可能会存在权责不明、相互推诿的情况。即便按照在不同的诉讼阶段，要求各自的办案机关负责保护证人及近亲属人身安全，如此权责似乎清晰，但是，在审判阶段和审查起诉阶段，人民法院、人民检察院对反有组织犯罪的保护力量依然有限，现实中这些保护措施的启动也需要法律予以明确。

（二）审议中各方面的意见

有的意见建议，国务院公安部门和省级公安机关应当成立

或指定相关具有专业经验或技能的专职部门，对相关特定人员进行安全保护。有的提出，应细化秘密移居保护措施，包括居所保护、通信保护等，特殊情况下可采用更改身份信息的措施，防止黑恶势力打击报复。此建议有待在实践中进一步探索，条件成熟的可在实施细则中以适当方式予以明确。

（三）有关国家和地区的规定

1984 年，美国通过《证人保护改革法》，赋予联邦司法部部长保护联邦和州有组织犯罪的证人及其家属的生命财产的权力。2000 年，美国国会通过了《非法交易和暴力犯罪被害人保护法》，在保护被害人权益的同时，进一步补充和完善了证人保护制度的相关细节。联邦政府在可能利用的财源范围内，在不损害被告人各种宪法权利的情况下，可以为证人提供人身保护、经济资助，包括为其提供新的生活空间，新的职业与工作，甚至为其改换身份等。

意大利有组织犯罪以黑手党型犯罪为主。为与有组织犯罪集团作斗争，意大利形成了以刑法典和刑事诉讼法为基础，以各具特色的单行法律和特别法令为补充发展的法律体系。意大利还颁布了《反“黑手党”法》《证人保护法案》《黑手党悔过法》以及 1992 年针对洗钱行为的第 328 号法令等一系列单行法律和特别法令，以保证立法和司法能对犯罪形势作出快速反应。意大利于 1991 年通过《证人保护法案》，规定了对合作者及其家属的一系列保护措施，并建立了专门的证人保护系统。由证人保护中心负责向被保护人及其家属提供相应身份、住房、经济来源，帮助其融入社会等。

南非《1998 年证人保护法》明确规定设立证人保护机关，由主任、副主任、证人保护官员和安全官员组成，专门负责证人和相关人员的保护。此外，各国在为证人提供必要的保护时还应当考虑开展国际合作，与其他国家订立有关人员的移管的协定或者安排。

中国香港：1995年4月28日，我国香港地区警务处宣告成立证人保护小组，负责为证人提供广泛的保护，具体包括提供一个紧急电话号码和提供一间24小时由警方特殊保护的安全居所等，以适应证人的需要和个别情况，防范任何形式的威胁。

条文解读

本条共分为两款。第一款是关于有组织犯罪案件中保护措施的执行和批准机关的规定。根据本款规定，针对“禁止特定的人接触被保护人员”和“对人身和住宅采取专门性保护措施”的执行机关为公安机关。针对“变更被保护人员的身份，重新安排住所和工作单位”，由国务院公安部门批准和组织实施。

1. 关于公安机关办理刑事案件时对证人等被保护人员的保护职责。证人、鉴定人、被害人除出庭时间外，其余时间均在外生活、工作，人民法院、人民检察院很难采取实质性保护措施。基于职责，应当由公安机关采取专门措施，以有力保护证人、鉴定人、被害人的人身安全。对证人及其近亲属进行威胁、侮辱、殴打或者打击报复，构成犯罪的，依法追究刑事责任；尚不够刑事处罚的，依法给予治安管理处罚。

2. 关于证人保护措施的启动。证人保护措施可由证人或被害人申请启动，也可由公安机关、人民检察院、人民法院等机关依职权决定而启动。

3. 关于具体采取的保护措施。根据本法规定，由公安机关负责执行的具体的保护措施包括：（1）禁止特定的人接触被保护人员。这是禁止可能实施打击报复的特定人员在一定期间内接触被保护人的措施。采取禁止特定人员接触被保护人措施的，公安机关应当制作禁止令，书面告知特定人员，禁止其在一定期限内接触被保护人。特定人员违反禁止令，接触被保护人，公安机关应当依法进行调查处理，对犯罪嫌疑人视情形采取或者变更强制措施，其他人员构成违反治安管理行为的，依法给予治安管理处罚；涉嫌犯罪的，依法追究刑事责任。(2) 对人身和住宅采取专门性保护措施。包括派警力保护相关人员人身和住宅的安全。被保护人面临重大人身安全危险的，经被保护人同意，公安机关可以在被保护人的人身或者住宅安装定位、报警、视频监控等装置。必要时，可以指派专门人员对被保护人的住宅进行巡逻、守护，或者在一定期限内开展贴身保护，防止侵害发生。证人保护部门对人身和住宅采取专门性保护措施，需要由被保护人居住地辖区公安派出所或者公安机关其他部门协助落实的，应当及时将协助函送交有关派出所或者部门。有关派出所或部门应当及时安排人员协助证人保护部门落实证人保护工作。有条件的地方，可以聘请社会安保力量承担具体保护工作。

由国务院公安部门批准和组织实施的保护措施为，变更被保护人员的身份，重新安排住所和工作单位。

对此，《公安机关办理刑事案件程序规定》第七十五条中也规定了具体措施：对黑社会性质的组织犯罪等案件，证人、鉴定人、被害人因在侦查过程中作证，本人或者其近亲属的人身安全面临危险的，公安机关应当采取以下一项或者多项保护措施：(一) 不公开真实姓名、住址、通讯方式和工作单位等个人信息；(二) 禁止特定的人员接触被保护人；(三) 对被保护人的人身和住宅采取专门性保护措施；（四）将被保护人带到安全场所保护；（五）变更被保护人的住所和姓名；（六）其他必要的保护措施。证人、鉴定人、被害人认为因在侦查过程中作证，本人或者其近亲属的人身安全面临危险，向公安机关请求予以保护，公安机关经审查认为符合前款规定的条件，确有必要采取保护措施的，应当采取上述一项或者多项保护措施。公安机关依法采取保护措施，可以要求有关单位和个人配合。案件移送审查起诉时，应当将采取保护措施的相关情况一并移交人民检察院。这些措施都与本法中公安部门的权责相呼应。

4. 有关单位和个人的配合义务：第二款是关于有关单位和个人对有关机关采取的保护措施应当配合的规定。人民法院、人民检察院、公安机关依法采取本法第六十一条规定的保护措施，有时需要其他单位或者个人的配合。如不公开证人的个人信息可能需要新闻媒体配合，禁止特定人员接触举报、控告、制止有组织犯罪活动者，证人及其近亲属可能需要基层群众组织的配合等。本条规定有关单位和个人应当配合办案机关依法采取保护措施，使保护措施能够有效地起到保护作用。

在该条的理解适用中，需要注意以下问题：

在本法中，狭义的证人保护是指人民法院、人民检察院、公安机关对因举报、控告和制止有组织犯罪活动，在有组织犯罪案件中作证，本人或者其近亲属的人身安全面临危险的人身安全等方面应当依法提供法律保护的制度；广义的证人保护还应该包括对证人作证费用的补偿等。在刑事诉讼中建立和完善证人保护制度具有重要的诉讼价值。此处的证人保护侧重于狭义的保护进行阐述。

《刑事诉讼法》第六十四条赋予了证人、鉴定人、被害人在认为因在诉讼中作证，本人或者其近亲属的人身安全面临危险的时候，向人民法院、人民检察院、公安机关请求予以保护的权利，以便更加有效地对有关人员的人身安全予以保护。依据此规定，收到请求后，人民法院、人民检察院、公安机关应当认真进行审查，对于符合第一款规定，确有危险的，应当决定采取第一款规定的一项或者多项保护措施。

在司法实践中，举报、控告和制止有组织犯罪活动、证人出庭作证现实地存在受到恐吓和报复的现象。在这种情形下，办理有组织犯罪案件，首先要解决举报、控告和制止有组织犯罪活动及证人的安全保障问题，而这种安全的需求在刑事诉讼中更为明显和迫切。这是因为，在各国的刑事司法实践中，普遍确立了传闻规则或者直接言辞原则，这就要求证人应当就他们的证言出庭接受当事人双方的质询、质证。证人出庭作证，其证言必然对一方当事人（刑事诉讼中往往是被告人）不利，从而可能导致因作证而遭受不利后果的可能，而国家则对那些履行了法定作证义务的人员及其有密切关系的人员负有保护其安全的职责。

相关规定

《中华人民共和国刑法》第三百零七条、第三百零八条；《中华人民共和国刑事诉讼法》第六十四条；《公安机关办理刑事案件程序规定》第二条、第七十四条、第七十五条

第六十三条　实施有组织犯罪的人员配合侦查、起诉、审判等工作，对侦破案件或者查明案件事实起到重要作用的，可以参照证人保护的规定执行。

条文主旨

本条是关于对侦破案件或者查明案件事实起到重要作用的实施有组织犯罪人员的保护规定。

立法背景

（一）起草背景

2018 年 1 月，中共中央、国务院发出《关于开展扫黑除恶专项斗争的通知》，明确要求在全国范围内开展为期三年的扫黑除恶专项斗争。在专项斗争开展过程中，涉黑案件大量增加。众所周知，涉黑案件组织性强、暴力性大、复杂度高，公安司法机关办案难度相对较大，因而涉黑案件中证人是否积极作证往往成为影响案件进程和办案成效的重要因素。《最高人民法院、最高人民检察院、公安部、司法部关于办理黑恶势力犯罪案件若干问题的指导意见》第三十五条就涉及关于实施有组织犯罪的人员配合侦查、起诉、审判等工作，对侦破案件或者查明案件事实起到重要作用人员的保护。犯罪嫌疑人、被告人，积极配合办案工作，在查明黑社会性质组织的组织结构和组织者、领导者的地位作用，组织实施的重大犯罪事实，追缴、没收赃款赃物，打击“保护伞”等方面提供重要的线索和证据，经查证属实的，可以根据案件具体情况，对其参照证人保护的有关规定采取保护措施。这类人作为犯罪嫌疑人或被告人，是参与犯罪活动的亲历者，又积极配合办案工作，其往往会提供关键性证据，而这类证据的提出更有利于对罪行更加严重的犯罪嫌疑人或被告人进行追诉，同时也能节约诉讼成本，减少司法资源浪费，提高诉讼效率。

对起重要作用的实施有组织犯罪人员的打击报复可能发生在案件的侦查、起诉阶段，也可能发生在审判阶段。加之案件的最终处理结果与参与有组织犯罪人员存在切身的利害关系，这势必会影响犯罪嫌疑人或者被告人对案件办理发挥重要作用的积极性和主动性。因而要打消其后顾之忧，使其敢于反戈一击，行之有效的保护措施至关重要。

（二）有关国家和地区的规定

1970 年，美国出台了《有组织犯罪控制法》，该法一大亮点是证人制度。规定有组织犯罪案件的污点证人可以通过作证来免于被起诉，同时要求政府为有组织犯罪案件中的证人或潜在证人及他们的家人提供安全保护。

1984 年，美国又通过《证人保护改革法》，赋予联邦司法部部长保护联邦和州有组织犯罪的证人及其家属的生命财产的权力。对各州有组织犯罪的污点证人保护一般是在赔偿的基础上进行的，司法部部长有权为证人及其家属提供健康、安全及福利方面的帮助。只要危险不排除，他们就可以永远使用政府提供的保护性设施。

意大利有组织犯罪以黑手党型犯罪为主。为与有组织犯罪集团作斗争，意大利形成了以刑法典和刑事诉讼法为基础，以各具特色的单行法律和特别法令为补充发展的法律体系。意大利还颁布了《反“黑手党”法》《证人保护法案》《黑手党悔过法》以及 1992 年针对洗钱行为的第 328 号法令等一系列单行法律和特别法令，以保证立法和司法能对犯罪形势作出快速反应。意大利于 1991 年通过《证人保护法案》，规定了对合作者及其家属的一系列保护措施，并建立了专门的证人保护系统。一方面，该法案与 1991 年的《黑手党悔过法》相结合，对于积极指控有组织犯罪的合作者，可以从监禁地点被释放或者被采取监禁替代措施。由证人保护中心负责向被保护人及其家属提供虚假身份、住房、经济来源，帮助其融入社会等。另一方面，规定证人最大限度出庭作证义务。证人应当依法庭传唤到庭，在诉讼活动中执行法官命令、回答问题；若证人经多次传唤无故拒不到庭的，法官可以下令强制拘留证人。

早在1985年，联合国大会就认识到"全世界千百万人民深受罪行和滥用权力行为之害，这些受害者的权利未得到适当承认"，并且"罪行受害者和滥用权力行为受害者，往往还有他们的家属、证人和帮助他们的其他人，不公道地遭到损失、损害或伤害，而且可能在协助检举告发罪犯时遭受苦难"，因此，联合国通过了《为罪行和滥用权利行为受害者取得公理的基本原则宣言》，该《宣言》第六条规定，应当"采取各种措施，尽可能减少对受害者的不便，必要时保护其隐私，并确保他们及其家属和为他们作证的人安全而不受威吓和报复"，以"便利司法和行政程序来满足受害者的需要"。

联合国《有效防止和调查法外、任意和即决处决的原则》第十五条规定："应保护原告、证人、进行调查的人及其家属不受暴力、以暴力相威胁或任何其他形式的恐吓。凡可能牵连到法外、任意或即决处决的人均应调离任何对原告、证人及其家属以及对进行调查的人直接或间接进行控制或拥有权限的职位。"

联合国《禁止酷刑和其他残忍、不人道或有辱人格的待遇或处罚公约》第十三条也规定："每一缔约国应确保凡声称在其管辖的任何领土内遭到酷刑的个人有权向该国主管当局申诉，并由该国主管当局对其案件进行迅速而公正的审查。应采取步骤确保申诉人和证人不因提出申诉或提供证据而遭受任何虐待或恐吓。”

联合国《反腐败公约》第三十二条也规定：“各缔约国均应当根据本国法律制度并在其力所能及的范围内采取适当的措施，为就根据本公约确立的犯罪作证的证人和鉴定人并酌情为其亲属及其他与其关系密切者提供有效的保护，使其免遭可能的报复或者恐吓。”这些规定，都对刑事诉讼中证人的保护具有很大的借鉴意义。

2000 年 11 月 15 日，第 55 届联合国大会通过了《联合国打击跨国有组织犯罪公约》。这是世界上第一项针对跨国有组织犯罪的全球性公约。公约于 2003 年 9 月 29 日正式生效。为调整各国间的不同政策和法律，促进国际合作，公约对各缔约国如何完善打击跨国有组织犯罪的有关刑事诉讼程序，如保护证人、帮助和保护被害人等，作了规定。公约要求，缔约国应采取措施，鼓励参与或曾经参与有组织犯罪集团的人为主管当局的侦查取证提供信息和帮助；对于在侦查或起诉中提供了实质性配合的被指控人员，应考虑规定在适当情况下减轻处罚的可能性；对于在侦查或起诉中予以实质性配合的被指控人员，应考虑根据本国法律基本原则规定免予起诉的可能性；应按照公约关于保护证人措施的规定保护本条规定人员等。各缔约国应采取措施，为证人并酌情为其亲属及其他与其关系密切者提供有效的保护，使其免遭可能的报复或恐吓；证人保护措施可包括制定提供人身保护的程序，如人身转移、不披露或限制披露身份和下落等；规定可允许以确保证人安全的方式作证的证据规则，如允许借助于诸如视像连接之类的通信技术或其他适当手段提供证言。

条文解读

本条是关于对侦破案件或者查明案件事实起到重要作用的实施有组织犯罪人员的保护的规定。

1. 适用主体及前提。本条适用的主体是配合侦查、起诉、审判等工作的实施有组织犯罪的人员。根据本法第二条，本法所称有组织犯罪，是指《中华人民共和国刑法》第二百九十四条规定的组织、领导、参加黑社会性质组织犯罪，以及黑社会性质组织、恶势力组织实施的犯罪。本法所称恶势力组织，是指经常纠集在一起，以暴力、威胁或者其他手段，在一定区域或者行业领域内多次实施违法犯罪活动，为非作恶，欺压群众，扰乱社会秩序、经济秩序，造成较为恶劣的社会影响，但尚未形成黑社会性质组织的犯罪组织。境外的黑社会组织到中华人民共和国境内发展组织成员、实施犯罪，以及在境外对中华人民共和国国家或者公民犯罪的，适用本法。因此，此类参与有组织犯罪的人员，如能配合侦查、起诉、审判等工作，可以作为适用本条的条件之一。本条的适用前提是此类人员需要对侦破案件或者查明案件事实起到重要作用，才可以参照证人保护的规定执行。参与有组织犯罪的人员相较于一般证人来说具有特殊性，其自身对有组织犯罪活动更加了解，如果其能全力配合案件的侦查、起诉、审判等工作，对于案件的侦查、起诉、审判工作都具有积极的推动作用。

2. 证人保护措施。根据《反有组织犯罪法》第六十一条，具体的保护措施包括下列一项或者多项保护措施：

（1）不公开真实姓名、住址和工作单位等个人信息。这是对被保护人的个人身份不予公开的保护措施。根据有关规定，在刑事诉讼中，人民法院、人民检察院和公安机关对于依法决定不公开证人等人员的真实姓名、住址和工作单位等个人信息的，可以在判决书、裁定书、起诉书、询问笔录等法律文书、证据材料中使用化名等代替证人等人员的个人信息。但是，应当书面说明使用化名的情况并标明密级，单独成卷。辩护律师经法庭许可，查阅对证人等人员使用化名情况的，应当签署保密承诺书。证人保护密卷不得提供给人民法院、人民检察院和公安机关的承办人员以外的人员查阅，法律另有规定的除外。对上述证人询问过程制作同步录音录像的，应当对视音频资料进行处理，避免暴露证人外貌、声音等。在公安机关以外的场所询问证人时，应当对询问场所进行清理、控制，无关人员不得在场，并避免与犯罪嫌疑人接触。

（2）采取不暴露外貌、真实声音等出庭作证措施。是指人民法院在有关人员出庭参与诉讼时，采取技术措施不使其外貌、声音等暴露给被告人、旁听人员等，但应当保证控辩双方质证的顺利进行。

（3）禁止特定的人接触被保护人员。这是禁止可能实施打击报复的特定人员在一定期间内接触被保护人的措施。采取禁止特定人员接触被保护人措施的，公安机关应当制作禁止令，书面告知特定人员，禁止其在一定期限内接触被保护人。特定人员违反禁止令，接触被保护人，公安机关应当依法进行调查处理，对犯罪嫌疑人视情形采取或者变更强制措施，其他人员构成违反治安管理行为的，依法给予治安管理处罚；涉嫌犯罪的，依法追究刑事责任。

（4）对人身和住宅采取专门性保护措施。包括派警力保护相关人员人身和住宅的安全。第三类、第四类措施要付出更大的人力、物力成本，对面临比较迫切的重大危险的人，可以考虑采取此类措施。被保护人面临重大人身安全危险的，经被保护人同意，公安机关可以在被保护人的人身或者住宅安装定位、报警、视频监控等装置。必要时，可以指派专门人员对被保护人的住宅进行巡逻、守护，或者在一定期限内开展贴身保护，防止侵害发生。证人保护部门对人身和住宅采取专门性保护措施，需要由被保护人居住地辖区公安派出所或者公安机关其他部门协助落实的，应当及时将协助函送交有关派出所或者部门。有关派出所或部门应当及时安排人员协助证人保护部门落实证人保护工作。有条件的地方，可以聘请社会安保力量承担具体保护工作。

（5）变更被保护人员的身份，重新安排住所和工作单位。本项保护措施是在刑事诉讼法相关保护规定的基础上，根据反有组织犯罪需要，新增加的保护措施。该措施在《反恐怖主义法》第七十六条中的表述为“变更被保护人员的姓名，重新安排住所和工作单位。”可以看出，本项从“姓名”到“身份”的变化，为通过改变姓名以外保护证人的方式提供了法律依据。

（6）其他必要的保护措施。“其他必要的保护措施”是个兜底性的条款，可以理解为因案情特殊，配合侦查、起诉、审判等工作的实施有组织犯罪的人员确实面临非常重大的危险，可能因作证遭受打击报复时，公安司法机关有义务采取有利于保护其人身安全的保护措施。此外，根据本法第三十二条，犯罪嫌疑人、被告人检举、揭发重大犯罪的其他共同犯罪人或者提供侦破重大案件的重要线索或者证据，同案处理可能导致其本人或者近亲属有人身危险的，可以分案处理，这也是对于此类人员的保护措施。

在该条的理解适用中，需要注意以下问题：

在我国刑事诉讼法中，就某一特定罪行而言，证人与犯罪嫌疑人、被告人是互斥的关系，不可能某个人既是某一罪行的实施者，同时又是该罪行的证人。因此，有学者认为，无论是否处于同一诉讼程序，共犯意义上的同案犯都不可能再成为自己参与的犯罪行为的证人。因为共同犯罪人之间的罪行是彼此结合在一起的，指证其他共犯的罪行其实就是交代自己的罪行，所以即便某个共犯的供述内容中涉及其他共同犯罪人的罪行，该供述在诉讼法上的定位也只能属于犯罪嫌疑人、被告人供述和辩解，而不属于证人证言。

需要注意的是，对一案起诉的共同犯罪或者关联犯罪案件，被告人人数众多、案情复杂，人民法院经审查认为，分案审理更有利于保障庭审质量和效率的，可以分案审理。分案审理不得影响当事人质证权等诉讼权利的行使。分案审理不能随意为之，更不能通过分案审理的方式变相剥夺当事人质证权。相关问题可以在司法实践中裁量把握。对此，可以协商人民检察院合并或者分别起诉；人民法院在职责范围内并案或者分案的，通常可以采取决定的方式。

相关规定

《中华人民共和国刑法》第六十八条；《最高人民法院、最高人民检察院、公安部、司法部关于办理黑恶势力犯罪案件若干问题的指导意见》第三十五条；《公安机关办理刑事案件证人保护工作规定》第九条、第十条、第十一条、第二十一条；《最高人民法院关于适用〈中华人民共和国刑事诉讼法〉的解释》第二百二十条

第六十四条 对办理有组织犯罪案件的执法、司法工作人员及其近亲属，可以采取人身保护、禁止特定的人接触等保护措施。

条文主旨

本条是关于对办理有组织犯罪案件的工作人员及其近亲属的保护措施的规定。

立法背景

实践中，从事反有组织犯罪的工作人员尤其是司法、执法工作人员，其近亲属可能面临很大的人身安全威胁，有些情况下本人也可能面临个人无法应对的安全风险。因此，采取禁止特定的人员接触、对人身和住宅予以专门性保护等必要的措施，以确保办理案件的工作人员及其近亲属的人身安全。《最高人民法院、最高人民检察院、公安部、司法部关于办理黑恶势力犯罪案件若干问题的指导意见》中第三十五条就涉及对办案干警及其近亲属的保护。对于办理黑社会性质组织犯罪案件的政法干警及其近亲属，需要采取保护措施的，可以参照刑事诉讼法等关于证人保护的有关规定，采取必要的保护措施。

条文解读

本条对办理有组织犯罪案件的执法、司法工作人员及其近亲属的保护通过法律的形式予以明确。

1. 适用对象。本条针对的对象是办理有组织犯罪案件的执法、司法工作人员及其近亲属，本人或者其近亲属的人身安全面临危险的人。这里的“办理有组织犯罪案件”，是指依照本法规定从事相关反有组织犯罪执法、司法工作的人员。因从事这些工作，其本人或者近亲属的人身安全面临危险的人，可以申请采取相应的保护措施。

关于“近亲属”的范围，根据《刑事诉讼法》第一百零八条，本款中的“近亲属”是指夫、妻、父、母、子、女、同胞兄弟姊妹。

2. 适用条件。本条对适用条件未做明确限定，通常是因从事反有组织犯罪工作行为，本人及其近亲属面临安全危险。实践中，从事反有组织犯罪的工作人员尤其是司法、执法工作人员，其近亲属可能面临很大的人身安全威胁，有些情况下本人也可能面临个人无法应对的安全风险。因此，对以上人员中人身安全面临危险的，有必要采取相应措施予以保护。这里的“面临危险”，是指本人及其近亲属的人身安全可能面临比较迫切的现实危险的情形，而不是想象的精神威胁。实践中比较典型的危险是可能遭受打击报复的情况。根据《人民检察院刑事诉讼规则》第一百三十二条，犯罪嫌疑人具有下列情形之一的，可以认定为“可能对被害人、举报人、控告人实施打击报复”：（一）扬言或者准备、策划对被害人、举报人、控告人实施打击报复的；（二）曾经对被害人、举报人、控告人实施打击、要挟、迫害等行为的；（三）采取其他方式滋扰被害人、举报人、控告人的正常生活、工作的；（四）其他可能对被害人、举报人、控告人实施打击报复的情形。由于“恶势力”纠集者相对固定，违法犯罪活动主要为强迫交易、故意伤害、非法拘禁、敲诈勒索、故意毁坏财物、聚众斗殴、寻衅滋事等，同时还可能伴随实施开设赌场、组织卖淫、强迫卖淫、贩卖毒品、运输毒品、制造毒品、抢劫、抢夺、聚众扰乱社会秩序、聚众扰乱公共场所秩序、交通秩序以及聚众“打砸抢”等，存在较大危险性，是否属于“面临危险”，需要结合案件及人员的具体情况等综合考虑。

3. 保护措施。本条所称的保护措施，是指人身保护、禁止特定的人接触等保护措施。办理危险性较高的有关案件，经司法人员本人申请，可以对司法人员及其近亲属采取相应保护措施。

（1）对人身的保护措施，即对人身采取专门性保护措施。通常包括派警力保护办理有组织犯罪案件的执法、司法工作人员及其近亲属的人身安全。被保护人面临重大人身安全危险的，经被保护人同意，公安机关可以在被保护人的人身或者住宅安装定位、报警、视频监控等装置。必要时，可以指派专门人员对被保护人的住宅进行巡逻、守护，或者在一定期限内开展贴身保护，防止侵害发生。有条件的地方，可以聘请社会安保力量承担具体保护工作。

对以恐吓威胁、滋事骚扰、跟踪尾随、攻击辱骂、损毁财物及其他方式妨害司法人员及其近亲属人身自由和正常生活的，公安机关接警后应当快速出警、有效制止；对正在实施违法犯罪行为的，应当依法果断处置、从严惩处。对实施暴力行为危害司法人员及其近亲属人身安全的精神病人，在人民法院决定强制医疗之前，经县级以上公安机关负责人批准，公安机关可以采取临时保护性约束措施，必要时可以将其送精神病医院接受治疗。

（2）禁止特定的人接触被保护人员。这是禁止可能实施打击报复的特定人员在一定期间内接触被保护人的措施。采取禁止特定人员接触被保护人措施的，公安机关应当制作禁止令，书面告知特定人员，禁止其在一定期限内接触被保护人。特定人员违反禁止令，接触被保护人，公安机关应当依法进行调查处理，对犯罪嫌疑人视情采取或者变更强制措施，其他人员构成违反治安管理行为的，依法给予治安管理处罚；涉嫌犯罪的，依法追究刑事责任。根据中央办公厅、国务院办公厅印发的《保护司法人员依法履行法定职责规定》第十八条第一款，人民法院、人民检察院办理恐怖活动犯罪、黑社会性质组织犯罪、重大毒品犯罪、邪教组织犯罪等危险性高的案件，应当对法官、检察官及其近亲属采取出庭保护、禁止特定人员接触以及其他必要的保护措施。对法官、检察官近亲属还可以采取隐匿身份的保护措施。

在该条的理解适用中，需要注意以下问题：

反有组织犯罪的工作人员尤其是司法、执法工作人员在依法履职过程中的人身安全、职业身份保障至关重要。2016 年 7 月 28 日，中共中央办公厅、国务院办公厅印发了《保护司法人员依法履行法定职责规定》，加强司法人员特别是法官、检察官的履职安全保护，是维护法律权威，厉行法治的必然要求，也是国际通行做法。该《规定》在司法机关自身强化保护的基础上综合施策：一是强调对干扰阻碍司法活动，威胁、报复陷害、侮辱诽谤、暴力伤害司法人员及其近亲属的行为，要依法迅速从严惩处。二是明确公安机关保护司法人员依法履职的责任，接警后应当快速出警、果断处置、坚决打击。三是建立了办理危险性高案件的配套保护措施。四是加强对办案人员及其近亲属个人信息的保护。

《人民法院落实〈保护司法人员依法履行法定职责规定〉的实施办法》强化了对法官及其近亲属人身权益的保护措施。针对近年屡见不鲜的扰乱人民法院办公、庭审秩序和威胁、诽谤、侵扰、伤害法官事件，从组织保障、硬件配置、机制建设和配套举措等方面，强化了对一线司法人员及其近亲属人身权益的保护措施。一是要求各级人民法院设立法官权益保障委员会，组织领导、统筹协调与司法人员履职保障相关的事务；二是加强履职保障设施建设。要求各级人民法院的立案信访、诉讼服务、审判区域应当与法官办公区域相对隔离，为法官、审判辅助人员配备具有录音功能的办公电话和具有录像功能的记录设备，提供配备录音录像设施的专门会见、接待场所；三是强调严格依法惩治违反法庭规则、扰乱人民法院办公秩序的行为；四是要求切实维护法官及其近亲属的信息安全，对偷窥、偷拍、窃听、散布法官或其近亲属隐私的行为人，构成侵犯公民个人信息罪等犯罪的，依法追究刑事责任；五是对于法官因依法履行法定职责，本人或其近亲属遭遇恐吓威胁、滋事骚扰、跟踪尾随，或者人身、财产、住所受到侵害、毁损的，要求其所在人民法院及时采取保护措施，并商请公安机关依法处理。

相关规定

《最高人民法院、最高人民检察院、公安部、司法部关于办理黑恶势力犯罪案件若干问题的指导意见》第三十五条；《公安机关办理刑事案件证人保护工作规定》第九条、第十条、第十一条；《保护司法人员依法履行法定职责规定》第十七条、第十八条、第十九条；《人民法院落实〈保护司法人员依法履行法定职责规定〉的实施办法》第十四条、第十五条

第六十五条 对因履行反有组织犯罪工作职责或者协助、配合有关部门开展反有组织犯罪工作导致伤残或者死亡的人员，按照国家有关规定给予相应的待遇。

条文主旨

本条是关于因从事反有组织犯罪相关工作而导致伤残或者死亡的人员给予相应待遇的规定。

立法背景

为表彰、抚恤因履行反有组织犯罪工作职责或者协助、配合有关部门开展反有组织犯罪工作的相关人员为国家、社会做出的牺牲，体现国家对这些人员的关心和爱护，解除他们的后顾之忧，弘扬为维护国家安全、人民生命财产安全无私奉献的精神，本条明确规定给予相应待遇。

条文解读

本条规定的给予相应待遇的人员，包括两类人员。一是履行反有组织犯罪工作职责的人员。二是协助、配合有关部门开展反有组织犯罪工作的相关人员。履行反有组织犯罪工作职责的人员，是指在反有组织犯罪工作中承担一定职责的单位和部门的人员；协助、配合反有组织犯罪工作的人员，是指本身并没有反有组织犯罪工作职责，而积极为反有组织犯罪工作提供帮助的人员。不论是履行反有组织犯罪工作职责的人员，还是协助、配合反有组织犯罪工作的人员，都可能因此而导致伤残或者死亡，国家对这些人员应当给予相应的待遇和保障。

我国相关法律法规对于各类人员因公导致伤残死亡的，规定了相应的待遇，本条对因履行反有组织犯罪工作职责或者协助、配合有关部门开展反有组织犯罪工作而导致伤残或者死亡的如何享受待遇作了衔接性规定，即按照国家有关规定给予相应的待遇。

根据伤残或者死亡人员的具体情况，依法可以享受的待遇主要有：

（1）因履行反有组织犯罪工作职责或者协助、配合有关部门开展反有组织犯罪工作导致死亡的人员依法被评定为烈士的，应当依照《烈士褒扬条例》的规定对其本人予以褒扬，对其遗属给予抚恤优待。《烈士褒扬条例》第八条第一款规定："公民牺牲符合下列情形之一的，评定为烈士：（一）在依法查处违法犯罪行为、执行国家安全工作任务、执行反恐怖任务和处置突发事件中牺牲的；……"因此，对因履行反有组织犯罪工作职责或者协助、配合有关部门开展反有组织犯罪工作导致死亡的人员，属于本条依法查处违法犯罪行为的情形。

（2）国家机关工作人员因战因公负伤致残，按照《伤残抚恤管理办法》的有关规定予以评残和抚恤；其评残条件、伤残性质的认定、伤残等级评定标准、伤残抚恤金标准等参照《军人抚恤优待条例》《军人残疾等级评定标准》等有关规定办理。国家机关工作人员死亡一次性抚恤金标准、发放办法按照民政部、财政部《关于调整一次性抚恤金发放办法的通知》，民政部、人事部、财政部《关于国家机关工作人员及离退休人员死亡一次性抚恤金发放办法的通知》和民政部、人力资源和社会保障部、财政部《关于国家机关工作人员及离退休人员死亡一次性抚恤金发放有关问题的通知》等有关规定执行。

根据《人民警察抚恤优待办法》的规定，各级政法机关的政治工作部门负责办理人民警察抚恤优待的具体工作。伤残人民警察，按照伤残等级享受伤残抚恤金。伤残抚恤金由发给其伤残证件的县级人民政府民政部门发给，其标准按照《军人抚恤优待条例》规定执行。伤残人民警察旧伤复发住院治疗期间的伙食补助费、经批准到外地就医的交通食宿费用，已经参加工伤保险的，按照工伤保险有关规定执行；未参加工伤保险的，由所在单位负责解决。伤残人民警察需要配制假肢、轮椅等辅助器械的，已经参加工伤保险的，按照工伤保险有关规定执行；未参加工伤保险的，按照规定的标准，由其所在单位负责解决。伤残人民警察凭《中华人民共和国伤残人民警察证》优先购票乘坐境内运行的火车、轮船、长途公共汽车以及民航班机，享受减收正常票价50%的优待。伤残人民警察凭《中华人民共和国伤残人民警察证》免费乘坐市内公共汽车、电车和轨道交通工具。伤残人民警察本人、烈士子女、因公牺牲人民警察子女、一级至四级伤残人民警察子女按照有关规定享受教育优待。

（3）根据《工伤保险条例》规定，在抢险救灾等维护国家利益、公共利益活动中受到伤害的，视同工伤，按照《工伤保险条例》的有关规定享受工伤保险待遇。因此，依法参加工伤保险的人员因协助、配合有关部门开展反有组织犯罪工作导致伤残或者死亡，属于视同工伤情形的，依法享受工伤保险待遇。

此外，有关部门也对给予因公伤亡人员优待作出了一些规定。如民政部、教育部、公安部、财政部、人力资源社会保障部、住房城乡建设部、卫生部联合制定了《关于加强见义勇为人员权益保护的意见》，对于符合条件的协助、配合有关部门开展反有组织犯罪工作导致伤残或者死亡的人员，可以按照上述《意见》的规定享受相应的待遇。

在该条的理解适用中，需要注意以下问题：

做好因从事反有组织犯罪相关工作导致伤残或者死亡的人员伤亡抚恤，是反有组织犯罪工作的一项重要内容，掌握有关伤亡抚恤工作的政策、规定及审批程序，积极配合当地民政部门，共同做好伤亡抚恤工作至关重要。

相关规定

《人民警察抚恤优待办法》；《工伤保险条例》；《烈士褒扬条例》

第八章 法律责任

第六十六条 组织、领导、参加黑社会性质组织，国家机关工作人员包庇、纵容黑社会性质组织，以及黑社会性质组织、恶势力组织实施犯罪的，依法追究刑事责任。

境外的黑社会组织的人员到中华人民共和国境内发展组织成员、实施犯罪，以及在境外对中华人民共和国国家或者公民犯罪的，依法追究刑事责任。

条文主旨

本条是关于对黑社会性质组织、恶势力组织相关犯罪依法追究刑事责任的规定。

立法背景

（一）起草背景

有组织犯罪危害国家安全、公共安全、人民生命财产安全，是综合性的严重犯罪，应当依法予以严厉惩处。由于有组织犯罪组织往往通过贿赂等手段拉拢一些国家机关工作人员充当“保护伞”，严重危害一定区域内正常的社会、经济甚至生活秩序，打击有组织犯罪，还需要对包庇、纵容的国家机关工作人员依法予以惩处。此外，境外黑社会组织也对我国不断进行渗透、发展组织成员，在境内外实施各种犯罪活动，也需要对其犯罪行为根据属地管辖、属人管辖、保护管辖原则等依法予以打击。

为防范和惩治上述犯罪活动，反有组织犯罪法根据工作需要，对有组织犯罪的定义、预防和治理、案件办理、涉案财产认定和处置、国家工作人员涉有组织犯罪的处理、国际合作及保障措施等相关制度作了规定。本条作为反有组织犯罪法法律责任一章的第一条，明确规定对各种涉有组织犯罪活动依法追究刑事责任，是扫黑除恶斗争常态化的必然要求，体现了国家坚决打击黑恶势力、铲除黑恶势力“保护伞”的决心。同时，本条也是在依法追究涉有组织犯罪刑事责任问题上与刑法的衔接性规定。我国刑法历来重视防范和惩治黑社会性质组织犯罪及其相关犯罪。1997 年刑法即对组织、领导、参加黑社会性质组织犯罪作了规定，同时对国家机关工作人员包庇、纵容黑社会性质组织的、境外黑社会组织人员到境内发展组织成员的也作出了规定。随着实践的发展，为准确打击黑社会性质的组织犯罪，有利于司法机关正确适用法律，2002 年 4 月 28 日，第九届全国人大常委会通过《全国人民代表大会常务委员会关于〈中华人民共和国刑法〉第二百九十四条第一款的解释》，对黑社会性质的组织的含义作出解释，明确黑社会性质的组织应当同时具备四个特征。2011 年《刑法修正案（八）》吸收了《全国人民代表大会常务委员会关于〈中华人民共和国刑法〉第二百九十四条第一款的解释》，并调整了相应犯罪行为的法定刑，使得我国打击涉黑社会性质的组织犯罪行为的法律规定更加完善统一。

（二）审议中各方面的意见

原一审稿第七十五条规定，组织、领导、参加黑社会性质组织，帮助黑社会性质组织，利用黑社会性质组织牟利，境外的黑社会组织的人员到中华人民共和国境内发展组织成员，参加境外黑社会组织，国家工作人员包庇、纵容、帮助黑社会性质的组织、境外黑社会组织的，依法追究刑事责任。对于恶势力组织实施的行为，构成犯罪的，依法追究刑事责任。有的提出，“帮助黑社会性质组织”“利用黑社会性质组织牟利”“参加境外黑社会组织”“国家工作人员包庇、纵容、帮助境外黑社会组织”的行为没有对应的刑法罪名，建议该条款与具体刑法条文做好衔接。二审稿吸收了上述意见，结合《刑法》第二百九十四条规定，将本条调整为：组织、领导、参加黑社会性质组织，国家机关工作人员包庇、纵容黑社会性质组织，以及黑社会性质组织、恶势力组织实施的犯罪行为，依法追究刑事责任。境外的黑社会组织的人员入境发展组织成员、在境内实施犯罪，以及在境外对中华人民共和国国家或者公民实施犯罪的，依法追究刑事责任。三审稿将“入境”修改为“到中华人民共和国境内”，与刑法保持一致，其余未作修改。

条文解读

本条共分为两款。第一款是关于组织、领导、参加黑社会性质组织，国家机关工作人员包庇、纵容黑社会性质组织，以及黑社会性质组织、恶势力组织实施犯罪的，依法追究刑事责任的规定。根据本款规定，主要对以下三种犯罪行为依法追究刑事责任：

一是组织、领导、参加黑社会性质组织。本款规定的“组织、领导、参加黑社会性质组织”指的是《刑法》第二百九十四条规定的组织、领导、参加黑社会性质的组织。其中，“组织”黑社会性质的组织，是指倡导、发起、策划、建立黑社会性质的组织的行为。“领导”黑社会性质的组织，是指在黑社会性质的组织中处于领导地位，对该组织的发展、运行、活动进行策划、决策、指挥、协调、管理的行为。组织者、领导者既包括通过一定形式产生的有明确职务、称谓的组织者、领导者，也包括在该组织中被公认的事实上的组织者、领导者。“参加”既包括积极参加，也包括一般参加。积极参加黑社会性质组织，是指积极、主动加入黑社会性质组织的行为，包括多次积极参与该组织的违法犯罪活动，或者在违法犯罪活动中作用突出，或者在组织中起重要作用等。一般参加黑社会性质组织，是指在黑社会性质的组织中，除组织、领导和积极参加者外，其他参加该组织的成员。实践中，对于一些只参加黑社会性质组织，没有实施其他违法犯罪活动的，或者受蒙蔽、胁迫参加黑社会性质组织，情节显著轻微的，一般不应作为犯罪处理。根据《刑法》第二百九十四条第一款规定，组织、领导黑社会性质的组织的，处七年以上有期徒刑，并处没收财产；积极参加的，处三年以上七年以下有期徒刑，可以并处罚金或者没收财产；其他参加的，处三年以下有期徒刑、拘役、管制或者剥夺政治权利，可以并处罚金。2018 年，最高人民法院、最高人民检察院、公安部、司法部联合印发的《关于办理黑恶势力犯罪案件若干问题的指导意见》中提出，对于组织者、领导者一般应当并处没收个人全部财产。对于确属骨干成员或者为该组织转移、隐匿资产的积极参加者，可以并处没收个人全部财产。对于其他组织成员，应当根据所参与实施违法犯罪活动的次数、性质、地位、作用、违法所得数额以及造成损失的数额等情节，依法决定财产刑的适用。

二是国家机关工作人员包庇、纵容黑社会性质组织。“国家机关工作人员”，是指在国家机关中从事公务的人员。“国家机关”，是指国家的权力机关、行政机关、监察机关、司法机关以及军事机关。国家机关是依据宪法和法律设立的，依法承担一定的国家和社会公共事务的管理职责和权力的组织。“从事公务的人员”，是指在国家机关中行使一定职权、履行一定职务的人员。在国家机关中从事劳务性工作的人员，如司机、门卫、炊事员、清洁工等勤杂人员以及部队战士等，不属于国家机关工作人员范畴。“包庇黑社会性质组织”，是指国家机关工作人员为使黑社会性质组织及其成员逃避查禁，而通风报信，隐匿、毁灭、伪造证据，阻止他人作证、检举揭发，指使他人作伪证，帮助逃匿，或者阻挠其他国家机关工作人员依法查禁等行为。“包庇”行为，不要求相关国家机关工作人员利用职务便利。“纵容黑社会性质组织”，是指国家机关工作人员不依法履行职责，对黑社会性质的组织的违法犯罪活动不依法制止，甚至放纵的行为。根据《刑法》第二百九十四条第三款规定，国家机关工作人员包庇黑社会性质的组织，或者纵容黑社会性质的组织进行违法犯罪活动的，处五年以下有期徒刑；情节严重的，处五年以上有期徒刑。根据《最高人民法院关于审理黑社会性质组织犯罪的案件具体应用法律若干问题的解释》第六条规定，“情节严重”，是指有下列情形之一的行为：(1) 包庇、纵容黑社会性质组织跨境实施违法犯罪活动的；(2) 包庇、纵容境外黑社会组织在境内实施违法犯罪活动的；(3) 多次实施包庇、纵容行为的；(4) 致使某一区域或者行业的经济、社会生活秩序遭受黑社会性质组织特别严重破坏的；(5) 致使黑社会性质组织的组织者、领导者逃匿，或者致使对黑社会性质组织的查禁工作严重受阻的；(6) 具有其他严重情节的。

三是黑社会性质组织和恶势力组织实施的犯罪。对黑社会性质组织和恶势力组织实施的犯罪，应当按照具体犯罪行为触犯的刑法规定追究刑事责任。实践中，黑社会性质组织和恶势力组织往往发生多种违法犯罪行为，常包括寻衅滋事、敲诈勒索、强迫交易、故意毁坏公私财物、故意杀人、故意伤害等，符合刑法规定的，还应当分别对其违法犯罪行为进行评价，构成犯罪且需要追究刑事责任的，应当数罪并罚。《刑法》第六十九条对数罪并罚的一般原则作了规定，除判处死刑和无期徒刑的外，应当在总和刑期以下、数刑中最高刑期以上，酌情决定执行的刑期，但是管制最高不能超过三年，拘役最高不能超过一年，有期徒刑总和刑期不满三十五年的，最高不能超过二十年，总和刑期在三十五年以上的，最高不能超过二十五年。数罪中有判处有期徒刑和拘役的，执行有期徒刑。数罪中有判处有期徒刑和管制，或者拘役和管制的，有期徒刑、拘役执行完毕后，管制仍须执行。数罪中有判处附加刑的，附加刑仍须执行，其中附加刑种类相同的，合并执行，种类不同的，分别执行。

关于黑社会性质组织、恶势力组织实施的犯罪，应当由谁承担刑事责任的问题，要区分两种不同的犯罪主体。(1) 对于黑社会性质组织实施的犯罪。根据《刑法》第二百九十四条规定，黑社会性质组织的组织者、领导者，应当对其所组织、领导的黑社会性质组织所犯的全部罪行承担刑事责任；对于黑社会性质组织的参加者，应当按照其所参与的犯罪处罚。(2) 对于恶势力组织实施的犯罪。按照刑法关于共同犯罪的规定，应当区分主犯和从犯，分别予以认定。具体而言，组织、领导犯罪集团进行犯罪活动的或者在共同犯罪中起主要作用的，是主犯。对于主犯，应当按照其所参与的或者组织、指挥的全部犯罪处罚；在共同犯罪中起次要或者辅助作用的，是从犯。对于从犯，应当从轻、减轻处罚或者免除处罚。需要注意的是，对于构成恶势力犯罪集团的，对组织、领导犯罪集团的首要分子，则应当按照集团所犯的全部罪行处罚。

第二款是关于对境外的黑社会组织的人员到中华人民共和国境内发展成员、实施犯罪，以及在境外对中华人民共和国国家或者公民犯罪的，依法追究刑事责任的规定。根据本款规定，“境外的黑社会组织”，是指被境外国家和地区确定为黑社会的组织。“到中华人民共和国境内发展组织成员”，是指境外黑社会组织通过引诱、拉拢、腐蚀、强迫、威胁、暴力、贿赂等手段，在我国境内将境内或者境外人员吸收为该黑社会组织成员的行为。根据《刑法》第二百九十四条第二款规定，境外的黑社会组织的人员到中华人民共和国境内发展组织成员的，处三年以上十年以下有期徒刑。

在适用过程中，应当注意充分运用刑法总则关于共同犯罪和数罪并罚的有关规定，正确运用宽严相济有关刑事政策要求。对于组织者、领导者或者犯罪集团的首要分子以及恶势力、恶势力犯罪集团共同犯罪中罪责严重的主犯，应当严格掌握取保候审，严格掌握不起诉，严格掌握缓刑、减刑、假释，严格掌握保外就医适用条件，充分利用资格刑、财产刑等法律手段从严惩处。对于符合《刑法》第三十七条之一规定的，可以依法禁止其从事相关职业。同时，对于在共同犯罪中罪责相对较小、人身危险性、主观恶性相对不大的，具有自首、立功、坦白、初犯等法定或酌定从宽处罚情节，可以依法从轻、减轻或免除处罚。对于认罪认罚或者仅参与实施少量的犯罪活动且只起次要、辅助作用的罪犯，符合缓刑条件的，可以适用缓刑。

相关规定

《中华人民共和国刑法》第二百九十四条；《最高人民法院、最高人民检察院、公安部、司法部关于办理黑恶势力犯罪案件若干问题的指导意见》；《最高人民法院关于审理黑社会性质组织犯罪的案件具体应用法律若干问题的解释》第六条

第六十七条　发展未成年人参加黑社会性质组织、境外的黑社会组织，教唆、诱骗未成年人实施有组织犯罪，或者实施有组织犯罪侵害未成年人合法权益的，依法从重追究刑事责任。

条文主旨

本条是关于涉及未成年人有组织犯罪的应当依法从重追究刑事责任的三种情形，包括发展未成年人参加境内外涉黑组织的，教唆、诱骗未成年人实施有组织犯罪的，以及侵害未成年人合法权益的情形。

立法背景

（一）起草背景

我国刑法一向注重对未成年人的保护。未成年人是身心发育尚未成熟的特殊群体，具有特殊的生理和心理特征，同时也是国家发展、社会进步的生力军和未来力量，这些特点，均要

求法律给予未成年人特殊保护。在三年扫黑除恶专项斗争中，各级人民法院、人民检察院、公安机关和司法行政机关在办理有组织犯罪案件时，发现了一些未成年人被胁迫、利诱参与、实施有组织犯罪的现象，以及一些严重侵害未成年人合法权益的有组织犯罪案件，对未成年人的身心健康造成了严重损害。由于未成年人认知能力等限制，对黑社会性质组织、境外的黑社会组织以及有组织犯罪的性质及危害往往缺乏正确的认识，发展其作为成员，教唆、诱骗其实施有组织犯罪的，可能导致未成年人误入歧途，这种行为更具有社会危害性。为进一步保护未成年人合法权益，依法从严惩治发展未成年组织成员，以及教唆、诱骗等利用未成年人实施有组织犯罪的行为，本条规定要依法从重追究刑事责任。这一规定也与国际通行做法是衔接的。

（二）审议中各方面的意见

原一审稿并未对此作出规定。本法经一次审议后，即有意见提出，建议增加规定对利用未成年人实施有组织犯罪和侵害未成年人合法权益的有组织犯罪组织，依法从重处罚。对参与有组织犯罪活动的未成年人，由相关专门矫治教育机构进行强制教育。经研究，刑法一向对教唆未成年人犯罪、侵害未成年人合法权益的行为施以较为严重的刑罚。对于本法规定的有组织犯罪中涉及未成年人的，就有必要作出明确规定。同时，未成年人保护法和预防未成年人犯罪法已分别于 2020 年 10 月、2020 年 12 月修订通过，对未成年人各方面的保护、教育、矫治制度等均作了详细规定，可不在本法中重复规定。因此，二审稿增加规定发展未成年人参加黑社会性质组织、境外黑社会组织，教唆、诱骗未成年人实施有组织犯罪，或者实施有组织犯罪侵害未成年人合法权益的，依法从重追究刑事责任。三审稿未再作修改。

条文解读

本条是关于发展未成年人参加黑社会性质组织、境外的黑社会组织的，教唆、诱骗未成年人实施有组织犯罪的，以及实施有组织犯罪侵害未成年人合法权益的，依法从重追究刑事责任的规定。主要有以下三种情形：

一是，发展未成年人参加黑社会性质组织、境外的黑社会组织的，依法从重追究刑事责任。“发展未成年人”，是指通过引诱、拉拢、强迫、威胁、暴力等手段，黑社会性质组织的人员在我国境内将未成年人吸收为组织成员，或者境外的黑社会组织人员入境将我国未成年人吸收为组织成员的行为。根据本条规定，可以分别按照《刑法》第二百九十四条规定的组织、领导、参加黑社会性质组织罪和入境发展黑社会组织罪依法从重处罚。“依法从重”是指根据《刑法》第六十二条规定，在法定刑的限度以内从重判处刑罚。

二是，教唆、诱骗未成年人实施有组织犯罪的，依法从重追究刑事责任。“教唆、诱骗未成年人实施有组织犯罪”，是指通过对有组织犯罪的宣传、示范有组织犯罪方法，或者对未成年人进行蛊惑、采用欺骗手段在未成年人不知情的情况下利用其实施有组织犯罪等行为，未成年人通常是在有组织犯罪组织及其成员的宣传、诱惑、欺骗、教唆下实施了本法第二条规定的有组织犯罪。《刑法》第二十九条规定，对于教唆犯，应当按照他在共同犯罪中所起的作用处罚，即按照教唆犯罪的人教唆的方法、手段及教唆的程度对完成共同犯罪所起的作用进行处罚。教唆犯在共同犯罪中起主要作用的，按主犯处罚；起次要作用的，按从犯处罚。另外，出于对未成年人的保护，考虑到未成年人阅历浅，思想尚未成熟，容易被教唆而走上歧途，教唆未成年人犯罪的行为具有更大的社会危害性，《刑法》第二十九条还明确规定“教唆不满十八周岁的人犯罪的，应当从重处罚”。结合刑法规定和刑法保护未成年人有关精神，本条规定教唆、诱骗未成年人实施有组织犯罪的，应当依法从重追究刑事责任。需要注意的是，如果教唆、诱骗未达刑事责任年龄的人实施有组织犯罪的，虽然按照刑法的规定不对未成年人追究刑事责任，但是对于教唆犯，仍然应当按照实行犯的规定，从重处罚。

三是，实施有组织犯罪侵害未成年人合法权益的，依法从重追究刑事责任。由于未成年人身心发展尚不成熟，有组织犯罪的侵害往往会给未成年人带来更大的伤害，根据刑法保护未成年人合法权益的精神和有关司法实践做法，一方面，本法第十一条规定了教育行政部门、学校应当会同有关部门建立防范有组织犯罪侵害校园工作机制，防范学生遭到有组织犯罪侵害。学校发现有组织犯罪侵害学生人身、财产安全，妨害校园及周边秩序的，应当及时制止，采取防范措施，并向公安机关和教育行政部门报告。另一方面，本条规定对于实施有组织犯罪侵害未成年人合法权益的，应当依法从重追究刑事责任。

在该条的理解适用中，应当注意对于教唆、诱骗未成年人实施有组织犯罪，未成年人未实施被教唆的有组织犯罪的，在实践中应当如何处理的问题。《刑法》第二十九条第二款规定，如果被教唆的人没有犯被教唆的罪，对于教唆犯，可以从轻或者减轻处罚。所谓“被教唆的人没有犯被教唆的罪”，主要包括以下一些情况：一是教唆犯的教唆对被教唆人没有起到促成犯意、实施犯罪的作用，被教唆的人既没有实施教唆犯教唆的犯罪，也没有实施其他犯罪，其教唆行为没有造成直接的犯罪结果；二是被教唆的人没有犯所教唆的罪，而犯了其他罪。这里又分为两种情况：其一，如果教唆人的教唆内容特定、明确，被教唆人在特定情况下实施了超过教唆内容范围的行为，对教唆人和被教唆人应当分别追究各自的刑事责任，即教唆人无须对被教唆人超出教唆内容实施的危害结果负责。比如，教唆人教唆他人实施故意伤害行为，并明确指示下手别太重，而被教唆人却将受害人打死。对于这些情况，被教唆人超出范围实行犯罪的危害结果不应由教唆人承担责任。其二，教唆人的教唆内容并没有明确排除特定犯罪对象或者犯罪结果，被教唆人实施的犯罪行为总体上在其教唆的范围内，或者并不明显违背其教唆内容和意图的，或者相应结果属于其所教唆行为可能产生的自然后果的，或者发生的结果不属于无法预料到的后果等情形的，即使实行行为本身与教唆内容略有出入，也不宜视为超出教唆内容范畴，教唆人和被教唆人都必须对被教唆人的实行行为承担共同犯罪的刑事责任。三是被教唆的人实施了犯罪，但是其本来就独立形成了犯意，教唆行为没有起到任何促致犯意的作用。不论哪一种情况，教唆他人实施犯罪的教唆行为已经实施，教唆者应当承担刑事责任。但是由于被教唆的人没有实施所教唆的罪，教唆犯的教唆行为的社会危害性较小，因此，刑法规定对于上述教唆犯，可以从轻或者减轻处罚。这里规定的“可以”，是因为被教唆的人没有犯被教唆的罪的实际情况复杂，不能一律从轻或者减轻处罚，应当根据案件的具体情况决定是否从轻或减轻处罚。

最后还要根据本条的规定，对教唆、诱骗未成年人实施有组织犯罪的罪犯，在量刑时应当根据从重、从轻或者减轻等量刑情节，综合确定量刑措施。

相关规定

《中华人民共和国刑法》第二十九条、第六十二条；《中华人民共和国未成年人保护法》；《中华人民共和国预防未成年人犯罪法》；《最高人民法院、最高人民检察院、公安部、司法部关于依法严惩利用未成年人实施黑恶势力犯罪的意见》

第六十八条　对有组织犯罪的罪犯，人民法院可以依照《中华人民共和国刑法》有关从业禁止的规定，禁止其从事相关职业，并通报相关行业主管部门。

条文主旨

本条是关于对有组织犯罪的罪犯，可以适用刑法有关从业禁止规定，禁止其从事相关职业并通报相关行业主管部门的规定。

立法背景

（一）起草背景

在涉黑恶势力犯罪案件中，黑恶势力的发展壮大过程中往往伴随着攫取大量经济利益的目的，同时攫取的巨额利润又反过来为有组织犯罪组织的发展壮大提供了经济保障和支撑。从经济利益的形成途径来看，一方面，类似采矿业等涉及自然资源垄断行业的，较容易形成“砂霸”“矿霸”等黑恶犯罪；另一方面，黑社会性质组织以及颇具规模的恶势力组织及恶势力犯罪集团，都在不同程度上具有在一定区域、一定行业内实施控制、获取经济利益的特性。因此，为了有效解决黑恶势力组织的经济来源，预防再犯罪，强化刑罚执行效果，根据《刑法》第三十七条之一关于从业禁止的规定，制定了本条关于有组织犯罪成员从业禁止的规定。

（二）审议中各方面的意见

原一审稿第三十四条曾规定，对于有组织犯罪的组织者、领导者，人民法院应当依照刑法有关从业禁止的规定，禁止其从事相关职业，并通报相关行业主管部门。一审稿征求意见过程中，针对从业禁止提出了很多意见。有的提出，建议将适用对象扩大到有组织犯罪组织的成员；有的提出，实践中有些黑恶势力“以黑护商、以商养黑”，招募具有金融、财务、法律等专业知识技能的人为其服务，对犯罪组织发挥了重要作用，建议增加对这些骨干人员适用从业禁止的规定；有的建议增加规定，被判处管制、宣告缓刑的，可以根据犯罪情况，依法适用禁止令。经研究，鉴于有组织犯罪组织以攫取经济利益为目的并且利用非法经济利益反哺有组织犯罪行为的特性，除了组织者、领导者，黑社会性质组织的积极参加者、恶势力组织的首要分子、甚至其他帮助者均有重新进入某一行业领域并借原影响力再犯罪或者帮助组织者、领导者再犯罪的可能，不利于根除有组织犯罪组织的经济基础。因此，有必要把从业禁止适用范围扩大至所有有组织犯罪的罪犯，并由法院在审判时根据该罪犯具体犯罪行为、性质、地位作用等决定是否对其实施从业禁止。二审稿规定，对于有组织犯罪的罪犯，人民法院可以依照刑法有关从业禁止的规定，禁止其从事相关职业，并通报相关行业主管部门。三审稿仅作文字调整，未作其他修改。

（三）有关国家和地区的规定

在日本，暴力团犯罪在有组织犯罪中占有绝大部分的比重。根据日本1991年通过的《暴力团对策法》，暴力团是指可能助长其成员集体或者长期地实施非法暴力行为的团体。在日本，暴力团是有限合法的，其反有组织犯罪立法的重点在于对暴力、有关行业以及特定的犯罪行为、工具、对象等进行规制、防范和社会管控。其中在防范暴力团侵害、预防再犯罪方面，日本在2010年前后全部47个都道府县陆续制定实施《暴力团排除条例》，通过禁止、限制金融业、建筑业、运输业、房产业等传统“涉黑”企业与暴力团相关联，禁止、限制暴力团行业准入，斩断暴力团经济来源，让其在经济上陷入孤立境地。

条文解读

本条是关于对有组织犯罪的罪犯，可以适用刑法有关从业禁止规定，禁止其从事相关职业并通报的规定。根据本条规定，对于黑社会性质组织的组织者、领导者、参加者，恶势力组织的首要分子以及组织成员，均可以适用刑法有关从业禁止的规定。“禁止从事相关职业”或者称为“从业禁止”，是指人民法院对于实施特定犯罪被判处刑罚的人，依法禁止其在一定期限内从事相关职业以预防其再犯罪的法律措施。这种措施，是刑法从预防再犯罪的角度针对已被定罪判刑的人规定的一种预防性措施，不是新增加的刑罚种类。根据《刑法》第三十七条之一第一款的规定，人民法院可以根据犯罪情况和预防再犯罪的需要，禁止罪犯自刑罚执行完毕之日或者假释之日起从事相关职业，期限为三年至五年。结合本条规定，可以从以下几个方面加以理解：

第一，对于所有有组织犯罪的罪犯，人民法院均可以依照刑法和本条规定，对犯罪行为人决定适用从业禁止。《刑法》第三十七条之一规定“根据犯罪情况和预防再犯罪的需要”，是指人民法院根据有组织犯罪的事实、性质、情节、社会危害程度等，以及有组织犯罪的罪犯的主观恶性、再次犯罪的可能性等确定。对于黑社会性质组织的组织者、领导者和恶势力组织的首要分子，不适用从业禁止可能严重影响人民群众安全感，且有预防其再犯罪的现实需要，依法适用从业禁止有关规定。对于有非法控制某一行业领域从而攫取经济利益的犯罪情节的有组织犯罪组织，依法适用从业禁止有关规定。对于利用自己职务之便或者违背职业要求的特定义务实施有组织犯罪的，依法适用从业禁止有关规定。另外，对于主观恶性较小、犯罪情节较轻、再犯罪可能性较小的，可以不适用从业禁止的有关规定。从业禁止应当在判决中同时确定，从业禁止的具体内容和时间应当体现在裁判中，具有强制性的法律效力，被禁止从事相关职业的人必须遵守。

第二，关于从业禁止期限。根据《刑法》第三十七条之一的规定，从业禁止应当是自刑罚执行完毕或者假释之日起，期限是三年到五年。根据设置从业禁止的立法目的，其效力当然适用于刑罚执行期间，包括暂予监外执行期间等。人民法院可以根据犯罪情况和预防再犯罪的需要，在三年至五年之间，酌情确定从业禁止的具体期限。

第三，关于从业禁止的实施与监督。本条规定人民法院在作出从业禁止规定的同时，要通报相关行业主管部门。其目的就是进一步保障从业禁止规定得到有效贯彻实施。“相关行业主管部门”指的是禁止从事职业所在的行业主管部门，包括市场监管、金融监管、自然资源、交通运输等行业主管部门。根据本法第十三条的规定，市场监管、金融监管、自然资源、交通运输等行业主管部门应当会同公安机关，建立健全行业有组织犯罪预防和治理长效机制，对相关行业领域内有组织犯罪情况进行监测分析，对有组织犯罪易发的行业领域加强监督管理。除了人民法院应当将从业禁止决定及时通报行业主管部门以外，刑罚执行机关在刑罚执行完毕时，以及人民法院在作出同意假释决定时，均应当将相应刑罚执行完毕证明、同意假释决定书等及时抄送相关行业主管部门，以便于其加强监督管理。

第四，关于违反本条从业禁止规定的法律责任。为保证从业禁止规定在实际执行中能够落实到位，《刑法》第三十七条之一从两个方面规定了违反从业禁止决定的法律后果：一是被禁止从事相关职业的人违反人民法院依法作出的从业禁止的决定的，由公安机关依法给予处罚。这种情形，主要是针对违反人民法院作出的从业禁止决定，但情节比较轻微，尚不构成犯罪的。二是情节严重的，依照《刑法》第三百一十三条“拒不执行判决、裁定罪”的规定定罪处罚。这里规定的“情节严重”，主要是指违反人民法院从业禁止决定，经有关方面劝告、责令改正仍不改正的，因违反从业禁止决定受到行政处罚后又违反的，或者违反从业禁止决定在从业过程中又有不法行为的等情形，具体需要结合行为人违反从业禁止的具体情形，根据《刑法》第三百一十三条的规定确定。根据《刑法》第三百一十三条规定，对人民法院的判决、裁定有能力执行而拒不执行，情节严重的，处三年以下有期徒刑、拘役或者罚金；情节特别严重的，处三年以上七年以下有期徒刑，并处罚金。

在该条的理解适用中，应当需要注意如何处理本条与《刑法》第三十七条之一以及其他法律、行政法规关于从业禁止规定之间的关系。根据《刑法》第三十七条之一第三款规定，其他法律、行政法规对从事相关职业另有禁止或者限制性规定的，从其规定。根据上述规定，其他法律、行政法规有从业禁止规定的，应当适用其规定。其他法律、行政法规关于从业禁止的规定，主要是对受过刑事处罚人员作了从事相关职业的禁止或者限制性规定，包括禁止或者限制担任一定公职、禁止或者限制从事特定职业以及禁止或者限制从事特定活动等。根据行政处罚法第九条的规定，该从业禁止规定属于行政处罚。

其他法律、行政法规没有从业禁止规定的，可以适用《刑法》第三十七条之一的规定，禁止罪犯自刑罚执行完毕之日或者假释之日起从事相关职业，期限为三年至五年。人民法院对有组织犯罪的罪犯作出从业禁止决定的，应当优先适用其他法律、行政法规关于从业禁止规定，没有相关规定的，再适用刑法第三十七条之一的规定，同时按照本条规定，通报相关行业主管部门。

相关规定

《中华人民共和国刑法》第三十七条之一条、第三百一十三条；《中华人民共和国行政处罚法》第九条

第六十九条　有下列情形之一，尚不构成犯罪的，由公安机关处五日以上十日以下拘留，可以并处一万元以下罚款；情节较重的，处十日以上十五日以下拘留，

并处一万元以上三万元以下罚款；有违法所得的，除依法应当返还被害人的以外，应当予以没收：

（一）参加境外的黑社会组织的；

（二）积极参加恶势力组织的；

（三）教唆、诱骗他人参加有组织犯罪组织，或者阻止他人退出有组织犯罪组织的；

（四）为有组织犯罪活动提供资金、场所等支持、协助、便利的；

（五）阻止他人检举揭发有组织犯罪、提供有组织犯罪证据，或者明知他人有有组织犯罪行为，在司法机关向其调查有关情况、收集有关证据时拒绝提供的。

教唆、诱骗未成年人参加有组织犯罪组织或者阻止未成年人退出有组织犯罪组织，尚不构成犯罪的，依照前款规定从重处罚。

条文主旨

本条是关于对参加、教唆或者诱骗他人参加、或者阻止他人退出有组织犯罪，为有组织犯罪提供支持协助，窝藏包庇有组织犯罪情形尚不构成犯罪的处罚规定，以及关于教唆、诱骗未成年人参加或者阻止未成年人退出有组织犯罪组织尚不构成犯罪的，从重处罚的规定。

立法背景

（一）起草背景

参加黑社会性质组织、参加恶势力组织，教唆、诱骗他人参加有组织犯罪组织、为有组织犯罪组织提供支持帮助等行为，构成犯罪的，应当依法追究其刑事责任。但在司法实践中，由于黑社会性质组织、恶势力组织所涉犯罪范围较广，对于部分情节显著轻微，尚不构成犯罪的，不追究刑事责任。同时，考虑到上述行为的严重性，如果完全放任不管，不利于惩治黑恶犯罪，不利于实现公平正义。没有及时必要的教育和惩戒，也不利于行为人认识并改正错误，这些人也可能走上实施严重犯罪的道路。为此，本条对涉及有组织犯罪组织活动，但不构成刑事犯罪的几类行为设置了行政处罚，给予行为人必要的惩戒和教育。

（二）审议中各方面的意见

原一审稿规定，对于尚不构成犯罪，给予行政处罚的行为包括：教唆、诱骗他人参加，或者故意阻止他人退出有组织犯罪组织的；阻止他人检举揭发、提供证据或者不按国家机关要求提供有组织犯罪证据材料，经责令改正拒不改正的；对从事反有组织犯罪工作的执法、司法工作人员，有组织犯罪案件中证人、鉴定人、被害人、举报人、报案人、控告人及其近亲属进行威胁、侮辱等打击报复行为的；违反人民法院作出的从业禁止决定的；违反本法规定的报告制度，经责令改正拒不改正的；其他不构成犯罪的六种情形。有的提出，对证人、鉴定人等进行打击报复的，以及违反法院从业禁止决定的，治安管理处罚法已经有所规定，建议删除；有的提出，应当调整处罚力度和罚款金额。经研究，由于治安管理处罚法和行政处罚法已经对不构成犯罪应当给予行政处罚的情形作了较为完善的规定，遂删除了原稿关于对鉴定人等打击报复和违反从业禁止决定的情形，将违反第十九条财产报告制度的规定单独作为一条，并增加了两种情形。经调整，二审稿对以下五种情形作出规定：参加境外黑社会组织的；积极参加恶势力组织的；教唆、诱骗他人参加有组织犯罪组织，或者阻止他人退出有组织犯罪组织的；为有组织犯罪组织提供资金、场所等支持、协助、便利的；阻止他人检举揭发有组织犯罪、提供有组织犯罪证据，或者明知他人有有组织犯罪行为，在司法机关向其调查有关情况、收集有关证据时拒绝提供的。在二审稿审议过程中，有的提出在本条中增加没收违法所得的规定。三审稿吸收了该意见，增加规定，有违法所得的，除依法应当返还被害人的外，应当予以没收。

条文解读

本条共分为两款。第一款是关于五种尚不构成犯罪但应当给予行政处罚的情形的规定，具体而言：

第一项是参加境外的黑社会组织的。《刑法》第二百九十四条规定组织、领导、参加黑社会性质组织的，应当依法追究刑事责任。对于单纯参加境外的黑社会组织的行为，刑法没有单独罪名。按照刑法、反恐怖主义法等相关规定，如果参加境外黑社会组织后，有危害国家安全、资助恐怖活动、入境发展组织成员等犯罪行为的，依照刑法相关规定给予刑事处罚。对单纯参加境外黑社会组织，没有实施其他犯罪行为的，实践中情况较少，行为人往往是被诱骗成为境外黑社会组织成员，对于这种情况，虽然刑法没有规定为犯罪，但由于参加境外黑社会组织往往是实施危害国家安全犯罪、黑恶势力犯罪的准备行为，有必要给予行政处罚，有利于违法行为人认识并改正错误。

第二项是积极参加恶势力组织的。本法第二条对恶势力组织定义作出了规定。一般来讲，恶势力组织为3人以上，纠集者相对固定。除了恶势力组织的首要分子或者纠集者，还有按照纠集者的组织、策划、指挥参与违法犯罪活动的积极参加者和其他成员。恶势力组织的积极参加者通常应当依法被追究刑事责任。但是在实践中还存在因临时雇佣或者被利用以及受蒙蔽参与恶势力违法犯罪活动的，对于这类人，虽然在行为次数上符合“积极参加”的特征，但一般不认定为恶势力成员。情节显著轻微，不构成犯罪的，不追究刑事责任，但应当依法给予行政处罚。

第三项是教唆、诱骗他人参加有组织犯罪组织，或者阻止他人退出有组织犯罪组织的。有组织犯罪组织包括黑社会性质组织和恶势力组织，属于非法组织。组织、领导、参加黑社会性质组织，应当按照《刑法》第二百九十四条规定依法追究刑事责任。教唆、诱骗他人参加有组织犯罪组织，构成犯罪的，应当依法追究刑事责任。但是仅仅实施教唆、诱骗或者阻止其退出组织的行为，被教唆、诱骗人未实施犯罪或者情节显著轻微的，无须对教唆、诱骗或者阻止退出行为本身追究刑事责任，应当予以行政处罚，加以管制。

第四项是为有组织犯罪活动提供资金、场所等支持、协助、便利的。构成本项情形应当符合以下条件：(1) 行为人明知他人在实施有组织犯罪活动。如果行为人对此并不明知而提供了支持、协助、便利的，不能认定为本项规定的情形。(2) 行为人为有组织犯罪活动提供了信息、资金、物质、劳务、技术、场所等支持、协助、便利。如向他人提供供组织运转或者犯罪活动的资金支持；提供采购管制刀具、爆炸物的方式方法；提供伪造材料、他人的身份证明文件；提供招募、运送服务；提供活动场所、训练基地等。

第五项是阻止他人检举揭发有组织犯罪、提供有组织犯罪证据，或者明知他人有有组织犯罪行为，在司法机关向其调查有关情况、收集有关证据时拒绝提供的。主要包括两个方面，一是阻止他人检举揭发、提供证据的，二是自己本人拒绝提供有关证据情况的。这里的“司法机关”，主要是指对有组织犯罪负有侦查、检察、审判职责的公安机关、人民检察院和人民法院。“调查有关情况”，主要是指司法机关调查了解有组织犯罪及有关情况，包括犯罪嫌疑人的情况、有关犯罪活动的线索以及方法、手段、时间、地点等。这种调查，既包括刑事立案前的调查，也包括刑事立案后的调查询问。“收集有关证据”，主要是指调查人员或者侦查人员收集有组织犯罪的证据材料，包括书证、物证、证人、视听资料、电子数据等。有关人员如果知道他人有有组织犯罪行为，在司法机关向其调查有关情况、收集有关证据时，应当配合司法机关依法开展工作，如实提供自己了解的有关情况和所掌握的有关证据，而不能以任何借口拒绝提供。这里所说的“拒绝提供”，包括拒绝向司法机关讲述其了解的相关情况，拒绝向司法机关提交有关证据。拒绝提供的表现形式是多种多样的，有的表现为推诿、躲避，有的表现为装糊涂，还有的表现为只陈述枝节问题，而隐匿关键情节，还有的甚至就直接拒绝等。考虑到有组织犯罪的性质和社会危害性，对于实践中拒绝提供证据和有关情况，以及阻止他人检举揭发、提供证据的，即使是情节轻微，尚不构成犯罪的，也应当予以行政处罚。

存在本款所列的五项情形之一，只有情节显著轻微，尚不构成犯罪的，才能适用本款。实践中，认定是否属于“情节显著轻微，尚不构成犯罪”的，应当结合其行为的社会危害性、行为人的人身危险性、行为人上述活动中发挥的作用以及事后的表现等综合判断。对于参与上述情形，尚不构成犯罪的，依照本款规定，由公安机关处五日以上十日以下拘留，可以并处一万元以下罚款；情节较重的，处十日以上十五日以下拘留，并处一万元以上三万元以下罚款；有违法所得的，除依法应当返还被害人的以外，应当予以没收。

第二款是关于对未成年人实施第一款第三项行为的，应当从重处罚的规定。根据本款规定，教唆、诱骗未成年人参加有组织犯罪组织或者阻止未成年人退出有组织犯罪组织，尚不构成犯罪的，依照前款规定从重处罚。由于未成年人认知能力受到年龄等限制，对有组织犯罪组织的性质及危害往往缺乏正确的认识，发展其作为有组织犯罪组织的成员，可能导致未成年人误入歧途，这种行为更具有社会危害性。为进一步保护未成年人合法权益，依法从严惩治教唆、诱骗未成年人参加或者阻止其退出的行为，本款规定要按照第一款规定从重处罚。

在该条的理解适用中，需要注意以下问题：

第一，对于明知他人实施有组织犯罪行为而拒不提供证据的，根据本条第一款规定予以处罚的前提是司法机关向其调查有关情况、收集有关证据，如果司法机关未向其了解情况、收集证据，即使其明知他人有有组织犯罪行为，而未主动向司法机关检举、揭发、提供有关情况或者证据的，不能依照本款规定予以处罚。

第二，正确区分刑法规定的包庇行为与本条规定的拒不提供有关情况和证据、阻止他人提供有关线索和证据的行为。《刑法》第三百一十条第一款规定，明知是犯罪的人而为其提供隐藏处所、财物，帮助其逃匿或者作假证明包庇的，处三年以下有期徒刑、拘役或者管制；情节严重的，处三年以上十年以下有期徒刑。根据上述规定，“包庇”是指明知是犯罪而作假证明的行为。本条规定的拒不提供以及阻止他人提供有关情况和证据的行为客观上表现为一种消极的不作为，相当于“知情不举”。除了《刑法》第三百一十一条规定的拒绝提供间谍犯罪、恐怖主义犯罪、极端主义犯罪证据罪以外，对有组织犯罪情况或者证据拒不提供，尚不构成犯罪的，应当给予行政处罚。

相关规定

《中华人民共和国刑法》第二十九条、第二百九十四条、第三百一十条、第三百一十一条

第七十条　违反本法第十九条规定，不按照公安机关的决定如实报告个人财产及日常活动的，由公安机关给予警告，并责令改正；拒不改正的，处五日以上十日以下拘留，并处三万元以下罚款。

条文主旨

本条是关于违反个人财产及日常活动报告制度的处罚的规定。

立法背景

（一）起草背景

黑社会性质组织具有有组织地通过违法犯罪活动或者其他

手段获取经济利益并支持组织活动的特征。根据黑社会性质组织的特点，为了预防黑社会性质组织的组织者、领导者重新犯罪，本法第十九条规定，因组织、领导黑社会性质组织被判处刑罚的人员，设区的市级以上公安机关可以决定其自刑罚执行完毕之日起，按照国家有关规定报告个人财产和日常活动。为了使个人财产及日常生活报告制度得到有效执行，本条对违反本法第十九条规定的法律责任作了规定，由公安机关给予警告，并责令改正；拒不改正的，处五日以上十日以下拘留，并处三万元以下罚款。

（二）审议中各方面的意见

原一审稿曾将违反报告义务的处罚作为本法现第六十九条规定的尚不构成犯罪的几种情形之一，规定由公安机关处十日以上十五日以下拘留，并处一万元以上三万元以下罚款；情节显著轻微的，处五日以上十日以下拘留，并处一万元以下罚款。在征求意见过程中，考虑到违反本法第十九条报告义务的行为仅属于违法行为，不存在尚不构成犯罪的情况，因此将其单独成条，二审稿规定，违反本法第十九条规定的报告制度的，由公安机关给予警告，并责令改正；拒不改正的，处三万元以下罚款。有的提出，二审稿规定的处罚较轻，仅靠罚款不足以保障财产报告制度的有效实施，建议对拒不改正的，增加规定公安机关处以五日以上十日以下拘留的处罚。经研究，三审稿采纳了该意见，规定违反本法第十九条规定，不按照公安机关的决定如实报告个人财产及日常活动的，由公安机关给予警告，并责令改正；拒不改正的，处五日以上十日以下拘留，并处三万元以下罚款。

条文解读

本条是关于违反本法第十九条个人财产及日常活动报告制度应当如何处罚的规定。

根据本条规定，违反本法第十九条规定，不按照公安机关的决定如实报告个人财产及日常活动的，即可适用本条规定。“本法第十九条规定”，是指对因组织、领导黑社会性质组织被判处刑罚的人员，设区的市级以上公安机关可以决定其自刑罚执行完毕之日起，按照国家有关规定向公安机关报告个人财产及日常活动。报告期限不超过五年。“违反本法第十九条规定，不按照公安机关的决定如实报告”包括以下几种情形：（1）不报告个人财产或者日常活动的；（2）虚假报告个人财产或者日常活动的；(3)未按照公安机关决定的日期、方式等报告的。上述情形，个人财产和日常活动中有一项不如实报告即可适用本条规定。

根据本条规定，违反第十九条规定，不按照公安机关决定如实报告的，由公安机关给予警告，并责令改正；拒不改正的，处五日以上十日以下拘留，并处三万元以下罚款。这里的“公安机关”并非作出财产报告决定的设区的市级以上公安机关，而是指按照有关国家规定应当执行该财产报告制度的公安机关，一般是行为人所在地的基层公安机关。对于行为人初次、偶尔不履行报告义务，虚假报告，或者不履行情节轻微的，如报告延迟不积极，应当先由公安机关给予警告并责令改正。“拒不改正的”，是指行为人经公安机关警告后，仍不履行个人财产及日常生活报告义务，采取欺骗手段虚假报告或者有其他违反报告义务的情节，公安机关有权对行为人处五日以上十日以下拘留，并处三万元以下罚款。

在该条的理解适用中，需要注意本条规定的处罚的法律性质和救济途径。本条规定的由公安机关给予的警告、罚款和拘留的处罚，属于行政处罚，应当同时遵守行政处罚法有关规定。按照《行政处罚法》第四十四条和第四十五条规定，行政机关在作出行政处罚决定之前，应当告知当事人拟作出的行政处罚内容及事实、理由、依据，并告知当事人依法享有的陈述、申辩、要求听证等权利。当事人有权进行陈述和申辩。行政机关必须充分听取当事人的意见，对当事人提出的事实、理由和证据，应当进行复核；当事人提出的事实、理由或者证据成立的，行政机关应当采纳。行政机关不得因当事人陈述、申辩而给予更重的处罚。根据《行政处罚法》的规定，当事人对行政处罚决定不服的，有权依法申请行政复议或者提起行政诉讼。当事人对行政处罚决定不服，申请行政复议或者提起行政诉讼的，行政处罚不停止执行，法律另有规定的除外。

相关规定

《中华人民共和国行政处罚法》第四十四条、第四十五条、第七十三条

第七十一条　金融机构等相关单位未依照本法第二十七条规定协助公安机关采取紧急止付、临时冻结措施的，由公安机关责令改正；拒不改正的，由公安机关处五万元以上二十万元以下罚款，并对直接负责的主管人员和其他直接责任人员处五万元以下罚款；情节严重的，公安机关可以建议有关主管部门对直接负责的主管人员和其他直接责任人员依法给予处分。

条文主旨

本条是关于对金融机构等相关单位未协助公安机关采取紧急止付、临时冻结措施的处罚的规定。

立法背景

（一）起草背景

本法第二十七条第二款对公安机关核查黑社会性质组织犯罪线索，发现涉案财产有灭失、转移的紧急风险，经设区的市级以上公安机关批准，可以对涉案财产采取紧急止付或者临时冻结、临时扣押的紧急措施作了规定。规定上述紧急措施主要是为了防止被害人的财产继续被侵害，涉案财产被继续用于黑社会性质组织犯罪，也是为了防止在立案前有关证据、赃款被快速转移、隐匿、处置，影响黑社会性质组织犯罪案件的调查取证、侦查起诉和判决执行。为了确保金融机构等相关单位能积极及时地协助公安机关采取紧急止付、临时冻结等紧急措施，本条对金融机构等单位未依照本法第二十七条规定协助公安机关采取有关紧急措施的，规定了相应的法律责任。

（二）审议中各方面的意见

2020 年 12 月全国人大常委会审议的《反有组织犯罪法（草案）》初审稿第七十七条规定，金融机构等相关单位，未依照本法规定协助公安机关、人民检察院、人民法院采取紧急止付、查询、冻结、定期续冻或者划扣涉案款项等措施的，由公安机关处五万元以上二十万元以下罚款，并对直接负责的主管人员和其他直接责任人员处五万元以下罚款；情节严重的，处二十万元以上五十万元以下罚款，并对直接负责的主管人员和其他直接责任人员，处五万元以上十万元以下罚款，可以并处十日以下拘留。

在常委会审议和征求意见过程中，关于处罚主体，有的部门和地方提出，《行政强制法》第六十五条规定，金融机构未配合开展冻结、划拨工作的，由金融业监督管理机构责令改正，对直接负责的主管人员和其他直接责任人员依法给予处分，建议将处罚主体修改为金融监督管理部门，或者规定由金融监督管理机构责令改正，拒不执行的，再由公安机关处罚。有的地方建议增加人民检察院、人民法院作为处罚主体，同时增加“经责令改正拒不执行的”的前提条件。有的部门建议在本条中体现法院对拒不配合采取冻结、划扣等措施的司法拘留措施。

有的部门提出，实践中电信网络诈骗团伙转移涉案资金十分迅速，可能导致紧急止付、临时冻结措施失败，处罚金融机构有失公平，建议删去本条。有的地方建议增加规定其他法律、行政法规对上述违法行为规定罚款、拘留以外的行政处罚种类的，还应依照其规定作出其他处罚。

有的提出，对于金融机构等的处罚，除行政处罚外，还应当对直接负责的主管人员和其他直接责任人员给予处分。

条文解读

根据本条规定，金融机构等相关单位未依照本法第二十七条规定协助公安机关采取紧急止付、临时冻结措施的，应当依法承担相应的法律责任。本条规定主要包括以下几个方面的内容：

一是，协助公安机关采取紧急止付、临时冻结措施的义务主体是金融机构等相关单位。这里的“金融机构”是指依法设立的从事金融业务的政策性银行、商业银行、信用合作社、邮政储汇机构、信托投资公司、证券公司、期货经纪公司、保险公司等。此外，支付宝、微信等第三方支付公司也应当协助公安机关对有关黑社会性质组织犯罪涉案账户采取紧急止付、临时冻结措施。

二是，客观上金融机构等相关单位有未依照本法第二十七条规定协助公安机关采取紧急止付、临时冻结措施的行为。根据本法第二十七条的规定，公安机关核查黑社会性质组织犯罪线索，发现涉案财产有灭失、转移的紧急风险的，经设区的市级以上公安机关负责人批准，可以对有关涉案财产采取紧急止付或者临时冻结、临时扣押的紧急措施。对于公安机关依法作出的决定，金融机构等相关单位应当配合执行。四十八小时期限届满的，应当立即解除。金融机构等单位未协助公安机关采取紧急措施，指的是金融机构等单位未依照有关规定的程序和要求采取措施。

三是，本条区分不同情形，对金融机构等相关单位未协助公安机关采取紧急止付、临时冻结措施的法律责任作了规定：

1. 责令改正。即对未协助公安机关采取紧急止付、临时冻结措施的有关单位，由公安机关责成其采取有效措施纠正错误做法。责令改正是为了让有关单位纠正违法行为，并未减损有关单位的权益或者增加有关单位的义务。根据我国《行政处罚法》第二条的规定，行政处罚是指行政机关依法对违反行政管理秩序的公民、法人或者其他组织，以减损权益或者增加义务的方式予以惩戒的行为。通常认为，责令改正不具有惩戒性，不属于行政处罚。

2. 对拒不改正的，由公安机关处五万元以上二十万元以下罚款，并对直接负责的主管人员和其他直接责任人员处五万元以下罚款。本条规定的是双罚制，既对金融机构等相关单位进行处罚，也对直接负责的主管人员和其他直接责任人员予以处罚，进行处罚的前提是“拒不改正”。这里的“拒不改正”是指经公安机关责令改正后，仍不协助采取紧急止付、临时冻结措施。“直接负责的主管人员”是指单位中负有相关管理职责的主要负责人，可以是单位的法定代表人、主要负责人、部门负责人、直接负责相关工作的管理人员。“其他直接责任人员”是指单位违反规定的行为中具体负责实施并发挥较大作用的人员。

3. 情节严重的，公安机关可以建议有关主管部门对直接负责的主管人员和其他直接责任人员依法给予处分。这里的“有关主管部门”主要指的是银保监会、人民银行等监督管理部门。

这里规定的“处分”主要是一种纪律处分，由于金融机构不是国家机关，其工作人员通常不是公务员，所以对其处分属于纪律处分，包括内部工作纪律处分和党内纪律处分。如果违反本条规定的金融机构的直接负责的主管人员和其他直接责任人员是中共党员的，除给予内部工作纪律处分外，还要根据《中国共产党纪律处分条例》的规定，由党组织给予党内纪律处分，包括警告、严重警告、撤销党内职务、留党察看、开除党籍五种。此外，如果金融机构是国有金融机构，其直接负责的主管人员和其他直接责任人员是公职人员的，还需依照公职人员政务处分法的规定给予政务处分。

这里的“情节严重”指的是，不按照规定协助采取紧急止付、临时冻结措施，经公安机关责令改正后仍不改正，并且有情节严重的情形，如经多次责令改正、处罚，仍不改正；或者因拒不改正，不按照规定协助采取紧急止付、临时冻结措施，造成恶劣影响；或者导致数额较大的涉案财产灭失、转移，给被害人带来巨额损失；或者给案件的侦查带来巨大困难等严重后果等。

在该条的理解适用中，需要注意以下问题：

第一，本条规定的对金融机构等相关单位进行处罚的主体是公安机关。有相关行为的，由公安机关责令改正，拒不改正的，由公安机关予以处罚，情节严重的，公安机关可以建议有关主管部门对有关人员依法给予处分。

第二，实践中，黑社会性质犯罪组织可能会与专业的洗钱团队勾连，迅速转移涉案财产，导致紧急止付、临时冻结措施还没来得及执行，涉案财产就被转移。只要金融机构等单位依照法律法规规定的程序和要求，积极协助公安机关采取紧急措施，不存在故意不协助采取紧急措施或者失职失责行为的，就不能追究相关单位和人员的法律责任。

相关规定

《中华人民共和国行政处罚法》第二条、第九条；《中华人民共和国行政强制法》第六十五条

第七十二条　电信业务经营者、互联网服务提供者有下列情形之一的，由有关主管部门责令改正；拒不改正或者情节严重的，由有关主管部门依照《中华人民共和国网络安全法》的有关规定给予处罚：

（一）拒不为侦查有组织犯罪提供技术支持和协助的；

（二）不按照主管部门的要求对含有宣扬、诱导有组织犯罪内容的信息停止传输、采取消除等处置措施、保存相关记录的。

条文主旨

本条是对电信业务经营者、互联网服务提供者违反配合、协助执法义务进行处罚的规定。

立法背景

（一）起草背景

为了预防和惩治有组织犯罪，维护国家安全、社会管理秩序、经济秩序和公民合法权益，本法第十六条规定了电信业务经营者、互联网服务提供者支持和协助公安机关侦查有组织犯罪活动以及防止含有宣扬、诱导有组织犯罪内容的信息传播的义务。具体而言，有三个方面内容：一是，应当为公安机关侦查有组织犯罪提供技术支持和协助。二是，应当依法履行网络信息安全管理义务，采取安全技术防范措施，防止含有宣扬、诱导有组织犯罪内容的信息传播。三是，应当按照主管部门的要求，对含有宣扬、诱导有组织犯罪内容的信息停止传输、采取消除等处置措施、保存相关记录。本条的规定有利于防范有组织犯罪分子通过电信、互联网实施有组织犯罪活动，及时发现、追踪、预警有组织犯罪分子的通信联络、信息传输，以及各种网上有组织犯罪活动，防止有组织犯罪分子隐匿行踪，逃避打击。电信业务经营者、互联网服务提供者除应当履行法律、法规规定的电信、网络安全保护义务外，还应接受有关主管部门的监督检查、配合、支持有关主管部门对网络违法犯罪活动的调查处理。针对本法第十六条规定的义务，本条相应规定了电信业务经营者、互联网服务提供者不履行相关义务的法律责任，以保证第十六条的规定落到实处。

（二）审议中各方面的意见

一次审议稿中第七十八条规定："电信业务经营者、互联网服务提供者有下列情形之一的，由主管部门责令改正；拒不改正的，由主管部门处五万元以上二十万元以下罚款，并对其直接负责的主管人员和其他直接责任人员处五万元以下罚款；情节严重的，处二十万元以上五十万元以下罚款，并对其直接负责的主管人员和其他直接责任人员处五万元以上十万元以下罚款，可以由公安机关处五日以上十五日以下拘留：（一）拒不为侦查有组织犯罪提供技术支持和协助的；（二）拒不按照主管部门的要求，停止传输、删除有关信息，保存相关记录，造成宣扬、诱导有组织犯罪内容或者不应披露的案件信息传播的。"该条文中规定了拘留等行政处罚。有的意见提出，本条规定的拘留处罚可能在执法中被过度使用，拘留企业负责人或管理人员还可能造成企业停摆，建议不规定拘留处罚。有的意见提出，网络安全法对电信业务经营者、互联网服务提供者的协助义务及相应法律责任作出了规定，本条规定应当做好衔接。有的地方提出，受到处罚的人员在一定年限内禁止从事电信业务、互联网服务行业，或者增加规定，"其他法律、行政法规对上述违法行为规定罚款、拘留以外的行政处罚种类的，还应依照其规定作出其他处罚"。还有的意见提出，"技术支持和协助"应当限定在法律和技术水平允许的范围之内，建议修改为"合理的技术支持和协助"。二审中，有的意见提出，本条规定的应当受处罚的情形与草案第十六条规定的义务不完全对应，如没有包括不向公安机关或者有关部门报告的情形，建议进一步完善。经过研究，吸收了部分建议，将本条有关规定与网络安全法有关规定进行衔接。

（三）有关国家和地区的规定

2001年11月23日，欧洲理事会的二十六个成员国以及美国、加拿大、日本、南非等三十个国家签署了《网络犯罪公约》。该公约第二十条“通讯数据实时收集”第一款中规定，各缔约国应当采取必要的立法或者其他措施，授权主管机关在其管辖范围内采用技术手段收集和记录通过计算机系统传输的与特定通信相关的通信数据；授权主管机关强制服务提供者在主管机关采用技术手段收集、记录相关通信数据时提供配合与协作，以保证其技术上的可行性。该公约第二十一条“内容数据监控”第一款中，针对主管机关采用技术手段收集和记录内容数据以及服务提供者的配合、协作义务方面，作了类似规定。

德国《电信法》第一百一十条“监控的技术实施”第一款中规定，提供电信服务的电信系统运营主体应当提供法律规定的技术设施来执行通信协助监控措施，并且为执行监控做好安排，不得无故拖延。该法还增加技术侦查手段和卧底侦查员等侦查措施。传统的侦查手段难以有效对付有组织犯罪。德国1992年打包修改法律时，在刑事诉讼法中规定了一些新的侦查手段，如计算机排查、数据比对，以及监听监视、记录电信通讯等技术侦查手段，允许使用卧底侦查员等。这些侦查手段适用于有组织犯罪等重大犯罪行为的侦查。

条文解读

本条是对电信业务经营者、互联网服务提供者违反本法规定进行处罚的规定。本条对电信业务经营者、互联网服务提供者列举了两项予以处罚的行为。

第一项规定的是拒不为侦查有组织犯罪提供技术支持和协助的行为。如在公安机关调取有关证据、资料时，拒不提供技术支持或协助的；对于公安机关在侦查有组织犯罪活动中需要对在网络传输过程中加密的信息进行解密时，拒绝向公安机关提供技术支持的；等等。这些行为使公安机关难以有效开展侦查工作，在预防和惩治有组织犯罪，追究犯罪分子的法律责任上遇到困难，应当依法予以处罚。

第二项规定的是不按照主管部门的要求对含有宣扬、诱导有组织犯罪内容的信息停止传输、采取消除等处置措施、保存相关记录的行为。这是指当网信、电信、公安等主管部门对网络上出现含有宣扬、诱导有组织犯罪内容的信息时，要求电信业务经营者、互联网服务提供者采取有关措施时，电信业务经营者、互联网服务提供者拒绝采取措施或者未按照要求采取措施，如拖延采取相关措施的，或者虽然停止传输、消除了有关信息，但没有按照要求对有关信息内容和网络日志信息记录等进行备份和留存的。这些行为不仅不利于及时清除网络上含有宣扬、诱导有组织犯罪内容的有害信息，还可能使相关证据缺失，影响公安机关依法查处网络上的有组织犯罪行为，具有一定的社会危害性。

本条中规定，违反本条规定情形的，“由有关主管部门责令改正；拒不改正或者情节严重的，由有关主管部门依照《中华人民共和国网络安全法》的有关规定给予处罚”。这里的“主管部门”是指法律、行政法规规定的电信、互联网监督管理部门，包括工信部门、网信部门等。根据《中华人民共和国电信条例》第七条规定，国家对电信业务经营按照电信业务分类，实行许可制度。经营电信业务，必须依照本条例的规定取得国务院信息产业主管部门或者省、自治区、直辖市电信管理机构颁发的电信业务经营许可证。未取得电信业务经营许可证，任何组织或者个人不得从事电信业务经营活动。互联网服务提供者包括网络接入服务提供者（ISP）和网络内容服务提供者（ICP）。本条区分不同情节，对电信业务经营者、互联网服务提供者的法律责任作了规定：

一是责令改正。即对未严格执行本法规定的相关技术支持和协助，不按照主管部门的要求对含有宣扬、诱导有组织犯罪内容的信息停止传输、采取消除等处置措施、保存相关记录的电信业务经营者、互联网服务提供者，由其主管部门责成采取有效措施纠正错误做法。责令的主体及责令的方式和程序，都要有法律、行政法规的依据，符合依法行政的要求。

二是对拒不改正或者情节严重的，由有关主管部门依照网络安全法的有关规定给予处罚。“拒不改正”是指明知违法而故意拒绝改正。实践中，认定电信业务经营者、互联网服务提供者是否“拒不改正”，应当考虑以下因素：（1）电信业务经营者、互联网服务提供者是否收到主管部门提出的责令改正的要求，相关责令改正要求是否明确、具体；（2）电信业务经营者、互联网服务提供者对主管部门提出的采取改正措施的要求，在主观上是否具有拖延或者拒绝执行的故意；（3）电信业务经营者、互联网服务提供者是否具有依照主管部门提出的要求，采取相应改正措施的能力。对于确实因为资源、技术等条件限制，没有或者一时难以达到主管部门要求的，不能认定为是本条规定的“拒不改正”。这里规定的“情节严重”，主要是指造成大量含有宣扬、诱导有组织犯罪内容的信息传播的，造成含有宣扬、诱导有组织犯罪内容的信息传播并产生恶劣影响的，以及造成含有宣扬、诱导有组织犯罪内容的信息传播并产生严重后果的，等等。

“依照《中华人民共和国网络安全法》的有关规定给予处罚”主要是依据该法第六十九条的规定予以处罚。该条规定：“网络运营者违反本法规定，有下列行为之一的，由有关主管部门责令改正；拒不改正或者情节严重的，处五万元以上五十万元以下罚款，对直接负责的主管人员和其他直接责任人员，处一万元以上十万元以下罚款：（一）不按照有关部门的要求对法律、行政法规禁止发布或者传输的信息，采取停止传输、消除等处置措施的；（二）拒绝、阻碍有关部门依法实施的监督检查的；（三）拒不向公安机关、国家安全机关提供技术支持和协助的。”该条规定第二档的处罚实行双罚制，既对网络运营者进行处罚，同时也对直接负责的主管人员和其他直接责任人员进行处罚。

根据上述规定，违反本条规定，拒不改正或者情节严重的，处五万元以上五十万元以下罚款，对直接负责的主管人员和其他直接责任人员，处一万元以上十万元以下罚款。需要说明的是，采取威胁、暴力等手段阻碍监督检查，违反治安管理处罚法的，应当依法给予治安管理处罚。

在该条的理解适用中，需要注意以下问题：

第一，有本条规定有关情形的，由有主管部门责令改正，“拒不改正”的才处以相应罚款，体现了惩罚与教育相结合的精神。这样规定主要是考虑到本法第十六条对电信业务经营者、互联网服务提供者规定了有关义务，根本目的是加强预防和惩治有组织犯罪，维护国家安全、社会管理秩序、经济秩序和公民合法权益。对此，主管部门责令改正后，能够及时改正错误，规范管理，堵塞漏洞，加强防范，提供技术支持和协助的，自然不必予以处罚，毕竟处罚不是目的。这也有利于调动电信业务经营者、互联网服务提供者对反有组织犯罪工作的积极性和主动性，落实相关法律法规规章制度的要求，配合主管部门和公安机关做好反有组织犯罪工作。

第二，2015 年 8 月 29 日全国人大常委会通过的《刑法修正案（九）》增加了网络服务提供者不履行法律、行政法规规定的信息网络安全管理义务的犯罪，即第二百八十六条之一：“网络服务提供者不履行法律、行政法规规定的信息网络安全管理义务，经监管部门责令采取改正措施而拒不改正，有下列情形之一的，处三年以下有期徒刑、拘役或者管制，并处或者单处罚金：（一）致使违法信息大量传播的；（二）致使用户信息泄露，造成严重后果的；（三）致使刑事案件证据灭失，情节严重的；（四）有其他严重情节的。单位犯前款罪的，对单位判处罚金，并对其直接负责的主管人员和其他直接责任人员，依照前款的规定处罚。有前两款行为，同时构成其他犯罪的，依照处罚较重的规定定罪处罚。”对于违反本条规定，构成犯罪的，应当依照《刑法》第二百八十六条之一的规定追究刑事责任。

相关规定

《中华人民共和国刑法》第二百八十六条之一；《中华人民共和国网络安全法》第六十八条、第六十九条

第七十三条　有关国家机关、行业主管部门拒不履行或者拖延履行反有组织犯罪法定职责，或者拒不配合反有组织犯罪调查取证，或者在其他工作中滥用反有组织犯罪工作有关措施的，由其上级机关责令改正；情节严重的，对负有责任的领导人员和直接责任人员，依法给予处分；构成犯罪的，依法追究刑事责任。

条文主旨

本条是关于拒不履行或者拖延履行反有组织犯罪法定职责，或者拒不配合反有组织犯罪调查取证，或者在其他工作中滥用反有组织犯罪工作有关措施的法律责任的规定。

立法背景

（一）起草背景

反有组织犯罪的安全防范、调查、应对处置工作是反有组织犯罪工作的重要方面。本法第二章、第三章、第四章分别对有组织犯罪工作预防和治理、案件办理、涉案财产认定和处置等作出了全面、系统的规定。为了保证上述规定和相关制度得到切实执行，反有组织犯罪法在总则中规定，任何单位和个人都有协助、配合有关部门开展反有组织犯罪工作的义务。为处理好保障反有组织犯罪有关国家机关、行业主管部门依法行使

职权和保护公民、组织合法权益之间的关系，本条对与反有组织犯罪有关的国家机关、行业主管部门的法律责任作了规定。本法第五条规定："反有组织犯罪工作应当依法进行，尊重和保障人权，维护公民和组织的合法权益。"本法第六条第一款规定："监察机关、人民法院、人民检察院、公安机关、司法行政机关以及其他有关国家机关，应当根据分工，互相配合，互相制约，依法做好反有组织犯罪工作。"本条规定体现了总则中的规定的精神，有利于规范反有组织犯罪的各项工作，保障单位、个人的合法权利不受侵犯。

（二）审议中各方面的意见

一审稿规定："有关国家机关、行业部门拒不履行或者拖延履行反有组织犯罪法定职责，或者拒不配合反有组织犯罪调查取证，或者在其他工作中滥用反有组织犯罪工作有关措施的，由其上级机关责令改正，对相关单位给予通报批评。造成不良后果或者恶劣影响的，对负有领导责任和直接责任的公职人员，依法给予处分；构成犯罪的，依法追究刑事责任。"有的地方和部门提出，将原草案中"负有领导责任和直接责任的公职人员"修改为"负有责任的领导人员和直接责任人员"；二审中，有的意见提出在原草案中"造成不良后果"前增加"情节严重"。经过研究，吸收了部分意见，对负有责任的领导人员和直接责任人员规定了法律责任，更好的压实各项责任。

（三）有关国家和地区的规定

日本《通讯监听法》第三十条规定，拥有侦查或调查权限的公务员若有侵害通讯秘密的行为（违反《电气通讯事业法》或《有限电气通讯法》相关条款），处以 3 年以下惩役或 100 万以下罚金。

条文解读

本条是关于拒不履行或者拖延履行反有组织犯罪法定职责，或者拒不配合反有组织犯罪调查取证，或者在其他工作中滥用反有组织犯罪工作有关措施的法律责任的规定。

这里的“有关国家机关、行业主管部门”，是指根据本法的规定开展反有组织犯罪工作的国家机关、相关行业主管部门。如本法第二章中规定的各级人民政府、监察机关、人民法院、人民检察院、公安机关、司法行政机关、国务院反洗钱行政主管部门以及国务院其他有关本部门、教育行政部门、学校、民政部门、监狱、看守所、社区矫正机构、移民管理、海关、海警、市场监管、金融监管、自然资源、交通运输、网信、电信等行业主管部门。有关国家机关、行业主管部门失职渎职行为具体包括三种情形：

一是，拒不履行或者拖延履行。这是指反有组织犯罪工作的有关国家机关、行业主管部门严重不负责任，对于自己应当履行的职责，不履行、放弃职守或者拖延履行职责义务。比如，在反有组织犯罪工作中擅离职守，对于工作中发现的问题和危害国家安全，会对人民的生命财产造成重大损失的隐患不及时解决、处理；或者有关国家机关、行业主管部门在履行职责义务中违背职责要求，不按有关法律、法规或者有关规定办事，拖延工作，严重不负责任。

二是，拒不配合反有组织犯罪调查取证。这是指负有配合义务的有关国家机关、行业主管部门拒不配合。实践中，在确定有关国家机关、行业主管部门是否负有配合开展反有组织犯罪工作调查取证的具体义务时，主要从两个方面考虑：（1）有关法律相关条款是否明确规定了有关国家机关、行业主管部门的配合义务。如本法第十六条第二款中规定，网信、电信、公安等主管部门对含有宣扬、诱导有组织犯罪内容的信息，应当按照职责分工，及时责令有关单位停止传输、采取消除等处置措施，或者下架相关应用、关闭相关网站、关停相关服务。有关单位应当立即执行，并保存相关记录，协助调查。(2) 相关条款是否明确规定了有关国家机关、行业主管部门开展某项具体工作的职权，而根据该项工作的性质，需要相关相对人给予支持和配合。即上述相关法律条款中可能未明确规定有关国家机关、行业主管部门的配合义务，但如果具体事项必须有关国家机关、行业主管部门配合的，仍可以确定有关国家机关、行业主管部门负有配合相关反有组织犯罪工作的义务。如本法第二十六条规定，公安机关核查有组织犯罪线索，可以按照国家有关规定采取调查措施。开展核查工作，需要有关方面的协助、配合。同时，有关国家机关、行业主管部门实施了拒不配合有关开展反有组织犯罪调查取证的行为。这里的“拒不配合”，是指明知应当配合有关国家机关开展反有组织犯罪调查取证，在有关部门要求其协助、配合时，无正当理由，拒绝提供必要的配合，从而影响反有组织犯罪工作的开展。

三是，滥用反有组织犯罪工作有关措施。这是指反有组织犯罪工作有关国家机关、行业主管部门超越职权，违法决定、处理其无权决定、处理的事项，或者违反规定处理相关工作。如反有组织犯罪工作有关国家机关、行业主管部门违反法律规定的条件、程序，或者违反国家反有组织犯罪工作要求，对不应当采取技术侦查措施的情形擅自采取技术侦查措施，或者擅自采取查封、扣押、冻结措施等。

根据本条规定，对于违反本条规定情形的，由其上级机关责令改正；情节严重的，对负有责任的领导人员和直接责任人员，依法给予处分；构成犯罪的，依法追究刑事责任。本条区分不同情节，对有关国家机关、行业主管部门的法律责任作了规定：

一是，责令改正。即对于拒不履行或者拖延履行反有组织犯罪法定职责，或者拒不配合反有组织犯罪调查取证，或者在其他工作中滥用反有组织犯罪工作有关措施的有关国家机关、行业主管部门的，由其上级机关责成采取有效措施纠正错误做法。责令的主体，责令的方式和程序，都应有法律、行政法规的依据，符合依法行政的要求。

二是，对于情节严重的，对负有责任的领导人员和直接责任人员，依法给予处分。这里所说的“依法给予处分”，既包括依照单位内部规定给予处分，也包括依照公职人员政务处分法等有关法律法规规定给予处分。根据公职人员政务处分法第七条，政务处分具体包括警告、记过、记大过、降级、撤职、开除。

三是，构成犯罪的，依法追究刑事责任。此处重申刑法的有关规定，进一步强调反有组织犯罪工作有关国家机关、行业主管部门在反有组织犯罪工作中拒不履行或者拖延履行反有组织犯罪法定职责，或者拒不配合反有组织犯罪调查取证，或者在其他工作中滥用反有组织犯罪工作有关措施的行为，构成犯罪的，依法追究刑事责任。根据反有组织犯罪有关国家机关、行业主管部门履行职责的具体情况，其负有责任的领导人员和直接责任人员可能构成滥用职权罪或玩忽职守罪。根据《刑法》第三百九十七条的规定，国家机关工作人员滥用职权或者玩忽职守，致使公共财产、国家和人民利益遭受重大损失的，处三年以下有期徒刑或者拘役；情节特别严重的，处三年以上七年以下有期徒刑。刑法另有规定的，依照规定。国家机关工作人员在开展预防和治理、案件办理、处置涉案财产、国际合作等工作中，有徇私舞弊行为的，如构成犯罪，应当依照《刑法》第三百九十七条第二款的规定，分别作为滥用职权罪、玩忽职守罪的加重情节处理，即处五年以下有期徒刑或者拘役；情节特别严重的，处五年以上十年以下有期徒刑。刑法另有规定的，依照规定。此外，根据《刑法》第二百七十七条的规定，以暴力、威胁方法阻碍国家机关工作人员依法执行职务的，处三年以下有期徒刑、拘役、管制或者罚金。暴力袭击正在依法执行职务的人民警察的，处三年以下有期徒刑、拘役或者管制；使用枪支、管制刀具，或者以驾驶机动车撞击等手段，严重危及其人身安全的，处三年以上七年以下有期徒刑。行为人实施的阻碍国家机关工作人员依法执行职务的行为，有的情节较轻，尚不构成犯罪的，应根据情况予以治安处罚。《治安管理处罚法》第五十条规定："有下列行为之一的，处警告或者二百元以下罚款；情节严重的，处五日以上十日以下拘留，可以并处五百元以下罚款：……（二）阻碍国家机关工作人员依法执行职务的……阻碍人民警察依法执行职务的，从重处罚。"

在该条的理解适用中，需要注意以下问题：

第一，为有利于有关国家机关、行业主管部门积极配合有关部门开展反有组织犯罪调查取证工作，有关部门在开展相关工作时应当注意方式方法，向有关国家机关、行业主管部门明确反有组织犯罪工作要求和其应当履行的支持、配合工作的义务，取得有关国家机关、行业主管部门的支持和理解，要防止简单粗暴、激化矛盾的做法。

第二，拒不配合是有关国家机关、行业主管部门对有关部门明确提出的配合调查取证相关工作的要求故意予以拒绝。如果有关部门没有明确提出配合调查取证工作的具体要求，有关国家机关、行业主管部门只是态度消极，未主动支持相关调查取证工作的，不属于拒不配合。

第三，拒不配合没有正当理由，如果有关国家机关、行业主管部门由于不能抗拒的原因，没有条件和能力配合的，也不属于本条所说的“拒不配合”。

需要说明的是，本条对反有组织犯罪工作有关国家机关、行业主管部门履行职责的具体情况，其负有责任的领导人员和直接责任人员有关犯罪行为追究刑事责任作出了衔接性规定。实践中在认定是否构成犯罪时，应依照刑法的有关规定进行。根据《刑法》第三百九十七条的规定，负有责任的领导人员和直接责任人员构成滥用职权罪或者玩忽职守罪，犯罪主体为国家机关工作人员，不仅要有滥用职权或者玩忽职守的行为，而且这种行为必须造成了“致使公共财产、国家和人民利益遭受重大损失”的后果，未造成重大损失的，属于一般工作过失的渎职行为，可以由有关部门给予批评教育或者处分。比如，因反有组织犯罪工作有关国家机关、行业主管部门工作人员滥用职权或者玩忽职守，致使有组织犯罪分子逃脱后实施了有组织犯罪活动，对公民人身、财产和公共利益造成重大损失等。妨害公务罪中关于以暴力、威胁方法阻碍国家机关工作人员依法执行职务的，这里的“暴力”是指以杀害、伤害、毁坏财产、损坏名誉等相威胁。构成妨害公务罪，行为人必须是采取暴力、威胁的方法，如果行为人没有实施暴力、威胁的阻碍行为，只是吵闹、谩骂、不服管理等，不构成犯罪，可以依法予以治安处罚。对此，在实践中，司法机关可以依照法律有关规定和案件有关情况具体认定。

相关规定

《中华人民共和国公职人员政务处分法》第七条；《中华人民共和国刑法》第二百七十七条、第三百九十七条；《中华人民共和国治安管理处罚法》第五十条

第七十四条　有关部门和单位、个人应当对在反有组织犯罪工作过程中知悉的国家秘密、商业秘密和个人隐私予以保密。违反规定泄露国家秘密、商业秘密和个人隐私的，依法追究法律责任。

条文主旨

本条是关于有关部门和单位、个人应当对知悉的国家秘密、商业秘密和个人隐私予以保密以及违反规定泄露的法律责任的规定。

立法背景

反有组织犯罪工作，是关系国家安全、公共安全和人民群众生命财产安全的一项重要工作，为有效预防和应对有组织犯罪活动，增强反有组织犯罪工作能力，采取各种安全防范措施，以及给予执法机关有力的执法手段等都是必要的。执法机

关或者有关部门在履行反有组织犯罪工作职责、义务过程中不可避免地会接触到一些国家秘密、商业秘密和个人隐私。例如，有关部门为反有组织犯罪工作的需要，根据本法有关规定，在对互联网进行管理、管控和调查过程中，或者在采取技术侦查措施过程中，侦查人员在获取与案件有关的证据和线索的同时，可能会知悉其他组织、公民的合法商业秘密或者个人隐私。因此，对平衡反有组织犯罪工作手段和保护国家秘密、商业秘密和个人隐私作出明确规定是必要的。同时，本条规定也是尊重和保障人权的要求。本法第五条规定，反有组织犯罪工作应当依法进行，尊重和保障人权，维护公民和组织的合法权益。本条规定对国家秘密、商业秘密和个人隐私予以保密，既是对国家安全、公共安全的保障，也是在反有组织犯罪工作中贯彻尊重和保障人权，维护公民和组织合法权益的体现，目的是加强规范，防止反有组织犯罪工作过程中侵害国家、组织和公民的合法权益，维护有关方面利益。

条文解读

反有组织犯罪工作有关部门和单位、个人在履行反有组织犯罪工作职责、义务过程中有可能涉及、了解有关国家秘密、商业秘密和个人隐私。国家秘密一旦被泄露，会对国家安全和利益造成危害或者威胁；商业秘密被泄露，会给拥有该商业秘密的单位和个人的生产、经营活动带来不利影响，造成经济损失；个人隐私的泄露，则侵犯了当事人的合法权利，可能给当事人的名誉造成损害，影响正常生活，给个人带来精神痛苦和心理压力。因此，各有关部门和单位、个人对于在反有组织犯罪工作中接触、知悉的国家秘密、商业秘密和个人隐私都应当予以保密。之所以规定本条：一是，从现实情况看，有关部门和单位、个人对于在反有组织犯罪工作中接触、知悉的国家秘密、商业秘密和个人隐私量多面广。据统计，国家机关知悉或者掌握的自然人隐私和个人信息量远超一般的企业等商业主体。二是，有关部门和单位、个人在反有组织犯罪工作中接触、知悉的国家秘密、商业秘密和个人隐私一般敏感度较大或者私密程度较高。若有关部门和单位、个人没有强烈的保密意识，导致国家秘密、商业秘密和个人隐私被泄露或者公开，有可能造成极大的权益损害，社会后果也是极为严重的。基于此，本条明确规定，有关部门和单位、个人应当对在反有组织犯罪工作过程中知悉的国家秘密、商业秘密和个人隐私予以保密。这就要求，有关部门和单位、个人在反有组织犯罪工作过程中自己不主动泄露、公开或者非法提供这些信息，还要采取有力的措施确保这些信息不被泄露、不被公开。

本条规定的“国家秘密”，依照保守国家秘密法的有关规定，是指关系国家安全和利益，依照法定程序确定，在一定时间内只限一定范围的人员知悉的事项。国家秘密包括符合上述规定的下列秘密事项：国家事务重大决策中的秘密事项；国防建设和武装力量活动中的秘密事项；外交和外事活动中的秘密事项以及对外承担保密义务的秘密事项；国民经济和社会发展中的秘密事项；科学技术中的秘密事项；维护国家安全活动和追查刑事犯罪中的秘密事项；经国家保密行政管理部门确定的其他秘密事项。政党的秘密事项中符合上述规定的，也属于国家秘密。国家秘密的密级分为绝密、机密、秘密三级。绝密级国家秘密是最重要的国家秘密，泄露会使国家安全和利益遭受特别严重的损害；机密级国家秘密是重要的国家秘密，泄露会使国家安全和利益遭受严重的损害；秘密级国家秘密是一般的国家秘密，泄露会使国家安全和利益遭受损害。根据保守国家秘密法的有关规定，一切国家机关、武装力量、政党、社会团体、企业事业单位和公民都有保守国家秘密的义务。反有组织犯罪工作的有关部门和单位、个人对于履行反有组织犯罪工作职责、义务过程中知悉的国家秘密当然也应当保密，这是对保守国家秘密法有关内容的重申。

根据《反不正当竞争法》的规定，“商业秘密”，是指不为公众所知悉、具有商业价值并经权利人采取相应保密措施的技术信息、经营信息等商业信息。商业秘密都具有一定的经济价值，必须予以保护，以维护社会主义市场经济秩序。

本条规定的“个人隐私”，是指公民不愿意公开的、与其人身权密切相关的、隐秘的事件或者事实，如个人财产、住址、生育能力、收养子女等。对这些信息应当予以保密，不得非法向外界泄露、传播、扩散，让不该知悉的人知悉。根据《民法典》第一千零三十二条的规定，自然人享有隐私权。任何组织或者个人不得以刺探、侵扰、泄露、公开等方式侵害他人的隐私权。隐私是自然人的私人生活安宁和不愿为他人知晓的私密空间、私密活动、私密信息。

本条对违反规定泄露国家秘密、商业秘密和个人隐私的，依法追究法律责任。这里的“泄露”是指行为人把自己掌握或者知悉的国家秘密、商业秘密和个人隐私让不应知悉者知悉的行为。泄露的方式是多种多样的：既可以是口头泄露，也可以是书面泄露；既可以是用交给实物的方式泄露，也可以是用发送电子信函的方式泄露；等等。

本条规定的法律责任主体包括所有在反有组织犯罪工作过

程中知悉国家秘密、商业秘密和个人隐私的有关部门和单位、个人。

本条规定的法律责任：

1. 泄露国家秘密的法律责任

国家秘密关系到国家安全和利益，保守国家秘密是宪法规定的公民的义务。国家机关工作人员对其了解和知悉的国家秘密，更应该严格保密，不得泄露。对此，公务员法、法官法、检察官法、人民警察法等法律关于国家机关工作人员的义务中也都有明确规定。除国家机关工作人员外，一些非国家机关工作人员也可能因工作关系，接触和知悉国家秘密。根据《保守国家秘密法》的有关规定，违反规定泄露国家秘密的，依法给予处分，构成犯罪的，依法追究刑事责任；对于尚不构成犯罪，不适用处分的人员，由保密行政管理部门督促其所在机关、单位予以处理。根据《刑法》第三百九十八条的规定，违反保守国家秘密法的规定，故意或者过失泄露国家秘密，情节严重的，处三年以下有期徒刑或者拘役；情节特别严重的，处三年以上七年以下有期徒刑。

对于尚不构成犯罪的，应当依法给予处分，或者承担相应民事责任。

2. 泄露商业秘密的法律责任

根据《刑法》第二百一十九条的规定，违反保密义务或者违反权利人有关保守商业秘密的要求，披露、使用或者允许他人使用其所掌握的商业秘密，情节严重的，处三年以下有期徒刑，并处或者单处罚金；情节特别严重的，处三年以上十年以下有期徒刑，并处罚金。

对于尚不构成犯罪的，应当依法给予处分，或者承担相应的民事责任。

3. 泄露个人隐私的法律责任

根据《刑法》第二百四十六条第一款的规定，以暴力或者其他方法公然侮辱他人或者捏造事实诽谤他人，情节严重的，处三年以下有期徒刑、拘役、管制或者剥夺政治权利。根据《刑法》第二百五十三条之一的规定，违反国家有关规定，向他人出售或者提供公民个人信息，情节严重的，处三年以下有期徒刑或者拘役，并处或者单处罚金；情节特别严重的，处三年以上七年以下有期徒刑，并处罚金。违反国家有关规定，将在履行职责或者提供服务过程中获得的公民个人信息，出售或者提供给他人的，依照前款的规定从重处罚。窃取或者以其他方法非法获取公民个人信息的，依照第一款的规定处罚。单位犯前三款罪的，对单位判处罚金，并对其直接负责的主管人员和其他直接责任人员，依照各该款的规定处罚。

对于尚不构成犯罪的，应当依法给予处分，或者承担相应民事责任。

此外，《民法典》第一千零三十九条规定，国家机关、承担行政职能的法定机构及其工作人员对于履行职责过程中知悉的自然人的隐私和个人信息，应当予以保密，不得泄露或者向他人非法提供。《刑法》第三百零八条之一第一款规定，司法工作人员、辩护人、诉讼代理人或者其他诉讼参与人，泄露依法不公开审理的案件中不应当公开的信息，造成信息公开传播或者其他严重后果的，处三年以下有期徒刑、拘役或者管制，并处或者单处罚金。

在该条的理解适用中，需要注意以下问题：

民法典主要调整的是作为平等主体的自然人、法人、非法人组织之间的人身关系和财产关系。但由于有关部门和单位在反有组织犯罪工作过程中不可避免地掌握了个人隐私等，且多数为敏感重要的个人信息，一旦被泄露，将会对个人造成严重损害。若国家机关、承担行政职能的法定机构或者其工作人员在履行反有组织犯罪法定职责过程中违反保密义务，侵害了自然人的权益，权利人可以根据国家赔偿法或者其他相关法律的规定要求国家机关、承担行政职能的法定机构承担法律责任。《民法典》第一千零三十四条规定，自然人的个人信息受法律保护。个人信息是以电子或者其他方式记录的能够单独或者与其他信息结合识别特定自然人的各种信息，包括自然人的姓名、出生日期、身份证件号码、生物识别信息、住址、电话号码、电子邮箱、健康信息、行踪信息等。个人信息中的私密信息，适用有关隐私权的规定；没有规定的，适用有关个人信息保护的规定。

实践中执行《刑法》第三百九十八条规定时，应当注意该条规定的犯罪与刑法规定的其他涉及国家秘密犯罪的关系。刑法中涉及国家秘密的犯罪除该条外，还有第一百一十一条规定的为境外窃取、刺探、收买、非法提供国家秘密、情报罪，第二百八十二条规定的非法获取国家秘密罪等。如果行为人以危害国家安全为目的，为境外窃取、刺探、收买、非法提供国家秘密或者情报的，应当依照《刑法》第一百一十一条规定的定罪处罚，而不应适用刑法第三百九十八条规定。

相关规定

《中华人民共和国保守国家秘密法》第二条、第四十九条；《中华人民共和国刑法》第二百一十九条、第二百四十六条、

第二百五十三条之一、第三百零八条之一、第三百九十八条

第七十五条 **国家工作人员有本法第五十条、第五十二条规定的行为，构成犯罪的，依法追究刑事责任；尚不构成犯罪的，依法给予处分。**

条文主旨

本条是关于国家工作人员涉有组织犯罪的处理。

立法背景

（一）起草背景

近年来，有组织犯罪活动通过贿赂、腐蚀国家工作人员，寻找“保护伞”，成为严重影响我国社会治安队伍的一个重要问题。“保护伞”是隐藏在黑恶势力背后的推手，是黑恶势力的帮凶，只有彻底铲除“伞”的庇护，方能达到正本清源的效果。黑恶势力犯罪“保护伞”主要有以下几种表现形式：一是积极地包庇黑恶势力。包括帮助隐匿、毁灭、伪造证据，自行或者指使他人作伪证，阻止他人作证的行为；也包括提供隐藏处所、财物，跑风漏气，游说请托，阻挠办案等行为。二是消极地纵容黑恶势力。主要是违反岗位职责要求，有案不立、立案不查，对黑恶势力放任纵容。三是其他形式。如违规办理取保候审、徇私枉法轻纵罪犯、违规减刑等。做好反有组织犯罪工作，一方面，要依靠群众，调动人民群众的积极性，对举报有组织犯罪或者在反有组织犯罪工作中做出突出贡献的单位和个人给予表彰、奖励，对其人身安全采取有效的保障措施；另一方面，对于国家工作人员有组织、领导、参加有组织犯罪活

动，包庇、纵容、帮助有组织犯罪活动，向违法犯罪人员通风报信，阻碍案件查处，甚至其他滥用职权、玩忽职守、徇私舞弊等行为的，也要依法追究其相应的法律责任。只有奖罚分明，才能收到良好的政治效果、法律效果、社会效果，才能有利于反有组织犯罪工作的顺利开展。本条对国家工作人员的法律责任作了规定。

（二）审议中各方面的意见

一审稿规定："组织、领导、参加黑社会性质组织，帮助黑社会性质组织，利用黑社会性质组织牟利，境外的黑社会组织的人员到中华人民共和国境内发展组织成员，参加境外黑社会组织，国家工作人员包庇、纵容、帮助黑社会性质的组织、境外黑社会组织的，依法追究刑事责任。对于恶势力组织实施的行为，构成犯罪的，依法追究刑事责任。"有的部门提出，依据刑法规定，建议本条构成包庇、纵容有组织犯罪活动的主体与刑法保持一致。考虑到国家工作人员的范围中包括国家机关工作人员，且本法中的行为方式与刑法有关规定并不完全相同，经研究认为，为惩治有组织犯罪组织人员，本法规定的主体能够适应实践中打击的实际需要。

（三）有关国家和地区的规定

随着有组织犯罪形态的转变，官员与黑手党等犯罪组织相互勾结，严重侵害国家利益、威胁国家安全，意大利加大了对与有组织犯罪有关的贪污腐败犯罪的打击力度。2015 年 4 月，意大利议会通过一项反腐败法案，其中规定，涉案官员一旦被认定犯贪腐罪，将判处等同于其受贿所得的罚金；与腐败相关有组织犯罪的主犯和从犯，将面临最高达二十六年的囚禁。意大利一直将打击黑手党型犯罪集团放在首要位置，为此，1991

年，意大利第 367 号法令决定设立全国反黑手党检察局和区级反黑手党检察署，专门承办黑手党型有组织犯罪集团的犯罪案件。

美国 2011 年通过《公共腐败起诉改进法》，将某些严重的公共腐败犯罪的诉讼时效延长至六年，提高了联邦刑法中某些腐败犯罪的刑罚上限；在《反犯罪组织侵蚀合法组织法》（“RICO 法案”）的基础上增加了贿赂、盗窃、侵占公共资金；增加了其他的无线电窃听规定；扩大了伪证罪和妨碍司法程序罪的管辖范围等。

条文解读

本条是关于国家工作人员有本法第五十条、第五十二条规定的行为的处理。

本条区分不同情节，对有关国家工作人员的法律责任作了规定：一是，尚不构成犯罪的，依法给予处分。这里所说的“依法给予处分”，既包括单位内部规定的处分，也包括依照公职人员政务处分法等有关法律法规规定给予处分。政务处分具体包括警告、记过、记大过、降级、撤职、开除。二是，构成犯罪的，依法追究刑事责任。此处重申刑法的有关规定，进一步强调反有组织犯罪工作有关国家工作人员在反有组织犯罪工作中有违反本法第五十条、第五十二条规定的行为，构成犯罪的，依法追究刑事责任。

1. 本法第五十条规定：“国家工作人员有下列行为的，应当全面调查，依法作出处理：（一）组织、领导、参加有组织犯罪活动的；（二）为有组织犯罪组织及其犯罪活动提供帮助的；（三）包庇有组织犯罪组织、纵容有组织犯罪活动的；

(四) 在查办有组织犯罪案件工作中失职渎职的；(五) 利用职权或者职务上的影响干预反有组织犯罪工作的；(六) 其他涉有组织犯罪的违法犯罪行为。国家工作人员组织、领导、参加有组织犯罪的，应当依法从重处罚。”

(1) 上述行为的刑事责任主要包括：组织、领导、参加黑社会性质组织罪和包庇、纵容黑社会性质组织罪。《刑法》第二百九十四条第一款至第四款规定：“组织、领导黑社会性质的组织的，处七年以上有期徒刑，并处没收财产；积极参加的，处三年以上七年以下有期徒刑，可以并处罚金或者没收财产；其他参加的，处三年以下有期徒刑、拘役、管制或者剥夺政治权利，可以并处罚金。境外的黑社会组织的人员到中华人民共和国境内发展组织成员的，处三年以上十年以下有期徒刑。国家机关工作人员包庇黑社会性质的组织，或者纵容黑社会性质的组织进行违法犯罪活动的，处五年以下有期徒刑；情节严重的，处五年以上有期徒刑。犯前三款罪又有其他犯罪行为的，依照数罪并罚的规定处罚。”国家工作人员为黑恶势力充当“保护伞”，涉嫌贪污贿赂、失职渎职等职务犯罪的，由监察机关依照监察法的有关规定进行调查。同时，《刑事诉讼法》第十九条第二款规定，人民检察院在对诉讼活动实行法律监督中发现的司法工作人员利用职权实施的非法拘禁、刑讯逼供、非法搜查等侵犯公民权利、损害司法公正的犯罪，可以由人民检察院立案侦查。因此，司法工作人员包庇、纵容黑恶犯罪，充当“保护伞”等，涉嫌诉讼活动中有关职务犯罪的，可以由检察机关依法进行侦查。

(2) 上述行为的行政责任主要包括：依照公职人员政务处分法等有关法律法规规定给予处分。

2. 本法第五十二条规定："依法查办有组织犯罪案件或者依照职责支持、协助查办有组织犯罪案件的国家工作人员，不得有下列行为：（一）接到报案、控告、举报不受理，发现犯罪信息、线索隐瞒不报、不如实报告，或者未经批准、授权擅自处置、不移送犯罪线索、涉案材料；（二）向违法犯罪人员通风报信，阻碍案件查处；（三）违背事实和法律处理案件；（四）违反规定查封、扣押、冻结、处置涉案财物；（五）其他滥用职权、玩忽职守、徇私舞弊的行为。"

（1）上述行为的刑事责任主要包括：①滥用职权罪；②玩忽职守罪；③徇私枉法罪；④妨害作证罪；⑤打击报复证人罪；⑥帮助犯罪分子逃避处罚罪；⑦洗钱罪。《刑法》第三百九十七条规定："国家机关工作人员滥用职权或者玩忽职守，致使公共财产、国家和人民利益遭受重大损失的，处三年以下有期徒刑或者拘役；情节特别严重的，处三年以上七年以下有期徒刑。本法另有规定的，依照规定。国家机关工作人员徇私舞弊，犯前款罪的，处五年以下有期徒刑或者拘役；情节特别严重的，处五年以上十年以下有期徒刑。本法另有规定的，依照规定。"第三百九十九条第一款规定："司法工作人员徇私枉法、徇情枉法，对明知是无罪的人而使他受追诉、对明知是有罪的人而故意包庇不使他受追诉，或者在刑事审判活动中故意违背事实和法律作枉法裁判的，处五年以下有期徒刑或者拘役；情节严重的，处五年以上十年以下有期徒刑；情节特别严重的，处十年以上有期徒刑。"第三百零七条第一款规定："以暴力、威胁、贿买等方法阻止证人作证或者指使他人作伪证的，处三年以下有期徒刑或者拘役；情节严重的，处三年以上七年以下有期徒刑。"第三百零八条规定："对证人进行打击报复的，处三年以下有期徒刑或者拘役；情节严重的，处三年以上七年以下有期徒刑。”第四百一十七条规定：“有查禁犯罪活动职责的国家机关工作人员，向犯罪分子通风报信、提供便利，帮助犯罪分子逃避处罚的，处三年以下有期徒刑或者拘役；情节严重的，处三年以上十年以下有期徒刑。”第三百六十二条规定，旅馆业、饮食服务业、文化娱乐业、出租汽车业等单位的人员，在公安机关查处卖淫、嫖娼活动时，为违法犯罪分子通风报信，情节严重的，依照窝藏、包庇罪定罪处罚。第一百九十一条规定，个人或者单位明知是毒品犯罪、黑社会性质的组织犯罪、恐怖活动犯罪、走私犯罪、贪污贿赂犯罪、破坏金融管理秩序犯罪、金融诈骗犯罪的所得及其产生的收益，为掩饰、隐瞒其来源和性质，实施洗钱行为的，构成洗钱罪。

（2）上述行为的行政责任主要包括：依照公职人员政务处分法等有关法律法规规定给予处分。

此外，为防范、调查和应对有组织犯罪活动，由有关国家工作人员对涉及有组织犯罪的物品、资金采取强制措施是必要的。刑事诉讼法、反洗钱法等法律对侦查机关采取查封、扣押、冻结措施作了规定。本法根据反有组织犯罪工作的需要，对于涉及有组织犯罪的物品、资金等规定了查封、扣押、冻结、处置涉案财物的措施。同时，本法第五条规定，反有组织犯罪工作应当依法进行，尊重和保障人权，维护公民和组织的合法权益。有关国家工作人员在依照本法进行反有组织犯罪工作时，既要严密防范、严厉打击有组织犯罪活动，又要严格遵守法定程序和规范，尊重和维护公民、组织的合法权益。本法第四十一条规定，查封、扣押、冻结、处置涉案财物，应当严格依照法定条件和程序进行，依法保护公民和组织的合法财产权益，严格区分违法所得与合法财产、本人财产与其家属的财产，减少对企业正常经营活动的不利影响。不得查封、扣押、冻结与案件无关的财物。经查明确实与案件无关的财物，应当在三日以内解除查封、扣押、冻结，予以退还。对被害人的合法财产，应当及时返还。查封、扣押、冻结涉案财物，应当为犯罪嫌疑人、被告人及其扶养的家属保留必需的生活费用和物品。2004 年宪法修正案增加规定“国家尊重和保障人权”。为贯彻实施宪法，根据刑事诉讼特点，2012 年修改刑事诉讼法进一步对刑事诉讼的任务作了完善，增加了尊重和保障人权，规定：“中华人民共和国刑事诉讼法的任务，是保证准确、及时地查明犯罪事实，正确应用法律，惩罚犯罪分子，保障无罪的人不受刑事追究，教育公民自觉遵守法律，积极同犯罪行为作斗争，维护社会主义法制，尊重和保障人权，保护公民的人身权利、财产权利、民主权利和其他权利，保障社会主义建设事业的顺利进行。”尊重和保障人权，要求尊重和保障公民人身权利、财产权利和民主权利等各方面权利。坚持这一理念要求我们不能为了达到办案目的而忽视程序中对公民各项权利的保障，不得刑讯逼供，不得随意处置涉案财物，这是尊重和保障人权的重要体现。尊重和保障人权要求进一步规范执法司法活动，防止公权力在执法司法过程中违法损害当事人利益，进一步规范涉案财物处置是其中的重要内容。对于国家工作人员违反规定查封、扣押、冻结、处置涉案财物的行为，给公民和组织的合法权益造成损害的，应当根据国家赔偿法等规定给予赔偿。

在该条的理解适用中，需要注意以下问题：

第一，本条对反有组织犯罪工作有关国家工作人员履行职责的具体情况，其有关犯罪行为追究刑事责任作出了衔接性规定。实践中，在认定是否构成犯罪时，要依照刑法的有关规定进行。根据《刑法》第三百九十七条的规定，构成滥用职权罪或者玩忽职守罪，要求犯罪主体为国家机关工作人员。这里所说的“国家机关工作人员”，是指在国家各级党政机关、权力机关、司法机关和军事机关中执行一定职权的工作人员。国家机关工作人员不仅要有滥用职权或者玩忽职守的行为，而且这种行为必须造成了“致使公共财产、国家和人民利益遭受重大损失”的后果，未造成重大损失的，属于一般工作过失的渎职行为，可以由有关部门给予批评教育或者处分。比如，因反有组织犯罪工作有关国家机关工作人员滥用职权或者玩忽职守，致使有组织犯罪分子逃脱后实施了有组织犯罪活动，对公民人身、财产和公共利益造成重大损失等。对此，在实践中，司法机关可以依照法律有关规定和案件有关情况具体认定。

第二，对于黑恶势力的“保护伞”，《刑法》第二百九十四条第三款专门规定了包庇、纵容黑社会性质组织罪，并规定包庇、纵容黑社会性质组织又有其他犯罪行为的，依照数罪并罚的规定处罚。此外，对于其他包庇、放纵黑恶势力违法犯罪的，可以根据案件具体情况，适用刑法规定的包庇罪，伪证罪，徇私枉法罪，枉法裁判罪，徇私舞弊不移交刑事案件罪，放纵走私罪，放纵制售伪劣商品犯罪行为罪，帮助犯罪分子逃避处罚罪，私放在押人员罪，徇私舞弊减刑、假释、暂予监外执行罪，受贿罪等罪名定罪处罚。《最高人民法院、最高人民检察院、公安部、司法部关于办理黑恶势力犯罪案件若干问题的指导意见》第二十二条中明确，《刑法》第二百九十四条第三款中规定的“包庇”行为，不要求相关国家机关工作人员利用职务便利。利用职务便利包庇黑社会性质组织的，酌情从重处罚。包庇、纵容黑社会性质组织，事先有通谋的，以具体犯罪的共犯论处。

第三，实践中，在一些有组织犯罪案件查处过程中发生了一些侵害公民、企业合法权益的情况。进一步规范涉案财物处置，规范执法司法活动是贯彻中央关于民营企业保护，以及做好“六稳”工作、落实“六保”任务的要求。要正确区分企业财产和个人财产、涉案财产和合法财产等，为民营企业发展创造了更好的条件和环境，提振民营企业信心，为统筹疫情和经济社会发展，做好“六稳”，落实“六保”提供了司法政策保障。特别是在打击黑恶势力犯罪过程中，重视对涉黑恶案件中企业产权的依法处置和保护就尤为重要，关系到企业的产权保护和扫黑除恶斗争的规范化、法治化发展。

相关规定

《最高人民法院关于审理黑社会性质组织犯罪的案件具体应用法律若干问题的解释》；《最高人民法院、最高人民检察院、公安部办理黑社会性质组织犯罪案件座谈会纪要》；《最高人民法院、最高人民检察院、公安部、司法部关于办理黑社会性质组织犯罪案件若干问题的规定》；《全国部分法院审理黑社会性质组织犯罪案件工作座谈会纪要》；《最高人民法院、最高人民检察院、公安部、司法部关于办理黑恶势力犯罪案件若干问题的指导意见》；《最高人民法院、最高人民检察院、公安部、司法部关于办理黑恶势力刑事案件中财产处置若干问题的意见》

第七十六条 **有关单位和个人对依照本法作出的行政处罚和行政强制措施决定不服的，可以依法申请行政复议或者提起行政诉讼。**

条文主旨

本条是对行政处罚和行政强制措施决定不服的，可以依法申请行政复议或者提起行政诉讼的规定。

立法背景

（一）起草背景

为防范、调查、应对有组织犯罪活动，由有关部门对涉及有组织犯罪的物品、资金采取强制措施是必要的。刑事诉讼法等法律对侦查机关采取查封、扣押、冻结措施作了规定。本法根据反有组织犯罪工作的需要，对于涉及有组织犯罪的物品、资金等，在不同章节规定了查封、扣押、冻结、处置涉案财物等措施，这些措施对于制止有关违法行为，切断有组织犯罪活动的资金来源，防止危害后果的发生，查获有组织犯罪活动、有组织犯罪人员，具有重要意义。同时，本法第五条规定，反有组织犯罪工作应当依法进行，尊重和保障人权，维护公民和组织的合法权益。有关部门和单位在依照本法进行反有组织犯罪预防和治理、案件办理、涉案财产处置等工作时，既要严密防范、严厉打击有组织犯罪活动，又要严格遵守法定程序和规范，尊重和维护公民、组织的合法权益。有关部门在执行影响公民人身权利和公民、组织的财产权利的反有组织犯罪工作措施时，应当遵循有关规定的原则，尽量减少对公民、组织合法权益的不当影响。在开展反有组织犯罪工作中，一方面，需要赋予有关部门必要的强制性手段，对于违反法律规定的行为依法予以处罚；另一方面，也需要强化执法规范，保障相对人的救济权利，防止侵害公民和组织的合法权益。本条对相关救济措施作了规定。

（二）审议中各方面的意见

常委会二次审议中，有的提出，该条内容在行政复议法、行政诉讼法中已经规定，在本法中规定针对性不强，建议删去。但是，考虑到要强化执法规范，维护公民、组织合法的权益，本条对此专门作了规定。

条文解读

本条规定的申请主体是对依照本法作出的有关行政处罚和行政强制措施不服的行政相对人，包括单位和个人。本法根据反有组织犯罪工作的实践需要，设定了一些具体的行政处罚和行政强制措施。

行政处罚是指行政机关依法对违反行政管理秩序的公民、法人或者其他组织，以减损权益或者增加义务的方式予以惩戒的行为，包括警告、通报批评；罚款、没收违法所得、没收非法财物；暂扣许可证件、降低资质等级、吊销许可证件；限制开展生产经营活动、责令停产停业、责令关闭、限制从业；行政拘留；法律、行政法规规定的其他行政处罚。本法第八章系统规定了防范、调查、处置有组织犯罪活动有关的行政处罚，如第六十九条，对参加境外的黑社会组织的，积极参加恶势力组织的，教唆、诱骗他人参加有组织犯罪组织，或者阻止他人退出有组织犯罪组织的，为有组织犯罪活动提供资金、场所等支持、协助、便利的，阻止他人检举揭发有组织犯罪、提供有组织犯罪证据，或者明知他人有有组织犯罪行为，在司法机关向其调查有关情况、收集有关证据时拒绝提供的，教唆、诱骗未成年人参加有组织犯罪组织或者阻止未成年人退出有组织犯罪组织，尚不构成犯罪的行为规定了拘留、罚款的行政处罚；第七十条对因组织、领导黑社会性质组织被判处刑罚的人员，不按照公安机关的决定及国家有关规定如实报告个人财产及日常活动的行为规定了警告、拘留、罚款的行政处罚；第七十一条对公安机关核查黑社会性质组织犯罪线索，发现涉案财产有灭失、转移的紧急风险的，金融机构等相关单位未依照有关规定协助公安机关采取紧急止付、临时冻结措施的行为规定了罚款的行政处罚；第七十二条对电信业务经营者、互联网服务提供者拒不为侦查有组织犯罪提供技术支持和协助的，不按照主管部门的要求对含有宣扬、诱导有组织犯罪内容的信息停止传输、采取消除等处置措施、保存相关记录的行为规定了警告、罚款、责令停产停业、吊销许可证件等的行政处罚；等等。

行政强制措施是行政机关在行政管理过程中，为制止违法行为、防止证据损毁、避免危害发生、控制危险扩大等情形，依法对公民的人身自由实施暂时性限制，或者对公民、法人或者其他组织的财物实施暂时性控制的行为，包括限制公民人身自由；查封场所、设施或者财物；扣押财物；冻结存款、汇款等。本法在防范、调查、处置有组织犯罪活动中规定了相关的行政强制措施，如本法第二十一条第三款规定，移民管理、海关、海警等部门发现相关人员涉嫌违反我国法律或者发现涉嫌有组织犯罪物品的，应当依法扣留并及时处理；第二十九条规定，公安机关办理有组织犯罪案件，可以依照《中华人民共和国出境入境管理法》的规定，决定对犯罪嫌疑人采取限制出境措施，通知移民管理机构执行；第三十九条第一款规定，办理有组织犯罪案件中发现的可用以证明犯罪嫌疑人、被告人有罪或者无罪的各种财物、文件，应当依法查封、扣押。

需要注意的是，本法规定的行政处罚和行政强制措施在具体执行中，既要符合本法的具体规定，也要符合行政处罚法和行政强制法包括程序在内的相应规定。如行政处罚法规定的行政处罚遵循公正、公开原则，行政处罚由具有行政处罚权的行政机关在法定职权范围内实施等；行政强制法规定行政强制的实施应当适当；采用非强制手段可以达到行政管理目的的，不得实施行政强制；应当坚持教育与强制相结合等。上述法律中还规定，公民、法人或者其他组织对行政机关所给予的行政处罚、实施的行政强制，享有陈述权、申辩权。

本条规定可以采取的救济措施包括行政复议或者行政诉讼两种方式。这里的“依法申请行政复议或者提起行政诉讼”，是指有关单位和个人可以按照行政复议法、行政诉讼法规定的条件和程序申请行政复议、提起行政诉讼。行政复议是指公民、法人或者其他组织不服行政机关的处罚决定、认为侵犯其合法权益的，在一定期限内，依法向行政复议机关提出行政复议申请，接受申请的行政复议机关根据提出的申请，按照法律、法规的规定对原行政行为的合法性和适当性进行复查，在规定的时限内作出维持、变更或者撤销原行政行为的决定。《行政复议法》第九条规定：“公民、法人或者其他组织认为具体行政行为侵犯其合法权益的，可以自知道该具体行政行为之日起六十日内提出行政复议申请；但是法律规定的申请期限超过六十日的除外。因不可抗力或者其他正当理由耽误法定申请期限的，申请期限自障碍消除之日起继续计算。”

行政诉讼是指公民、法人或者其他组织不服行政机关的处罚决定、行政强制措施决定等，认为行政机关和行政机关工作人员的行政行为侵犯其合法权益的，在一定期限内，依法向人民法院提起诉讼，由人民法院对行政行为是否合法进行审查并作出裁判，但对法律规定由行政机关最终裁决的行政行为，人民法院不受理公民、法人或者其他组织提起的诉讼。《行政诉讼法》第四十五条规定："公民、法人或者其他组织不服复议决定的，可以在收到复议决定书之日起十五日内向人民法院提起诉讼。复议机关逾期不作决定的，申请人可以在复议期满之日起十五日内向人民法院提起诉讼。法律另有规定的除外。"第四十六条规定："公民、法人或者其他组织直接向人民法院提起诉讼的，应当自知道或者应当知道作出行政行为之日起六个月内提出。法律另有规定的除外。因不动产提起诉讼的案件自行政行为作出之日起超过二十年，其他案件自行政行为作出之日起超过五年提起诉讼的，人民法院不予受理。"

一般来说，不服行政处罚决定、行政强制措施决定而申请复议或者提起诉讼的，主要有以下几种情况：（1）原行政处罚决定、原行政强制措施决定认定的事实错误。比如，行政处罚或者行政强制措施的对象错误，误罚了案外人或者对与案件无关的财物采取了查封、扣押、冻结等措施。（2）原行政处罚决定、原行政强制措施决定适用法律不当。（3）原行政处罚决定、原行政强制措施决定的作出不符合法定程序。

在该条的理解适用中，需要注意以下问题：

第一，当事人可以依法申请行政复议或者提起行政诉讼，但复议和诉讼期间，除行政复议法、行政诉讼法规定的例外情况外，处罚等决定一般不停止执行。这样一方面当事人有权申请复议和提起诉讼，便于当事人行使自己的权利，如果发生因有关部门认定事实不清或者适用法律不当，使当事人受到不应有的处罚或者行政强制时可以得到及时的纠正和补救，有效地保护当事人的合法权益不受侵犯，同时对包括公安机关、国家安全机关等相关部门也是一种监督和制约；另一方面又体现了有关部门处罚决定和行政强制决定的严肃性和权威性，保证有关部门能够依法履行职责，及时追究违法者的法律责任。

第二，根据行政诉讼法的规定，对属于人民法院受案范围的行政案件，公民、法人或者其他组织可以先向行政机关申请复议，对复议决定不服的，再向人民法院提起诉讼，也可以直接向人民法院提起诉讼。但有关单位和个人不能就同一事实同时提出行政复议和行政诉讼。

相关规定

《中华人民共和国行政复议法》第九条；《中华人民共和国行政诉讼法》第四十四条、第四十五条、第四十六条

第九章　附　　则

第七十七条　本法自2022年5月1日起施行。

条文主旨

本条是关于反有组织犯罪法生效日期的规定。

立法背景

法律的生效日期，是指法律开始施行并发生法律效力的日期。关于法律的实施时间，立法法有明确规定。《立法法》第五十七条规定："法律应当明确规定施行日期。"法律的施行时间及生效时间，是法律效力的起点。一部法律何时开始生效，一般是由该法律的具体性质和实际需要决定的。目前，关于法律生效日期的规定，我国立法实践中通常有两种做法：一是，法律公布的时间与法律生效的时间是一致的，也就是说，法律自公布之日起施行。二是，法律公布的时间与法律生效的时间不一致，即法律公布后经过一段时间后才生效，其目的是给法律的实施以必要的准备时间。

条文解读

一部法律何时开始发生效力，需要具体的规定。正确理解法律关于施行时间的规定，是运用法律的前提条件。法律的施行和法律的公布是两个不同概念。法律公布是指经立法机关法定程序表决通过，以国家主席签署主席令的形式将法律向社会发布和公告。法律的施行是法律开始产生实际约束力，可以行使法律规定的权利并承担法律规定的义务。一般法律通过后都会在当日公布，但法律从何时开始施行，往往需要根据实际来决定。

法律的施行时间有四种情况，其中一、二种比较常见。一是，法律自公布之日起施行，施行时间、公布时间与通过时间同步。二是，法律另定时间施行，该时间是确定的一个时间，是法律公布后经一段时间后的具体时间。我国多数法律都采取这种形式。三是，法律公布后先试行或者暂行，经试行或者暂行一段时间后，由立法机关予以修改调整补充，经通过为正式法律后，公布施行。在试行或者暂行期间，法律也有约束力。如第五届全国人民代表大会常务委员会第二十二次会议和第二十五次会议分别通过的《民事诉讼法（试行）》和《食品卫生法（试行）》。四是，规定一个法律的生效日期取决于另一个法律的制定和实施时间，如第六届全国人民代表大会常务委员会第十八次会议通过的《企业破产法（试行）》第四十三条规定："本法自全民所有制工业企业法实施满三个月之日起试行……"而《全民所有制工业企业法》在《企业破产法（试行）》通过时还尚未制定出来，因此有意见认为采取这种方式规定的施行日期是不确定的，立法应当明确施行日期。

本法施行时间采取了第二种方式。根据本条规定，反有组织犯罪法自 2022 年 5 月 1 日起施行。反有组织犯罪法的制定和施行，系统总结扫黑除恶斗争的实践经验，突出预防和惩治的要求，明确了一系列的重要制度措施，本法规定的有关内容在其他法律、行政法规或者规章中已有规定，制定反有组织犯罪法，主要是对相关规定进一步作了完善，并将其上升为法律，对于巩固扫黑除恶专项斗争工作成果，保障在法治轨道上常态化机制化开展扫黑除恶工作，建设更高水平的平安中国、法治中国，具有重要意义。

综合考虑反有组织犯罪法的重要性和为实施准备的必要性，本条规定，反有组织犯罪法自2022年5月1日起施行，这样，反有组织犯罪法的实施就有了准备期，在准备期间，深入贯彻落实以习近平同志为核心的党中央决策部署，在深入总结全国扫黑除恶专项斗争实践经验的基础上，常态化开展扫黑除恶的制度机制，为反有组织犯罪法的实施做好准备工作。本法是2021年12月24日第十三届全国人民代表大会常务委员会第三十二次会议通过的。之所以规定自2022年5月1日起施行，主要考虑到，本法是我国第一部在反有组织犯罪方面具有基础性、综合性地位的法律，本法还将党中央加强反有组织犯罪工作的重大决策部署和实践中的一些成功经验，通过法律的形式确定下来。因此，有关工作已经有了一定的积累和基础，各方面也作了一定的准备。法律通过后需要有一个宣传时间，以便人民群众和各方面学习、了解、掌握法律规定的精神。此外，规定本法自2022年5月1日起施行，在法律文本中明确规定本法生效的具体日期，也有利于实践中掌握。

实践中需要注意的是，法律的时间效力问题，还涉及法律对其实施前的行为有无溯及力的问题。法律的溯及力，即溯及既往的效力，是指法律施行后，对生效前的行为是否适用的效力。如果适用，就表明具有溯及力；如果不能适用，也就是所谓的法不溯及既往，表明没有溯及力。各国规定大体有这样几种情况：一是，从旧原则，即新法没有溯及力。二是，从新原则，即新法有溯及力。三是，从轻原则，即比较新法与旧法，哪个处理轻些就按照哪个法处理。四是，从新兼从轻原则，即新法原则上溯及既往，但是旧法对行为人的处罚较轻时，则用旧法。五是，从旧兼从轻原则，即新法原则上不溯及既往，但新法对行为人的处罚较轻时，则从新法。目前世界上多数国家采取从旧原则，法律没有溯及力。在法律规定有溯及力的国家，通常采用从旧兼从轻原则。《立法法》第九十三条规定，法律不溯及既往，但为了更好地保护公民、法人和其他组织的权利和利益而作的特别规定除外。我国刑法的时间效力采用从旧兼从轻原则，即对犯罪行为原则上应当适用行为时的法律规定，但如果适用新的法律规定对犯罪人更为有利的，则应适用新的法律规定。如 2022 年 5 月 1 日起本法施行前，依照本法第五十条、第六十七条，具有从重处罚情节的，对犯罪行为原则上应当适用行为时的法律规定。

图书在版编目（CIP）数据

中华人民共和国反有组织犯罪法解读 / 黄永主编
. —北京：中国法制出版社，2022. 3
ISBN 978-7-5216-2579-0

Ⅰ. ①中… Ⅱ. ①黄… Ⅲ. ①反有组织犯罪法-法律解释-中国 Ⅳ. ①D922. 145

中国版本图书馆 CIP 数据核字（2022）第 043015 号

责任编辑　卜范杰　　　　封面设计　李　宁

中华人民共和国反有组织犯罪法解读

ZHONGHUA RENMIN GONGHEGUO FAN YOUZUZHI FANZUIFA JIEDU

主编/黄永
经销/新华书店
印刷/三河市紫恒印装有限公司
开本/880 毫米×1230 毫米　32 开　　　　印张/ 16. 75　字数/ 350 千
版次/2022 年 3 月第 1 版　　　　2022 年 3 月第 1 次印刷

中国法制出版社出版
书号 ISBN 978-7-5216-2579-0　　　　定价：65. 00 元

北京市西城区西便门西里甲 16 号西便门办公区
邮政编码：100053　　　　传真：010-63141600
网址：http：//www. zgfzs. com　　　　**编辑部电话：010-63141673**
市场营销部电话：010-63141612　　　　**印务部电话：010-63141606**

（如有印装质量问题，请与本社印务部联系。）